A DIÁSPORA DAS RELIGIÕES BRASILEIRAS

Cristina Rocha
Manuel A. Vásquez
(Organizadores)

A DIÁSPORA DAS RELIGIÕES BRASILEIRAS

Direção Editorial:
Marlos Aurélio

Conselho Editorial:
Avelino Grassi
Fábio E. R. Silva
Márcio Fabri dos Anjos
Mauro Vilela

Copidesque:
Thiago Figueiredo Tacconi

Revisão:
Aline Veingartner Fagundes

Diagramação:
Tatiana Alleoni Crivellari

Capa:
Alfredo Castillo

Coleção Sujeitos e Sociedade
Coordenada por: Brenda Carranza

1ª impressão

Todos os direitos em língua portuguesa, para o Brasil, reservados à Editora Ideias & Letras, 2016.

Rua Tanabi, 56 – Água Branca
Cep: 05002-010 – São Paulo/SP
(11) 3675-1319 (11) 3862-4831
Televendas: 0800 777 6004
vendas@ideiaseletras.com.br
www.ideiaseletras.com.br

Dados Internacionais de Catalogação na Publicação (CIP)
(Câmara Brasileira do Livro, SP, Brasil)

A diáspora das religiões brasileiras/
Cristina Rocha e Manuel A. Vásquez (Organizadores)
São Paulo: Ideias & Letras, 2016

Vários autores
ISBN 978-85-65893-92-3

1. Brasil - Religião 2. Religião - Aspectos culturais 3. Religião - Aspectos políticos 4. Religião - Aspectos sociais I. Vásquez, Manuel. II. Rocha, Cristina.

15-06634   CDD-306.60981

Índice para catálogo sistemático:
1. Brasil: Religião e sociologia   306.60981

Sumário

INTRODUÇÃO   7
O Brasil na nova cartografia global da religião
MANUEL A. VÁSQUEZ E CRISTINA ROCHA

Parte I: Cristianismo Brasileiro

CAPÍTULO 1   41
O projeto pastoral de Edir Macedo:
uma rede Pentecostal globalmente integrada
CLARA MAFRA, CLAUDIA SWATOWISKI E CAMILA SAMPAIO

CAPÍTULO 2   67
Igrejas brasileiras em Londres: transnacionalismo de nível médio
OLIVIA SHERINGHAM

CAPÍTULO 3   93
O "ovo do diabo": os jogadores de futebol como os novos missionários
da diáspora das religiões brasileiras
CARMEN RIAL

CAPÍTULO 4   125
Pentecostalismo brasileiro no Peru: afinidades entre as condições sociais
e culturais de migrantes andinos e a visão religiosa do mundo da Igreja
Pentecostal Deus é Amor
DARIO PAULO BARRERA

CAPÍTULO 5   149
O Catolicismo brasileiro de exportação: o caso Canção Nova
BRENDA CARRANZA E CECÍLIA MARIZ

Parte II: Religiões Afro-Brasileiras

CAPÍTULO 6   183
Transnacionalismo como fluxo religioso através de fronteiras
e como campo social: Umbanda e Batuque na Argentina
ALEJANDRO FRIGERIO

Capítulo 7 · 217
Pretos velhos através do Atlântico: religiões afro-brasileiras em Portugal

Clara Saraiva

Capítulo 8 · 245
Autenticidade transnacional:
o caso de um templo de Umbanda em Montreal

Deirdre Meintel e Annick Hernandez

Capítulo 9 · 273
Nipo-brasileiros entre pretos velhos, caboclos, monges budistas
e samurais: um estudo etnográfico da Umbanda no Japão

Ushi Arakaki

Capítulo 10 · 299
Mora Iemanjá? Axé na capoeira regional diaspórica

Neil Stephens, Sara Delamont e Tiago Ribeiro Duarte

Parte III: Novos Movimentos Religiosos

Capítulo 11 · 323
Construindo uma comunidade espiritual transnacional:
o movimento religioso de João de Deus na Austrália

Cristina Rocha

Capítulo 12 · 349
O Vale do Amanhecer em Atlanta, Geórgia:
negociando identidade de gênero e incorporação na diáspora

Manuel A. Vásquez e José Cláudio Souza Alves

Capítulo 13 · 379
A globalização de nicho da Conscienciologia:
cosmologia e internacionalização de uma paraciência brasileira

Anthony D'Andrea

Capítulo 14 · 409
O Santo Daime e a União do Vegetal: entre Brasil e Espanha

Jéssica Greganich

Sobre os autores · 433

Introdução

O Brasil na nova cartografia global da religião

Manuel A. Vásquez e Cristina Rocha

Nesta introdução, esboçaremos os contextos econômicos, políticos, culturais e religiosos que contribuíram para o recente crescimento do papel do Brasil como um centro-chave de criatividade religiosa dentro de uma cartografia religiosa policêntrica global. As razões para a importância do Brasil na nova cartografia religiosa global são diversas e complexas. Elas são uma mistura de processos sociopolíticos e culturais que na década passada reinseriram o Brasil em uma posição favorável no sistema global, operando em conjunto com um campo religioso nacional historicamente dinâmico. No entanto, existem vetores identificáveis que contribuíram para a construção, difusão e consumo global de identidades religiosas, visões de mundo e estilos de vida brasileiros. São estes:

1. Brasileiros imigrantes que deixaram o país em grande número durante as décadas de 1980 e 1990, um período de forte instabilidade econômica e política no país. Em uma tentativa de dar sentido à sua jornada, construir uma nova vida no exterior e manter relações transnacionais com o Brasil, esses imigrantes levaram consigo suas religiões para onde emigraram.

2. A criação, a circulação e o consumo de um imaginário global do Brasil, da sua cultura e religiões como exóticas, sexy, transgressoras, primitivas e autênticas, em contraste com a superficialidade, impessoalidade, mono- tonia e artificialidade da vida cotidiana na metrópole. Esse imaginário é muitas vezes construído por peregrinos ou turistas religiosos que viajam

ao Brasil em busca de cura ou como parte de uma busca espiritual ou existencial.

3. Meios de comunicação e internet que globalizam certos líderes religiosos, práticas ou ideias sobre o Brasil.

4. Empresários religiosos brasileiros que, usando a "sociogênese pluralista e fusionista" do Brasil (SIQUEIRA, 2003, p. 151), ou seja, de um campo religioso enormemente diversificado e dinâmico, rumam ao exterior com o objetivo explícito de propagação das suas religiões.

Esses vetores se encaixam aproximadamente na tipologia do antropólogo Thomas Csordas (2009, p. 5-6) que vê quatro meios de se estabelecer uma "transcendência transnacional": missão, migração, mobilidade e midiatização. Eles podem ser isolados para fins analíticos, mas na prática esses vetores frequentemente interagem uns com os outros, muitas vezes se reforçam mutuamente e outras vezes geram "zonas de atrito" (TSING, 2005). Por exemplo, em seu capítulo sobre a circulação global de jogadores de futebol brasileiros que atuam também como missionários pentecostais, Rial demonstra que os migrantes também podem ser empresários religiosos bem-sucedidos. Além disso, esses jogadores de futebol exploram uma dimensão-chave do imaginário global sobre o Brasil – o Brasil como o país do futebol por excelência, o país do *jogo bonito* – para avançar o seu trabalho missionário transnacional. Finalmente, a mídia global e o espetáculo global que é o futebol são centrais para as suas confissões públicas de fé.

Para caracterizar o impacto global desses vetores perante a propagação global das religiões brasileiras, escolhemos o conceito de "diáspora". Esse conceito tem sido objeto de um corpo crescente de estudos (BOYARIN e BOYARIN, 2002; COHEN, 2008; JOHNSON, 2007; SAFRAN, 2004; WEINAR, 2010). Uma preocupação fundamental nessa literatura tem sido a tendência de estender o significado do termo além do seu referente inicial: o deslocamento forçado de uma população de sua terra natal.[1] Embora incapazes de retornar à sua terra natal, essas populações permanecem conectadas a ela através da memória e o desejo intenso de retorno (CLIFFORD, 1994; SHUVAL, 2000). A saudade e a incapacidade de sentir-se em casa na nova sociedade criam uma forte identidade coletiva, que envolve muitas

---

1   O modelo paradigmático é o exílio dos judeus após a conquista do Reino de Judá e a destruição do primeiro templo pelos babilônios no século V a.C.

vezes a religião como seu principal ingrediente. O uso do conceito além dessa conotação original para significar simplesmente a dispersão de povos, línguas e culturas levou alguns estudiosos a se preocupar com a perda de rigor do termo. Brubaker (2005, p. 3), por exemplo, se queixou da "diáspora da diáspora", porque a categoria torna-se tão abrangente a ponto de se tornar inútil. Se todo mundo é diaspórico, então ninguém o é. O termo perde seu poder de discriminação – sua capacidade de explicar fenômenos e fazer distinções. A universalização da diáspora, paradoxalmente, significa o desaparecimento dela.

Enquanto estamos atentos a esse problema, usamos a palavra "diáspora" noutro sentido seminal: termo de *diaspeirein*, um termo grego que significa literalmente "espalhar sementes", mas que designa a disseminação da cultura helenística por meio da conquista, colonização, imigração e redes mercantis do antigo Mediterrâneo (REIS, 2004). Veremos que as religiões brasileiras estão se espalhando precisamente por meio de dois desses vetores: empreendedores (religiosos) e migrantes. Além disso, muitas vezes construções particulares de *brasilidade* viajam com religiões brasileiras e, embora não integradas a uma *língua franca* coerente e abrangente como era o helenismo, envolvem memória, nostalgia, invenção de tradição, mitificação e a transposição de uma pátria imaginada para o exterior.

Começamos nossa visão geral das condições que propiciam a diáspora das religiões brasileiras com uma análise de fatores econômicos e políticos, incluindo mais proeminentemente a imigração, passando para as dimensões "culturais", tais como: turismo espiritual e exotismo. A partir daí, exploraremos a dinâmica do campo religioso brasileiro e sua interação com a globalização.

O despertar do gigante adormecido?

No século XX, os brasileiros viam seu país como o "país do futuro" e "um gigante adormecido". A lógica era que o Brasil tinha um grande território, imensas reservas de minerais, florestas e as maiores fontes de água doce do mundo. Na década de 1970, a ditadura militar embelezou essa narrativa com o termo "milagre brasileiro", ao mesmo tempo que engajava em repressão generalizada. Os militares acrescentaram outras qualidades para insuflar o nacionalismo: o país não tinha vulcões, ciclones ou guerras internas.

Era um lugar abençoado em que as pessoas deveriam "amá-lo ou deixá-lo", como adesivos de carro proclamavam. Esse milagre, no entanto, implicou uma industrialização rápida e desigual, que levou a um processo desordenado de urbanização e fez muitos brasileiros partirem para cidades como São Paulo e Rio de Janeiro em busca de empregos nos parques industriais crescentes. Por sua vez, essa migração, como veremos, está ligada à drástica transformação do campo religioso brasileiro, incluindo o crescimento explosivo do pentecostalismo.

O "milagre brasileiro" desapareceu com a acumulação de dívidas herdadas de décadas anteriores e a crise do petróleo dos anos 1970. Nos meados da década de 1980 a crise econômica explodiu, com taxas anuais de inflação por volta de 240%. O Fundo Monetário Internacional (FMI) e o Banco Mundial aprofundaram ainda mais a crise por meio de empréstimos e pacotes de assistência que incentivavam os países em desenvolvimento a cumprir duras reformas econômicas neoliberais, como desvalorizações da moeda, congelamento de salários, cortes em gastos públicos, privatização de ativos e incentivos fiscais para os setores produtivos. Entre 1990 e 1995, a inflação média foi de 764% ao ano, atingindo 2,489% em 1993. Os brasileiros tornaram-se desiludidos. Cinicamente começaram a dizer que o Brasil era para ser eternamente o país do futuro e que o futuro nunca chegaria. Muitos migraram primeiro para os EUA, à Europa e o Japão e depois para outras partes do Norte Global. O processo, que começou como um conta-gotas em meados da década de 1980, tornou-se uma diáspora de três milhões de pessoas em 2008 de acordo com o Ministério das Relações Exteriores (2009).

No entanto, para surpresa de todos, o futuro parecia que tinha chegado na primeira década do século XXI. Em 2001, Jim O'Neill, um economista da Goldman Sachs, cunhou o acrônimo Bric (Brasil, Rússia, Índia, China) para denominar "gigantes econômicos emergentes". Essa avaliação parece ser correta em grande parte. No final de 2011, o Brasil ultrapassou o Reino Unido para se tornar a sexta maior economia do mundo. Até 2025, o Brasil deveria se tornar a quinta maior economia mundial, atrás apenas dos Estados Unidos, da China, da Índia e do Japão (THE ECONOMIST, 2010, p. 4). Mais recentemente, essas projeções começaram a ser mais comedidas porque a economia brasileira tem tido um crescimento muito abaixo do esperado (THE ECONOMIST, 2013). Os inúmeros protestos que começaram em junho de 2013 mostraram um grande descontentamento da população com o alto custo de vida, a baixa qualidade de serviços públicos e o alto nível de corrupção e impunidade entre os políticos do país. Além disso, a rápida desaceleração do crescimento econômico na China está, sem dúvida, afetando a demanda de matérias-primas do Brasil, contribuindo para a incerteza sobre o futuro do país.

Apesar disso, o crescimento da economia brasileira e sua nova força política global na primeira década do século XXI geraram um entusiasmo forte. Na mídia internacional, houve muitas reportagens sobre o Brasil, complementadas por uma crescente mídia brasileira que inclui empresas transnacionais, como a *Rede Globo*, importantes na construção e venda de uma imagem de "Brasil chique" no exterior.[2] Inúmeros artigos de jornal, revistas e alguns livros (ROETT, 2010; ROHTER, 2010) trataram do tema. Por exemplo, a revista *Vanity Fair* produziu uma edição especial sobre o Brasil em 2007, enquanto em 2010 a revista *Wallpaper*, a bíblia dos artistas, arquitetos e *designers* da moda, dedicou todo um número para cobrir o que chamou de "o país mais emocionante do mundo". Esse entusiasmo culminou em 2010, quando o Brasil foi escolhido para sediar a Copa do Mundo de 2014 e os Jogos Olímpicos de 2016.

No entanto, essa nova posição do Brasil na ordem mundial não interrompeu a emigração. Enormes desigualdades sociais persistem. Por exemplo, de acordo com o Instituto Brasileiro de Estatística (IBGE) em 2007, enquanto os 10% mais ricos da população brasileira detinham 43,2% de toda a renda individual, os 10% mais pobres detinham apenas 1,1% (LAGE & MACHADO, 2008). Nesse sentido, apesar da expansão da classe média, o Brasil ainda está entre os países com maior desigualdade social (ocupando a décima pior posição) de acordo com o índice de Gini.

Brasileiros no exterior

O Brasil foi tradicionalmente um país que recebia fluxos de migrantes. No entanto, desde meados da década de 1980, o fluxo se inverteu. A crise socioeconômica da década de 1980 levou a enormes desigualdades sociais, criminalidade e violência, o que motivou muitos brasileiros a emigrar

---

2 Por exemplo, a *Rede Globo* é agora a quarta maior rede de televisão comercial do mundo e um dos principais exportadores de *telenovelas*, que são significativas para a divulgação da vida cotidiana brasileira.

(MARGOLIS, 1994; 2013). Segundo um censo em 2000 de consulados estrangeiros realizado pelo Ministério das Relações Exteriores (MRE), 1,5 milhão de brasileiros havia deixado o país entre 1980 e 2000. Um relatório do MRE (2009) estimou que esse número teria chegado a três milhões, mas a melhora da economia brasileira e a crise econômica global fez com que meio milhão tivesse retornado até 2012 (2012). Hoje há novamente por volta de três milhões de brasileiros no exterior, e as maiores comunidades de brasileiros estão nos EUA (1.315.00), Paraguai (350.000), Japão (180.000) e Portugal (166.000) (2015). Essa diáspora policêntrica tem facilitado a circulação global da cultura brasileira, incluindo símbolos, práticas e identidades religiosas.

Nos EUA, as maiores comunidades brasileiras estão em Nova Iorque, Boston e Miami, mas há brasileiros também em Los Angeles, Washington DC, São Francisco e Chicago (JOUET-PASTRE e BRAGA, 2008; MARTES, 2011). Nos últimos anos, brasileiros começaram a se estabelecer no chamado "Novo Sul" em busca de trabalho. Em Atlanta, foram trabalhar na construção das instalações olímpicas, enquanto em Nova Orleans trabalharam no esforço de reconstrução após o furacão Katrina (FUSSELL, 2009). Mais recentemente, a direção dos fluxos migratórios para os Estados Unidos começou a mudar. O nível mais elevado de vigilância após os atentados de 11 de setembro, o crescente medo de deportação, a desaceleração da economia americana e a queda no valor do dólar americano em relação ao real influenciaram uma reformulação dos fluxos globais de brasileiros (MARGOLIS, 2008; 2013). Desde 2005, mais brasileiros deixaram os EUA do que chegaram (BERNSTEIN e DWOSKIN, 2007). Alguns decidiram voltar para casa, muitos outros migraram para a Europa, em que o euro era muito mais forte que o dólar americano e não era necessário possuir visto de entrada. Além disso, muitos brasileiros podem ficar permanentemente porque têm passaportes europeus, já que são descendentes de europeus que migraram para o Brasil nos séculos XIX e XX para trabalhar e/ou escapar das duas guerras mundiais (SOUZA, 2010). O MRE estima que na Europa as maiores comunidades brasileiras se encontram em Portugal (166.000), Espanha (128.000), Reino Unido (120.000), Alemanha (113.000), Suíça (81.000), França (70.000) e Itália (69.000) (MINISTÉRIO DAS RELAÇÕES EXTERIORES, 2015). Além desses locais tradicionais de migração europeus, a Irlanda tornou-se um novo destino até a crise econômica mundial. Dos estimados 816.000 brasileiros vivendo na Europa em 2008, 20.000 residiam na Irlanda (2009).

No entanto, a Europa também foi atingida pela crise financeira global. Esse é particularmente o caso de alguns países com grandes comunidades brasileiras, como Portugal, Espanha, Irlanda e Reino Unido. Uma vez que a economia brasileira atravessou a crise quase incólume, como vimos na seção anterior, muitos imigrantes decidiram voltar para casa. Por exemplo, em Portugal, onde os brasileiros representam 25% do número de imigrantes estrangeiros e a crise é bastante forte, o número de pessoas voltando para casa triplicou em 2009 (RODRIGUES, 2011). A Organização Internacional para Migração (IOM, em inglês), uma agência associada com a ONU, assistiu o retorno de 1.011 imigrantes pobres de Portugal em 2009, 78% deles brasileiros. Entretanto, não são apenas imigrantes brasileiros que estão retornando, portugueses estão também emigrando para o Brasil. Com as portas abertas a imigrantes qualificados de Portugal, bem como de países do Cone Sul, como Paraguai, Bolívia, Peru e Uruguai, onde imigrantes transnacionais brasileiros estão se tornando cada vez mais influentes, são estabelecidos novas redes e fluxos através dos quais as religiões podem viajar.

O Japão, outro importante destino para os brasileiros, também sofreu os efeitos da crise financeira global. Nipo-brasileiros começaram a migrar para o Japão em meados da década de 1980. Necessitando de operários durante o aquecimento de sua economia nos anos 1980 e perante um número crescente de trabalhadores sem documentos do Oriente Médio e Ásia, em 1990 o governo japonês revisou a Lei de Imigração de 1951. Ao mesmo tempo que ele estabeleceu sanções penais para o recrutamento de outros trabalhadores estrangeiros, criou um novo visto de "longa duração" exclusivamente de descendentes de japoneses. As razões dadas para essas mudanças são relacionadas à ideia de raça: descendentes manteriam homogeneidade racial, étnica e social enquanto ajudavam o Japão a superar uma perigosa escassez de trabalhadores para as fábricas em uma sociedade cada vez mais de classe média. Esses brasileiros (e outros sul-americanos descendentes de japoneses) trabalham em empregos que são evitados pelos japoneses, uma vez que eles eram considerados *kiken* (perigoso), *kitanai* (sujo) e *kitsui* (difícil). Mais tarde, esses trabalhadores nipo-brasileiros adicionaram mais dois

Ks: *kibishii* (estrito) e *kirai* (repugnante). No ano 2000, dos 1,5 milhão de nipo-brasileiros residentes no Brasil, 18% em idade ativa tinham partido para o Japão (YAMANAKA, 2000). Em 2008, brasileiros representavam a terceira maior população migrante (317.000), atrás apenas de coreanos (635.000) e chineses (335.000). No entanto, a desaceleração da economia japonesa fez com que até 2010 cerca de 50.000 brasileiros voltassem para casa. Atualmente, a comunidade brasileira no Japão é estimada em 180.000 brasileiros (MINISTÉRIO DAS RELAÇÕES EXTERIORES, 2015).

Notadamente, a diáspora das religiões brasileiras não é apenas o produto de brasileiros deixando o Brasil e levando suas religiões com eles. Atraídos pelas religiões e tradições espirituais do Sul Global, buscadores espirituais também desempenham um papel importante nesse processo. Frequentemente eles encontram religiões brasileiras no seu próprio país e posteriormente vão ao Brasil como turistas espirituais. Na próxima seção, exploraremos esse fenômeno.

Turismo espiritual, exotismo e o imaginário

Nas últimas décadas, muito tem sido escrito sobre o turismo espiritual, ou seja, a interseção entre peregrinação e turismo. Partindo da conhecida afirmação de Victor e Edith Turner (1978, p. 20) que "um turista é meio peregrino, se um peregrino é meio turista", muitos outros estudiosos têm argumentado que turistas também podem viajar procurando autenticidade ou em busca de significado e uma experiência de transcendência. Por sua vez, peregrinos se envolvem em atividades de turismo, consumo e lazer e usam a mesma infraestrutura que os turistas em suas viagens (COHEN, 1992; COLEMAN e EADE, 2004; GRABURN, 1977, 1983; PRESTON, 1992; READER; WALTER, 1993).

Enquanto "turista" e "peregrino" não são categorias homogêneas em si, alguns estudiosos têm argumentado que, como tipos ideais, turistas viajam para as periferias do mundo, enquanto peregrinos viajam aos centros espirituais, políticos e culturais do seu mundo (COHEN, 1992, p. 52-54; MACCANELL, 1976). Para esses autores, o advento da Modernidade teve como consequência maior a alienação e um crescente desejo de escapar para as periferias, onde habitantes do primeiro mundo acreditam que as pessoas vivem vidas mais "autênticas", intimamente ligadas à tradição e espiritualidade. O Brasil é imaginado como um lugar em que a conexão com o sagrado não foi erradicada pela Modernidade. O turismo espiritual tem um papel importante na construção de um "imaginário transnacional" do Brasil no exterior.

Appadurai afirmou que a intensificação dos fluxos globais de mídia e migração teve uma profunda influência sobre a "*imaginação* como uma característica constitutiva da subjetividade moderna" (1996, p. 3). Para ele, a "imaginação é um espaço [...] em que indivíduos e grupos procuram anexar o mundo às suas próprias práticas da Modernidade" (1996, p. 4). Com efeito, pelas *mediascapes*,[3] bem como da chegada de migrantes brasileiros que estrategicamente adotam maneiras essencializadas de ser brasileiro (tais como dar aulas de dança e capoeira ou como líderes espirituais) para conquistar um lugar no Norte Global, vemos que, no imaginário coletivo do Ocidente, o Brasil se torna um Outro exótico, primitivo e tradicional. O país está associado por um lado com sensualidade, paixão, beleza, vivacidade, liberdade sexual, e por outro com um passado perdido pelos países industrializados no qual a espiritualidade está presente na vida cotidiana. A Amazônia, seus povos indígenas e a cultura afro-brasileira contribuem particularmente para o imaginário de um país profundamente espiritual. Grandes cidades como São Paulo raramente figuram nesse imaginário.

Essa disjunção entre a imagem e a realidade deriva do que Edward Said chamou de "Orientalismo Romântico", ou seja, um anseio nostálgico por um passado puro e intocado. Esse discurso orientalista é paradoxal: exalta apropriações abstratas de culturas autóctones, embora ignore as condições de vida precárias e a marginalização sistemática sofrida por indígenas brasileiros. Ainda que o Orientalismo geralmente se refira às representações da geografia e culturas de grande parte da Ásia e norte da África, como Aparicio e Chávez-Silverman (1997), sugerimos que o conceito pode ser expandido para incluir a América Latina.[4]

---

3   Segundo Appadurai (1996, p. 35), "[M]*ediascapes* referem-se à distribuição dos recursos eletrônicos para produzir e disseminar informação (jornais, revistas, emissoras de televisão e estúdios de produção de filme), que estão agora disponíveis para um número crescente de interesses públicos e privados em todo o mundo, e às imagens do mundo criadas por estes meios de comunicação".

4   Ao analisar a maneira pela qual a cultura branca nos Estados Unidos representa a literatura latino-americana, Aparicio e Chávez-Silverman (1997, p. 8) cunharam o termo "tropicalização" que "significa imbuir um espaço, geografia, grupo ou nação com um conjunto de características, imagens e valores que circulam e são preservados por meio de textos oficiais, história, literatura e mídia".

Ideias românticas sobre o terceiro mundo foram adotadas e reforçadas pelo movimento da Nova Era a partir da década de 1980.[5] A expansão de novas espiritualidades está diretamente ligada à Modernidade. Ao contrário do que se pensava anteriormente, hoje é claro que a Modernidade não gera secularização. Em vez disso, a quebra do "dossel sagrado" levou a um pluralismo religioso crescente, ao estabelecimento de um mercado religioso, à escolha religiosa privada e ao posicionamento do indivíduo como fonte de significado. A característica central desse mercado religioso é que "consumidores" são livres para escolher entre diversas religiões. O exotismo é uma parte integrante desse fascínio por espiritualidades alternativas e práticas do terceiro mundo (HUGGAN, 2001).

A melhoria e o barateamento dos meios de comunicação e de transporte impactaram de várias formas no turismo espiritual. Em primeiro lugar, líderes espirituais podem exercer maior controle de suas religiões no exterior mediante viagens, *e-mails* e telefonemas, enquanto seguidores podem viajar para o Brasil várias vezes por ano (se possuem meios para fazê--lo) e entrar em contato com líderes espirituais e outros adeptos no Brasil e no exterior por meio de *e-mail*, Skype, Facebook e boletins eletrônicos. Em segundo lugar, canadenses, norte-americanos, europeus e australianos são capazes de construir locais sagrados da religião brasileira nos seus próprios países. O centro não está apenas "lá fora" acessível por meio de viagens (TURNER, 1973), mas onde eles próprios vivem. Como demonstrou Cristina Rocha (2009; 2010, no prelo e neste livro) em seu trabalho sobre João de Deus, um curador espírita brasileiro, espíritos visitam seguidores e curam quando estes fazem banhos de cristal, assistem a filmes do curador fazendo operações, leem livros ou sentam na "corrente" no exterior. Adeptos hibridizam o que aprendem no Brasil com suas próprias crenças e cultura. Muitos deles usam religiões brasileiras para dar sentido às suas próprias vidas, além de estar procurando maneiras de ter experiências de transcendência em seus países.

---

5   Sem dúvida, é difícil definir o movimento da Nova Era, uma vez que é um agrupamento frouxo de diversas crenças, técnicas e práticas, sem autoridade central única ou doutrina que pode indicar se um indivíduo pertence a ela (HANEGRAAFF, 1998). Dito isso, há um núcleo de crenças comuns que podemos chamar de Nova Era, como "a evolução da alma através de sucessivas encarnações, monismo, carma, a bondade fundamental da natureza humana, o poder da mente para transformar a realidade e assim por diante" (LEWIS, 2004, p. 12). De acordo com York, o movimento tem suas origens nas tradições ocultistas do século XIX, em especial a tradição Teosófica e inclui uma "mistura de religiões pagãs, filosofias orientais e fenômenos de ocultismo-psíquico" (2004, p. 371-372).

Muitos ocidentais adotam religiões brasileiras como parte de uma busca de desenvolvimento pessoal, cura de doenças físicas e mentais, solução de problemas sociais que vão do desemprego ao divórcio e à solidão e uma transformação radical de si mesmos. Neste volume, vários autores demonstram isso: Meintel e Hernandez em sua pesquisa de adeptos da Umbanda no Canadá, Rocha de seguidores de João de Deus na Austrália, Saraiva de religiões afro-brasileiras em Portugal, Greganich de usuários de ayahuasca na Espanha e Stephens, Delamont e Duarte com praticantes de capoeira no Reino Unido. Esses estrangeiros são atraídos pelo desejo de estar em um lugar sagrado, em que líderes espirituais e espíritos habitam, e onde eles podem ter experiências do sagrado sem intermediários. De acordo com Preston (1992, p. 33), locais de peregrinação têm "magnetismo espiritual". Para ele, esse magnetismo é devido a quatro elementos: "curas milagrosas, aparições de seres sobrenaturais, geografia sagrada e dificuldade de acesso". Eade e Sallnow (1991, p. 6) associam esse magnetismo a um líder espiritual. Acreditamos que para esses adeptos estrangeiros visitar os locais sagrados no Brasil onde vivem seus líderes espirituais é uma "maneira experiencial de 'tocar' o numinoso" (TOMASI, 2002, p. 208).

É importante notar que turistas espirituais em suas viagens ao Brasil também buscam lazer e nessas viagens incluem-se atividades seculares. Eles podem viajar usando guias e pacotes turísticos, assim como visitar os pontos turísticos, comprar lembranças, bijuterias e objetos sagrados necessários para rituais (por exemplo, rosários, camas de cristal e água fluidificada para seguidores de João de Deus, perfume, roupas especiais e incenso para adeptos da Umbanda, plantas para fazer a ayahuasca para os seguidores do daime, instrumentos musicais para os praticantes de capoeira) e trazer essas lembranças sagradas e seculares de volta aos seus países.

Imigração, turismo espiritual, exotismo e a constituição de um imaginário de Brasil estão incorporados na "globalização", um termo que estudiosos usam para caracterizar uma dinâmica complexa de deterritorialização e reterritorialização. Para entendermos o processo pelo qual as religiões brasileiras se disseminam em todo o mundo, temos que discutir brevemente como processos de globalização interagem com a religião.

Religião e globalização

A literatura sobre globalização teve um crescimento explosivo na última década. Apesar dessa proliferação, é indiscutível que as obras do geógrafo crítico David Harvey e do sociólogo Anthony Giddens continuam sendo pontos de referência essenciais na análise desse fenômeno tão dinâmico e complexo. Em seu livro *The condition of postmodernity* (1989), Harvey argumenta que a cultura pós-moderna é o reflexo da transição de um regime Keynesiano-Fordista de produção ancorado no Estado-nação para um regime flexível e deterritorializado. Essa transição, que foi facilitada por rápidos avanços tecnológicos nos campos da comunicação e transporte, produziu uma compressão espaço-temporal. Como a atual crise econômica revela, processos que acontecem numa localidade particular podem quase instantaneamente ter efeitos globais. Por exemplo, os problemas econômicos na Grécia, Irlanda e Islândia tiveram repercussões fortes não só para a União Europeia, mas também para o capitalismo global.

Por outro lado, Giddens (1990) propõe em seu livro *The consequences of modernity* que a globalização também resulta num processo de distanciamento radical, isto é, um processo de desenraizamento das relações sociais e padrões culturais de seus referentes locais, assim como na sua circulação por meio de redes e fluxos globais. Essas relações sociais e artefatos culturais (imagens, narrativas, identidades) podem então ser reapropriados e ressignificados em localidades muitas vezes longe das suas fontes originais. Desse modo, apesar de a globalização aumentar a possibilidade do anonimato e a simulação virtual, é agora possível ter relações mais intensas e significativas no ciberespaço do que por encontros pessoais. O melhor exemplo disso é a mídia social Facebook.[6]

A compressão e a distanciação espaço-temporal têm desencadeado processos de deterritorialização e reterritorialização que desafiam os nossos mapas cognitivos modernistas que

> equiparam território, cultura e formas de governo. Fluxos de pessoas, capital, bens e ideias fazem com que seja cada vez mais insustentável mapear o mundo de acordo com a lógica de que para cada nação existe uma cultura, uma religião, uma história e uma formação social autônoma. (VÁSQUEZ, 2009, p. 3)

---

6 Para uma análise antropológica do Facebook e seu impacto no cotidiano, ver Miller (2011).

A "particularização do universal e a universalização do particular", uma dialética que o sociólogo Roland Robertson (1992, p. 178) chama de "glocalização" ressalta o entrelaçamento e as tensões entre dinâmicas locais e globais que implicam a fabricação de identidade, práticas, visões do mundo e formas de organização híbridas (ROBERTSON, 1991, 1995; ROCHA, 2006; VÁSQUEZ e MARQUARDT, 2003). A religião tem um papel-chave na criação dessas identidades e culturas híbridas, especialmente nos processos de imigração transnacional, oferecendo matérias-primas e infraestrutura para a construção de campos sociais que ultrapassam as fronteiras nacionais, ligando e transformando tanto as sociedades de origem quanto as sociedades de acolhimento (CSORDAS, 2009; LEVITT, 2001, 2004, 2007; LEVITT e GLICK SCHILLER, 2004; WILLIAMS, STEIGENGA e VÁSQUEZ, 2009).

Dentro desse marco global, o estudo da diáspora das religiões brasileiras quebra com os modelos simplistas que pensam a globalização principalmente como um processo de "McDonaldização", isto é, de difusão unidirecional da religião a partir dos EUA em conjunção com a hegemonia geopolítica, financeira e da mídia norte-americana (RITZER, 1996). É verdade que os EUA continuam sendo um "nó" seminal das chamadas "indústrias globais do espírito" (ENDRESS, 2010). Por exemplo, os ministérios de T. D. Jakes, Creflo Dollar e Joel Osteen ainda são modelos a serem imitados. Contudo, atores nacionais e locais espalhados pelo mundo têm cada vez mais um papel saliente no desenvolvimento de estilos religiosos alternativos, serviços, estratégias empresariais, redes de distribuição e novos mercados. O resultado é o surgimento de uma cartografia policêntrica da globalização religiosa com vários nós-chaves de produção, circulação e consumo.

Alguns dos "centros de comando" na nova economia religiosa global, como Índia e China, já foram importantes na produção e disseminação das grandes religiões antigas, como Hinduísmo, Budismo, Confucionismo e Taoísmo. A nova força econômica desses centros revigora seu perfil global como produtores e exportadores de bens religiosos. Outros "nós" como Brasil, Nigéria e Gana, embora estejam numa posição subalterna no sistema capitalista mundial devido a processos históricos de escravidão, colonialismo e diáspora africana, só recentemente começaram a desempenhar um papel de liderança na globalização religiosa.

O reconhecimento do Brasil como uma das maiores potências na nova geografia global do sagrado aponta para a proliferação de fluxos religiosos e redes multidirecionais e multiescalares que vão não só do "Norte" para o "Sul", mas também na direção oposta. Frequentemente, imigrantes e empresários religiosos brasileiros e de outros países do Sul Global "missionizam em reverso" (ADOGAME, 2007; GORNIK, 2011; JENKINS, 2011), exorcizando demônios, convocando espíritos ancestrais ou limpando resíduos cármicos em nações que durante o período colonial interpretaram a conversão religiosa na periferia como parte da sua missão civilizadora. Nesse processo, imigrantes e empresários religiosos contribuem para a diversidade e vitalidade religiosa em lugares como Londres, Lisboa, Atlanta, Sydney ou Montreal, apesar das pressões secularizadoras da Modernidade tardia.

Além disso, a nova cartografia policêntrica da religião envolve fluxos Sul a Sul importantes. Seja o trabalho de proselitismo transnacional da Igreja Universal Reino de Deus em Angola, Moçambique e África do Sul (FRESTON, 2001; MAFRA *et al*, neste volume ORO, 2004) ou a popularidade do curador espírita brasileiro João de Deus na Austrália e Nova Zelândia (ROCHA, 2009; 2010, no prelo), esses intercâmbios Sul a Sul são característicos da nova geografia do sagrado e da proeminência do Brasil nessa geografia. Como Frigerio apresenta em seu capítulo sobre a propagação da Umbanda e Batuque no Cone Sul (ver também 1998; 2002), fluxos e redes entre países do sul não são unidirecionais – do ponto A (Brasil) ao ponto B (Argentina). Em vez disso, eles podem envolver focos alternativos de produção e circulação das religiões "brasileiras". Nesse caso, Montevidéu (Uruguai) gerou sua própria escola de especialistas de Umbanda e Batuque, introduzindo variações significativas nessas religiões afro-brasileiras, levaram-na para Buenos Aires. Lá, esses especialistas uruguaios disputaram espaço e legitimidade com pais e mães de santo de Porto Alegre, chegando até a fazer ligações pela internet para líderes da Santería em Cuba e México para demonstrar a sua pureza e impor sua autoridade. Por conseguinte, para compreender a complexidade dos fluxos e redes transnacionais que envolvem novos nós de produção religiosa como o Brasil, precisamos ir além do modelo simplista de "núcleo-semiperiferia-periferia", que os teóricos do enfoque de sistemas mundiais como Immanuel Wallerstein têm utilizado para mapear as relações econômicas e geopolíticas.

Tendo caracterizado os amplos contornos da atual "globalização do sagrado" (VÁSQUEZ e MARQUARDT, 2003), gostaríamos agora de examinar as contribuições específicas das religiões brasileiras para esse processo de globalização. Para tanto, precisamos entender a natureza e a evolução do campo religioso brasileiro. Veremos que, enquanto o Brasil sempre foi um país pluralista em termos religiosos, os últimos cinquenta anos têm sido um período intenso de inovação e hibridização religiosas lideradas pelo crescente número de "empresários" religiosos que estão agora aproveitando as novas tecnologias da Modernidade tardia e a nova posição geopolítica do Brasil para produzir e exportar seus produtos.

O campo religioso brasileiro e a globalização

Apesar da hegemonia cultural do Catolicismo desde a chegada dos portugueses ao país, apoiada institucionalmente pelo *Padroado Real*, o campo religioso brasileiro sempre foi não só diverso e complexo, mas também caracterizado por uma grande inovação e vitalidade. Isso é evidente na fertilização cruzada entre religiões indígenas e africanas e o Catolicismo português, parte integral da experiência colonial. O pluralismo religioso no Brasil contemporâneo não é inteiramente novo. Pelo contrário, ele deve ser visto dentro de uma longa história de dinamismo e criatividade religiosa enquadrados num marco de relações assimétricas de poder. No entanto, nos últimos cinquenta anos, a sociedade brasileira tem vivenciado grandes mudanças que aumentaram radicalmente a variedade de opções religiosas e criaram condições para a circulação global das religiões originárias do Brasil, em consequência de o país ter se tornado um nó-chave nos circuitos transnacionais financeiros e de mídia. Essas mudanças estão intimamente ligadas à reestruturação da economia brasileira, como resultado da transição de um modo de produção predominantemente rural e agrícola para um sistema econômico industrial e urbano. Nessa fase, os campos da cultura, do conhecimento e da comunicação desempenham um papel importante na extração do superávit dentro do capitalismo global tardio.

Desde Christian Lalive d'Epinay (1968) e Emilio Willems (1967), estudiosos da religião e sociedade têm documentado o papel social e cultural do Pentecostalismo durante a ruptura da velha ordem Católica construída na base de relações estreitas, mas desiguais, entre patrões e clientes e o surgimento de processos concomitantes de diferenciação social e de individualização que acompanham o processo de urbanização. Para Lalive d'Epinay e Willems, o sucesso do Pentecostalismo, particularmente entre os pobres brasileiros, é devido ao fato de que ele rearticula de certa forma o corporativismo do Catolicismo rural tradicional em meio à anomia urbana mediante a congregação unida por uma poderosa efervescência pneumocêntrica, isto é, por fortes vínculos afetivos originados da experiência comum do Espírito Santo. Ao mesmo tempo, a ética severa do Pentecostalismo isola e resguarda o crente das patologias do dia a dia urbano: o alcoolismo, a criminalidade e a violência. Mais ainda, o Pentecostalismo oferece a possibilidade de uma renovação pessoal radical no presente e da salvação no futuro por meio de um relacionamento direto e íntimo com Jesus Cristo.

Não é de surpreender então que o crescimento do Pentecostalismo tenha se tornado a principal marca do crescente pluralismo religioso brasileiro. De 1950 a 2010, a percentagem de católicos entre a população caiu de 93,5% para 64,6%. Durante o mesmo período, a proporção de protestantes aumentou de 3,4% para 22,2%. Igualmente, o número de evangélicos cresceu 61% entre 2000 e 2010 (G1, 2012). A grande maioria (75-80%) desses protestantes se identifica como pentecostais.

O processo desordenado de democratização, a turbulência econômica e as incertezas das décadas 1980 e 1990 forneceram o contexto para o surgimento de uma nova onda vigorosa de Pentecostalismo que acentua a cura divina e o exorcismo, ao contrário de igrejas pentecostais clássicas que fazem da glossolalia a primeira e principal prova do batismo no Espírito Santo.[7] Esse "Neopentecostalismo" defende abertamente uma Teologia da Prosperidade baseada num evangelho de saúde e riqueza que não vê contradição nenhuma entre a redenção espiritual, o sucesso econômico e o bem-estar físico. Dado que esse evangelho atribui doenças e fracassos nas finanças e amor à obra do Diabo e seus lacaios, ele faz uso do poder transformador do Espírito Santo para se envolver em combate espiritual com esses demônios possessores. Uma vez que esses demônios são derrotados, os fiéis podem desfrutar de saúde e riqueza.

---

7   De acordo com o censo de 2010, dos 190 milhões de brasileiros, 12 milhões estão afiliados à Assembleia de Deus, em comparação com apenas 1.873 milhão afiliados à IURD (Igreja Universal do Reino de Deus) e 845.000 à Igreja Pentecostal Deus é Amor.

O evangelho da prosperidade atrai simultaneamente vastos setores da população brasileira que não têm acesso a serviços de saúde e aquelas camadas da classe média urbana que estão em busca de ascensão ou até mesmo estabilidade social, isto é, de sucesso financeiro e bem-estar. Ele também apela para imigrantes, brasileiros e não brasileiros, que deixaram seus países de origem em busca do sonho europeu ou americano. Na verdade, o evangelho da saúde e riqueza é altamente portátil na sua estética espetacular. O sucesso de uma igreja baseia-se não só no uso estratégico das mais recentes tecnologias de comunicação para espalhar sua mensagem, mas também no fato de que o Neopentecostalismo é uma fé performativa, uma fé que trabalha com imagens impactantes da batalha cósmica entre Jesus e o Diabo ou dos carismas exuberantes do Espírito (os templos monumentais, os eventos enormes e suntuosos em estádios etc.). Mesmo num mundo saturado de símbolos, essas imagens e práticas dramáticas podem viajar com muita facilidade por meio da mídia eletrônica, seja da TV ou internet.

A portabilidade da fé performativa e a estética espetacular e visceral do Pentecostalismo brasileiro são evidentes não só nas dramáticas sessões de descarrego da Igreja Universal, mas também na mistura de *rock*, *reggae* e *rap* cristãos com blogar, surfar e andar de *skate*, além de outros esportes radicais da Igreja Bola de Neve Church, assim como na encenação de lutas de vale-tudo nos templos da Igreja Renascer em Cristo (GOMES e BERGAMASCO, 2009; VÁSQUEZ, 2012).

Em resposta à expansão explosiva do Pentecostalismo e à reavaliação conservadora do Vaticano II, iniciada por João Paulo II e sustentada por Bento XVI,[8] a influência do movimento Renovação Carismática cresce dentro da Igreja Católica brasileira, deslocando o Catolicismo progressista das CEBs e da Teologia da Libertação como eixos principais de trabalho pastoral. Tal como o Pentecostalismo, a Renovação Carismática Católica (RCC) surgiu nos Estados Unidos. Em seus primeiros anos, a RCC cresceu rapidamente entre os americanos da classe média urbana e se espalhou

---

8   Quando escrevemos este capítulo, o Papa Francisco havia sido recém-empossado após a surpreendente renúncia de Bento XVI. A direção do papado de Francisco é ainda incerta. Contudo, o fato de o novo papa ser latino-americano pode ter repercussões importantes para o Catolicismo na região, no mínimo elevando seu perfil mundial. Particularmente, a reafirmação da opção preferencial pelos pobres pode reativar o Catolicismo progressista no Brasil e na América Latina. Por exemplo, mais de três milhões de pessoas assistiram à missa do Papa Francisco na praia de Copacabana durante a visita dele ao Brasil em julho de 2013. O Papa manifestou que: "Não há fronteiras, nem limites. Jesus abraça-nos a todos, não somente aos que são mais próximos, receptivos e crentes". *Cf.* </www.jn.pt/paginainicial/nacional/interior.aspx?content_id=3346783>.

rapidamente em países tão diversos como Canadá, Austrália, Peru e Brasil, onde ofereceu um "pneumacentrismo virgofílico" como uma opção viável ao Pentecostalismo.[9] De acordo com Chesnut (2003), a RCC permite aos brasileiros experimentar a renovação pessoal e a intimidade com o sagrado, que são as características marcantes do Pentecostalismo, mas sem levar à ruptura com a hierarquia da Igreja Católica e com tradições populares como a devoção mariana. Essa mistura de mudança e continuidade, *communitas* e estrutura pode servir bem à classe média urbana brasileira, que está sofrendo um período de transição. Apesar de nos últimos anos as condições econômicas terem melhorado consideravelmente para essa classe, as mudanças e contradições sociais que acompanham a globalização geram incertezas e ansiedades. Nesse sentido, partindo das teorias de Mary Douglas (1983), Ulrich Beck (1992) e Zygmunt Bauman (2006), poderíamos levantar a hipótese de que uma das razões por trás da expansão do Catolicismo carismático – assim como do Neopentecostalismo – é a necessidade de administrar o risco, de lidar com o "medo líquido" (*liquid fear*) da Modernidade tardia, seja o medo da criminalidade, da crise econômica, do terrorismo, dos desastres ecológicos ou até do fim do mundo. Assim como as classes médias e altas brasileiras se protegem dos perigos percebidos na cidade por meio de muros altos, carros blindados e guarda-costas, também muitos de seus membros encontram nos cristianismos pneumocêntricos teologias dualistas e práticas de purificação e combate espiritual para fechar o corpo e proteger a alma. Nesses cristianismos, o temor do desconhecido e de dificuldades vira demônios visíveis que podem ser exorcizados.

Contudo, a diáspora dos cristianismos brasileiros não é só o resultado das patologias da globalização. Essa seria uma abordagem muito redutiva e incompleta. Não podemos ignorar a força e o apelo da RCC aos jovens brasileiros. Fazendo uso das tecnologias mais avançadas de comunicação, de músicas contemporâneas e de estratégias paralelas às do Neopentecostalismo – misturando religião, negócios e entretenimento –, a Renovação Carismática projeta uma imagem de empreendedorismo e vitalidade que atrai a juventude brasileira impaciente para entrar na Modernidade global (CARRANZA, 2000).

---

9 Chesnut distingue entre: enfoque "virgofílico" da Renovação Carismática Católica que preserva a autoridade clerical da Igreja e coloca ênfase nas devoções marianas; e pneumocentrismo "virgofóbico" do Pentecostalismo, que rejeita esses aspectos da tradição católica.

Desde os anos 1980, imigrantes brasileiros e de outros países da América Latina, que foram para os Estados Unidos em grande número fugindo da "década perdida", têm desempenhado um papel central na vida da RCC, dando-lhe uma característica transnacional. Pesquisas recentes da religiosidade dos latinos nos EUA apontam para o fato de que o estilo carismático de culto tem se generalizado além do movimento de Renovação Carismática propriamente dito, disseminando-se dentro da Igreja Católica em geral.[10] Como demonstra o capítulo de Carranza e Mariz, redes carismáticas originárias do Brasil, como a Canção Nova (CN), fundada em 1978 por Monsenhor Jonas Abib e Luzia Santiago, adquiriram um papel bastante importante nesse transnacionalismo. Com mais de 1.000 membros, a CN opera não apenas no sudeste do Brasil, mas tem agora dezenas de casas de missão em todo o país e no exterior, incluindo nos Estados Unidos (Texas e Geórgia), França, Portugal, Itália e Israel.

Transformações recentes no campo religioso brasileiro não estão restritas ao Cristianismo. Após anos de discriminação e até perseguição, religiões afro-brasileiras como a Umbanda e o Candomblé surgiram como legítimas expressões da cultura brasileira. Desde sua criação, essas religiões demonstraram uma forte tensão entre o desejo de preservar os padrões africanos como marcas de pureza e autenticidade e a necessidade de se adaptar ao contexto hostil brasileiro por meio do sincretismo com outras religiões. Na segunda diáspora, isto é, na dispersão global das religiões afro-brasileiras, essa tensão em relação à questão da autenticidade e ortodoxia fica ainda mais complexa: por um lado, há o apelo não só à África como fonte original, mas também à "brasilidade" do Candomblé e da Umbanda; por outro lado, há processos de "glocalização" que fazem com que religiões afro-brasileiras se combinem com outras religiões da diáspora africana, como a Santería cubana ou vodu haitiano que têm agora uma presença global.[11] Por ser extremamente aberta ao sincretismo, a Umbanda parece estar particularmente bem equipada para lidar com a tensão entre sua identidade brasileira e sua glocalização inovadora em contextos

---

10 Veja o relatório de 2007 sobre a religião latina pelo Pew Hispanic Center. Disponível em: <pewhispanic.org/reports/Report.php?ReportID=75>. Acesso em: 4 abr. 2011.

11 Glocalização ou localização global refere-se ao processo segundo o qual os produtores e os consumidores adaptam produtos, práticas e narrativas globais às condições locais por intermédio da justaposição ou mistura com elementos autóctones. Como tal, o conceito destaca a agência dentro de constrangimentos estruturais e sistêmicos e o fato de que a globalização não produz necessariamente homogeneidade. Veja Robertson (1995), Rocha (2006), Vásquez e Marquardt (2003).

diversos.[12] De fato, conforme demonstra o capítulo de Arakaki sobre a Umbanda no Japão, no estrangeiro os terreiros se tornam espaços de encontro e transculturação entre imigrantes, mestres brasileiros itinerantes e seguidores nativos; esses são espaços nos quais identidades individuais e coletivas são negociadas. Ao incorporar samurais e geishas ao lado de caboclos, pretos velhos e exus, os imigrantes brasileiros no Japão reimaginam noções de pertença nacional.

Os chamados movimentos religiosos da Nova Era exibem a mesma flexibilidade e capacidade sincrética, nesse caso combinando rituais e cosmologia religiosa com terapias modernas de autoajuda que formam um nexo de cura holística. O Espiritismo – que chegou ao Brasil por volta de 1860, após a publicação das obras do educador francês Allan Kardec – é um claro exemplo disso. Kardec combinou a ética cristã, especialmente a ênfase na caridade e o amor fraterno, com noções hinduístas de carma e reencarnação e com ideias iluministas de educação e progresso. Hoje os espíritas representam 2% da população brasileira, com uma forte representação entre brasileiros de classe média urbana (de acordo com o censo de 2010, 31,5% têm ensino superior). Com uma perspectiva baseada no Iluminismo e na razão, evidente na tentativa de apresentar-se como uma doutrina racional e científica, o Espiritismo permite aos brasileiros urbanos de classe média participar da Modernidade ocidental, mas sem desencantar o mundo e ficar cativo na "jaula de ferro" (WEBER, 1958). Em outras palavras, o Brasil de hoje é cada vez mais submetido à racionalidade instrumental da Modernidade, mas isso não implica que ele não continue sendo animado por forças sobrenaturais. Poderíamos dizer então que há uma "afinidade eletiva" entre a localização do Brasil na encruzilhada entre Modernidade e tradição, entre o nacional e o global, e a capacidade do Espiritismo de englobar várias religiões e culturas, abrangendo desde os espíritos "pouco evoluídos" da Umbanda até Sócrates e Buda, que operam em espaços e tempos contrastantes (HESS, 1991; HESS e DAMATTA, 1995; ROCHA, 2006).

Sem dúvida, nenhum outro representante contemporâneo do Espiritismo brasileiro tem encontrado mais popularidade no exterior do que

---

12 Entretanto, há tentativas da alta hierarquia de purificar o Candomblé visando a retirar todos os elementos sincréticos, especialmente aqueles associados ao Catolicismo e Espiritismo Europeu. Assim, as conexões transnacionais apontam não só na direção da Europa, América do Norte e Japão, mas também para a África, particularmente Nigéria, Angola e Congo na tentativa de voltar às origens. Veja Capone (2010).

João de Deus. Suas cirurgias sem assepsia ou anestesia têm lhe dado uma notoriedade global. Incorporando espíritos evoluídos como Santo Inácio de Loyola, Rei Salomão e Dr. Oswaldo Cruz, acredita-se que João de Deus tem dissolvido tumores e curado pessoas com câncer, Aids, viciados em drogas e com depressão clínica. Essas curas milagrosas atraíram a atenção de canais de televisão norte-americanos, como a ABC News, CNN e Oprah Show, e fizeram de João de Deus um nó importante na rede global de gurus e curadores famosos. Ele também ganhou muitos seguidores em países distantes como a Austrália e Nova Zelândia, que viajam à sua *casa* em Abadiânia no estado de Goiás, em busca de uma medicina alternativa com um toque pessoal, uma abordagem holística de cura que transcende a impessoalidade e a mercantilização da medicina ocidental moderna (ROCHA, 2009; 2010). Em seu capítulo, Cristina Rocha mostra que a intensa mobilidade de pessoas, objetos sagrados, ideias, práticas e espíritos entre o centro de cura no interior do Brasil e a Austrália criam uma espécie de "comunidade espiritual transnacional", ou como diria Pierre Bourdieu: "um campo socioespiritual", composto por curadores, doentes, guias turísticos, jornalistas, pesquisadores e aqueles que buscam crescimento espiritual.

A mesma reação à impessoalidade, às ansiedades e às tensões da vida moderna no capitalismo tardio inspira o trabalho do Vale do Amanhecer em Atlanta, Geórgia, como mostra o capítulo de Vásquez e Alves. Um dos líderes do Vale do Amanhecer lhes disse: "Os EUA são uma nação especialmente cármica por causa de sua riqueza e apego às coisas materiais". Como tal, a tarefa desse movimento mediúnico é levar os ensinamentos de Tia Neiva, a fundadora do Vale do Amanhecer, para que ilumine e cure os norte-americanos alienados pelo consumismo e os imigrantes obcecados por alcançar o sonho americano. Para realizar essa tarefa ambiciosa, o Vale do Amanhecer concentrou-se principalmente na situação dos imigrantes brasileiros em Atlanta, muitos dos quais são indocumentados e vivem e trabalham às escondidas, com medo constante perante o forte clima anti-imigrante. O Vale tira da história de imigração de Tia Neiva uma narrativa de cumprimento do destino, mesmo enfrentando obstáculos e dificuldades, e de complementaridade de gênero. Assim, o Vale usa a sua prática de trabalhar com um casal de especialistas que desempenham papéis distintos, mas complementares (o homem como doutrinador e a mulher como *médium* de encarnação), para ajudar mulheres brasileiras em Atlanta a negociar suas identidades e relações de gênero que são redefinidas pelo processo de migração.

Caboclos, os espíritos dos indígenas brasileiros como são imaginados na cultura popular brasileira, figuram proeminentemente no Vale. Seus conselhos durante as consultas em Atlanta apontam para uma vida mais simples, mais natural, autêntica e harmoniosa que está em acentuado contraste com o consumismo superficial, o individualismo irrestrito, a cobiça e o ímpeto de possuir coisas que dominam a Modernidade. Esse "primitivismo", isto é, a poderosa nostalgia e o desejo de um retorno às origens imaculadas da humanidade, representado pelos indígenas brasileiros que vivem em comunhão com os espíritos e natureza, também é central na propagação global de religiões ayahuasqueiras, como o Santo Daime, a União do Vegetal e Barquinha (GREGANICH neste volume; LABATE e JUNGABERLE, 2011).[13]

Santo Daime, por exemplo, pode ser visto como uma rearticulação criativa de cosmologias e práticas xamânicas indígenas, que muitas vezes envolvem o uso de agentes psicoativos como a ayahuasca. Estes ajudam xamãs a viajar no tempo e no espaço, entrar em comunicação com os espíritos ancestrais e experimentar a riqueza e vitalidade da floresta por meio das perspectivas de animais e plantas, o que o antropólogo Eduardo Viveiros de Castro (2004) chama de "multinaturalismo". No censo de 2010, 35 mil brasileiros se identificaram como adeptos de religiões ayahuasqueiras. Depois de muitos anos fazendo parte de rituais indígenas e da vida dos seringueiros e mestiços no Amazonas, a ayahuasca começou a circular em redes de jovens urbanos de classe média e alta que estavam em procura de experiências alternativas durante os anos repressivos da ditadura. Esse grupo cosmopolita, com os meios para viajar ao exterior, levou o Santo

---

13 Armin Geertz (2004) identifica duas versões distintas, mas interligadas de primitivismo: cronológica e cultural. Primitivismo cronológico é exemplificado pelo evolucionismo de E. B. Tyler, isto é, a noção de que culturas contemporâneas evoluíram de uma origem comum (daí a ideia de "unidade psíquica" da humanidade) e que elas carregam "sobrevivências" que podem ajudar a explicar quem somos como espécie. Por outro lado, o primitivismo cultural emerge de um "descontentamento civilizacional" da percepção da decadência da cultura moderna europeia. "Uma ideia fundamental entre os primitivistas culturais é que [uma] vida mais simples foi vivida em algum lugar em algum momento (e, portanto, as afinidades com o primitivismo cronológico). Mas a principal característica do primitivismo cultural é a ideia de que o modo ideal de vida é vivido na atualidade pelos chamados povos primitivos ou selvagens, especialmente em lugares exóticos longínquos. Assim, um fator motivador básico no primitivismo cultural é a *atração do exótico*" (GEERTZ, 2004, p. 39).

Daime e outras religiões ayahuasqueiras para Europa, Japão, Austrália e os Estados Unidos. Complementando o circuito, hoje europeus, australianos e americanos viajam como "romeiros-turistas" ao Brasil para beber o daime e experimentar mirações.[14] Nesse sentido, a trajetória internacional das religiões ayahuasqueiras assemelha-se à expansão do movimento espiritual de João de Deus (ROCHA, 2009; 2010).

A pesquisa de Jéssica Greganich sobre a União do Vegetal (UDV) e o Santo Daime (SD) na Espanha ilustra as dinâmicas que operam na glocalização de uma religião brasileira. Ela mostra as dificuldades que brasileiros e espanhóis têm em praticar religiões ayahuasqueiras no exterior porque a composição química da ayahuasca pode ser enquadrada em leis internacionais e espanholas sobre o uso de substâncias ilícitas. Usando uma "perspectiva estrutural comparativa", Greganich mostra as estratégias diferentes que a UDV e o SD usam para lidar com as dificuldades para se estabelecer no exterior. Enquanto a UDV opera por meio da reprodução de uma hierarquia rígida de mestres que garante uma pureza ritual e doutrinária, o Santo Daime adota uma "disciplina flexível e tolerante, valorizando a autonomia e a liberdade do sujeito". Essa flexibilidade permite ao Santo Daime reverter no exterior o padrão que se observa no Brasil, onde a UDV tem mais membros oficiais. Na Espanha, o SD tem muito mais membros do que a UDV, cuja afiliação exclusiva atrai geralmente só brasileiros. O estudo de Greganich corrobora a pesquisa de Alberto Groisman que aponta para a importância da experimentação e a brincadeira no Santo Daime nos processos de comunicação transcultural e em sua implantação na Holanda (GROISMAN, 2013). Em sociedades avançadas, em que há muito interesse nas religiões da Nova Era e nas práticas terapêuticas de autoaperfeiçoamento, o humor e o *ethos* de experimentação ajudam o SD a negociar sua liminalidade.

Considerações finais

Como mostra essa visão panorâmica, o Brasil se tornou um importante nó de uma nova cartografia policêntrica de produção religiosa global porque o campo religioso brasileiro diversificado, dinâmico, criativo e profundamente híbrido tem interagido com processos ligados à globalização,

---

14 Sobre as origens e o desenvolvimento do Santo Daime e outras religiões da ayahuasca, ver Labate e Cavnar (2014).

tais como imigração transnacional, inovações tecnológicas nas áreas da comunicação e transporte e o rápido crescimento das indústrias culturais associadas ao turismo, entretenimento, autoajuda e construção da identidade – sejam elas religiosas, espirituais, raciais ou étnicas. Por meio de vetores de imigração transnacional, turismo e peregrinação espiritual, bem como de midiatização e missão, a "sociogênese pluralista e fusionista" (SIQUEIRA, 2003, p. 151) que caracteriza o Brasil tem entrado na dialética de desterritorialização e reterritorialização que é fundamental nos processos de globalização. Por um lado, essa dialética implica processos generalizados de glocalização e fertilização cruzada não só entre as diversas religiões, mas também entre a religião, o capitalismo de consumo e a mídia eletrônica, intensificando a inovação religiosa no Brasil e no exterior. Por outro lado, o desenraizamento das culturas e religiões que é parte da condição da Pós-modernidade aumenta a necessidade de estabelecer ortodoxias e limites nítidos, bem como a nostalgia e o desejo de recuperar o significado, a pureza e a autenticidade. O Brasil, imaginado utopicamente como a nação do futuro e simultaneamente como o repositório da conexão da humanidade com suas origens e a natureza, está estrategicamente bem posicionado para agir nesses processos.

É ainda muito prematuro para declarar-se que chegou finalmente a hora de o Brasil se tornar o "país do futuro," particularmente porque, apesar de herdar uma economia em crescimento e um *status* geopolítico bastante importante, Dilma Rousseff enfrenta os perigos de uma prolongada crise econômica global que começa a afetar as exportações brasileiras, a inflação e a possibilidade de desindustrialização resultantes da relação do país com a China, país que se interessa principalmente pela extração de matérias-primas para apoiar seu desenvolvimento maciço. Como sabemos, o crescimento econômico de 2012 e 2013 foi decepcionante e há um desencanto palpável entre a população pelas imensas despesas nas obras para a Copa e os jogos olímpicos, enquanto os sistemas de saúde e educação pioram.[15]

O campo religioso brasileiro também está enfrentando a pressão da secularização, com muitos jovens e mulheres católicas abandonando a Igreja não só para se tornar pentecostais ou entrar nos novos movimentos religiosos, mas

---

15 De acordo com Romero (2015), Goldman Sachs antecipa uma queda na economia brasileira de 3,6% em 2015 e de 2,3% em 2016. No entanto, um escândalo de corrupção na companhia Petróleo Brasileiro S.A. (Petrobras) tem paralisado o governo Dilma Rousseff (PT).

também para declararem-se como não praticantes de qualquer religião.[16] Os dados do último censo mostram um aumento de 70% no número de pessoas que marcaram a opção "sem religião". Atualmente, esse grupo representa 8% da população (CASTRO e DUARTE, 2012). No entanto, dada a longa vitalidade polimórfica do campo religioso brasileiro, é seguro assumir que o Brasil vai continuar a ocupar um lugar central no mapa emergente do sagrado, ao lado de outras potências religiosas como a Nigéria, Gana, Índia, China e Coreia do Sul.

Referências

ADOGAME, A. Raising champions, taking territories: african churches and the mapping of the new religious landscape in diaspora. *In*: TROST, Theodore L. (Org.). *The african diaspora and the study of religion*. Nova Iorque: Palgrave Macmillan, 2007, p. 17-34.

APARICIO, F. e CHÁVEZ-SILVERMAN, S. (Org.). *Tropicalizations transcultural representations of latinidad*. Hanôver; Londres: University Press of New England, 1997.

APPADURAI, A. *Modernity at large: cultural dimensions of globalization*. Minneapolis: University of Minnesota Press, 1996.

BAUMAN, Z. *Liquid fear*. Cambridge: Polity, 2006.

BECK, U. *Risk society: toward a new modernity*. Londres: Sage, 1992.

BERNSTEIN, N. e DWOSKIN, E. Brazilians giving up their american dream. *The New York Times*, Nova Iorque, dez. 2007. Disponível em: <www.nytimes.com/2007/12/04/nyregion/04brazilians.html?_r=1&ref=-world&pagewanted=all>. Acesso em: 15 jan. 2011.

BOYARIN, J. e BOYARIN, D. *The powers of diaspora: two essays on the relevance of jewish culture*. Berkeley: University of California Press, 2002.

BRUBAKER, R. The "Diaspora" Diaspora. *Ethnic and Racial Studies*, Surrey, v. 28, n. 1, p. 1-19, 2005.

CAPONE, S. *Searching for Africa in Brazil: power and tradition in Candomblé*. Durham, NC: Duke University Press, 2010.

---

16   De acordo com Neri (2011), o declínio do Catolicismo no Brasil é devido a um "êxodo" de mulheres, jovens e das classes médias. Para ele, na década de 1990 muitos daqueles que deixaram o Catolicismo foram para igrejas pentecostais. Já na primeira década do século XXI, a maioria das pessoas que abandonam a Igreja declarou-se "sem religião".

CASTRO, J. e DUARTE, A. Censo: Igreja Católica tem queda recorde no percentual de fiéis. *O Globo*, Rio de Janeiro, 9 abr. 2012. Disponível em: <oglobo.globo.com/pais/censo-igreja-catolica-tem-queda-recorde-no-percentual-de-fieis-5344997?service=print>. Acesso em: 2 set. 2012.

CARRANZA, B. *Renovação carismática católica: origens, mudanças e tendências.* São Paulo: Editora Santuário, 2000.

CHESNUT, R. A. *Competitive spirits: Latin America's new religious economy.* Oxford: Oxford University Press, 2003.

CLIFFORD, J. Diasporas. *Cultural Anthropology*, v. 9, n. 3, p. 302-308, 1994.

COHEN, E. Pilgrimage and tourism: convergence and divergence. *In*: MORINIS, A. (Org.). *Sacred journeys: the anthropology of pilgrimage.* Westport: Greenwood Press, 1992, p. 47-61.

_____. *Global diasporas: an introduction.* Abingdon: Routledge, 2008.

COLEMAN, S. e EADE J. Introduction: reframing pilgrimage. *In:* COLEMAN, S. e EADE J. (Org.). *Reframing pilgrimage: cultures in motion.* Londres: Routledge, 2004, p. 1-25.

COLEMAN, S. *The globalization of charismatic christianity: spreading the gospel of prosperity.* Cambridge: Cambridge University Press, 2000.

CSORDAS, T. (Ed.). Introduction: modalities of transnational transcendence. *In: Transnational transcendence: essays on religion and globalization.* Berkeley: University of California Press, 2009, p. 1-29.

DOUGLAS, M. e WILDAVSKY, A. *Risk and culture: an essay on the selection of technological and environmental dangers.* Berkeley: University of California Press, 1983.

EADE, J. e SALLNOW, M. (Ed.). *Contesting the sacred: the anthropology of christian pilgrimage.* Londres; Nova Iorque: Routledge, 1991.

ENDRES, K. "Trading in spirits?" Transnational flows, entrepreneurship, and commodification in vietnamese spirit mediumship. *In*: HÜWEL-MEIER, G. and KRAUSE, K. (Ed.). *Traveling spirits: migrants, markets and mobilities.* Londres; Nova Iorque: Routledge, 2010, p. 118-132.

FRESTON, P. The transnationalization of brazilians Pentecostalism: The Universal Church of the Kingdom of God. *In*: CORTEN, A. e MARSHALL-FRATANI, R. (Org.). *Between Babel and Pentecost: transnational Pentecostalism in Africa and Latin America.* Bloominton: Indiana University Press, 2001, p. 196-214.

FRIGERIO, A. El rol de la "escuela uruguaya" en la expansión de las religiones afrobrasileñas en Argentina. *In*: HUGARTE, R. P. (Org.). *Los cultos de posesión en Uruguay: antropología e historia*. Montevidéu: Banda Oriental, 1998, p. 75-98.

_____. La expansión de religiones afrobrasileñas en Argentina: representaciones conflictivas de cultura, raza y nación en un contexto de integración regional. *Archives de Sciences Sociales des Religions*, v. 117, p. 127-150, 2002.

FUSSELL, E. Hurricane chasers in New Orleans: latino immigrants as a source of a rapid response labor force. *Hispanic Journal of Behavioral Sciences*, v. 31, n. 3, p. 375-394, ago. 2009.

G1. Número de evangélicos aumenta 61% em 10 anos, aponta IBGE. *G1*, São Paulo, 20 jun. 2012. Disponível em: <g1.globo.com/brasil/noticia/2012/06/numero-de-evangelicos-aumenta-61-em-10-anos-aponta-ibge.html>. Acesso em: 29 ago. 2012.

GEERTZ, A. Can we move beyond primitivism? On recovering the indigenes of indigenous religions in the Academic Study of Religion. *In*: OLOPUNA, J. (Ed.). *Beyond primitivism: indigenous religious traditions and modernit*. Nova Iorque: Routledge, 2004, p. 37-70.

GIDDENS, A. *The consequences of modernity*. Stanford: Stanford University Press, 1990.

GOMES, A. e BERGAMASCO, D. 2009. A Igreja Renascer monta ringue em templo para atrair mais jovens a culto em SP. *Folha de S. Paulo*, São Paulo, 12 mar. 2009. Disponível em: <www1.folha.uol.com.br/folha/cotidiano/ult95u533375.shtml>. Acesso em: 3 jan. 2013.

GORNIK, M. R. *Word made global: stories of african christianity in New York City*. Grand Rapids, MI: Eerdmans, 2011.

GRABURN, N. Tourism: the Sacred Journey. *In*: SMITH, V. (Org.). *Hosts and guests: the anthropology of tourism*. Philadelphia: University of Pennsylvania Press, 1977, p. 17-31

_____. The anthropology of tourism. *Annals of Tourism Research*, Berkeley, v. 10, n. 1, p. 9-33, 1983.

GROISMAN, A. Transcultural keys: humor, creativity and other relational artifacts in the transposition of a brazilian ayahuasca religion to the netherlands. In: ROCHA, C.; VÁSQUEZ, M. *The diaspora of brazilian religions*. Leiden: Brill, 2013.

HANEGRAAFF, W. *New age religion and western culture: esotericism in the mirror of secular thought*. Nova Iorque: State University of New York Press, 1998.

HARVEY, D. *The condition of postmodernity: an enquiry into the origins of cultural change*. Cambridge, MA: Blackwell, 1989.

HESS, D. *Spirits and scientists: ideology, spiritism and brazilian culture*. University Park, PA: Pennsylvania State University Press, 1991.

HESS, D. e DAMATTA, R. (Ed.). *The brazilian puzzle: culture on the borderlands of the western world*. Nova Iorque: Columbia University Press, 1995.

HUGGAN, G. *The post-colonial exotic: marketing the margins*. Londres; Nova Iorque: Routledge, 2001.

JENKINS, P. *The next christendom: the coming of global christianity*. Nova Iorque: Oxford University Press, 2011.

JOHNSON, P. C. *Diaspora conversions: black carib religion and the recovery of africa*. Berkeley: University of California Press, 2007.

JOUËT-PASTRÉ, C. e BRAGA, L. *Becoming brazucas: brazilian immigration to the United States*. Cambridge: David Rockefeller Center for Latin American Studies, 2008.

LABATE, B. and CAVNAR, C. (Ed.). *Ayahuasca shamanism in the amazon and beyond*. Nova Iorque: Oxford University Press, 2014.

LAGE, J. e MACHADO, R. Retrato do Brasil. *Folha de S. Paulo*, C1, sexta, 19 set. 2008.

LALIVE C. *El refugio de las masas. Estudio sociológico del protestantismo chileno*. Santiago, Chile: Editorial del Pacífico, 1968.

LEVITT, P. *Transnational villagers*. Berkeley: University of California Press, 2001.

_____. Redefining the boundaries of belonging: the institutional character of transnational religious life. *Sociology of religion,* Spring, v. 65, n. 1, p. 1-18, 2004.

_____. *God needs no passport: immigrants and the changing american religious landscape*. Nova Iorque: New Press, 2007.

LEVITT, P. e GLICK, N. S. Conceptualizing simultaneity: a transnational social field perspective on society. *International migration review*, v. 38, n. 3, p. 1002-1039, 2004.

LEWIS, J. (Org.). Introduction. *In*: *The Encyclopedic sourcebook of new age religions*. Nova Iorque: Prometheus Books, 2004.

MACCANNELL. D. *The tourist: a new theory of the leisure class*. Nova Iorque: Schocken, 1976.

MARGOLIS, M. *Little Brazil: An ethnography of brazilian immigrants in New York City*. Princeton: Princeton University Press, 1994.

_____. September 11 and Transnationalism: the case of brazilian immigrants in the United States. *Human organization*, v. 67, n. 1, p. 1-11, 2008.

_____. *Goodbye, Brazil: emigres from the land of soccer and samba*. Madison: University of Wisconsin Press, 2013.

MARTES, A. C. *New immigrants, new land: a study of brazilians in Massachusetts*. Gainesville: University Press of Florida, 2011.

MEINTEL, D. e HERNANDEZ, A. Transnational authenticity: an Umbanda temple in Montreal. *In*: ROCHA, C.; VÁSQUEZ, M. *The diaspora of brazilian religions*. Leiden: Brill, 2013.

MINISTÉRIO DAS RELAÇÕES EXTERIORES. *Brasileiros no mundo: estimativas*. Brasília: MRE, 2009. Disponível em: <www.brasileirosnomundo.itamaraty.gov.br/a-comunidade/estimativas-populacionais-das--comunidades/brasileiros-no-mundo-2009-estimativas-final.pdf>. Acesso em: jul. 2012.

_____. Apêndice: Número e distribuição de brasileiros no mundo. Brasília: MRE, 2012. Disponível em: <www.brasileirosnomundo.itamaraty.gov.br/a-comunidade/estimativas-populacionais-das-comunidades/APENDICE%20Diplomacia%20Consular%20-%20Brasileiros%20no%20Mundo.pdf>. Acesso em: dez. 2013.

NERI, M. *Novo mapa das religiões*. Relatório. Rio de Janeiro: FGV, 2011.

PRESTON, J. Spiritual magnetism: an organizing principle for the study of pilgrimage. *In*: MORINIS, A. (Org.). *Sacred journeys: the anthropology of pilgrimage*. Westport; Londres: Greenwood Press, 1992.

ORO, A. La transnationalisation du pentecostime brésilien: le cas de l'eglise universelle du royaume de Dieu. *Civilisations*, v. 51, n. 1-2, p. 155-170, 2004.

READER, I. e WALTER, T. (Ed.). *Pilgrimage in popular culture*. Basingstoke, UK: Macmillans, 1993.

REIS, M. Theorizing diaspora: perspectives on "classical" and "contemporary" diaspora. *International migration*, v. 42, n. 2, p. 41-56, 2004.

RIAL, C. The "devil's egg": the football players as new missionaries of the diaspora of brazilian religions. *In*: ROCHA, C.; VÁSQUEZ, M. *The diaspora of brazilian religions.* Leiden: Brill, 2013.

RITZER, G. *The mcdonaldization of society: an investigation into the changing character of contemporary social life.* Thousand Oaks, CA: Pine Forge Press, 1996.

ROBERTSON, R. Globalization, modernization, and postmodernization: the ambiguous position of religion. *In*: ROBERTSON, R. e GARRETT, W. (Org.). *Religion and social order.* Nova Iorque: Paragon House, 1991.

_____. *Globalization: social theory and global culture.* Londres: Sage, 1992.

_____. Glocalization: time-space and homogeneity-heterogeneity. *In*: M. FEATHERSTONE, M.; LASH, S. and ROBERTSON, R. (Org.). *Global modernities.* Londres: Sage, 1995.

ROCHA, C. *Zen in Brazil: The quest for cosmopolitan modernity.* Honolulu: Hawaii University Press, 2006.

_____. Seeking healing transnationally: australians, John of God and brazilian spiritism. *TAJA (The Anthropology Journal of Australia)*, v. 20, n. 2, p. 229-246, 2009.

_____. A globalização do Espiritismo: o movimento religioso de João de Deus na Austrália. *Revista de Antropologia*, v. 52, n. 2, p. 571-603, 2010.

RODRIGUES, V. Brasileiros dizem estar desanimados. *Folha de S. Paulo*, São Paulo, 22 jan. 2011. Disponível em: <www1.folha.uol.com.br/fsp/mundo/ft2201201109.htm>. Acesso em: 25 mar. 2011.

ROETT, R. *The new brazil: from backwater to a BRIC.* Washington: Brookings Institution Press, 2010.

ROHTER, L. *Brazil on the rise: the story of a country transformed.* UK: Palgrave Macmillan, 2010.

ROMERO, S. Economic report adds to Brazil's mounting woes. *The New York Times*, Nova Iorque, 1 dez. 2015. Disponível em: <www.nytimes.com/2015/12/02/world/americas/economic-report-adds-to-brazils--mounting-woes.html?ref=topics>. Acesso em: 3 dez. 2015.

SAFRAN, W. Deconstructing and Comparing Diasporas. *In*: KOKOT, W.; TOLOLYAN, K. and ALFONSO, C. (Org.). *Diaspora, identity and religion.* Londres: Routledge, 2004, p. 9-29.

SHUVAL, J. Diaspora migration: definitional ambiguities and a theoretical paradigm. *International migration*, v. 38, n. 5, p. 41-55, 2000.

SIQUEIRA, D. Novas religiosidades, estilo de vida e sincretismo brasileiro. *In*: SIQUEIRA, D. and BARBOSA LIMA, R. (Org.). *Sociologia das adesões: novas religiosidades e a busca místico-esotérica na capital do Brasil*. Goiânia: Vieira, 2003, p. 107-169.

SOUZA, A. Migrant languages in a multi-ethnic scenario: brazilian portuguese-speakers in London. *Modern humanities research association*, v. 26, n. 1, p. 79-93, 2010.

THE ECONOMIST. So near and yet so far, special report on Latin America. *The Economist*, Londres, 11 set. 2010, p. 4.

_____. Has Brazil blown it? *The Economist*, Londres, 28 set. 2013. Disponível em: <www.economist.com/news/leaders/21586833-stagnant--economy-bloated-state-and-mass-protests-mean-dilma-rousseff-must--change-course-has>. Accesso em: dez. 2013.

TOMASI, L. Pilgrimage/Tourism. *In*: SWATOS JR., W.; CREEK, W. (Org.). *Encyclopedia of religion and society*. CA: AltaMira Press, 1998.

TSING, A. *Friction: an ethnography of global connection*. Princeton: Princeton University Press, 2005.

TURNER, V. e TURNER. E. *Image and pilgrimage in christian culture: anthropological perspectives*. Nova Iorque: Columbia University Press, 1978.

_____. The centre out there: pilgrim's goal. *History of religions*, v. 12, n. 3, p. 191-230, 1973.

VÁSQUEZ, M. A. Studying religion in motion: a networks approach. *Method and theory in the study of religion*, v. 20, n. 2, p. 151-184, 2009.

_____. *Brazil and the emerging global cartography of the sacred*. Apresentação no Center for Religious Studies. Alemanha: Ruhr University, 2012.

VÁSQUEZ, M. A. e MARQUARDT. M. *Globalizing the sacred: religion across the Americas*. Nova Brunswick, NJ: Rutgers University Press, 2003.

VIVEIROS DE CASTRO, E. Perspectivismo e multinaturalismo na América indígena. *O que nos faz pensar*, v. 18, p. 225-254, 2004.

WEBER, M. *The protestant ethic and the spirit of capitalism*. Nova Iorque: Scribner, 1958.

WEINAR, A. Instrumentaling diasporas for development: international and european policy discourses. *In*: BAUBÖCK, R.; FAIST, T. (Ed.) *Diaspora and transnationalism: concept, theories and methods*. Amsterdam: Amsterdam University Press. 2010, p. 73-89.

WILLEMS, E. *The followers of the new faith. Cultural change and the rise of protestantism in Brazil and Chile*. Nashville, TN: Vanderbilt University Press, 1967.

YAMANAKA, K. "I will go home, but when?" labor migration and circular diaspora formation by japanese brazilians in Japan. *In*: DOUGLASS, M. and ROBERTS, G. (Org.). *Japan and global migration - foreign workers and the advent of a multicultural society*. Londres; Nova Iorque: Routledge, 2000.

Parte I

Cristianismo Brasileiro

Capítulo 1

O projeto pastoral de Edir Macedo:
uma rede Pentecostal globalmente integrada

CLARA MAFRA[17], CLAUDIA SWATOWISKI E CAMILA SAMPAIO

Introdução

Este capítulo analisa como uma elite cristã brasileira acabou por delinear o projeto pastoral de uma rede Pentecostal globalmente integrada. Nossa abordagem é similar a de estudos antropológicos que dialogam com a teologia e usa materiais teológicos como "dados que podem nos informar sobre a cultura cristã particular que os produz" (ROBBINS, 2008, p. 286).

Nessa linha de trabalho, um estudo muito bem-sucedido é *The book of Jerry Falwell* de Susan Harding (2000). Ao analisar a trajetória de um único líder evangélico em suas várias dimensões, esse livro apresenta uma visão a um só tempo etnográfica e panorâmica sobre a formação da cultura fundamentalista norte-americana. Harding descreve como Jerry Falwell primeiramente desenvolveu um modo específico de leitura da linguagem bíblica, que a autora chama de *speech mimeses*.[18] Trabalhando com uma rede

---

17 Em 19 de julho de 2013, Clara Mafra faleceu. Com a publicação póstuma da versão em português deste capítulo, deixamos registrada nossa homenagem a essa grande antropóloga que tanto contribuiu para os estudos sobre Pentecostalismo ao longo de sua carreira precocemente interrompida.

18 *Speech mimesis* se refere ao uso reiterativo da linguagem cristã entre os pregadores fundamentalistas e seus seguidores nos EUA. Nas palavras de Harding (2000, p. 12, tradução livre), "as pessoas da Igreja pegam emprestado, personalizam e reproduzem o discurso baseado na Bíblia de seus pregadores e outros líderes nas suas vidas cotidianas. Pregadores se apropriam de fragmentos ou na totalidade dos sermões uns dos outros, enquanto as pessoas da igreja assimilam a linguagem dos pregadores a nível de gramática, semântica e estilo".

de pastores, Falwell superou uma tradição piedosa que se autoimpunha um exílio no interior de uma sociedade abrangente marcadamente secular e trouxe essa tradição religiosa ao centro da vida pública nacional sob o desígnio de "nova nação evangélica". Harding mostra como o projeto pastoral de Jerry Falwell confirma o excepcionalismo norte-americano precisamente quando o projeto imperialista da nação entra em crise.

Outro estudo importante é *The globalisation of charismatic christianity* de Simon Coleman (2000). Nesse livro, o autor contrasta o estilo evangélico sueco tradicional, racional e moderado, com a "Word of Life" (Palavra de Vida), uma igreja carismática fundada por Ulf Ekman. Uma análise da teologia de Ekman permite a Coleman explorar a ideologia linguística que estabelece a equivalência entre "palavra e coisa", que está no centro da Teologia da Prosperidade da Word of Life (COLEMAN, 2000; 2006). Ele também ilustra como a gama de temáticas e práticas que começou na Suécia estimulou a dinâmica expansão de uma rede carismática internacional (COLEMAN, 2000).

À luz desses estudos, o projeto pastoral de Edir Macedo, o fundador da Igreja Universal do Reino de Deus (doravante IURD ou Igreja Universal), uma das igrejas brasileiras mais bem-sucedidas em termos de proselitismo internacional,[19] pode ser identificado como um projeto teológico empreendido a partir da periferia global que é similar àquele construído por Falwell, Ekman e outras elites religiosas em países centrais. De fato, alguns autores que analisaram o projeto pastoral de Edir Macedo sugerem que o seu projeto é meramente uma atualização de noções cunhadas em outro lugar, como "Teologia da Prosperidade", da "economia sacrificial", dos rituais de expulsão de demônios, demonização das religiões afro-brasileiras

---

19 Segundo o *site* oficial da Igreja Universal no Brasil (‹www.igrejauniversal.org.br›). A expansão internacional da IURD teve início em 1980, com a instalação de um espaço de cultos em Nova Iorque. Porém, de acordo com o *site* da IURD em Portugal, a igreja se estabeleceu nos Estados Unidos em 1986. Freston (2001) aponta que a IURD começou a estabelecer, de fato, templos oficiais fora do Brasil em 1985, quando abriu uma igreja no Paraguai. Em 1989, além de Portugal, a IURD estabeleceu-se na Argentina e no Uruguai. A expansão tornou-se mais intensa a partir dos anos de 1990. Estima-se que, em 1995, havia 221 templos instalados no exterior; em 1998, esse número aumentou para 500; e, em 2001, atingiu a marca de mil templos. Segundo o *site* da Universal no Brasil, a igreja mantém hoje mais de 4.700 templos em 172 países. Pode-se dizer que, na maioria deles, sua implantação é simbólica, na medida em que mantém poucos templos e sua penetração é bastante restrita. Portugal, contudo, está entre os países em que a IURD alcançou uma expansão significativa, juntamente com Argentina, Venezuela, Reino Unido, Costa do Marfim, Moçambique, África do Sul e Estados Unidos (ORO, A. P.; CORTEN, A.; DOZON, J., 2003). Portugal foi considerado uma porta de entrada estratégica para a Europa e para a "fila" dos migrantes portugueses espalhados por aquele continente (AUBRÉE, 2000; MAFRA, 2002).

e mesmo dos escândalos e controvérsias (CAMPOS, 1997; MARIANO, 1999; ORO, CORTEN e DOZON, 2003; ALMEIDA, 2009). Como uma cópia periférica menor e tardia, alguns autores argumentam que a teologia de Edir Macedo se tornou um exemplo extremo de "alteridade repugnante" (HARDING, 1991).[20]

Neste capítulo, pretendemos ir além dessas interpretações. Nosso argumento é de que o grande triunfo e originalidade de Edir Macedo, a nosso ver, repousam em sua habilidade de transformar a "nova teologia cristã", para além de suas tendências liberais, em um projeto teológico popular. Assim como Falwell e Eckman, Macedo criou um projeto teológico bem adequado para um modo de organização baseado na associação transitória e na afiliação fraca. Esse modo de organização tem grandes vantagens sobre o trabalho pastoral tradicional do Cristianismo, que assume que os laços sociais são uma forte evidência da boa formação da pessoa cristã, isto é, da conversão bem-sucedida. A vantagem do laço fraco está conectada à condição geral da globalização, que intensificou o nível de mobilidade e transitoriedade de identidades, bens e tecnologias. De acordo com Urry (2006), dentro desse mundo fluído e raso, há uma proliferação de ilhas que operam como âncoras de ordem. Na medida em que as economias neoliberais se intensificam, essas ilhas têm a tendência de se tornar enclaves fortificados de riqueza e poder. Para as pessoas que vivem nesses enclaves e devem defender suas fronteiras dos desestabilizantes fluxos globais, a afiliação fraca à IURD é atrativa porque ela pode oferecer um espaço seguro de consumo da alegria produzida pela globalização.

Neste capítulo, nós argumentamos que o projeto pastoral de Macedo não é apenas diferente daqueles de Falwell e Ekman, mas também mais complexo em termos da combinação entre afiliação forte e fraca. Falwell é conhecido internacionalmente como o fundador da Maioria Moral, que se estabeleceu na década de 1980 como um dos mais poderosos grupos de interesses para os cristãos evangélicos nos EUA. A partir de seu carisma, ele mobilizou indivíduos cristãos, instituições e tecnologias em momentos-chave de debates políticos do país sem

---

20 Aqui chamamos a atenção para uma semelhança entre o fundamentalismo norte-americano e a IURD. Ambos contêm práticas e discursos que não são apenas heterodoxos para protestantes, mas que são considerados uma "alteridade repugnante" por atores seculares modernos (GIUMBELLI, 2002; HARDING, 2000; MAFRA, 2002; MARIZ, 1999).

exigir vínculo duradouro para além dessas conjunturas. Por outro lado, Falwell também contou com um núcleo de seguidores com forte afiliação, muitos deles membros da Igreja Batista Thomas Road, que ele levou, ou jovens estudantes da Universidade Liberty em Lynchburg, Virgínia (EUA), que ele fundou.

De sua parte, Ulf Ekman enfatizou o ensino e a transmissão de seu carisma. Além de sua igreja Word of Life, fundou várias instituições que oferecem uma gama de serviços, desde a instrução básica para os cristãos curiosos sobre a sua tradição até cursos de formação a pastores ativos para a educação teológica nos seminários. Por meio dessas intervenções pedagógicas, que andam de mãos dadas com um arsenal midiático – CDs, DVDs, videoconferência, *sites* etc. –, Word of Life possibilita a reprodução do carisma de Ekman "da Suécia ao Oeste, passando pela ex-União Soviética, Europa Oriental e Ásia Central, e, principalmente, visando a Índia e a China".[21] Em outras palavras, a Word of Life não está preocupada com a formação de instituições leais internacionalmente, o que pode manter uma forte ligação com a Suécia, embora esteja certamente interessada na geração e disseminação de novos materiais que ecoem as palavras de Ekman, como uma forma de reproduzir sua liderança carismática (COLEMAN, 2000).

Quando se trata de Edir Macedo, sua visão implica a existência de uma vasta rede de instituições transnacionais firmemente conectadas que servem como canal de circulação de sermões, pessoas, objetos rituais e "tecnologias do eu". Independentemente da sua localização na rede, os templos da IURD oferecem praticamente os mesmos produtos religiosos, isto é, experiências espirituais relacionadas com privações humanas comuns – a falta de prosperidade, problemas de saúde, na família e casamento, vícios e loucura (CAMPOS, 1997; FRESTON, 2001; MAFRA, 2002; ORO, A. P.; CORTEN, A.; DOZON, J., 2003). Dentro da extensa rede da IURD, dinâmicas locais externas, como crises econômicas, instabilidade política ou desastres naturais, têm pouco efeito sobre as experiências daqueles que participaram de campanhas espirituais rotinizadas da igreja. Aqueles que vêm para a Universal se sentem seguros na reencenação de experiências padronizadas guiadas por pastores brasileiros. Em grande parte, este sentimento de segurança vem do fato de que

---

21 Ver <www.ulfekman.org>. Acesso em: 18 set. 2012.

essas experiências são as mesmas, seja no Rio de Janeiro, em Lisboa ou Luanda. Assim, o projeto pastoral de Edir Macedo não depende da formação de fortes vínculos afetivos entre aqueles que frequentam os templos da IURD em locais diferentes. Em vez disso, a força da rede mundial depende da previsibilidade, calculabilidade e padronização de experiências religiosas desenvolvidas no Brasil e implantadas em vários tempos e espaços. Mas em que condições essas experiências rotinizadas foram produzidas? Para responder a essa pergunta, devemos nos voltar para a biografia e visão de mundo de Edir Macedo.

Marca, "revolta" e determinação

Tal como Jerry Falwell e Ulf Eckman, Edir Macedo construiu sua imagem apresentando sua história pessoal a partir de eventos extraordinários, ações miraculosas, que vão no decorrer da sua trajetória de vida se revelando, se articulando para engrandecê-lo. Ao tornar essa estrutura narrativa um tipo de evangelismo orientado para a mídia (HARDING, 2000), a narrativa biográfica do líder religioso faz-se ambígua, sendo recebida com desdenho e descrédito ou confiança e fé. Seguidores e inimigos encontram sustentação de sua posição com sinais invertidos na mesma narrativa.

Na única biografia autorizada *O bispo, a história revelada de Edir Macedo*,[22] de Douglas Tavolaro (2007), Edir Macedo é descrito desde o princípio como vítima de uma grande conspiração. Os três primeiros capítulos tratam de sua prisão. Era o dia 24 de maio de 1992, começo de tarde em São Paulo, quando o BMW de Edir Macedo foi cercado por vários carros da polícia civil e federal. Os agentes estavam equipados com armamento pesado, escopetas, metralhadoras e revólveres. Dentro do carro estavam o bispo, sua esposa Ester, a filha Viviane e uma amiga da filha, que retornavam de um culto na IURD de Santo Amaro. Ao ouvir a voz de prisão, ele saiu do carro com as mãos para o alto. Não reagiu nem ofereceu qualquer tipo de resistência. Em seguida, o bispo foi colocado em um camburão e conduzido para a delegacia da Vila Leopoldina, onde permaneceu encarcerado por onze dias. Relembrando a cena diante das câmaras vinte anos depois, Edir Macedo conta que "foi como um ataque cardíaco. De repente, o terror. Comecei a viver um pedaço do inferno" (TAVORALO,

---

22 Enquanto nós estávamos escrevendo este capítulo, Macedo publicou a autobiografia intitulada *Nada a perder. Momentos de convicção que mudaram a minha vida* (Planeta Editor).

2007, p. 20). O juiz que expediu o mandato de prisão se fundamentou em acusações de charlatanismo, curandeirismo e estelionato. Por 500 mil dólares a igreja contratou um dos melhores advogados do país, Márcio Thomaz Bastos, que o retirou da prisão onze dias depois com um pedido de *habeas corpus*. Para Edir Macedo, o episódio "foi uma grande lição de vida, [aprendi a] transformar as adversidades... como se diz, fazer do limão, uma limonada" (2007, p. 24).

A prisão ocorreu em meio ao processo de compra da Rede Record pela igreja de Edir Macedo. Foi uma luta de titãs, com um circuito de capital que adentrava os milhões de dólares. O ato de prisão ocorreu em momento crucial dessa transação, quando parte do valor já tinha sido pago aos proprietários anteriores, mas a concessão federal ainda não tinha sido expedida. O caráter marcadamente político da decisão de concessão – que deve ser sancionada pelo presidente da República – permitiu ações mais ousadas das pessoas preocupadas com a negociação, boa parte, membros da elite política e de empresários da mídia. Com esse enquadramento, para o fiel da igreja, o evento é signo de justiça divina: não porque com a prisão se reparam faltas de um cidadão diante da lei – como quer o "inimigo" do bispo –, mas porque ali se criou um mártir.

Em suas memórias, Edir Macedo lembra que passou por aquela situação com amargura e sobriedade. Não é o caso aqui de explorar as várias dimensões da narrativa construída por Edir Macedo, mas é importante chamar atenção para sua estrutura, algo que está presente em sermões, prédicas, reportagens, *site* de Edir Macedo, autobiografia autorizada, fala de muitos de seus seguidores. Tudo isso remete à crença judaico-cristã de que "os humilhados serão exaltados" (Lc 18,14).

Para o ouvinte com "boa fé", o evento do aprisionamento tendeu a ser descrito do ponto de vista da vítima injustamente acusada. Não é fortuito, portanto, que a fotografia com a imagem de Edir Macedo sentado em um banco na cela atrás das grades lendo a Bíblia tenha se tornado o ícone do representante máximo da Igreja Universal do Reino de Deus. Desde então, a fotografia tem sido sistematicamente reproduzida pela imprensa da Igreja Universal em reportagens e documentários sobre Edir Macedo. No jornal *Folha Universal*, a foto é usada para identificar a coluna do bispo. Também é encontrada em muitos panfletos e na capa da biografia do bispo. Nós podemos sintetizar o subtexto que a imagem carrega nos seguintes termos: o bispo é alguém que conheceu a humilhação por dentro, e por isso sabe compartilhar sua fé com pessoas que a experimentam cotidianamente.

Mais que um evento fortuito, a humilhação é moto contínuo na biografia do bispo. Edir Macedo nasceu com um problema congênito – seus indicadores e polegares são deformados e têm movimentos restritos –, estigma que foi interiorizado pelo bispo ainda na infância: "Eu era o patinho feio. Eu tinha a sensação de que tudo que eu fazia daria errado: uma pipa rasgada, balões que pegam fogo. Às vezes eu me sentia como um transtorno" (TAVOLARO, 2007, p. 59). De acordo com a sua biografia, Edir Macedo aprendeu a controlar o estigma, tornou-se um jovem confiante, vivaz e belo, que conquistou a "mulher de seus sonhos", Ester, sua esposa. O estigma, contudo, o acompanhou mais longe do que ele poderia imaginar. Sua primeira filha, Viviana, veio a nascer com uma fissura labiopalatal – a marca do menino tinha sido geneticamente transmitida para a nova geração.

A reação de Edir Macedo ao ver sua filha é registrada na biografia com as seguintes palavras:

> [...] levei um tremendo susto. A menina era um horror. Eu disse para mim mesmo: "Meu Deus, eu não quero esse monstrinho!". Sua fisionomia era terrível. Eu imaginava o sofrimento que seria o crescimento daquela criança. Eu sabia o que era ser defeituoso. Imagina ela, então, menina, certamente vaidosa... não, não queria. Preferia sua morte. (TAVOLARO, 2007, p. 96)

Nessa passagem, nada da contrição e da convencionalidade burguesa que apara e adoça lembranças. Edir Macedo fixa-se na violência do evento, de que ele tinha gerado um rebento deformado, um ser que teria, dali para frente, uma trajetória trágica em função de uma marca que não pediu e que não poderia ficar oculta. A reação do pai foi bruta como é bruto o mundo em que Edir Macedo vive: "Eu não quero este monstrinho!". E continuou dizendo:

> Eu e Ester choramos muito. Foi doloroso. Em meio ao choro, manifestei minha revolta e decepção. Ajoelhei na cama para orar e, num acesso de raiva, soquei a cama várias vezes. Determinei que, a partir daquele momento, eu iria deixar minha igreja [naquela época, a Nova Vida] e ajudar as pessoas sofridas como eu. (TAVOLARO, 2007, p. 97)

Nessa passagem, Edir Macedo faz do nascimento trágico da filha o ato inaugural da nova igreja, uma igreja que viria ao mundo para "ajudar as pessoas que sofrem como eu". Explicitamente, Edir Macedo afirma que sua mensagem será dirigida para pessoas que conheceram uma grande restrição de liberdade, consideradas incapazes, excluídas do destino redentor prometido pelo sonho do capitalismo liberal.[23]

Fazendo uma analogia a partir de sua própria experiência emocional, na nova igreja o bispo chamaria as pessoas para se revoltarem, para provar a ira do reconhecimento da sua própria situação e desafiar a Deus, "determinando" então um destino alternativo. Por meio da experiência de revolta, o sabor da raiva, o imperativo na relação com o divino e a "confissão positiva", a afirmação de Ekman que a "palavra que faz o que ela diz" vem a ressoar com a vida das pessoas que experimentaram a Modernidade como privação. Nesse sentido, o apelo à conversão dentro da IURD se encaixa na teoria "tensão em sociologia da religião", que afirma que "as pessoas aderem a uma religião a fim de satisfazer os desejos convencionais que privações pessoais ou coletivas incomuns frustraram" (BAINBRIDGE, 1992, p. 178). Mas esta não é a história toda.

Laços fracos e a circulação de objetos, pessoas e palavras

Uma das peculiaridades da IURD em relação ao universo Pentecostal e Carismático está no fato de essa igreja não recusar uma membresia transitória. Ao contrário do modelo congregacional cristão clássico, que é caracterizado por pequenas congregações com fortes laços de solidariedade mecânica entre os membros (BAINBRIDGE, 1992), a Igreja Universal parece não apenas coexistir, mas tomar vantagem de uma audiência flutuante. Gomes (2011) localizou quatro tipos ideais de frequentadores, ordenados hierarquicamente. Primeiro, os membros convertidos, os obreiros, os pastores e os bispos, que formam o "clero" da igreja. São pessoas que passaram pelo "batismo das águas" do Espírito Santo e assumem a identidade iurdiana. Em seguida, "os membros em processo de conversão", frequentadores ainda não batizados pelo Espírito Santo. Terceiro, os membros esporádicos, aqueles que procuram a igreja em busca de uma bênção

---

23 Ao mesmo tempo que o capitalismo oferece um vasto imaginário de possibilidades, estimulando desejos, frustra repetidamente essas possibilidades pela distribuição desigual de oportunidades. Veja, por exemplo, Jean e o tratamento de John Comaroff do "capitalismo milenar" (2001).

imediata. Por fim, as pessoas "do mundo" ou o horizonte aberto de difusão e influência da mensagem iurdiana (GOMES, 2011).

É a terceira categoria, os esporádicos, que trouxe para a teologia da IURD uma linguagem *pop* do mundo evangélico em diferentes nações. Jargões, temas, motes que aparecem nos sermões e campanhas da igreja são transferidos para a linguagem das ruas, sem o compromisso da coerência e da *ratio* especificamente cristã. No Brasil, por exemplo, a palavra "encosto", que a Universal pegou emprestado das religiões afro-brasileiras, é agora usada amplamente na sua rede para identificar entidades malévolas que interferem na vida das pessoas. Nos países africanos de língua portuguesa, a Igreja Universal ressignifica o termo "macumba" também proveniente do contexto afro-brasileiro. Em Portugal, os pastores identificam o mal como "bruxedos" – um termo utilizado no contexto do Catolicismo popular – para indicar ações feitas por uma entidade malévola.

Como é possível que um conjunto de participantes esporádicos retorne ocasionalmente à IURD sem aderir à ideia da "reforma da pessoa", como supõe a conversão tradicional, e sem se sentir enganado ou frustrado? Em outras palavras, se esses frequentadores não têm laços suficientemente fortes com a igreja para compartilhar de um orgulho institucional, por que eles retornam ao mesmo endereço?

Baseada na biografia de Edir Macedo, a chamada clássica da Universal é "pare de sofrer". Esse mote, junto com a imagem de um rapaz pensativo, está inscrito na fachada de boa parte dos endereços da Igreja Universal pelo mundo. Em seu discurso de comemoração dos 25 anos da igreja e de inauguração da majestosa catedral da igreja em Del Castilho (onde a igreja nasceu), o bispo Edir Macedo fez a seguinte oração:

> Espírito Santo, eu te peço. Eu suplico. Plante no coração de cada uma dessas pessoas a semente da revolta. A revolta. A ira. Espírito, põe revolta dentro destes corações para não aceitar essa situação desgraçada, decadente, mesquinha, em que ele(a) está vivendo. (GOMES, 2004, p. 101)

Assim como outros religiosos proselitistas, a mensagem da Igreja Universal é dirigida a pessoas privadas de conhecimento fundamental, isto é, a "pessoas ignorantes". A tradição cristã em seu longo percurso proselitista deu origem a diferentes significados da palavra "ignorância", todos com um subtexto moral. Primeiro, ignorância é sinônimo de "inocência", pessoa pura e moralmente louvável. Um segundo sentido é de ignorância como "falta de conhecimento" ou "inexperiência", como a pessoa que está inconsciente de sua situação, mas que procura, tão logo tome consciência, superá-la. Terceiro, o mais grave moralmente, envolve a ignorância como "recusa a conhecer", a pessoa que intencionalmente procura não tomar conhecimento de alguma coisa (DILLEY, 2010). Muito frequentemente, missionários euro-americanos tendem a oscilar entre dois extremos, atribuindo ora inocência e louvor ora ignorância intencional e pecado mortal aos neófitos. Na IURD, os pastores aprendem a sobrepor os três sentidos de ignorância em um único como: "falta de conhecimento" ou "inexperiência". Sem a expectativa de encontrar interlocutores "inocentes", os pastores dessa igreja dedicam-se a comunicar ostensivamente chaves de acesso a um "Deus que funciona" para pessoas "ignorantes da fé" (TAVOLARO, 2007, p. 132).

No vernáculo da igreja, o iurdiano deve buscar insistentemente "a fé ativa", ou seja, deve propor objetivos de mudança de sua vida, pedir para Deus a mudança e sacrificar-se. Segundo o bispo Edir Macedo, ao exercitar a reciprocidade com o Divino, os homens e as mulheres aprenderão a se conhecer, superando sua alienação. Sacrifício é o principal portão para uma transformação interna por meio da manifestação externa. De acordo com Edir Macedo,

> você vai aprender quem você é a partir do momento que você é levado ao sacrifício. Você vai se conhecer, ou conhecer as suas forças, se você for levado ao sacrifício. Só vai conhecer a si próprio, a sua fé, seu relacionamento com Deus, quando você for levado a uma situação que vai requerer de você a expressão daquilo que está dentro de você [...] justamente naquele momento de profunda angústia e aflição, você vai manifestar seu verdadeiro caráter, a sua verdadeira fé. (GOMES, 2004, p. 105)

Essa "economia sacrificial" faz parte do *ethos* evangélico Carismático e Pentecostal contemporâneo. Ainda na década de 1980, um evangelista televisivo como Jerry Falwell conseguiu triplicar o volume de doações de sua audiência em uma semana ao construir uma narrativa aberta e interativa com um resultado final específico – a compra do terreno para construir uma universidade evangélica – no enfrentamento do mundo secular. Seu desempenho como apóstolo permitia a participação ativa, naquela semana, de sua audiência na batalha espiritual cósmica. Mais sistemático e menos performático, Ulf Ekman, líder religioso da Word of Life, analisou e sistematizou os elementos da economia sacrificial aprimorando a noção de "confissão positiva", do qual pressupõe, segundo Coleman, que "palavras tenham qualidades de objeto, ou seja, elas poderiam ser removidas ou retidas pelas pessoas com existência semiautônoma" (COLEMAN, 2006, p. 173). Essa versão do Cristianismo – que Ulf Ekman se orgulha em disseminar em suas escolas bíblicas – tende a aproximar palavra cristã e dinheiro, algo que causa repulsa em tradições cristãs mais estabelecidas, cujo desenvolvimento histórico está atrelado ao processo inverso, de separação entre dinheiro e transcendência.

Edir Macedo, por sua vez, transportou boa parte dos pressupostos teológicos da "economia sacrificial" já conhecidos e elaborados por outros teólogos em uma "economia sacrificial ritual". Pode-se dizer que o bispo Edir Macedo construiu a versão mais "católica" de uma elaboração teológica de raiz reformada. Para compreender a importância dessa pequena diferença, é preciso compreender a "economia sacrificial ritual" implementada pela Igreja Universal, com sua rotina ritual, que envolve um trabalho específico com objetos rituais e o desenvolvimento e a inculcação de autodisciplina. Dificilmente alguém sai das reuniões da Igreja Universal sem carregar algum pequeno objeto, uma miniatura[24] – estes são os "pontos de contato", como sal grosso, rosa ungida, água fluidificada, fitas e pulseiras, ramo de arruda (CAMPOS, 1997; GOMES, 2004; KRAMER, 2001). Segundo o estatuto da IURD, o clero da igreja é levado a utilizar "objetos" em função do problema de "falta de conhecimento" de sua audiência. Pessoas "maduras na fé" conseguem entender que "o poder está no Senhor Jesus Cristo e na ação do Espírito Santo", e essas pessoas conseguem acessar o Cristianismo em sua total potencialidade, como uma religiosidade de abstração. No entanto, "pessoas imaturas na fé", implicitamente, aquelas que mais precisam conhecer a mensagem cristã, são as que precisam de "pontos de contato". O estatuto continua:

---

24   O clero IURD considera como pontos de contato todos os objetos que podem ritualmente materializar e, portanto, mostrar a eficácia do poder do Espírito Santo. Pode ser um livro, um envelope, um jornal, uma revista, o óleo da unção, bandeiras e miniaturas de barcos, casas ou carros.

> [...] nem todas as pessoas necessitam de "pontos de contato" para desper-
> tarem fé suficiente, mas a maioria precisa, razão pela qual realizamos nas
> reuniões as correntes e distribuímos gratuitamente coisas ligadas à Palavra
> de Deus direta ou indiretamente, literal ou simbolicamente, para trazer às
> pessoas uma confiança, pelo menos um fio de esperança, de fé, e assim levá-las
> a serem abençoadas. (Estatuto, [s/data], p. 66-67)

Além disso, nos cultos da Universal é muito comum assistir a encenações como a que segue, descrita por Mafra (2002) em sua pesquisa de
campo, na IURD de Botafogo, no Rio de Janeiro:

> No púlpito, enquanto relê a passagem bíblica João 10,9 (Eu sou a portal. Se
> alguém entrar por mim, será salvo, entrará, e sairá, e achará pastagem), o
> pastor passa pelo portal. Em seguida, ele se coloca novamente diante do
> portal. Simula que quer passar, mas vai pelo lado. Caminhando pela lateral
> do portal, o pastor se agacha e se movimenta sorrateiramente. Age como
> um ladrão. Daí se volta para o público e pergunta, "esta pessoa passou pelo
> portal?". Prontamente, o público responde que "Nnãããããõõoo". Retorna e,
> com o corpo ereto e a cabeça erguida, passa pelo portal. "Assim é que se
> passa pelo portal da fé", ele explica.

Nas reuniões da IURD, problemas altamente abstratos da teologia
cristã são remetidos a exercícios simples com objetos e simulações.[25] Diante
desses objetos, os pastores apresentam algumas alternativas de ação – um
portal que pode ser transposto pelo centro ou pela periferia, um muro que
pode ser escalado, circundado ou destruído etc. As alternativas não são
apenas mencionadas, mas acompanhadas de atuações do pastor, em que
não só as palavras, mas a expressão corporal é significativa – um corpo
que passa agachado e sorrateiro, moralmente condenável, um corpo altivo
e com movimento decidido, moralmente louvável. Os pastores da IURD
também convidam o público a participar de atividades que remodelam o
ambiente: as pessoas são chamadas a vir ao púlpito para quebrar tijolos feitos de papel, ou são encorajadas a se engajar em um "abraço coletivo", ou a
passar por um túnel criado por obreiros vestidos com roupas de casamento,
ou para caminhar sobre um tapete de sal.

---

25 Nessa mesma linha, Meyer (2003) mostra como pentecostais em Gana defetichizam objetos de origem
desconhecida, permitindo-lhes consumir com segurança os produtos do capitalismo global. Seguindo
Kramer (2001) e Swatowiski (2009), nós argumentamos que a Igreja Universal oferece uma dialética semelhante de "ser possuído e possuir", mas aqui estamos interessados no papel que a circulação de objetos
desempenha na preservação de laços fracos e frouxos.

O desenvolvimento de encenações como essas é um indicativo de que os pastores da IURD estão atentos à produção de uma didática que supõe que corpo, mente e ambiente estão intimamente entrelaçados e se constrangem reciprocamente.

Uma visita a qualquer templo da IURD em todo o mundo revela a mesma organização de atividades temáticas semanais. Na segunda-feira, há a reunião para lidar com a prosperidade e questões financeiras; na terça-feira, a sessão de limpeza espiritual para solucionar problemas de saúde; na quarta-feira, a reunião dos "filhos de Deus" e do grupo de crescimento espiritual; na quinta-feira, a "terapia do amor", que enfoca a família; na sexta-feira, uma sessão sobre libertação (exorcismo); no sábado, as atividades ao redor das causas impossíveis e (novamente) as questões do amor; e no domingo, o encontro com Deus, bem como encontros das famílias.

Por meio dos rituais construídos em torno dessa agenda padronizada, a IURD imprime sua economia sacrificial e sua noção de pontos de contato dia após dia. Dessa maneira, mesmo quem frequenta a igreja esporadicamente, não irá se decepcionar com os serviços previstos. Seja qual for o dia que uma pessoa visite a igreja, ela será convidada a seguir uma sequência ritualizada de atividades que começa na igreja, mas que continua em sua casa e local de trabalho, seja por meio do rádio, da televisão ou da internet. Essa sequência ritual padronizada e integrada garante resultados controlados e previsíveis para os frequentadores da IURD.

Esse formato de serviço espiritual controlado e previsível, independentemente do contexto, gera âncoras de ordem – que são muito atrativas para grupos que enfrentam situações de mudanças rápidas e de grande diversidade cultural e religiosa, que estão em fluxo constante devido a processos de migração interna e diáspora mundial ou que estão ameaçados por episódios abruptos e imprevisíveis de *boom* econômico ou falência. Não menos importante, outra vantagem desse formato é que ele permite que a IURD treine seus pastores e missionários de forma eficiente e com um custo relativamente baixo, uma vez que a capacidade de oferecer serviços rotineiros não requer altos níveis de qualificação teológica. Para entender como a IURD opera, exploraremos o trabalho da igreja em três países – Brasil, Angola e Portugal – onde a Universal tem alcançado grande visibilidade.

Brasil

Em 1977, o Brasil vivia sob regime de exceção, com o comando de um presidente militar, general Ernesto Geisel, quando três pastores, Edir Macedo, Romildo Ribeiro Soares e Roberto Augusto Lopes, fundaram a Igreja Universal do Reino de Deus. Diferentemente de outros países latino-americanos, no Brasil a transição de um "estado de exceção (como a ditadura foi descrita) para um regime democrático foi 'lenta e gradual'".

Ao fundar a nova igreja, Edir Macedo rompeu definitivamente com a Igreja de Nova Vida, instituição que o formou como pastor e que foi precursora da Teologia da Prosperidade no Brasil. O projeto pastoral de Mac Alister, missionário canadense que dirigia a Igreja de Nova Vida, estava claramente voltado para as camadas médias urbanas. Ele divulgava a teologia da confissão positiva e de recusa do fracasso para uma audiência com recursos adequados para a entrada em um mercado de trabalho competitivo. Nessas camadas sociais, ressoava bem um projeto pastoral de empreendedorismo com conformismo social. Porém, segundo Campos (1997) e Mariano (1999), desde o início o foco do projeto pastoral de Edir Macedo foi as camadas populares, em uma composição ousada de empreendedorismo, revolta e inquietude.

Além disso, a alternativa pastoral de Edir Macedo é distinta do projeto católico, especialmente porque este opera com uma noção de popular como tradicional ou de raiz rural. Nesse registro, como bem afirmou Patrícia Birman, o popular está associado ao localismo:

> [No Catolicismo] as representações do popular promovem uma imagem "limpa" de uma ordem simbólica em que elementos aparentemente díspares se encontram relacionados por traços de união provenientes de um território embebido em tradicionalidade. (BIRMAN, 2003, p. 242)

Para o clero católico brasileiro (muitas vezes composto por estrangeiros), as camadas populares aproximam-se da alteridade "pura" e "inocente". Em contrapartida, Edir Macedo concebe o "popular" como aquele que busca os signos de riqueza, opulência, cosmopolitismo e globalização.[26] A Igreja Universal dirige-se a essa audiência apresentando-se como o canal social que garante de maneira eficiente o acesso e a distribuição dos signos da

---

26 Nessa concepção, os "populares" são aqueles que querem chegar à mesma posição e ter as mesmas condições materiais do Outro – é um tipo de aproximação mimética.

Modernidade "a quem quer que a procure". Não se imputa uma relação de oposição entre "ser popular" e "Modernidade",[27] nem se atribui ao popular um lugar social de inferioridade do ponto de vista simbólico. Com essa solução pastoral, Edir Macedo conseguiu furar o cerco da hegemonia católica após a ditadura (1964-1985), conquistando o maior crescimento de todos os tempos da história nacional em número de fiéis.[28]

Dados etnográficos ajudam a compreender melhor a importância, nesse projeto pastoral, de se adquirir e acumular capital econômico e político no sentido de criar alternativas de atualização da "mensagem de prosperidade" para populações previamente excluídas do mercado. Ou seja, no esforço de aproximação com a "Modernidade", além do aparato da mídia da Universal, são fundamentais as mediações institucionais localmente situadas. Os dados a seguir foram coletados por Cláudia Swatowiski em sua pesquisa de campo, entre 2005 e 2006, na cidade litorânea de Macaé, situada no norte do estado do Rio de Janeiro (SWATOWISKI, 2009).[29]

Desde 1974, em função da descoberta de petróleo na Bacia de Campos, Macaé viu-se catapultada para o centro de uma dinâmica econômica, cultural e política global. Com a instalação da base da Petrobras em suas praias, não só a paisagem urbana sofreu ampla reformulação. Entre 1980 e 2001, a população da cidade passou de 59 mil habitantes para mais de 120 mil (CENSO, 1980 e 2001). Profissionais altamente qualificados vindos de diferentes lugares do Brasil e do exterior formaram a nova elite da cidade, sobrepondo-se à elite tradicional. Ao mesmo tempo, muitos migrantes com pouca qualificação chegaram a Macaé em busca de emprego, atraídos pelas

---

27 O conceito de modernidade é contestado e polivalente. Seguimos Giddens (1998, p. 94, tradução livre), sublinhando essas dimensões como centrais para a modernidade: "(1) um certo conjunto de atitudes em relação ao mundo, a ideia do mundo como aberto a transformação, por intervenção humana; (2) um complexo de instituições econômicas, especialmente a produção industrial e uma economia de mercado; (3) um certo número de instituições políticas, incluindo o Estado-nação e da democracia de massa. Em grande parte, como resultado dessas características, a modernidade é muito mais dinâmica do que qualquer tipo anterior de ordem social. É uma sociedade – mais tecnicamente, um complexo de instituições – que, diferentemente de qualquer cultura anterior, vive no futuro, ao invés do passado".

28 De acordo com o censo de 2010, a IURD perdeu 300.000 membros na última década, colocando membros atuais da Igreja em 1,9 milhão. Em nossa perspectiva, essa perda é uma questão de classificação, pois houve um aumento significativo no número de pessoas que se declaram como "evangélicos não determinados". Se estivermos certas, isso significa que os laços fracos se sobrepõem e as pessoas não reconhecem sua filiação. Evangélicos não determinados (atualmente em 9,2 milhões) mascaram o crescimento do número de seguidores transitórios que têm um laço fraco com a IURD, frequentando suas reuniões e também as de outras igrejas evangélicas.

29 Apesar de nos concentrarmos aqui em Macaé, nossas observações e conclusões também se apoiam em trabalho de campo realizado em outras localidades, incluindo Rio de Janeiro, Rondônia e São Paulo.

notícias que circulavam na grande mídia. As oportunidades eram muitas, mas não para todos, e a população local se viu pressionada por um mercado de trabalho competitivo e exigente. As periferias pobres cresceram significativamente, sinalizando a dificuldade de acesso a recursos da Modernidade para boa parte da renovada população.

A Igreja Universal instalou-se em Macaé em 1993, mas só veio a inaugurar sede própria em 2002. O Templo Maior, com capacidade para mais de 1.200 pessoas, foi construído com recursos da própria instituição e ganhou destaque na imprensa local, como um indício da prosperidade da cidade e de sua "modernização". Além disso, a igreja marcou presença entre os habitantes da cidade ao oferecer concepções cosmológicas e mecanismos rituais que capacitavam os indivíduos a prosperarem por si próprios, incentivando o "empreendedorismo" e o trabalho autônomo. Porém, distintamente da Petrobras, que tendia a descartar os trabalhadores "pouco qualificados", a IURD incentivava sua audiência a buscar alternativas de empreendedorismo para suprir demandas por serviços e comércio nas franjas da indústria petrolífera. Assim, incentivou-se a formação de redes de sociabilidade entre os frequentadores do Templo Maior por intermédio das quais iurdianos de diferentes estratos sociais eram encorajados a constituir pequenas empresas e iniciativas de serviço e comércio.

Ao mesmo tempo, o discurso da Igreja Universal sobre "empreendedorismo" foi matizado por outros discursos típicos de outras igrejas evangélicas. Um bom exemplo é o de João, um fiel da IURD que conseguiu um emprego em uma plataforma de petróleo. Trabalhando na plataforma, João poderia ter um bom salário e acesso aos frutos da Modernidade. No entanto, João não suportava a pressão de estar separado da família por longos períodos (15 dias de trabalho e 15 dias de folga). Nesse caso, o "empreendedorismo" da Igreja Universal, com sua ênfase no trabalho de sacrifício, não incentiva João a colocar "dinheiro" acima do valor cristão da família (SWATOWISKI, 2009).

Essas breves referências etnográficas nos ajudam a sugerir que no Brasil a "Modernidade" chega ou via a antiga elite católica – em geral, conformada com o padrão de desigualdade instituído –, ou via empreendedores internacionais e nova elite – em geral, atores socialmente desatentos aos excluídos do lugar. Diante dessa redoma de poder econômico, político e cultural, a redistribuição das benesses do capitalismo liberal para uma vasta população de pouca qualificação requer uma instituição religiosa que também se constituía como um conglomerado empresarial e uma força política relevante. Em outras palavras, o projeto pastoral de Edir Macedo parece levar em conta que, para que a Teologia da Prosperidade ganhe sustentabilidade em países de desenvolvimento tardio, os constrangimentos regionais de acesso ao moderno precisam ser quebrados com certa agressividade.

Portugal

A Igreja Universal do Reino de Deus chegou a Portugal em 1989. Inicialmente, diante da forte tradição católica com privilégios no interior do Estado (garantidos pela Concordata de 1940, reformulada em 2004), a IURD encontrou grande resistência. A situação se tornou ainda mais difícil quando a Universal adotou uma estratégia proselitista agressiva (MAFRA, 2002), fato que resultou em uma mobilização social de crítica e rejeição "àquela igreja brasileira". Ainda assim, a Universal conseguiu atrair um número significativo de pessoas em Portugal, sendo a grande maioria de imigrantes do Brasil e de países africanos de língua oficial portuguesa. Normalmente, esses migrantes se deparam com um preconceito social e cultural generalizado e sofrem com o subemprego (SWATOWISKI, 2013).

Durante a década de 1980, Portugal viveu um período de crescimento econômico estimulado pela entrada do país na União Europeia.[30] Essas circunstâncias, por sua vez, desencadearam um aumento significativo no fluxo de imigrantes, inicialmente, a partir de ex-colônias portuguesas e, posteriormente, da Ásia e os países do leste da Europa (MALHEIROS, 1996). Portugueses que viviam no exterior também começaram a retornar à terra natal, atraídos pelas novas perspectivas. Depois de um longo período de "atraso" (forma como se referem os portugueses à época do Estado Novo[31]), Portugal entrou em um processo de abertura gradual.

---

30 Naquela época, quando o Brasil estava passando por uma transição para a democracia, tentando alcançar a estabilidade econômica, muitos brasileiros altamente qualificados migraram para Portugal. No final da década de 1990, o perfil dos imigrantes brasileiros mudou para trabalhadores menos qualificados (MACHADO, 2009). Estes encontraram mais dificuldades para viver em Portugal e tornaram-se "membros potenciais" da Igreja Universal.

31 Em 1933, o Estado Novo foi estabelecido em Portugal, somente derrubado em 1974, com a revolução de 25 de abril. Nesse período, Antonio Salazar, líder popular e autoritário, conduziu um governo marcado pelo conservadorismo e nacionalismo.

Nos primeiros anos de União Europeia, Portugal, país periférico no contexto europeu, buscou recuperar o "tempo perdido". A facilidade de crédito, de acesso a bens de consumo, de circulação pelos países vizinhos e de fluxo de informações gerou euforia entre os portugueses, mas as possibilidades de acesso a essa nova realidade não eram iguais para todos. Passado o entusiasmo de um período de grandes investimentos internacionais, muitos obstáculos começaram a aparecer. Atualmente, na mídia, fala-se exaustivamente sobre a dificuldade dos portugueses em honrar dívidas, da falta de empregos e da situação delicada da população envelhecida.[32] Jovens bem qualificados saem do país, atraídos por boas oportunidades em outros países da Europa. Os imigrantes, que geralmente ocupam empregos de menor qualificação, submetem-se a condições desfavoráveis de trabalho. Os idosos têm dificuldades de sobreviver com suas aposentadorias e necessitam de cuidados especiais.

Como nós indicamos anteriormente, a Igreja Universal procura criar interlocução com um público que enfrenta "privação". Em campanhas realizadas pela IURD, a revolta, cuja manifestação é incentivada como reconhecimento de uma condição indesejada, ganhava conotação de justiça e luto. Por exemplo, em outubro de 2008 a igreja realizou uma campanha nacional na qual obreiros se vestiam de preto e pastores e bispos reclamavam por justiça.[33] Lembravam-se da citação bíblica "bem-aventurados os que têm fome e sede de justiça, porque serão fartos" (Mt 5,6). A indignação poderia ter os mais variados motivos: desemprego, subemprego, doença, pobreza, problemas sentimentais e de família. O culto tornava-se o espaço para reivindicar direitos diante de Deus. Não apenas era preciso declarar sua insatisfação, como também marcar o luto por tudo que se vivia, sinalizando que aquele pretendia ser um rito de passagem para uma nova condição. Durante as reuniões, pastores e bispos estabeleciam um paralelo entre a luta por justiça a ser praticada por cada fiel e aquela vivida institucionalmente. A campanha foi realizada no momento em que a IURD iniciava a construção do Centro de Ajuda Espiritual no Porto. A denominação arrecadava recursos para viabilizar as obras, usando o *slogan* publicitário "não é justo pararmos no meio do caminho".

---

32 Nas últimas décadas, Portugal tem registrado um ritmo de envelhecimento populacional superior a outros países europeus (BARRETO, 2000). Em 2001, 16,35% da população de 10.356.117 habitantes tinha mais de 65 anos (INE).

33 Mafra fez trabalho de campo em Portugal, em 1997 e 1998, enquanto Swatowiski realizou sua pesquisa em 2007 e 2008. Ambas focaram nas cidades de Lisboa, Porto, Coimbra e Fátima.

O Centro de Ajuda Espiritual do Porto – uma construção contemporânea minimalista que se parece com um centro de convenções – pode ser considerado a materialização de uma nova apresentação pública da IURD em Portugal. Seu projeto arquitetônico revela um distanciamento do imaginário religioso tradicional e uma aproximação com referenciais modernos e laicos. Isso significa que, depois de enfrentar forte resistência da sociedade portuguesa à sua atividade, a igreja, desde 1997, optou por rever sua postura no espaço público. Deixou de lado a lógica agonística, o discurso persecutório e o confronto declarado com a Igreja Católica, para adotar uma postura de competitividade, aproximando-se de referenciais hegemônicos e "modernos". Em busca de legitimidade e de um novo lugar social no contexto português, a Igreja Universal reformulou o conteúdo e a programação visual de suas mídias[34] (agora mais próxima de uma agenda de mídia secular e com um *layout* sofisticado), adotando novos nomes para as reuniões da rotina semanal ("Corrente da Prosperidade" passou a se chamar "Congresso Financeiro", por exemplo) e para seus lugares de culto. Essa atenção às realidades locais e a flexibilidade em reagir ao contexto português mostram que a IURD é capaz de se adaptar, mantendo a sua estrutura hierárquica, ancorada na experiência original de Edir Macedo no Brasil, bem como a sua agenda ritual.

Apesar do fato de que a IURD reformulou a sua imagem pública, em Portugal, há uma tendência entre os seus seguidores de ocultar qualquer ligação que eles tenham com a igreja. Muitos deles optam por uma participação esporádica ou sazonal, ou ainda por assistir ou ouvir programas de rádio e TV produzidos pela IURD. Ao estabelecer vínculos fracos, esses seguidores podem colher alguns dos benefícios da mensagem de prosperidade da Universal, evitando associar-se com uma igreja estigmatizada, uma igreja que exige submissão a uma hierarquia autoritária.

Angola

O primeiro avanço do projeto missionário da Universal na África aconteceu em 1991, com a instalação da igreja em Angola. Mesmo com as guerras civis, a Universal tem investido no país e desde 1998 conta com a retransmissão do sinal da Rede Record de televisão (FONSECA, 2003) e

---

34   Em Portugal, a Igreja Universal mantém programação regular na TV Record Internacional e em diversas rádios locais espalhadas pelo país. Publica a *Folha de Portugal*, impresso semanal com tiragem de 50 mil exemplares, e a revista *Plenitude*, com tiragem mensal de 40 mil exemplares.

com uma presença marcante de rádios AMs e FMs. A Universal também investiu em uma rede de templos extensa. Com o fim das guerras, sua expansão foi facilitada e em 2004 os líderes da igreja vieram a público anunciar que tinham chegado a todas as dezoito províncias angolanas, com uma rede nacional de 124 templos (FRESTON, 2005).

Angola é um país que acumula uma longa história de guerras. Entre 1961 e 1974, o povo angolano lutou pela independência política de Portugal, que, sob o regime autoritário do Estado Novo, mantinha Angola, Moçambique, Guiné-Bissau e Cabo Verde como colônias no continente africano. O período foi marcado pelo surgimento de diferentes frentes políticas organizadas e militarizadas. Em 1975, o Movimento Popular pela Libertação de Angola (MPLA) conquistou a independência e estabeleceu um regime político inspirado no marxismo-leninismo. Porém, a vitória do MPLA não foi consensual, tornando-se motivo para outro longo período de guerras, de 1975 a 1991. Entre 1992-1994 e 1998-2002, as guerras civis continuaram, em cisões promovidas tanto por disputas políticas como por questões econômicas.

As guerras tiveram efeitos devastadores em todo o país. Atualmente, os sistemas de abastecimento de água, eletricidade, saneamento básico e ensino são precários e circunscritos a poucas regiões. Ao longo das últimas décadas, ocorreu uma intensa migração de áreas rurais, inicialmente mais afetadas pelas guerras, para a já saturada capital Luanda, que concentra atualmente cerca de um terço da população do país, com aproximadamente 4 milhões de habitantes. Se durante as guerras os angolanos migraram para Luanda em busca de segurança, agora a cidade atrai novos migrantes que buscam oportunidade de trabalho e melhores condições de vida. Embora a maioria das grandes empresas estejam concentradas em Luanda, o acesso à economia formal é muito restrito – uma grande parte da população sobrevive do mercado informal. A cidade passou por intensa transformação nas últimas décadas, incluindo um processo desordenado de ocupação. Por exemplo, o bairro Marçal, que fica próximo ao centro da cidade, deixou de ser uma área de esparsas casas de madeira ou de pau a pique na década de 1970 para se tornar um congregado denso de casas de alvenaria em 2000. Colonos mais antigos de Marçal lembram com saudade da época de ouro do bairro, que corresponde às décadas de

1950 e 1960. Naquela época, a vida comercial e a noite em Marçal, particularmente seus restaurantes e salas de música e dança, atraiam a elite de Angola. Os habitantes do bairro eram de classe média e se destacavam do resto da população por terem acesso à educação formal e por sua apresentação europeizada. Hoje, a população de Marçal tem outro perfil: reúne migrantes angolanos e imigrantes de outros países africanos. Esses novos moradores lutam para reconstruir um bairro até há pouco tempo marcado pela violência, prostituição e criminalidade. Eles reivindicam melhorias na infraestrutura do bairro e também nas escolas, nos serviços de saúde e nos espaços públicos.

Em Marçal está localizado um dos 32 templos da IURD em Luanda.[35] Esse espaço de culto é, basicamente, um grande galpão que pode acomodar 250 pessoas. Ao fazer um trabalho etnográfico nesse templo, Claudia Swatowiski conheceu a obreira Juliana,[36] uma jovem mulher casada com duas filhas. Naquele momento, ela morava temporariamente com sua família na casa de seu sogro. Juliana considerava o arranjo problemático, uma vez que seu sogro impunha demasiadas regras sobre ela e sua família.

Juliana tinha uma tripla jornada de trabalho. Ela trabalhava como técnica administrativa, em casa era responsável por todas as tarefas domésticas, incluindo cuidar de sua filha, e frequentava as reuniões da IURD, uniformizada de obreira, todos os dias. Frequentemente demonstrava exaustão. Juliana estava focada em comprar uma casa com o marido em um dos novos bairros de Luanda Sul, para resolver os constrangimentos da sua situação de moradia, e planejava também fazer uma pós-graduação no Brasil, visado à ascensão profissional. Certamente, o que a obreira ouvia na IURD ajudava a sustentar sua vontade de trabalhar duro e lutar por um futuro melhor, o que poderia até mesmo incluir uma viagem ao Brasil, visto como um lugar de oportunidades. Seu caso ilustra como a Universal oferece a seus seguidores a possibilidade de se conectar com o sedutor mundo global moderno.

O caso de Wilson, um angolano de 34 anos de idade, também é ilustrativo. Wilson participava da IURD esporadicamente e se casou na igreja

---

35   De acordo com Lima (2010, p. 6), "a IURD está presente com grandes templos em bairros centrais, como a Alvalade e Morro Bento, bem como em regiões mais modestas, como Samba, Benfica (com 3 templos), Gamek e mesmo Cacuaco. O *site* da Igreja diz que existem 20 templos em Luanda. No entanto, com o levantamento de toda a cidade, encontramos 32 templos, muitos dos quais não têm seus endereços listados no *site*".
36   Para manter nossos informantes em relativo anonimato, nós alteramos seus nomes.

com a benção de um pastor da Universal. Em março de 2012, quando Clara Mafra o entrevistou, ele estava trabalhando com uma empresa estrangeira de prestação de serviços. Como Juliana, Wilson tinha uma agenda muito ocupada, se desdobrando entre trabalho, família e estudo. Embora já tenha participado de outras igrejas em Angola e na África do Sul – onde morou por algum tempo –, Wilson nos disse ter escolhido a Universal por conta de sua teologia pragmática, que correspondia a suas aspirações de um futuro próspero e a sua expectativa de moralidade sem muita rigidez.

Em ambos os casos, vemos que a IURD nutre expectativas frente à Modernidade, expectativas que são sustentadas pelo uso de um verdadeiro arsenal da mídia mais de ponta, a construção de templos modernos, confortáveis e bem equipados nas principais cidades de Angola. Na verdade, os templos tornam-se espaços em que se pode ter uma amostra do estilo de vida das classes médias urbanas do Brasil e de Portugal. Além disso, pode-se acessar os programas internacionais da TV Record em casa e participar de forma indireta de rituais que estão ocorrendo simultaneamente no Brasil, em Portugal e outros países africanos. Nesse sentido, a Igreja Universal é tanto um sinal da chegada da Modernidade e do progresso, como uma porta de entrada para um novo mundo social, cujos limites não são dados pela congregação local, mas se estendem a uma "comunidade imaginada" global (ANDERSON, 1983).

Considerações finais

De acordo com Bainbridge (1992, p. 178, tradução livre), a sociologia da conversão tem operado com duas grandes correntes teóricas:

> segundo a teoria da tensão, as pessoas participam de uma religião a fim de satisfazer os desejos convencionais que privações pessoais ou coletivas incomuns frustraram. Segundo a teoria da influência social, as pessoas participam de uma religião porque elas formaram vínculos sociais com pessoas que já são membros e porque seus elos com não membros são fracos.

Na prática, as fronteiras entre esses dois modelos teóricos não são bem definidas, e muitos estudiosos aplicam os dois modelos para explicar o mesmo fenômeno ou sequer tentam combiná-los. Em geral, aqueles que se convertem frequentemente passaram por fortes experiências de humilhação e frustração, que a nova religião promete atenuar, redirecionar ou desfazer. No entanto, após algum tempo, os convertidos podem começar a duvidar da eficácia das soluções oferecidas pela nova religião. Este é o ponto em que o enfraquecimento das relações com o resto do mundo e a criação de novos vínculos dentro do grupo religioso são fundamentais para garantir a força duradoura da conversão (SAHLINS, 2005). É importante sublinhar que todos esses modelos consideram o elo fraco como desvantajoso para a manutenção da experiência de conversão.

Neste capítulo, argumentamos que uma das vantagens dos projetos teológicos e pastorais de Jerry Falwell, Ulf Ekman e Edir Macedo é a capacidade de tirar proveito de filiações fracas. Esses projetos são mais adequados às realidades da era atual, um período que tem sido descrito como "Modernidade tardia" (GIDDENS, 1998), "Modernidade líquida" (BAUMAN, 2000) ou "emergência global" (URRY, 2003). É um período em que as pessoas estão densamente conectadas por meio da internet, navegando por diferentes espaços e tempos, um período de grande deslocamento de populações, como os imigrantes, refugiados, turistas ou empresários que se deslocam de um país a outro e mantêm ligações transnacionais. É um momento em que as empresas transnacionais colocam circulação global de pessoas, mercadorias e dinheiro, em que as novas tecnologias de comunicação criam um tempo global que elimina distâncias e localidades, ao mesmo tempo que os projetam.

Mostramos neste capítulo que a IURD vive nesse contexto articulando uma rede Pentecostal globalmente integrada, o que não depende de fortes filiações localizadas tradicionais, mas da experiência pessoal a partir de serviços espirituais rotinizados criados no Brasil e que podem ser implantados em vários espaços e tempos. Além de responder às consequências generalizadas das contradições da Modernidade tardia, esses serviços controlados e previsíveis criam uma sensação de segurança e certeza que é muito necessária na Modernidade líquida e que, no passado, foi fornecida pelos vínculos fortes. Embora também se baseie nas teologias e práticas dos cristãos evangélicos, como Jerry Falwell e Ulf Ekman, a originalidade da igreja de Edir Macedo reside na criação de uma combinação de filiações com laços fortes e fracos que permite firmar sua estrutura hierárquica e centralizada e formar uma rede global.

Referências

ANDERSON, B. *Imagined communities: reflections on the origin and spread of nationalism*. Londres: Verso, 1983.

AUBRÉE, M. La diffusion du pentecôtisme brésilien en France et en Europe: le cas de l I.U.R.D. *In*: LERAT, C. & RIGAL-CELLARD, B. (Ed.). *Les mutations transatlantiques des religions*. Bordeaux: PUB, 2000.

BAINBRIDGE, W. S. The sociology of conversion. *In*: MALONY, N. and SOUTHARD, S. (Ed.). *Handbook of religious conversion*. Birmingham, Alabama: Religious Education Press, 1992, p. 178-191.

BARRETO, A. *A situação social em Portugal*, 1960-1995. Lisboa: Imprensa de Ciências Sociais, 2000.

BAUMAN, Z. *Liquid modernity*. Cambridge: Polity Press, 2000.

BIRMAN, P. Imagens religiosas e projetos para o futuro. *In*: BIRMAN, P. (Ed.). *Religião e espaço público*. São Paulo: Attar, 2003.

CAMPOS, L. *Teatro, templo e mercado*. Petrópolis: Vozes, 1997.

COLEMAN, S. Materializing the self. Words and gifts in the construction of the charismatic protestant identity. *In*: CANNELL, F. (Ed.). *The anthropology of christianity*. Durham: Duke University Press, 2006.

_____. *The globalization of charismatic christianity: spreading the gospel of prosperity*. Cambridge: Cambridge University Press, 2000.

COMAROFF, J. and COMAROFF, J. Millennial capitalism: first thoughts on a second coming. *In*: COMAROFF, Jean. and COMAROFF, John (Ed.). *Millenial capitalism and the culture of neoliberalism*. Durham, NC: Duke University Press, 2001.

CORTEN, A. A Igreja Universal na África do Sul. *In*: ORO, A. P.; CORTEN, A.; DOZON, J. (Ed.). *A Igreja Universal do Reino de Deus: os novos conquistadores da fé*. São Paulo: Paulinas, 2003.

DILLEY, Roy. Reflections on knowledge practices and the problem of ignorance. *Journal of the royal anthropological institute*, v. 16, p. S176-S192, 2010.

FONSECA, A. Fé na tela: características e ênfases de duas estratégias evangélicas na televisão. *Religião & sociedade*, v. 23, n. 2, p. 33-52, 2003.

FRESTON, P. The universal church of the kingdom of god: a brazilian church finds success in Southern Africa. *Journal of religion in Africa*, v. 35, n. 1, p. 33-65, 2005.

FRESTON, P. The transnationalisation of brazilian Pentecostalism. the universal church of the kingdom of god. *In*: CORTEN, A. and MARSHALL-FRATANI, R. (Org.). *Betweeen Babel and Pentecostalism. Transnational Pentecostalism in Africa and Latin America*. Londres: Hurst & Company, 2001.

_____. *Protestantes e política no Brasil: da constituinte ao impeachment*. Unpublished PhD thesis. Campinas: Unicamp, 1993.

GIUMBELLI, E. *O fim da religião: dilemas da liberdade religiosa no Brasil e na França*. São Paulo: Attar, 2002.

GIDDENS, A. *Conversations with Anthony Giddens: making sense of modernity*. Stanford: Stanford University Press, 1998.

GOMES, E. *A Era das Catedrais: a autenticidade em exibição*. Rio de Janeiro: Garamond, 2011.

HARDING, S. *The book of jerry falwell: fundamentalist language and politics*. Princeton: Princeton University Press, 2000.

_____. Representing fundamentalism: the problem of the repugnant cultural other. *Social research*, v. 58, n. 2, p. 373-393, 1991.

KRAMER, E. *Possessing faith. Commodification, religious subjectivity, and collectivity in a brazilian neo-Pentecostal church*. Unpublished PhD Thesis. Chicago: University of Chicago, 2001.

LIMA, D. *A Igreja Universal do Reino de Deus em Angola* – relatório final. Manuscrito não publicado, 2010, p. 11.

MACEDO, E. and OLIVEIRA, C. *Plano de poder. Deus, os cristãos e a política*. Rio de Janeiro: Thomas Nelson Brasil, 2008.

MACHADO, M. Igreja Universal: uma organização de providencia. *In*: ORO, A. P.; CORTEN, A.; DOZON, J. (Ed.). *A Igreja Universal do Reino de Deus: os novos conquistadores da fé*. São Paulo: Paulinas, 2003.

MACHADO, I. *Cárcere público. Processos de exotização entre brasileiros no Porto*. Lisboa: Imprensa de Ciências Sociais, 2009.

MAFRA, C. *Na posse da palavra. Religião, conversão e liberdade pessoal em dois contextos nacionais*. Lisboa: Imprensa de Ciências Sociais, 2002.

MAFRA, C. and SWATOWISKI, C. O balão e a catedral: trabalho, lazer e religião na paisagem carioca. *Anthropológicas*, v. 19, n. 1, p. 141-167, 2008.

MALHEIROS, Jorge. *Imigrantes na região de Lisboa: os anos da mudança*. Lisboa: Colibri, 1996.

MARIANO, R. *Neopentecostais: sociologia do novo Pentecostalismo no Brasil*. São Paulo: Loyola, 1999.

MARIZ, C. Missão religiosa e migração: "novas comunidades" e igrejas pentecostais brasileiras no exterior. *Análise social*, v. 44, n. 1, p. 161-187, 2009.

MARSHALL, R. *Political spiritualities – the Pentecostal revolution in Nigeria*. Chicago: University of Chicago Press, 2009.

MEYER, B. Commodities and the power of prayer: Pentecostalist attitudes toward consumption in contemporary Ghana. *In*: MEYER, B. and GESCHIERE, P. (Ed.). *Globalization and identity: dialetics of flow and closure*. Oxford: Blackwell Publishing, 2003.

ORO, A. P.; CORTEN, A.; DOZON, J. (Ed.). *A Igreja Universal do Reino de Deus: os novos conquistadores da fé*. São Paulo: Paulinas, 2003.

ROBBINS, J. Anthropology and Theology: An Awkward relationship? *Anthropological Quarterly*, v. 79, n. 2, p. 285-294, 2006.

SAHLINS, M. The economics of development in the Pacific. *In*: ROBBINS, J. and WARDLOW, H. (Ed.). *The making of global and local modernities in Melanesia: humiliation, transformation and the nature of cultural change*. Burlington: Ashgate, 2005.

SWATOWISKI, C. *Novos cristãos em Lisboa: reconhecendo estigmas, negociando estereótipos*. Unpublished PhD thesis. Rio de Janeiro: Universidade do Estado do Rio de Janeiro, 2010.

_____. Dinâmicas espaciais em Macaé: lugares públicos e ambientes religiosos. *In*: MAFRA, C. and ALMEIDA, R. *Religiões e cidades. Rio de Janeiro e São Paulo*. São Paulo: Terceiro Nome, 2009.

TAVOLARO, D. *O bispo. A historia revelada de Edir Macedo*. São Paulo: Larousse, 2007.

URRY, J. *Global complexity*. Cambridge: Polity, 2003.

Capítulo 2

Igrejas brasileiras em Londres:
transnacionalismo de nível médio[37]

Olivia Sheringham

Introdução

> Espaços assim são que aliviam o choque cultural. Eu não conheço nenhuma
> outra comunidade como a igreja — seja a católica ou evangélica — onde as
> pessoas se encontram tão regularmente. Talvez exista um grupo de futebol
> ou alguma coisa do tipo, mas a igreja é, sem dúvida, a organização mais im-
> portante para a comunidade brasileira.[38]

Ao mesmo tempo que fica cada vez mais claro que os brasileiros representam "um novo grupo de imigrantes" extremamente significativo
em Londres, sua presença ainda não está refletida dentro das pesquisas
sobre migração e mesmo na consciência pública. Existem vários fatores
que podem explicar tal invisibilidade, que incluem: o caráter recente dessa
movimentação; o fato de vários imigrantes brasileiros estarem em situação "irregular", optando, portanto, pela discrição (EVANS *et al.*, 2007);
a tendência dos pesquisadores de migração no Reino Unido de focarem
em comunidades que tenham um *link* colonial ou histórico direto com o
país (DUVELL e JORDAN, 2002); e a evidência de que, comparado com
vários outros grupos de migrantes, existem muito poucos exemplos de
grupos de apoio, sejam eles formais ou informais, que agreguem a

---

37 Traduzido por Ana Paula Figueiredo Silva.
38 Entrevista com um brasileiro membro de uma das igrejas evangélicas em Londres.

comunidade (DUVELL e JORDAN, 2002). Adicionalmente, assim como nos estudos de migrantes brasileiros nos Estados Unidos (MARGOLIS, 1998; MARTES, 2000), parece haver uma relativa falta de solidariedade entre os imigrantes brasileiros em Londres, e muitos apontam para a falta de confiança e desunião entre eles (SHERINGHAM, 2013; veja também MARGOLIS, 1994; MARTES, 2000).

Mesmo com a falta de uma visível interconexão entre os migrantes brasileiros em Londres, um olhar aprofundado revela redes de interconexão sociais ricas e complexas.[39] Particularmente notável é o papel das igrejas em prover apoio espiritual e emocional para o imigrante, assim como espaços para que seja moldada uma identidade coletiva (VÁSQUEZ, 2009; veja também MARTES, 2000). Assim como os migrantes se deparam com múltiplos desafios tanto na sua chegada como no seu processo de ajuste ao novo ambiente da sociedade receptora, também as instituições religiosas e seus líderes precisam negociar o novo contexto socioespacial em que se encontram. Outro ponto importante é que as instituições religiosas agem tanto a nível local quanto transnacional, moldando e sendo moldadas pelas trajetórias de vida dos imigrantes que cruzam as fronteiras; estes, por sua vez, impactam tanto o contexto da sociedade de partida quanto o da sociedade de chegada. No entanto, como este capítulo argumenta, a transnacionalidade dessas instituições religiosas de migrantes brasileiros não se encaixa perfeitamente dentro de uma dicotomia teórica do "local" e do "global", entre processos transnacionais organizados "de cima para baixo" ou "de baixo para cima", ou ainda entre "aqui" (em Londres) e "lá" (de volta no Brasil). Ao contrário, meu argumento é que elas operam por meio da interseção da agência de vários atores, ocupando assim um "meio denso", ao qual Sarah Mahler e Katrin Hansing denominam "transnacionalismo de nível médio" (MAHLER e HANSING, 2005).

Baseado em entrevistas com líderes religiosos de duas igrejas em Londres e com líderes religiosos e migrantes retornados ao Brasil de novembro de 2009 a setembro de 2010, este capítulo examina como instituições religiosas criam espaços religiosos transnacionais "nível médio" ao adaptar-se ao novo contexto, ao negociar espaços dentro de um ambiente desconhecido

---

39 Veja Vásquez (2009) para uma crítica da noção de comunidade e solidariedade entre migrantes brasileiros. O autor chama a atenção para a necessidade de pesquisas que tratem o assunto considerando as *nuances* e os processos mais invisíveis de "conectividade infra-estrutural".

e ao suprir necessidades diversas dos imigrantes nesse espaço. Ao mesmo tempo que concordamos com vários outros estudos sobre igrejas migrantes que enfatizam seus papéis de amparo, este capítulo aponta para a necessidade de enfocar as pessoas dessas instituições e explora algumas maneiras pelas quais elas funcionam por meio de agências sobrepostas que atuam em múltiplas escalas, entre elas: a local, a transnacional, a individual e a virtual.

Após apresentar o contexto do estudo no qual se baseia este capítulo, serão discutidos os desafios iniciais enfrentados pelos líderes religiosos, argumentando que eles são também imigrantes com suas próprias narrativas migratórias. O capítulo segue considerando a forma como as igrejas se adaptam em resposta ao novo ambiente e explora a posição contrastante das duas igrejas em relação ao estado migratório do imigrante e, finalmente, o envolvimento cívico e a integração. Enquanto que este capítulo tem como foco principal as instituições religiosas, essa perspectiva não ignora que para muitos imigrantes a participação nessas instituições religiosas é somente uma parte da expressão de sua fé (religiosa); esta também é expressa no seu dia a dia, constituindo parte integral da sua experiência migratória.

Do Brasil para Londres

Em uma análise do papel da religião no processo migratório dos brasileiros para Londres, alguns fatores contextuais devem ser considerados. Primeiramente, o fato de que o campo religioso no Brasil sofreu mudanças importantes nos últimos anos (FRESTON, 2008; PIERUCCI, 2004). Enquanto o Brasil continua sendo o maior país católico do mundo, o censo recente revela uma diminuição significativa do Catolicismo nos últimos vinte anos, ao mesmo tempo que houve um impressionante aumento do Protestantismo – e em particular do Pentecostalismo. Além disso, dentro da Igreja Católica tem havido uma adesão crescente a movimentos mais carismáticos, especialmente o Movimento de Renovação Carismática Católica, cujo estilo de adoração é muito semelhante àquele das igrejas pentecostais – com a sua ênfase no Espírito Santo e na relação individual da pessoa com Deus.

O segundo fator importante que precisa ser considerado é o contexto da sociedade que recebe o migrante. Enquanto há ainda uma ausência de pesquisas sobre a vida de brasileiros em Londres, em comparação com outros grupos migratórios, é cada vez mais claro que aqueles representam um "novo grupo migratório" significativo no Reino Unido. Fontes não oficiais estimam que o número de brasileiros somente em Londres gira em torno de 150.000 a 200.000 (EVANS *et al.*, 2011), e que eles representam um grupo altamente diverso (EVANS *et al.*, 2011; ver também MCILWAINE *et al.*, 2011). Contudo, apesar das diferenças de gênero, classe social, região de origem ou associação religiosa no Brasil, uma alta proporção do fluxo recente de brasileiros a Londres é "emigrante econômico, a maioria empregada em profissões mal pagas e elementares" (EVANS *et al.*, 2011). A significativa presença brasileira em Londres se reflete no crescente número de lojas, restaurantes, salões de beleza e publicações predominantemente criados por brasileiros para atender brasileiros. No entanto, apesar da presença desses espaços comerciais, existe uma relativa falta de instituições seculares formais que representem e mobilizem a comunidade.[40]

Mais significativo, porém, é o grande número de igrejas – de diferentes denominações – que parecem representar espaços centrais de apoio para os imigrantes brasileiros. O surgimento de uma ampla gama de igrejas brasileiras em Londres nos últimos anos tem tido claramente um grande impacto na paisagem religiosa da cidade, contribuindo tanto para a revitalização de uma Igreja Católica em declínio em algumas áreas (DAVIS *et al.*, 2006) quanto para o aparecimento de novas instituições religiosas em locais inesperados. De acordo com estimativas recentes da Aliança Evangélica, há pelo menos setenta igrejas evangélicas protestantes brasileiras,[41] enquanto missas católicas em idioma português são realizadas em oito igrejas diferentes em Londres. De fato, uma das pesquisas mais significativas existentes sobre imigrantes brasileiros em Londres foi realizada por meio da distribuição de questionários entre brasileiros que frequentam serviços religiosos, como foi constatado que as igrejas (católica e evangélica, acima de tudo) estavam entre os únicos espaços onde um grande número deles se congrega (EVANS *et al.*, 2007).

---

40 Duas exceções são Abras, criada em 2007, e Casa do Brasil, em 2009. As duas instituições foram fundadas com o objetivo de providenciar apoio social para o imigrante brasileiro.

41 O consulado brasileiro também fornece uma lista de instituições religiosas brasileiras na qual estão listadas pelo menos cinquenta igrejas evangélicas. Disponível em: <www.consbraslondres.com/_temp/Representacaoreligiosa.pdf>. Acesso em: 23 ago. 2011.

O "campo religioso" dos brasileiros em Londres reflete mudança e continuidade em relação à situação no Brasil (FRESTON, 2008). O número um tanto desproporcional de igrejas evangélicas, em particular as denominações neopentecostais, em Londres também ilustra o argumento de grande parte da literatura, de que o Protestantismo evangélico viaja mais facilmente (FRESTON, 2008; ver também CORTEN e MARSHALL-FRATANI, 2001). Por outro lado, assim como no Brasil, a Igreja Católica reagiu às mudanças globais e se encontra hoje em uma arena religiosa mais complexa e multifacetada. Significante aqui é o crescente número de igrejas católicas espalhadas em diferentes regiões dentro e fora de Londres (hoje um total de oito filiais) e a forte influência do movimento Carismático.

As seções a seguir baseiam-se em material empírico coletado durante investigação em duas igrejas brasileiras em Londres – uma evangélica e uma católica, que foram utilizadas como estudos de caso para um amplo projeto de pesquisa. Enquanto a Igreja Católica é a base da Capelania Católica Brasileira em Londres, a Igreja Evangélica é uma entre uma gama diversificada de igrejas evangélicas protestantes em Londres, que vão desde igrejas protestante históricas até as mais recentes denominações neopentecostais; de grupos íntimos de oração até imponentes megaigrejas incluindo diversos ramos da Igreja Universal do Reino de Deus. A Igreja Protestante Evangélica foi selecionada porque é uma das igrejas brasileiras mais antigas de Londres – criada em 1991 – e tem um grande número de fiéis. Eu uso o termo genérico "Igreja Evangélica" quando me refiro a essa igreja em particular por razões de confidencialidade e também, como o pastor fundador da igreja explicou, a igreja define-se como Igreja Protestante "autônoma", mesmos quando possui influência Batista ou Pentecostal.[42] Desde o estabelecimento dessas igrejas em Londres, o pastor abriu filiais da igreja em três cidades diferentes no estado de Minas Gerais e em Amsterdam.[43] Todas as entrevistas foram conduzidas em português. Todos os nomes foram trocados para proteger o anonimato dos participantes.

---

42   O termo "evangélico" é usado no seu sentido mais amplo para se referir a um vasto espectro de crenças e práticas que surgiram dentro do cristianismo protestante nos últimos anos. Crenças que estão ligadas por meio da sua ênfase no Espírito Santo e na "experiência" religiosa (ver STALSETT, 2006, p. 1).

43   Um membro de longa data da igreja em Londres mudou-se para Amsterdã e, com a permissão do principal pastor da igreja em Londres, estabeleceu uma sucursal da igreja lá.

Líderes religiosos transnacionais

O trabalho de Peggy Levitt (2007) sobre instituições transnacionais religiosas entre imigrantes em Boston examina como instituições religiosas operam e são reconfiguradas dentro de processos abrangentes de globalização e transnacionalismo. Baseando-se em conceitos teóricos da literatura da globalização, a autora lista modelos diferentes de organizações religiosas transnacionais. Estes incluem a noção da Igreja Católica como "uma corporação religiosa transnacional" que engloba "unidades discretas que funcionam ao mesmo tempo independentemente e como parte da organização de forma mais abrangente" (LEVITT, 2007, p. 117), o que ela descreve como uma maior "especialização flexível" de algumas igrejas protestantes (p. 124). Enquanto o uso dessa linguagem econômica é útil na diferenciação entre várias formas organizacionais, ainda fica a impressão de que as instituições religiosas operam "de cima para baixo" e, de alguma forma, separadamente das ações individuais dos imigrantes e dos líderes religiosos. As ações destes últimos, no entanto, são vistas como operando "de baixo para cima".

Meus resultados da pesquisa estão mais de acordo com a análise de Vásquez e Marquardt (2003). Os autores percebem a noção da religião como ocupando um espaço em algum lugar "no meio" (*in-between*) de processos macro e microestruturais que caracterizam as mudanças globais, permitindo, dessa forma, ligações cruciais entre esses processos e os múltiplos atores envolvidos. Dentro desse quadro, as instituições religiosas ocupam um "lugar intermediário" mais complexo e instável, um terreno em que as identidades e práticas, como as dos migrantes enquanto indivíduos, são constantemente remodeladas e renegociadas em resposta às novas circunstâncias. Similarmente, a pesquisa de Mahler e Hansing (2005) sobre religião transnacional entre imigrantes cubanos (ou exilados) em Miami chama a atenção para a necessidade conceitual e metodológica de uma teoria do "transnacionalismo nível médio". Dessa forma, os autores argumentam que "a maioria das pessoas desenvolvem um terreno de nível médio denso que liga indivíduos **às** instituições" (MAHLER e HANSING, 2005, p. 128). Enquanto, em ambos os casos, chama-se atenção **às** múltiplas escalas dentro das quais as atividades religiosas transnacionais são executadas, os autores também destacam como tais atividades sempre estão "situadas" (VASQUEZ e MARQUARDT, 2003, p. 140). É por meio de uma análise de como essas instituições religiosas são formadas em termos de pessoas e processos que podemos explorar "esse campo de nível médio denso" com mais profundidade e assim revelar como essas instituições são constituídas pelas ações dos seus líderes e membros, embora dentro de relações assimétricas de poder.

Um nível importante da análise, a partir dessa decomposição analítica e observação criteriosa das pessoas que compõem as instituições religiosas migratórias, é a consideração de líderes religiosos também como imigrantes – pessoas com as suas próprias trajetórias de migração. Dentro das pesquisas existentes, os papéis e as experiências dos líderes são muitas vezes incorporados nas discussões sobre suas instituições e dos macroprocessos do transnacionalismo religioso. Além disso, uma maior atenção às experiências migratórias dos líderes religiosos evita a imagem destes como sinônimo de suas instituições religiosas e facilita uma visão mais complexa das igrejas como espaços de interconexões infraestruturais (VASQUEZ, 2009), assim como de conexões institucionais mais formais.

Considerando as igrejas que fizeram parte deste estudo, o pastor que fundou a Igreja Evangélica e o primeiro padre católico brasileiro que estabeleceu a Capelania Brasileira já eram líderes religiosos no Brasil e foram a Londres primeiramente por razões religiosas: o objetivo era servir às necessidades espirituais da comunidade brasileira em Londres. Os padres católicos, no entanto, eram claramente parte de uma plataforma eclesiástica mais abrangente e foram enviados a Londres para fazer um trabalho missionário importante. Padre José, o primeiro padre brasileiro em Londres, conta rapidamente a história do início da Capelania Católica Brasileira. Ele explica como esta foi estabelecida em 1996 para celebrar missas em português para os imigrantes brasileiros na cidade e como, em maio de 2004, eles obtiveram uma base mais permanente em uma igreja católica que estava fora de uso na região leste de Londres. Inicialmente, os padres que trabalhavam com os brasileiros não eram brasileiros, mas sim um inglês que falava português e mais tarde um homem da República Dominicana. Em 2002, padre José foi mandado pela PBE (Pastoral para Brasileiros no Exterior), uma organização iniciada pela CNBB (Conferência Nacional dos Bispos do Brasil) no Brasil, para servir à comunidade brasileira que crescia rapidamente. Desde 2006, outros quatro padres brasileiros foram enviados ao

Reino Unido, em resposta a uma demanda crescente por amparo social e pastoral entre os imigrantes.

Para os líderes católicos, essa deslocação tem seus desafios. Padre Maurício explica sua experiência ao chegar a Londres e seu processo de adaptação em um contexto inteiramente novo:

> Aqui em Londres era [...] outro mundo. Porque no Brasil eu tenho minha rotina, meu jeito de viver [...] mas aqui é completamente diferente. Na minha cidade... tem só 120.000 habitantes, e todo mundo é de lá. Então vir para cá foi realmente um choque cultural.

Padre Maurício também se lembra de como ficou doente no primeiro ano em que morou em Londres e as pessoas diziam para ele que sua doença era saudade – saudade da sua casa e da sua família.

Os padres têm que estar preparados para se mudar de um lugar a outro de acordo com a vontade da Igreja Católica brasileira (ou seja, a CNBB) e sua percepção das necessidades dos imigrantes. Padre Omário, por exemplo, lembra-se de como foi a Londres em 2002, depois de ter morado nos Estados Unidos por cinco anos, trabalhando num subúrbio de Boston, mandado pela PBE. Ele deveria retornar a Boston depois de um ano no Brasil, mas na última hora foi transferido a Londres para substituir um dos padres que não estava bem de saúde e precisava retornar ao Brasil. Ele descreve o quanto foi difícil a sua chegada: diferentemente do seu trabalho no Brasil e na sua pequena comunidade em Boston, Londres era uma cidade grande onde os brasileiros estavam dispersos e a religião cumpria um papel muito pequeno no dia a dia das pessoas:

> A cidade é completamente pagã, não tem aquele... aquele aspecto religioso. Há igrejas, muitas igrejas – você sabe, o físico, o elemento visível –, mas é diferente o modo como você vive aqui no meio de tanta gente anonimamente... então para gente que é padre o aspecto religioso que você tem em uma vila ou cidade pequena falta na cidade grande.

A Igreja Católica, nesse estudo, exemplifica, de uma maneira, o que Levitt (2004, p. 6) chama de uma "instituição religiosa transnacional extensa". Assim como a Igreja Católica Irlandesa nos Estados Unidos da pesquisa de Levitt, a Igreja Católica em Londres reflete as formas como essa instituição já global é estendida e localizada de modo a fazer com que o imigrante mantenha conexões transnacionais, ao mesmo tempo que interage com a sociedade local. Mas, mesmo sendo uma instituição global, as narrativas dos padres católicos apontam para um quadro muito mais complexo, no qual a igreja, além de expandir sua instituição já global, é constantemente negociada e reinterpretada por meio da interseção das ações e práticas de líderes e membros, bem como de estruturas mais amplas. Assim, enquanto os padres católicos são parte da estrutura dessa instituição global, que talvez represente uma forma de transnacionalismo "de cima para baixo", são também indivíduos se movendo entre contextos diferentes e lidando com vários dos desafios e necessidades enfrentados pelos imigrantes que eles vão servir.

Pastor Marco, o fundador da Igreja Evangélica em Londres, oferece um contraste ao modelo transnacional católico, mesmo que em ambos os casos a motivação religiosa tenha uma função-chave. Ele conta sobre seu "chamado de Deus" pessoal que o levou a Londres para estabelecer uma "comunidade". Explica que naquele tempo ele era o vice-presidente de uma grande comunidade batista na cidade de Belo Horizonte e estava recebendo um salário equivalente a "quinze salários mínimos", uma renda que no Brasil lhe proporcionava uma vida muito confortável. Assim, para ele, não havia uma motivação econômica para ir a Londres. Além disso, a igreja na qual ele trabalhava se recusou a ajudá-lo, financeira ou profissionalmente, em sua decisão de ir. Ao contrário, sua motivação veio de Deus: "Visões, mensagens de Deus, muitas coisas que confirmavam" que sua missão era ir para a Inglaterra. Para explicar sua trajetória pessoal, escreveu uma pequena história sobre a fundação da Igreja Evangélica, que é distribuída a todos os novos membros da igreja como parte do seu treinamento na comunidade. Nesse texto, ele explica como: "Por meio de várias formas diferentes, Deus me guiou em direção à Inglaterra. Assim eu comecei a colocar minhas coisas em ordem para obedecer à visão que Deus tinha me dado".

Pastor Marco também se lembra dos desafios que ele e sua família encontraram quando chegaram ao Reino Unido para a obtenção dos vistos e estabelecimento do lugar onde seria a igreja. Eles começaram a missão organizando grupos de oração para alguns imigrantes brasileiros no seu pequeno apartamento em Bayswater (a oeste de Londres). Finalmente, em 1991, eles conseguiram encontrar um espaço mais permanente em uma Igreja Batista, que eles alugaram – para cultos e outras atividades – com outras três igrejas de imigrantes, uma igreja Filipina, uma "Latina" e a igreja original Batista Britânica. A Igreja Evangélica foi assim estabelecida por meio da fé pessoal do pastor Marco e continua sendo livre de vínculos, em termos de filiação, com quaisquer outras igrejas brasileiras em Londres. Com efeito, parece que o pastor Marco quis distinguir sua comunidade religiosa de algumas outras igrejas evangélicas brasileiras, cuja motivação é muitas vezes, em sua opinião, mais material que espiritual, influenciadas pela popular "Teologia da Prosperidade", uma visão que ele não deseja para sua comunidade.

Em contraste com o quadro global da Igreja Católica, a presença da igreja do pastor Marco em Londres veio de sua convicção espiritual extremamente pessoal, uma consequência de um acordo íntimo com Deus. Sua decisão de dedicar sua vida a Deus e ao trabalho de Jesus foi algo muito além de palavras, foi uma coisa personificada, sentida como algo "tão profundo como a última gota de sangue em [seu] corpo... até ao [seu] último ... suspiro". A responsabilidade pessoal do pastor Marco com o "plano de Deus" levou à formação de uma instituição religiosa em Londres, e mais tarde à expansão dessa instituição para outras localidades no Brasil e em outros lugares do mundo. Em concordância com os modelos de Levitt, essa Igreja Evangélica é um exemplo do que ela chama de "uma organização religiosa transnacional negociada", a qual, ela argumenta, "emerge de um conjunto de relações pessoais e institucionais que surgem organicamente em resposta aos vários desafios impostos por um contexto particular" (2004, p. 10). No entanto, apesar de responder a certos desafios contextuais, a Igreja Evangélica é modelada de acordo com a própria jornada espiritual individual do pastor Marco, que influencia algumas das maneiras como a instituição funciona a nível transnacional. Apesar de ter emergido de forma um pouco mais orgânica do que a Igreja Católica, a Igreja Evangélica, de fato, assumiu uma forma centralizada como pré-requisito para sua "expansão" para outros lugares. Pastor Marco continua a ser o pastor principal – assim, o líder de toda a estrutura – enquanto os líderes das igrejas filiais se tornam "pastores auxiliares". Mais uma vez, os limites entre transnacionalismo "de cima para baixo" e "de baixo para cima" se cruzam e intersectam dentro de um espaço médio mais denso.

Trazer as experiências pessoais e espirituais dos líderes da igreja à tona, em vez de privilegiar os aspectos institucionais, propicia *insights* valiosos para a análise da religião transnacional. Esses líderes eclesiásticos são atores importantes nesse espaço intermediário de transnacionalismo, enquanto eles – nem migrantes pobres nem representantes das elites transnacionais – negociam as relações complexas entre o local e o transnacional, o pessoal e o institucional, o prático e o espiritual.[44]

Instituições religiosas em novos ambientes

A seção anterior revela como a consideração das experiências de líderes religiosos facilita uma abordagem mais fundamentada do transnacionalismo religioso, revelando que, embora os padres e os pastores possam ser representantes de organizações maiores, como indivíduos eles também contribuem para as mudanças transnacionais diárias e de média escala.

Além disso, os líderes religiosos não precisam somente ajustar-se a novos ambientes dentro das sociedades receptoras: eles também precisam adaptar-se às diversas necessidades dos imigrantes que frequentam suas igrejas e que se encontram em situações muito diferentes daquelas que tinham na terra natal. Assim, como observado em estudos recentes, muito longe de somente replicar as igrejas no Brasil, as instituições religiosas na sociedade de recepção precisam ser flexíveis e cumprir vários papéis em resposta ao novo contexto (MARTES, 2000; LEVITT, 2007; VÁSQUEZ e RIBEIRO, 2007).

Padre José, da Igreja Católica, descreve esse processo como um tipo de "expansão", não tanto uma expansão teológica, mas disciplinar, em que igrejas – e líderes – precisam estar abertas a comportamentos diferentes tanto em relação às práticas religiosas dentro da igreja como em suas vidas fora dela. Para ele, enquanto as doutrinas da igreja nunca poderiam ser alteradas, a disciplina deveria ser afrouxada para acomodar os desafios diferentes encontrados pelos imigrantes. Isso inclui o fato de vários membros da igreja estarem em situação irregular e de que existem vários casais que vivem juntos sem serem casados, porque não foi possível casar legalmente no Reino Unido. Tais situações teriam sido condenadas pela Igreja Católica no Brasil,

---

44 Veja também Conradson e Latham (2005, p. 229) para uma discussão sobre o que eles chamam de *middling forms of transnationalism*. Eles argumentam que o transnacionalismo abrange mais do que simplesmente "elites transnacionais" ou "imigrantes do mundo em desenvolvimento".

mas, como são parte da realidade do dia a dia de um grande número de migrantes brasileiros, passaram a ser aceitas em Londres. Além disso, ele comentou:

> As pessoas frequentam mais a igreja aqui do que no Brasil – por necessidade [...]. A maioria vem à igreja porque sente falta, seja de um sentimento de "brasilidade", de sua língua, ou de um lugar para morar.

Outro desafio sublinhado pelos líderes católicos foi a evidência de um grande número de migrantes serem residentes de curto prazo no contexto recebedor, dificultando qualquer trabalho de "orientação religiosa" a longo prazo. De acordo com o padre Omario, muitas pessoas que nunca tinham sido fiéis no Brasil começaram a frequentar a igreja em Londres por causa da solidão ou até mesmo depressão. Como tal, o papel do sacerdote no contexto recebedor muitas vezes se torna o de fornecer "apoio psicológico e aconselhamento" mais imediato: um ouvido atento para que as pessoas desabafem acerca das dificuldades que enfrentam em Londres ou um ombro para chorar. Padre Maurício, por outro lado, descreveu sua função para os imigrantes brasileiros que frequentavam a igreja em Londres como:

> Uma coisa verdadeiramente cristã. É ajudar no que for necessário... Hoje, por exemplo, uma mulher me ligou – ela nunca vem à igreja, ela não é da igreja – e disse que está usando muita droga e não consegue mais suportar. Então é para o padre que ela liga – é o padre que vai escutá-la.

Dessa forma, mesmo dentro da mesma instituição, emergem duas formas muito diferentes de entender o que é religião – ou melhor, qual é o papel do líder religioso nesse contexto. Ao mesmo tempo, por outro lado, padre Omario indica que o papel de padre se expande para atender às necessidades mais seculares e experiências dos fiéis no novo contexto. Para padre Maurício, o novo papel envolve uma expansão do Cristianismo, ou uma aplicação mais universal dos valores cristãos. Nos dois casos, os líderes estão negociando as fronteiras entre escalas diferentes de experiências: local e transnacional, institucional e individual, espiritual e prática.

Como foi mencionado anteriormente, os líderes católicos em Londres devem também se adaptar à influência crescente do Movimento de Renovação Carismática Católica entre membros da congregação. Enquanto tal movimento é cada vez mais popular no Brasil, os líderes católicos, que se descrevem como adeptos da ala mais tradicional da Igreja Católica, explicaram como eles tinham tido pouco contato com o Movimento Carismático no Brasil. Em Londres, por outro lado, esses líderes tiveram que se envolver intimamente com o movimento porque muitos membros da igreja eram praticantes "carismáticos". Eles forneceram espaço para um grupo de oração carismática semanal e para visitas de padres carismáticos do Brasil e de outros países. Quando eu perguntei por que o movimento era tão popular entre os migrantes católicos brasileiros, padre José respondeu:

> Isso mexe com os sentimentos da pessoa. Mesmo não sendo explicitamente social ou político, o movimento carismático oferece respostas mais imediatas para problemas políticos e sociais – como, por exemplo, quando você quer um milagre, ou você quer uma cura.

Os pastores da Igreja Evangélica retratam a adaptação ao novo contexto mais em termos de uma "ampliação teológica". Assim, enquanto a igreja em Londres mantém laços com suas igrejas irmãs no Brasil e Amsterdam, o pastor Marco é o "pastor principal", mas explicou que essas relações eram "fraternais", ou seja, informais, em vez de institucionais ou pertencentes a certa filiação. Assim, a igreja sediada em Londres procurou manter-se teologicamente independente, pois como pastor Neilton comentou: "Nós temos um princípio de que todas as igrejas que Deus nos deu a graça, deu iniciar, não têm nenhum vínculo denominacional". Assim, por exemplo, embora a igreja em Londres não se defina Pentecostal, o estilo de serviço inclui elementos de um culto Pentecostal – como falar em línguas – e muitos dos novos membros eram Pentecostais no Brasil. Como pastor Neilton colocou, os membros trouxeram com eles sua "bagagem teológica" e a igreja tinha de responder às suas diversas expectativas. De fato, embora pastor Marco tivesse sido pastor batista no Brasil, ele explicou que a sua igreja não pertencia à filiação batista, mas tinha como modelo o estilo e os ensinamentos do Apóstolo Paulo e o seu conceito da liderança. Ele explica que, ao mesmo tempo que a Igreja Batista segue um modelo "democrático" de liderança no qual todos têm o voto, Apóstolo Paulo ensina que um líder não pode ser um "novato, para que ele não fique orgulhoso e caia na condenação do demônio".

Reminiscente das narrativas dos líderes católicos, pastor Neilton também sugere que a maior diferença entre o papel da igreja em Londres e no Brasil está relacionada a estes terem necessidades maiores por estarem longe das suas famílias no Brasil. Ele disse:

> Então, a necessidade das pessoas se tornam maiores, porque no Brasil, querendo ou não, eles têm as suas famílias... aquela necessidade da sua família, sabe? Aquelas coisas que tem a ver com a família são preenchidas por uma família criada aqui.

Em Londres, a igreja se torna uma família emprestada, em que os imigrantes podem se sentir seguros e em casa em um ambiente desconhecido.[45] Pastor Marco explica que um dos princípios mais importantes da igreja (que foi estabelecido pelos imigrantes) foi o modelo da família bíblica, na qual a figura do pai "tem de oferecer um exemplo a ser seguido pelas pessoas". Os membros chamam uns aos outros de irmã e irmão, e dentro da estrutura familiar todos têm um papel no que é chamado de ministérios. Existe o ministério da música (o maior e mais importante, responsável pela música em todos os cultos), o ministério de multimídia (responsável pela transmissão dos cultos e manutenção do *website* da igreja) e o ministério do ensino (responsável por organizar aulas de inglês e português, no entanto, estas não aconteceram durante o período do meu trabalho de campo).

Assim, as igrejas representam um espaço "intermediário" importante que dá aos imigrantes a possibilidade de criar conexões com suas famílias na terra natal e no atual ambiente em Londres. É notável ainda a diferença entre os discursos das duas igrejas em relação à situação legal dos imigrantes. Enquanto os líderes evangélicos pregam a necessidade de certa flexibilidade doutrinária e prática, em resposta às necessidades dos imigrantes, a Igreja parece menos aberta em relação ao comportamento dos fiéis em contextos diferentes. Em contraste com as narrativas dos líderes católicos que parecem apoiar abertamente os imigrantes irregulares, o ponto de concordância entre os líderes evangélicos era seu discurso também aberto contra a falta de documentação legal dos imigrantes, aqui fiéis são encorajados a "regularizar" sua situação. Pastor Marco explica como essa posição está enraizada na Bíblia e nos ensinamentos do Apóstolo Paulo no período de César durante o Império Romano:

> O Apóstolo Paulo nos mostra claramente que nós temos de obedecer às autoridades porque não há autoridade que não tenha sido estabelecida por Deus. Então, com base nesses ensinamentos bíblicos, nós instruímos as pessoas a mudar sua situação, a se regularizarem.

---

45 Durante o culto é projetado um *slide* com letras bem grandes com o dizer: "faça parte da família".

As minhas entrevistas com alguns migrantes retornados que tinham frequentado a igreja em Londres parecem revelar como tal discurso teve ressonância forte na consciência dos membros de igreja. Wagner, a quem entrevistei previamente no Brasil, frequentou "a filial" brasileira da igreja e explicou que tinha voltado para casa porque o seu visto tinha vencido e ele não poderia viver com a culpa de permanecer em Londres "ilegalmente", especialmente sabendo que isso era condenado pela igreja. Juliana, outra imigrante retornada, foi, de fato, deportada, depois de viver irregularmente em Londres por três anos. Ela explicou como achava que sua deportação era justa aos olhos de Jesus, assim como das autoridades no Reino Unido, e falou ainda da culpa que ela sentiu por saber que a igreja não aprovava sua situação irregular. No Brasil, ela frequentava a filial brasileira da igreja e acreditava que estava em um caminho mais honesto. Assim, mesmo tendo criado um espaço para a criação de uma nova família, imigrantes encontram barreiras à sua inclusão nessa nova estrutura familiar.

Entretanto, dentro da Igreja Católica, os líderes expressam uma compaixão relativamente maior em relação aos imigrantes irregulares. Como padre Maurício comenta em relação à quantidade de pessoas irregulares na igreja:

> Eu sempre preciso ter uma atitude humana – sempre. Nada pode me escandalizar ou chocar. Não posso ficar chocado com nada porque poderia ser eu – também cometo erros. Eu cometo! Então, acima de tudo não posso julgar ninguém... Assim, minha função como líder religioso é receber pessoas. Recebê-las e mostrar a elas a existência do amor de Deus, do amor de Cristo – e fazê-las sentirem esse amor no seu coração. Qualquer mudança surge dessa descoberta.

Irmã Rosita da PBE Católica, cuja função inclui ajudar a treinar os padres que irão trabalhar junto à diáspora brasileira, explica a posição da igreja em relação à imigração irregular:

> Receber o imigrante é, dentro do trabalho pastoral da igreja, facilitar suas possibilidades de assegurar sua qualidade de vida e respeito da sua dignidade como seres humanos. Ao mesmo tempo, o papel e a missão da igreja e suas instituições é criar e comunicar ações que podem ajudar o indocumentado a sair da sua situação "irregular".

Ela também reitera que a função da igreja no contexto recebedor deve ser "juntamente com outras instituições, fazer campanhas que alarguem as possibilidades de legalização, para que os imigrantes tenham melhores chances de regularizarem-se no país".

A linha da Igreja Católica, assim, pareceu, em primeiro lugar e sobretudo, defender e apoiar os direitos dos imigrantes e assegurar a sua dignidade; segundo, fazer o possível para ajudar imigrantes a regularizar a sua situação. A linha da Igreja Evangélica, ao contrário, era estimular, antes de qualquer coisa, imigrantes a se regularizar; essa regularização, por sua vez, asseguraria a sua dignidade e o respeito dentro de um ambiente estrangeiro. Possivelmente sem surpreender, essas perspectivas diferentes foram refletidas no perfil contrastante dos membros das duas igrejas, com muito menos membros "irregulares" na Igreja Evangélica em comparação com a Católica. Como o pastor Neilton comenta:

> Nós não temos um grande número de "ilegais" (termo usado por ele) na igreja. Porque isso é uma coisa que não apoiamos. Nós temos alguns, mas não os apoiamos. Assim, não temos ninguém que seja ilegal em alguma posição de liderança na igreja – esse é um dos nossos princípios mais importantes.

As atitudes divergentes em relação à situação legal do *status* do imigrante refletiram-se também nas explicações dos líderes sobre o papel político das duas igrejas. Assim, para padre Maurício da Igreja Católica, o papel da Igreja era representar a voz dos "sem voz".[46] Essa defesa dos "sem voz", acreditava, era a essência de ser cristão, de amar a Deus. Ele usa o exemplo de uma campanha que aconteceu recentemente em Londres reivindicando o reconhecimento dos brasileiros como um grupo de minoria étnica, no qual ele diz: "A igreja deveria ser a primeira a protestar". Ele explicou que a Congregação Católica Brasileira estava à frente de uma campanha para a anistia de imigrantes irregulares *Strangers into Citizens* (de estrangeiros a cidadãos), como parte do seu envolvimento na coalisão entre a sociedade civil e Organizações Baseadas na Fé (OBF) que abrangem toda Londres.[47]

Em contrapartida, a Igreja Evangélica preferiu manter sua distância da esfera política porque, como o pastor Marco explicou, "nós sentimos que não é parte da nossa missão nos envolvermos em política. Jesus Cristo

---

46 Essa expressão foi popularizada pelo Catolicismo latino-americano progressista, particularmente o movimento da Teologia da Libertação, para o qual o Brasil é um grande contribuidor.

47 *Strangers into Citizens* é uma campanha liderada por uma organização da sociedade civil chamada *London Citizens* (Cidadãos de Londres). Esta defende a regularização de imigrantes irregulares de longa data. Disponível em: <www.strangersintocitizens.org.uk>. Acesso em: 7 ago. 2010.

nos chamou para trazer a Palavra". No entanto, ao mesmo tempo ele reconhece que talvez existam algumas leis "injustas", a posição institucional da igreja era de que a Bíblia ensina que nós devemos obedecer às autoridades, concordando com elas ou não. Como ele comentou: "A Bíblia fala que devemos respeitar aqueles que governam. Sendo eles bons ou não, porque Deus os deu permissão de governar".

Essas atitudes conflitantes apontam para interpretações bem diferentes do que significa ser cristão. Então, enquanto a visão da Igreja Católica é de proteger, defender, receber todos incondicionalmente de acordo com o exemplo de Jesus Cristo, a Igreja Evangélica parece colocar mais ênfase em ensinar seus membros a viver suas vidas de acordo com ensinamentos bíblicos mais específicos que pregam a obediência às leis prescritas pelas autoridades. Além disso, enquanto o discurso da Igreja Evangélica baseia-se em uma noção de ser cristão fundamentada nos ensinamentos do Apóstolo Paulo e o pagamento de impostos a César, os pronunciamentos dos líderes da Igreja Católica frequentemente referem-se a Jesus como ele mesmo sendo um refugiado. Como irmã Rosita disse:

> As narrativas bíblicas são exemplos importantes para os cristãos, que recontam como Jesus viveu sua vida de refugiado (quando ele ainda era criança e sua família teve que fugir do Egito), assim como sua vida pública como um pregador andarilho.

Os discursos das duas igrejas, de certo modo, lembram as observações de Vásquez e Marquardt (2003, p. 170) em sua comparação entre duas igrejas latinas – uma católica e uma protestante – no subúrbio de Atlanta. Enquanto a Igreja Católica no estudo deles tinha, eles sugerem, "criado um público alternativo... que desafia os discursos que estão sendo articulados em volta da mesa a qual foram excluídos", já a Igreja Protestante cria "uma alternativa ao espaço público que ensina a seus adeptos uma 'etiqueta à mesa' [...] na esperança que as aulas irão ajudá-los a conseguir um lugar na mesa". Esses espaços "alternativos" que as instituições religiosas oferecem são, dessa forma, importantes para a articulação de laços transnacionais e locais. Mesmo representando pontes importantes entre os atores locais e transnacionais, é importante não perder de vista novas formas de exclusão que emergem assim como o acesso diferenciado que as pessoas têm a tais espaços.

Integração, solidariedade e inclusão

Essa noção de "um lugar à mesa" aponta para o já muito debatido problema do papel das igrejas imigrantes na integração e até que ponto elas representam um "caminho para o engajamento civil" (LEVITT, 2006), ou, ao contrário, como elas têm o potencial de criar novas formas de exclusão (UGBA, 2008).

No caso das duas igrejas nesse estudo, a realização do culto ou missa em português e a criação de uma atmosfera familiar foram consideradas essenciais para apoiar os novos imigrantes e ajudá-los a enfrentar as lutas associadas à vida em Londres. Como um sacerdote explicou, há três coisas que um sacerdote tem de fazer em sua própria língua: "brincar, xingar e rezar". Enquanto os líderes das duas igrejas sentiam a importância de os brasileiros conduzirem sua vida diária em inglês, a igreja era considerada como o espaço no qual os imigrantes poderiam vir para relaxar, para se reabastecer ou para encontrar consolo.

A Igreja Evangélica percebe-se como "multicultural", em vez de uma igreja predominantemente brasileira. Enquanto a maioria dos seus membros era brasileira e essa predominância criasse uma atmosfera fortemente nacional, o pastor Marco explicou que havia também portugueses, cabo-verdeanos e até mesmo um iraniano que se converteu em Londres, consequentemente eles garantiam que os cultos não fizessem referência somente ao Brasil. Mais ainda, fones de ouvido eram providenciados no início da cerimônia para tradução simultânea em inglês. Pastor Nilton explicou que isso era necessário porque havia algumas pessoas que atendiam o culto cuja primeira língua não era o português, incluindo ingleses casados com brasileiros ou imigrantes de países nos quais não se fala português. A igreja assim tenta alcançar adeptos além da comunidade brasileira em Londres.

Além das aulas de inglês, a Igreja Evangélica oferece um curso para os recém-chegados a Londres chamado *Survive* (ou sobrevivência), que oferece aconselhamento prático sobre como se estabelecer em Londres. Assim, a igreja se posiciona, de certa forma, como algo maior do que uma igreja de imigrante, um espaço para se adquirir as ferramentas necessárias – espirituais, práticas e morais – para ajudar na integração do imigrante na sociedade e para que ele encontre um "lugar à mesa" no seio da sociedade dominante (VÁSQUEZ e MARQUARDT, 2003).

Dentro da Igreja Católica, ao contrário, existia a ênfase em criar uma identidade especificamente brasileira, possibilitando assim que os brasileiros em Londres mantivessem suas conexões com o Brasil. Na verdade, essa ênfase de certa forma reflete a fusão do Catolicismo com questões de identidade nacional no Brasil, apesar dos números decrescentes de adeptos (veja acima). No Reino Unido, por outro lado, a Igreja Católica é uma igreja minoritária, em tensão com a Igreja Protestante dominante. Tais contextos, assim, fortalecem o apelo da Igreja Católica para o imigrante brasileiro no Reino Unido. Além disso, a posição da Igreja Católica contrasta com a da Igreja Evangélica, pois, como pastor Marco explicou, os protestantes brasileiros não se veem em tensão com o campo religioso e cultural no Reino Unido.

Na Igreja Católica em Londres, não somente o estilo da missa e as canções eram muito "brasileiras", mas festas tradicionais brasileiras assumiam grande importância e a igreja oferecia aula de português e cultura brasileira para as crianças de imigrantes brasileiros. Como Felipe, que trabalhava na igreja ajudando a organizar eventos sociais e almoços brasileiros após a missa de domingo, comentou: "a igreja torna-se um 'pequeno Brasil'". Durante meu trabalho de campo em Londres, assisti a uma série de eventos tradicionais brasileiros na igreja, incluindo um dia de celebrações temáticas em torno do estado de Goiás – um dos estados que mais enviam imigrantes brasileiros para o Reino Unido. Havia comida e bebida – incluindo cerveja importada de Goiás –, além de música e dança tradicional coreografada por alguns dos muitos goianos membros da igreja.

Padre Omario explicou como o estabelecimento de uma ligação cultural com o Brasil foi uma parte crucial do papel da igreja, principalmente para os filhos de imigrante que nasceram em Londres ou que estão em Londres desde muito jovens. Enquanto eles podem ir à escola e falar inglês, sua participação em festivais brasileiros na igreja permitiu-lhes manter o português, assim como os ajudou a manter a ligação com suas raízes étnicas. Além disso, padre Maurício respondeu à pergunta de o porquê a igreja colocou uma ênfase tão forte na manutenção da identidade brasileira, observando: "Você não tem como eliminar sua identidade cultural... é a sua essência, ninguém pode te tirar isso". Assim, a manutenção de uma identidade cultural foi, em sua opinião, inevitável e não implica automaticamente um impedimento à integração. Irmã Rosita argumentou que:

> A manutenção de uma cultura própria – a religião é parte dessa cultura – não é contrária à integração. Pelo contrário, é uma necessidade e, além disso, é enriquecedor. Ela pode até ter um efeito positivo na integração se os imigrantes estão conscientes de que fazer parte da comunidade brasileira pode oferecer à comunidade local em termos de enriquecimento mútuo.

Tais discursos refletem debates acadêmicos e políticos recentes sobre a relação entre processos de transnacionalismo e integração, no qual argumenta-se que estes podem ser "complementares" em vez de contraditórios e combinados de maneiras diferentes (EHRKAMP, 2005, p. 361; ver também MORAWSKA, 2003; SHERINGHAM, 2010). Assim, como irmã Rosita sugere, a promoção da cultura brasileira dentro da Igreja Católica não necessariamente impede a integração e pode, de fato, facilitar o processo. Por outro lado, irmã Rosita também apontou para a possibilidade de a igreja se tornar uma "fuga" do contexto local e contribuir, assim, para uma espécie de autossegregação:

> Se um imigrante se isola da sociedade recebedora, ou recusa-se a aprender sobre a realidade da sociedade local, frequentar a igreja – com missa e pregação em português – poderia representar uma fuga da sociedade e isso teria consequências para a sua integração.

Assim, os líderes católicos estavam cientes da possibilidade de segregação étnica ou, como um entrevistado chamou, "risco de um gueto". Eles, no entanto, enfatizaram o outro elemento-chave no papel da igreja, que era o de facilitar a integração do imigrante "na sociedade do Reino Unido através do fornecimento de aulas gratuitas de inglês todos os dias da semana" bem como conselhos e informações sobre empregos, habitação e vistos.

No entanto, até que ponto a igreja representa a causa principal dessa autossegregação é um pouco questionável, especialmente quando se consideram as "profundas desigualdades que criam barreiras para inclusão não religiosa" (FONER e ALBA, 2008, p. 384). A maioria dos imigrantes que frequentavam a Igreja Católica trabalhava em empregos de baixa remuneração, geralmente no setor de serviços, muitas vezes vivendo em habitações superlotadas. Dada a sua condição "irregular", uma grande proporção deles não tinha acesso a formas básicas de bem-estar social. Então, em vez de ser um obstáculo à integração ou exacerbar a segregação do migrante, é possível argumentar que a igreja pode representar uma alternativa a outras formas possíveis de isolamento étnico para aqueles que já vivem à margem da sociedade. Assim, um padre me explicou que a maioria das pessoas que iam para Londres eram jovens e solteiros e que "se não encontrarem uma atmosfera receptiva aqui na igreja eles acabam caindo na prostituição, drogas e sexo". Para ele, o papel da igreja nesse contexto tornou-se, "bem como a evangelização e misticismo, criar alternativas de lazer, entretenimento e sociabilidade em uma comunidade em que as pessoas possam se sentir acolhidas e protegidas". Nesse sentido, a afiliação à igreja não era considerada necessariamente como uma forma direta de facilitar a integração, mas sim de evitar o oposto, nesse caso, a possibilidade de os brasileiros se perderem naquele lugar considerado como o potencialmente perigoso submundo de Londres.

Mais uma vez, a noção da igreja como um espaço "alternativo" emerge. Nesse caso, no entanto, assim como proteger o imigrante do sentimento de solidão ou as faltas que a imigração implica, a igreja é descrita como fornecedora de uma estrutura moral em um contexto em que os imigrantes de outra forma poderiam "perder-se". Além disso, como alguns estudiosos observaram, na ausência de órgãos governamentais ou da sociedade civil, o papel mais amplo de algumas igrejas é atender às diversas necessidades dos migrantes, que em muitos casos continuam a viver de forma invisível, marginalizados e fora do alcance oficial do Estado. Essas igrejas, desse modo, representam espaços que desafiam qualquer forma de dicotomia clara entre transnacionalismo de cima ou de baixo, assim como entre o sagrado e as preocupações e desafios cotidianos dos imigrantes.

Considerações finais

> Esse é o momento de um transnacionalismo do meio. (MAHLER e HANSING, 2005, p. 141)

Ecoando os estudos existentes sobre religiosidade entre os brasileiros em outros contextos, este capítulo explorou como as igrejas – e por extensão líderes religiosos – assumiram um papel importante de amparo aos imigrantes, quando estes se depararam com as dificuldades da vida em uma cidade desconhecida e potencialmente hostil, e de suas famílias no Brasil, as quais têm de lidar com a falta dos seus entes queridos. De fato, como os exemplos neste capítulo sugerem, instituições religiosas são obrigadas a ser mais flexíveis e abertas às diversas necessidades dos seus novos membros, que não só representam um grupo heterogêneo, mas que também têm inúmeras necessidades que são especificamente relacionadas à experiência de ser um imigrante brasileiro em Londres.

Defendo que, em vez de ver as instituições religiosas migrantes como operando "de cima", de certa forma separadas de outros fenômenos migratórios, é importante considerar como elas estão intimamente interligadas em tais processos. Nesse sentido, o capítulo sugere ser importante levar em consideração que os líderes religiosos são também migrantes, cujas experiências são muitas vezes negligenciadas em pesquisas existentes em instituições religiosas migrantes. Além disso, defendo que a convicção espiritual dos líderes religiosos – negligenciadas em grande parte da pesquisa existente sobre religião e transnacionalismo – precisa ser considerada como um importante fator de motivação. Assim, embora o foco deste capítulo seja o papel das instituições religiosas em processos transnacionais, sugere-se que as múltiplas atividades e ações que as compõem, de fato, deixam as fronteiras mais flexíveis – reais e conceituais – entre o institucional e o individual, o local e o transnacional, o sagrado e o prático. Ele também revela a importância de uma abordagem multiescalar no estudo do transnacionalismo religioso.

Ainda que tenha focado em dois estudos de casos específicos, as narrativas dos líderes das igrejas e os discursos das instituições que eles representam fornecem alguns *insights* importantes sobre a forma como a religião atravessa fronteiras, fazendo assim com que os processos transnacionais mais amplos interajam com os contextos locais. A Igreja Evangélica evita engajamento político, enfatizando o seu compromisso de servir a Deus acima de tudo. O exemplo católico representa uma instituição religiosa global – a Igreja Católica, centrada em Roma –, mas, ao mesmo tempo, cria um "pequeno Brasil", com fortes laços culturais com a terra natal dos imigrantes. Por outro lado, ambas as igrejas estão inseridas em contextos locais, tendo que negociar as fronteiras reais e os limites dentro dos novos ambientes sociais, culturais e políticos em que se encontram. Assim, no Reino Unido, onde os migrantes brasileiros muitas vezes trabalham em condições precárias e têm que negociar com um regime de migração complexo e restritivo, as igrejas assumem papéis específicos para os migrantes. Nos exemplos citados anteriormente, a igreja pode ou contestar abertamente as políticas estatais, como no caso da Igreja Católica, ou aderir a elas, como é o caso das igrejas evangélicas. Um estudo sobre o papel das instituições religiosas na vida dos migrantes nos obriga, assim, a explorar com mais profundidade as várias agências e atores que atuam dentro do terreno um tanto obscuro da religião transnacional em que os fatores e atores globais e locais se cruzam, convergem ou divergem.

Referências

ALVES, J. C. S. and RIBEIRO, L. Migração, religião e transnacionalismo: O caso dos brasileiros no sul de Flórida. *Religião e sociedade,* v. 22, n. 2, p. 65-90, 2002.

AMORIM, A.; DIAS, C. A. and SIQUEIRA, S. Igrejas protestantes como espaço de sociabilidade e fé para os familiares dos emigrantes em Governador Valadares. *Fronteiras,* Campo Grande, v. 10, p. 251-276, 2008.

CONRADSON, D. & LATHAM, A. Transnational urbanism: attending to everydaypractices and mobilities. *Journal of ethnic and migration studies,* v. 31, n. 2, p. 227-233, 2005.

CORTEN, A. & MARSHALL-FRATANI, R. *Between babel and pentecost: transnational Pentecostalism in Africa and Latin America.* Londres: Hurst, 2001.

DAVIS, F. *et al. The ground of justice: the report of a pastoral enquiry into the needs of migrants in London's catholic community.* Cambridge: Von Hügel Foundation, 2006.

DÜVELL, F. and JORDAN, B. *Irregular migration: the dilemmas of transnational mobility.* Edward Elgar Press, 2002.

EBAUGH, H. R. and. CHAFETZ, J. S. *Religion across borders: transnational immigrant networks.* Califórnia: AltaMira Press, 2002.

EHRKAMP, P. Placing identities: transnational practices and local attachments of turkish immigrants in Germany. *Journal of ethnic and migration studies,* v. 31, p. 345-346, 2005.

EVANS, Y. *et al. Brazilians in Londres: a report for the strangers into citizens campaign.* Londres: Department of Geography, Queen Mary, University of London, 2007.

EVANS, Y. *et al. For a better life: brazilians in London, 2010.* Londres: Goldsmiths, University of London, Queen Mary, University of London e Royal Holloway, 2011.

FONER, N. and ALBA, R. Immigrant religion in the US and Western Europe: bridge or barrier to inclusion? *International migration review*, v. 42, n. 2, 2008.

FRESTON, P. *Evangelicals and politics in Asia, Africa e Latin America.* Cambridge: Cambridge University Press, 2001.

_____. The religious field among brazilians in the United States. *In*: JOUËT-PASTRÉ, C. and BRAGA, L. J. (Ed.). *Becoming brazuca, brazilian immigration to the United States.* Cambridge, MA: Harvard University Press, 2008.

HIRSCHMAN, C. The Role of religion in the origins and adaptation of immigrant groups in the United States. *In*: PORTES, A. and DEWIND, J. (Ed.). *Rethinking migration: New theoretical and empirical perspectives.* Nova Iorque: Berghahn Books, 2007.

JOUËT-PASTRÉ, C. and BRAGA, L. J. (Ed.). *Becoming brazuca, brazilian immigration to the United States.* Cambridge, MA: Harvard University Press, 2008.

LEVITT, P. Redefining the boundaries of belonging: the institutional character of transnational religious life. *Sociology of religion*, v. 65, n. 1, p. 1-18, 2004.

_____. *Religion as a path to civic engagement and civically infused religion.* Boston: Wellesley College, 2006. Disponível em: <www.peggylevitt.org/pdfs/Levitt.Imiscoe4.pdf>. Acesso em: 29 ago. 2011.

_____. *God needs no passport: immigrants and the changing american religious landscape.* Nova Iorque: New York Press, 2007.

MAHLER, S. & HANSING, K. Toward a transnationalism of the middle: how transnational religious practices help bridge the divides between Cuba and Miami. *Latin American Perspectives*, v. 32, n. 1, p. 121-146, 2005.

MARGOLIS, M. *Little Brazil: an ethnography of brazilian immigrants in New York City.* Princeton: Princeton University Press, 1994.

_____. *An invisible minority: brazilians in New York City.* Boston: Allyn and Bacon, 1998.

MARTES, A. C. B. *Brasileiros nos Estados Unidos: Um estudo sobre imigrantes em Massachussets.* São Paulo: Paz e Terra, 2000.

MCILWAINE, C.; COCK, J; LINNEKER, B. *No longer invisible: the latin american community in London.* Londres: Queen Mary, University of London; Latin American Womens' Rights Service; Trust for London, 2011.

McGUIRE, M. *Lived religion: faith and practice in everyday life.* Oxford: Oxford University Press, 2008.

MORAWSKA, E. T. Immigrant transnationalism and assimilation: a variety of combinations and the analytic strategy it suggests. *In*: JOPPKE, C. & MORAWSKA, E. T. (Ed.). *Toward assimilation and citizenship: immigrants in liberal nation-states.* Basingstoke: Palgrave Macmillan, 2003, p. 133-176.

ORSI, R. A. Is the study of lived religion irrelevant to the world we live in? Special presidential plenary address, society for the scientific study of religion, Salt Lake City, november 2, 2002. *Journal for the scientific study of religion*, v. 42, n. 2, p. 119-174, 2003.

PIERUCCI, A. "Bye Bye Brasil" – O declínio das religiões tradicionais no Censo 2000. *Estudos avançados*, v. 18, n. 52, 2004.

SALES, T. *Brasileiros longe de casa.* São Paulo: Cortez, 1999.

SHERINGHAM, O. A transnational Space? Transnational practices, place-based identity and the making of "home" among brazilians in Gort, Ireland. *Portuguesa studies*, v. 26, n. 1, p. 60-78, 2010.

UGBA, A. A part of and apart from society? Pentecostal Africans in the "New Ireland". *Translocations: migration and social change*, v. 4, n. 1, p. 86-101, 2008.

VASQUEZ, M.; MARQUARDT, M. F. *Globalizing the sacred: religion across the Americas.* Nova Jérsei: Rutgers University Press, 2003.

VASQUEZ, M.; RIBEIRO, L. "A igreja é como a casa da minha mãe": religião e espaço vivido entre brasileiros no condado de Broward. *Ciências Sociais e Religião*, v. 9, n. 9, p. 13-29, 2007.

VASQUEZ, M. Beyond homo anomicus: interpersonal networks, space and religion among brazilians in Broward County. *In*: WILLIAMS, P.; STEIGENGA, T. J.; VASQUEZ, M. (Ed.). *A place to be: brazilian, guatemalan, and mexican immigrants in Florida's new destinations.* Nova Brunswick, NJ: Rutgers University Press, 2009, p. 33-56.

Capítulo 3

———⊱⊰———

O "ovo do diabo": os jogadores de futebol como os novos missionários das religiões brasileiras

CARMEN RIAL[48]

Entra na minha vida
Mexe com minha estrutura
Sara todas as feridas
Me ensina a ter Santidade
Quero amar somente a Ti,
Porque o Senhor é o meu bem maior,
Faz um Milagre em mim.
(Composição de Regis Danese e de Gabriela)

Entre tantas atrações turísticas remarcáveis na praça central de Munique, uma igreja evangélica "brasileira"[49] é digna de nota. As aspas em brasileira justificam-se. De fato, trata-se de uma entre as centenas de igrejas do movimento Neopentecostal, um descendente direto do movimento criado nos Estados Unidos e introduzido no Brasil em 1910, com a formação da Congregação Cristã e da Assembleia de Deus em 1911. A partir dos anos

---

48 Sou grata pela leitura e pelas sugestões feitas por pareceristas anônimos, pelos organizadores do livro e de colegas antropólogos: Maria Amélia Dickie, Maria Regina Lisboa, Miriam Grossi, Claudia Fonseca e Peter Fry – que não são responsáveis pelas derrapagens eventuais. Agradeço ao CNPq e à Capes pelo apoio financeiro que tornou possível esta pesquisa.

49 Eu uso "evangélico" para designar tanto o Protestantismo histórico quanto o Pentecostalismo e o Neopentecostalismo. Os jogadores referem-se a si mesmos como evangélicos, não como neopentecostais. Intelectuais brasileiros referem-se a diversas congregações evangélicas, tradicionais ou criadas mais recentemente, a exemplo do "campo evangélico". Dentro desse campo, as congregações pentecostais são definidas como sendo a denominação que "eles compartilham a crença num segundo iminente retorno de Cristo, além de acreditarem ter acesso a presentes e ao carisma do Espírito Santo" (NOVAES, 1998, p. 7). Além disso, ao mesmo tempo, os neopentecostais são denominações caracterizadas pela "ênfase na guerra contra o Diabo e seu séquito de anjos caídos, vistos principalmente como ligados aos afro-brasileiros e aos cultos espíritas; como tendo grande flexibilidade para usar claras práticas estereotipadas e hábitos de santificação até então usados como símbolos de conversão ao Pentecostalismo" (MARIANO, 1995, p. 28).

1950, o movimento é recriado localmente com o aparecimento do Evangelho Quadrangular (1953), O Brasil para Cristo (1955) e Igreja Pentecostal Deus é Amor (1962). Sua ascensão meteórica apresenta-se coincidindo com o crescimento da população urbana brasileira (FRY, 1978) e a consequente mudança no *ethos* de uma população que deixa o campo para se estabelecer nas cidades. Durante os anos 1970, numa segunda onda de mudanças, pastores brasileiros criaram o que ficou conhecido como congregações neopentecostais: Sara Nossa Terra (1976), Igreja Universal do Reino de Deus (1977), Internacional da Graça de Deus (1980), Renascer em Cristo (1986), Bola de Neve Church (2000), além de outras. Estas igrejas deram novo impulso à religião evangélica, a tal ponto que, de acordo com as estatísticas do Instituto Brasileiro de Geografia e Estatística (IBGE), 42.3 milhões de pessoas ou 22,2% da população é "evangélico", ou seja, um em cada cinco brasileiros (IBGE, 2010).

Entre as novas igrejas do movimento Neopentecostal, a que alcançou maior notoriedade até agora foi a Igreja Universal do Reino de Deus, também conhecida como IURD, que a partir da década de 1980 iniciou, como bem observou Mariano, "a internacionalização do seu proselitismo, invertendo, assim, o sentido norte-sul do fluxo missionário e a velha condição do Brasil de campo de missões europeu e norte-americano" (MARIANO, 2010). O primeiro país em que a IURD se instalou foi justamente nos Estados Unidos (1986), seguido do Uruguai (1989), de Portugal (1989) e da Argentina (1990). A expansão para o exterior coincide com o crescimento da emigração de cerca de quatro milhões de brasileiros que hoje vivem no exterior[50] e foi acompanhada pelas outras igrejas neopentecostais (Renascer em Cristo, Igreja Pentecostal Deus é Amor) que, comandadas por pastores e bispos brasileiros, se globalizaram, situando-se hoje em cerca de 180 países.[51]

---

50 O Ministério das Relações Exteriores não possui dados exatos e calcula em cerca de 3 milhões, dos quais um terço vivendo clandestinamente no estrangeiro até 2008. Desse contingente, 38% estariam nos Estados Unidos, 30% no Paraguai, 13% no Japão e 11% na Europa. Esses números mudaram depois do 11 de setembro 2001, com a redirecionamento do fluxo norte-americano em direção ao Reino unido (Disponível em: <www.brasileirosnomundo.itamaraty.gov.br/noticias/censo-ibge-estima-brasileiros-no-exterior-em-cerca-de-500-mil/impressao>; Acesso em: jan. 2014.). Em consequência de um melhor desempenho do Brasil diante da crise econômica global de 2008, novas oportunidades surgiram incentivando retornos (<www.brasileirosnomundo.itamaraty.gov.br/a-comunidade/estimativas-populacionais-das-comunidades>, consultado em janeiro de 2014). No entanto, os números da emigração permanecem altos. Fontes do governo estimam em 2,5 milhões de expatriados brasileiros em 2012, enquanto em outras fontes avança um número maior, de cerca de 5 milhões de brasileiros vivendo no estrangeiro.

51 A *Universal Church of the Kingdom of God*, em 2000, já tinha "franquias" em 172 países. Sua penetração é maior entre os países de língua portuguesa. Nos outros, localiza seus templos junto às comunidades de imigrantes

O "ovo do diabo" |95

O que têm em comum? Todas compartilham a crença de que o contato íntimo com o Espírito Santo lhes possibilita o acesso a Jesus, contato este que é interpretado como sendo a "posse do Espírito"[52] sobre o crente. Compartilham também a missão de converter o mundo ao Cristianismo e, para isso, são gerenciadas empresarialmente e fazem uso intensivo dos meios de comunicação de massa.

A igreja da praça de Munique, porém, apresenta uma particularidade: foi criada por um jogador de futebol, Jorginho, um dos maiores responsáveis pela popularidade evangélica entre os jogadores da *Bundesliga*, o campeonato alemão. Além da companhia previsível dos seus compatriotas que jogam ou jogaram na Alemanha, o movimento evangélico conta com adesões entre os próprios jogadores alemães. A Igreja de Jorginho teve uma origem singela, começando em um grupo de oração criado por jogadores. Encontrei grupos similares na Espanha entre os jogadores do Celta Vigo durante minha etnografia com jogadores de futebol brasileiros que moram e trabalham no exterior.

Abro um parêntese para localizar a pesquisa. Ela se realizou a partir de entrevistas e conversas com mais de 60 jogadores brasileiros e seus séquitos (família, amigos, agentes, secretários, diretores de clubes, doutores), vivendo ou almejando viver em um país estrangeiro. Os contatos se deram em Sevilha, na Espanha; em Almelo, Groningen, Alkmaar, Rotterdam e Amsterdam, na Holanda; Tóquio, no Japão; Lyon, Le Mans, Nancy e Lille, na França; Mônaco; Charleloi, na Bélgica; Atenas, na Grécia; Seoul, na Coreia; Marraquech, no Marrocos; Toronto, no Canadá; Nova Délhi e Mumbai, na Índia, Hong-Kong, na China; Perth, Adelaide, Melbourne e Sidney, na Austrália; Montevidéu, no Uruguai; além de Fortaleza, Salvador e Belém, no Brasil, entre 2003 e 2012.[53] Inicialmente com jogadores atuando em clubes da Europa e recebendo salários entre 400 mil e 3 milhões de euros, e depois se estendendo para destinações menos prováveis, como Hong-Kong, Índia ou Marrocos. A maioria dos jogadores que entrevistei tinha somente

---

brasileiros. Ainda enfrenta muita resistência em ingressar na Ásia (exceto no Japão, onde vivem 300 mil brasileiros), no Oriente Médio e na África, onde religiões não cristãs como a hindu, a budista, a judaica e a muçulmana são hegemônicas (MARIANO, 2010).

52   Agradeço à Maria Amélia Dickie por me apontar a distinção entre a incorporação de Jesus pelos pentecostais e a dos orixás nas religiões afro-brasileiras. "No Pentecostalismo, o espírito não penetra o corpo, ele se manifesta. Há uma sutil diferença porque o sujeito não perde consciência".

53   Os dados etnográficos foram recolhidos principalmente em Sevilha (onde morei por dois meses em 2003 e um em 2004) e em Eindhoven, na Holanda (onde fiz diversas visitas entre 2004 e 2008).

frequentando o ensino básico, em torno de 15% deles puderam finalizar o ensino médio. Um tinha frequentado uma faculdade (que largou quando se mudou para o exterior), e somente um tinha ensino superior. Embora haja uma tendência geral de que as esposas tenham maior escolaridade que os jogadores, somente três das esposas tinham diploma de nível superior.

Voltemos ao Neopentecostalismo. Não encontrei outro caso de jogador que tenha estabelecido uma igreja como a de Jorginho, embora a esposa de Kaká, Carol Celico, tivesse tido planos de abrir uma filial da Igreja Renascer antes de ter rompido com essa congregação.[54] Agora, tornar-se pastor cada vez mais frequentemente aparece como uma opção desejada após o fim da carreira. E, em alguns casos, realizada, como, por exemplo, Müller, outro antigo integrante da seleção brasileira, que se tornou pastor (e comentarista esportivo) depois de deixar o futebol. Kaká, o mais conhecido entre todos os jogadores neopentecostais brasileiros, chegou a expressar seu desejo de se tornar um pastor evangélico,[55] tendo sido inclusive consagrado como presbítero antes de abandonar a Igreja Renascer em 2010. Hoje, no entanto, prefere deixar o destino nas mãos de Deus.

Mesmo vivendo no exterior, o contato dos jogadores com as igrejas é intenso, por meio da internet e da televisão. A mídia e as igrejas neopentecostais têm uma longa história de mútuo apoio, tanto no Brasil como no exterior. Como argumenta Oro (2005/2006, p. 320), as denominações neopentecostais brasileiras estão disseminadas entre as comunidades diaspóricas brasileiras amplamente, mas não exclusivamente, por meio da mídia eletrônica. Tive uma comprovação disso durante o trabalho de campo: os jogadores de futebol que contatei na Espanha, Holanda, França, Japão, Canadá e Marrocos assistiam à Rede Record de televisão diariamente. Presente em mais de 80 países,[56] a Record tem sido um poderoso recurso de disseminação dos preceitos de sua proprietária, a Igreja Universal do Reino de Deus. Somando-se à Rede Mulher e 71 estações de rádio que também pertencem à IURD, a Record ajuda na manutenção de uma comunidade de crentes, que ultrapassou os 2 milhões de pessoas em 2000 (ORO, 2005/2006, p. 324).

---

54 Disponível em: < www.youtube.com/watch?v=Ew8WwPNCO2s>. Acesso em: 29 out. 2015.

55 "Gostaria muito (de ser pastor), mas seria uma longa jornada. É necessário muito estudo de teologia, fazer um curso, aprofundar-se nos estudos bíblicos, no Evangelismo". Disponível em: <www1.folha.uol.com.br/folha/esporte/ult92u355651.html>. Acesso em: 15 ago. 2012.

56 Disponível em: <noticiasdaigrejanomundo.blogspot.com.br>. Acesso em: abr. 2011.

Com efeito, muitos desses jogadores evangélicos que contatei organizam ou participam de grupos de estudos bíblicos e alguns sonham em ser pastores para apoiar suas denominações neopentecostais em um futuro depois do futebol. Contudo, essas iniciativas parecem insignificantes se comparadas com a repercussão de seus gestos e frases graças à audiência massiva que suas mensagens religiosas alcançam na mídia global, nas diversas formas de manifestação de suas crenças durante e após os jogos de futebol.

De fato, sendo o futebol o programa televisivo mais assistido no mundo, os jogadores brasileiros, especialmente, mas não somente os neopentecostais, têm tido uma importante função na disseminação do Evangelho, atuando como verdadeiros "pastores" globais do Cristianismo. Pois, ainda que a Fifa (Federação Internacional de Futebol Associação, entidade máxima que controla o futebol no planeta) proíba manifestações religiosas (ou ideológicas),[57] estas têm acontecido desde pelo menos a Copa do Mundo de 1970, quando Jairzinho ajoelhou-se após ter marcado um gol.[58] Se o gesto de agradecimento em 1970 ainda era individual e raro, foi se tornando cada vez mais frequente e quase obrigatório. Entre as diversas imagens da vitória brasileira na Copa do Mundo de 1994, uma ficará marcada: a de um círculo formado pelos jogadores e pela equipe técnica do time brasileiro, em um abraço coletivo, rezando ajoelhados no centro do estádio Rose Bowl em Pasadena, nos EUA. A cena se repetiria com mais intensidade ainda durante a vitória na Copa do Mundo de 2002, com os jogadores de joelhos e mãos dadas, orando no centro do International Stadium, no Japão. A imagem, transmitida para a maior audiência planetária jamais existente, propagou mundialmente a fé brasileira e estabeleceu-se como um topo visual, repetido a cada torneio conquistado. De fato, nos últimos anos, as celebrações dos jogadores de futebol brasileiro que evocavam principalmente o nacional (por meio de bandeiras, hinos etc.) ou o familiar (com beijos a alianças, gestos de embalar bebês imaginários etc.) passaram a evocar também o religioso.

---

57 "Jogadores não devem mostrar suas roupas de baixo com *slogans* e propagandas. O equipamento compulsório básico não deve conter nenhuma indicação de política, religião ou pessoal. Um jogador que tire a camisa mostrando *slogans* e propagandas será punido pelos organizadores da competição. O time com jogadores que tem *slogans* ou menções políticas, religiosas ou pessoais em seu equipamento compulsório básico será punido pelos organizadores da competição ou pela Fifa". Disponível em: <www.fifa.com/aboutfifa/documentlibrary/doclists/laws. html#laws>. Acesso em: ago. 2012.

58 A primeira vez provavelmente foi o gol da então chamada Tchecoslováquia contra o Brasil na Copa de 1970, comemorado de joelhos pelo jogador; um gesto repetido pelo atacante brasileiro Jairzinho, jogos mais tarde.

Foi assim também nas comemorações da vitória da seleção brasileira na Copa das Confederações de 2009, disputada em Joanesburgo, na África do Sul.[59] Repetiu-se a cena dos jogadores e comissão técnica em círculo, de joelhos no gramado, orando. E mais: provavelmente preparado pelo *marketing* das igrejas pentecostais, a maioria dos jogadores vestiu uma camiseta branca onde se lia a declaração de sua fé em Jesus. Ao subirem na tribuna para receber o troféu, alertados de que não poderiam fazê-lo com suas camisas de *I belong to Jesus*, alguns a levaram na mão, e o capitão Lúcio a colocou no calção de modo que a camiseta com *I Love Jesus* ficasse bem visível ao erguer a taça, numa cena exibida pela TV em todo o mundo – pude vê-la em Atenas, na Grécia.

Os relatos de repórteres que repartiram o avião com a delegação brasileira no retorno da África do Sul contam de um voo tranquilo, sereno e quase silencioso, bem longe da festa, com samba e dança presentes em outras ocasiões. A passagem de um ambiente de festa para um mais sereno parece refletir a transformação no *ethos* dos jogadores da seleção: a nova hegemonia religiosa Pentecostal se expressa no comportamento dos jogadores fora dos gramados. Ou seja, num intervalo de quatro anos, entre a vitória na Copa das Confederações de 2005 e a de 2009, a seleção brasileira trocou um capitão "baladeiro" (*bad-boy*), Ronaldinho Gaúcho, por um capitão Neopentecostal, Lúcio. E trocou por um grupo de jogadores que orava depois das vitórias, de um grupo que principalmente comemorava dançando com pandeiros e atabaques, por outro que ainda sambava, mas principalmente se rezava e se ouvia gospel nos *headfones* ou nos CDs de seus automóveis, como pude constatar entre os jogadores pesquisados. Vale lembrar que ao menos um desses instrumentos não é neutro religiosamente: embora apareça em contextos seculares, o atabaque é frequentemente usado em rituais religiosos afro-brasileiros (CARVALHO, 1984; FERRETTI, 1985; LODY e SÁ, 1997) e evitado pelos pentecostais. Embora não apareçam em rituais da Umbanda ou do Candomblé, pandeiros estão em conexão com outra expressão cultural afro-brasileira e são amplamente usados na capoeira junto a berimbaus (instrumento de percussão com uma corda) e atabaques.

---

59 O futebol não detém o monopólio dessas formas de expressão de gratidão por Deus. Cenas parecidas são observadas nos jogos de futebol americano. Por exemplo, no "Super Bowl XLI (2007), técnicos de ambos os times têm estabelecido reputações públicas com cavalheiros cristãos. O próximo Super Bowl traz mais do mesmo". (HOFFMAN, 2010)

Assim, não há nenhuma inocência na menor presença desses instrumentos nas comemorações de 2009, uma vez que o Neopentecostalismo se vê num combate aberto com as religiões e tradições afro-brasileiras, pois as vê como ferramentas do Diabo.

De fato, se é verdade que há anos as orações e o pagode convivem harmoniosamente no interior da seleção e continuam convivendo, as comemorações de 2009 atestam de modo exemplar a nova hegemonia da religião sobre o samba. Se será durável ou não, o tempo dirá. Levantar a taça é um gesto altamente significativo na liturgia futebolística, e realizá-lo ao final de uma competição mundial lhe dá uma visibilidade de bilhões de pessoas. Daí a importância da troca: Ronaldinho tinha nas mãos um pandeiro momentos antes de levantar o troféu; Lúcio, a camisa de *I Love Jesus*. Não que a publicidade religiosa estivesse ausente em 2005: nas fotos do evento, Lúcio e mais seis jogadores brasileiros já aparecem com camisetas homenageando Jesus, mas eles estão atrás no palanque, e o que predomina são as imagens do pagode comandado pelo então maior jogador do mundo, Ronaldinho, com seu largo sorriso. Música e dança prevaleceram nas imagens televisivas e nas fotos de 2005, as referências a Jesus nas de 2009.

Com efeito, a seleção do católico Dunga foi a primeira a colocar claramente a religião no centro de suas manifestações grupais, graças a jogadores como Lúcio, Kaká, Zé Roberto e também (e talvez principalmente) ao auxiliar-técnico, o ex-jogador Jorginho. Se, em 1994, o então capitão Dunga ergueu a Copa proferindo um palavrão contra a imprensa; se, em 2002, o capitão Cafu o fez declarando amor pelo seu bairro pobre de origem e pela esposa,[60] seria de esperar que Lúcio novamente homenageasse Jesus caso o Brasil tivesse vencido a Copa do Mundo de 2010. As câmeras de televisão e as imagens fotográficas estariam, assim, transmitindo globalmente uma fé que ganha, por meio do futebol, um palanque planetário.

Os jogadores brasileiros em diáspora levam consigo práticas religiosas *made in Brazil*, notadamente as das novas denominações neopentecostais. Muitos frequentam templos pentecostais com outros brasileiros no exterior e, em alguns casos, estabelecem seus próprios templos. Mas é pela visibilidade no *mediascape* (APPADURAI, 1990) que é mais significativa sua contribuição na promoção do Neopentecostalismo ou, pelo

---

60 "100% Jardim Irene" na camiseta e a frase proferida "Regina, eu te amo".

menos, da palavra "Jesus" e "Deus". Seus gestos promovem crenças religiosas que alcançam uma escala global ao serem propagados pela mídia. Presentes também nas tatuagens corporais, ocultas pelas camisetas sob o uniforme oficial, nos gestos de braços e olhos erguidos para o céu, no sinal da cruz – enfim, em todas as pequenas expressões que se constituem em uma espécie de "religiosidade banal", se emprestamos o termo cunhado por Billig (1995) de "nacionalismo banal" para se referir às manifestações indiretas de sentimentos nacionalistas presentes no dia a dia. Michael Billig (1995, p. 6) distingue "nacionalismo" do "nacionalismo banal", pois embora ambos cobrem "os meios ideológicos pelos quais as nações-estado são reproduzidas", há uma diferença. Como o "nacionalismo banal" que envolve expressões menos organizadas, porém vitais na inculcação e reprodução do sentimento de nacionalismo, também no caso dos jogadores brasileiros, a difusão especialmente por parte dos neopentecostais de suas religiosidades (longe de templos, de pastores e da bíblia) é uma poderosa (e ainda assim, banal) propaganda cristã. Ou talvez devêssemos dizer religiosa, pois o Cristianismo não detém mais o monopólio de expressões religiosas no futebol, sendo cada vez mais frequentes as manifestações religiosas também entre jogadores muçulmanos, que comemoram os gols no chão, na posição de reza.

Como a bandeira "balançando despercebida num prédio público",[61] as constantes referências a Deus em suas entrevistas com a imprensa (as numerosas frases que começam e acabam com "vontade de Deus" ou "obrigado a Deus"), a promulgação da ação de graças e de palavras sagradas nas camisas, muitas vezes na língua do país de acolhimento (*Gott is meine Kraft* [Deus é minha força], *Danke Jesus* [Obrigado, Jesus]) constantemente relembram a importância de Deus, não somente aos fãs presentes nos estádios, mas também e principalmente à audiência televisiva, que as veem em *close-up*. Essa religiosidade banal está também presente no erguer as mãos aos céus nas celebrações de gol (gesto de Taffarel em 1994, imitado por Kaká, Messi, Neymar e inúmeros outros jogadores), no ajoelhar-se depois de um gol ou benzer-se depois de uma jogada que trouxe perigo ao gol adversário – um gesto que Romário tornou famoso (RIAL, 2003).

As expressões de Cristianismo misturam-se com gestos que podem ser meras superstições – mas onde traçar a fronteira entre a religião e a magia?

---

61 "A metonímica imagem do nacionalismo banal, não uma bandeira tremulada conscientemente com paixão fervorosa, é a bandeira desapercebidamente pendurada num edifício público" (BILLIG, 1985, p. 8).

É comum benzer-se ao entrar em campo e erguer os braços aos céus momentos antes de iniciar a partida, mas também pisar no gramado com o pé direito e, no caso dos goleiros, chutar as traves e tocar no travessão, às vezes benzendo-se e pedindo proteção. Essas práticas passam despercebidas pelo estrito controle da Fifa à propaganda, assim como dos monitoramentos das autoridades nos países europeus seculares, zelosos em manter espaços sociais laicos na sociedade, infiltrando-se no cotidiano de milhões de espectadores por meio das mídias eletrônicas e impressas.

A presença (e centralidade) dos jogadores brasileiros em clubes de todos os continentes faz com que eles se tornem importantes canais de disseminação do Pentecostalismo brasileiro. Evidentemente, os jogadores brasileiros não são o único canal dessa difusão neopentecostal, as igrejas fazem um uso intensivo da mídia (ORO, 2005/2006). Um exemplo é a Rede Record, emissora que pertence à Igreja Universal do Reino de Deus e que está presente em mais de uma centena de países. Porém, é inegável que a transmissão de jogos envolvendo clubes globais (RIAL, 2008) é um palanque de propaganda religiosa para uma audiência muito mais ampla do que a que frequenta templos ou assiste a televangelismo. Assim, o Cristianismo encontra no futebol um inigualável potencial de divulgação, capaz de espalhar uma semivisível, quase secreta religiosidade, especialmente por meio dos jogadores que aderem ao Neopentecostalismo. A ponto de podermos afirmar que estamos diante de uma nova desterritorialização das crenças religiosas, por meio da midiatização global dos esportes e entretenimentos.

A prosperidade dos atletas cristãos

A adesão desses milionários futebolistas (e de outros jogadores não milionários que têm estilos de vida parecidos com emigrantes econômicos da diáspora brasileira) coincide com a adoção pelas igrejas pentecostais no Brasil da Teologia da Prosperidade, a partir da década de 1970 (MARIANO, 2010), o que significou uma grande ruptura na sua cosmologia. Até então, os seguidores do Pentecostalismo tradicional, os chamados "crentes", eram conhecidos por sua adesão a normas rígidas de comportamento. Os "crentes" eram proibidos de desfrutar prazeres nesta vida – como beber, comer, ouvir música, ver televisão, e obedeciam a regras estritas sobre sexo. O esporte e o jogo constavam entre suas proibições, a ponto de a bola de futebol ser então chamada de "ovo do diabo". O advento da Teologia da Prosperidade mudou radicalmente esse cenário. A Teologia da Prosperidade, que ganhou proeminência nos Estados Unidos a partir dos anos 1950 com o movimento de curas e mais tarde, nos anos 1980, com o televangelismo, centra-se na realização financeira como uma das missões dos cristãos. Os fiéis podem e devem buscar o sucesso financeiro e desfrutá-lo, agregando princípios de autoajuda e de controle da mente – o "pensamento positivo" – a sua pregação bíblica. Sua afirmação de que os fiéis têm direito à felicidade integral na terra suscita uma revolução estética que acompanha as mudanças éticas. Assim, os seguidores das igrejas neopentecostais que aderem à Teologia da Prosperidade estão liberados para se expressarem por meio de bens de consumo, música e esporte e integrá-los no seu estilo de vida. As mulheres podem cortar os cabelos, usar jeans e desfrutar de prazeres antes considerados pecaminosos, ainda que a moderação seja recomendada em relação ao álcool e às drogas proibidas.

A Teologia da Prosperidade teve uma repercussão tão forte que, dizem os especialistas, se pode falar em uma terceira onda do Pentecostalismo constituindo a marca distintiva das chamadas igrejas neopentecostais. É interessante notar, porém, que a primeira associação explícita entre o futebol e o Pentecostalismo se deu por um movimento, Atletas de Cristo, que recusava a Teologia da Prosperidade e que ainda é muito forte entre os jogadores e jogadoras de futebol no Brasil. Conforme relata Nunes (2003), o movimento foi criado em Belo Horizonte, em 1978, por um pastor e por João Leite, goleiro do clube Atlético Mineiro. O movimento Atletas de Cristo busca integrar desportistas de diferentes modalidades, mas foi no futebol que ganhou maior visibilidade, sendo o primeiro a fazer dos jogadores mensageiros cristãos. Embora afirmasse não ser uma seita nem uma igreja (mas pretender manter relações com as igrejas cristãs locais), não ser um sindicato nem ter afiliação política e não pretender impor condutas, seus fundadores tinham, sim, relações com a igreja evangélica Batista[62] (NUNES, 2003). Encorajando por sua ética de disciplina e trabalho, o movimento contou com adesão de jogadores de alguns grandes clubes brasileiros, que criaram grupos

---

62   A Igreja Batista é uma denominação evangélica histórica, criada na Holanda no século XVII por emigrantes ingleses que demonstraram sua fé publicamente, por meio da imersão na água de adultos, o batismo, daí seu nome. Foi introduzida no Brasil por estadunidenses no século XIX. Sua doutrina prega, entre outras coisas, a separação da Igreja do Estado.

de "Atletas de Cristo" no interior dos clubes e até na seleção brasileira. Atualmente, uma "seleção brasileira de Atletas de Cristo", formada por ex-jogadores da seleção brasileira, participa de jogos pelo país, associando explicitamente a mensagem evangélica ao futebol.[63] Embora os Atletas de Cristo continuem na ativa e influentes, como pude constatar entre as jogadoras do Santos F. C., em 2011, outras congregações e denominações têm ganho seguidores entre jogadores de futebol, como a igreja Bola de Neve Church que agregou um *ethos* que enfatiza a diversão. A Bola de Neve Church foi fundada no Brasil por um antigo usuário de drogas que se tornou evangélico após contrair hepatite em 1992 e continuou surfando aos fins de semana. Com seus rituais informais que incorporam *rock* e *reggae*, Bíblias com imagens de esportes radicais e uma atmosfera festiva em seus templos, a igreja agregou rapidamente um público jovem. Com efeito, a igreja Bola de Neve Church detém a primazia no uso astucioso das mídias eletrônicas para se disseminar uma mistura atrativa de religião, esporte e entretenimento, tendo sido a primeira a transformar futebolistas em missionários da fé cristã.

A ética protestante e o espírito de jogar futebol

A associação entre esporte e religião é ainda mais antiga do que a da sua proveitosa associação com futebol, no Brasil e no mundo. Para compreender melhor o contexto dessa associação, deve-se remontar, como faz o trabalho de Putney (2001), até o movimento surgido na Igreja Protestante e que foi denominado "Cristandade Muscular" (*Muscular Christianity*). Embora o esporte já estivesse presente anteriormente em festas da Igreja Católica que mesclavam fé e jogos, o gosto pelas artes físicas nunca foi marcante entre os católicos e menos ainda entre os protestantes. A Igreja Católica exaltou a saúde e a virilidade, mas esteve sempre mais preocupada com a obtenção da salvação e proclamou que se poderia alcançá-la mesmo sem estar saudável. O espírito predominou amplamente sobre o corpo. Esse desprezo pelas atividades físicas marcou a Igreja durante séculos, sendo contestado consistentemente somente por ministros protestantes nos

---

63 Formada por Jorginho, Silas, Tafarel, Paulo Cruz, Giovanni, Paulo Sérgio, Silvio, Axel, Paulinho Kobayashi, Deivid, Cléber Lima, Zé Carlos, Pereira, Guilherme, Daniel, Fábio Freitas e o treinador Ricardo Ximenes. Disponível em: <www.overbo.com.br/portal/2009/01/30/selecao-brasileira-de-futebol-'atletas-de-cristo'-visita-o-amapa-em-marco/>.

séculos XIX e XX, que passaram a pregar que não poderiam se considerar verdadeiramente cristãos aqueles que não fossem "cristãos musculares". E justificavam sua convicção evocando o Novo Testamento, que prescreve força viril (Mk 11,15) e saúde física (1 Cor 6,19-20).

Mas não foi a Igreja quem batizou o movimento em prol do esporte para os cristãos. Segundo Putney (2001, p. 15), a expressão "Cristandade Muscular" apareceu pela primeira vez em inglês num romance de Charles Kingsley em 1857 e foi usado novamente um ano depois, numa outra novela em que descreveu a vida de um jogador de rúgbi. A imprensa britânica começou a chamá-lo (junto com Thomas Hughes, outro romancista a utilizar a expressão) de escritor "cristão muscular" e também passou a usar esse termo para definir o gênero dos seus livros: romances de aventuras repletos de heróis viris seguidores de princípios cristãos.

Hughes e Kingsley não eram somente romancistas, também tinham o papel de críticos sociais alertando para os perigos advindos de uma vida excessivamente ascética, que levaria a uma feminização dos corpos dos homens. Apontavam essa feminização como um fato que enfraquecia a Igreja Anglicana. Eles exportaram suas campanhas aos Estados Unidos em meados do século XIX, defendendo a implementação de uma religião que abrisse possibilidades para se gozar de mais saúde e se reforçar a virilidade, ideias que não foram bem aceitas de imediato devido à longa oposição dos protestantes aos jogos e esportes, presentes em festivais da Igreja Católica (BAKER, 2007). De fato, a oposição à Cristandade Muscular nunca desapareceu completamente. Contudo, tornou-se mais fraca no calor da Guerra Civil Americana, quando mudanças na sociedade trouxeram ao centro dos debates preocupações com a saúde e virilidade. Os Wasp, brancos-anglo-saxões-protestantes, viam no trabalho sedentário dos escritórios uma ameaça não somente para a saúde ou à masculinidade, como também para suas posições privilegiadas socialmente.

Desse modo, Cristandade Muscular passou a ser definida como comprometimento cristão com a saúde e com a virilidade. Os defensores argumentam que uma "vida laboriosa" se completa com exercícios físicos e um comportamento masculino agressivo. Os ministros que aderiram às ideias do cristianismo muscular demandavam a suas igrejas o abandono de princípios de um Protestantismo que consideravam "femininos" e insustentáveis. Para eles, a influência das mulheres na igreja levava à composição de hinos excessivamente sentimentais, a doentias imagens meigas de Jesus e a um clérigo afeminado. Como prova de que havia um "perigo mulher" nas igrejas protestantes dos EUA, apontavam para um suposto desequilíbrio na frequência de homens e mulheres aos templos. Segundo eles, os "homens de verdade" eram repelidos e somente retornariam quando a Igreja Protestante afeminada abrisse caminho para uma Cristandade Muscular, uma religião forte que estaria na base de uma "vida laboriosa".

Assim, como mostra Putney (2001), a união entre cristandade e esportes foi estimulada por um complexo amalgamado de ansiedades envolvendo o declínio da virilidade nos homens de classe média anglo-saxões, dada sua recente entrada em atividades com menos esforço físico, o medo do aumento da delinquência juvenil e uma certa angústia causada por um precoce movimento feminista. Esse clima social teve consequências em outros domínios. A crença de que a feminização dos corpos masculinos estava em curso contribuiu para a criação de um abundante número de organizações focadas em reconfigurar a masculinidade norte-americana, como a *Young Men's Christian Association* (YMCA),[64] criada em Londres e introduzida nos Estados Unidos em 1851 (MACLEOD, 1983), no interior, na qual se criam esportes como o basquetebol (1891) e o voleibol (1895). Desse modo, desde a década de 1880, os preconceitos puritanos sobre o uso do corpo e sobre as práticas de lazer foram sendo rejeitados e substituídos pela crença num treinamento atlético, o qual passou a ser visto como uma efetiva forma de evangelização. Como resumiu o educador cristão Lilburn Merril, meninos "rezam mais fácil e efetivamente correndo do que ajoelhados" (PUTNEY, 2001, p. 123).

A noção de que o esporte pode ser funcional à religião já não é controversa (HIGGS, 1995; PUTNEY, 2001; BAKER, 2007; HOFFMAN, 2010). Atualmente, o futebol e a religião mantêm uma relação estreita e uma associação benéfica para ambos, e não seria exagero dizer que o futebol contemporâneo apresenta as *performances* religiosas mais assistidas no mundo. Alguns autores chegam a comparar o futebol a uma religião:

> De fato, o futebol tem procedimentos que se assemelham aos de uma igreja: seus protagonistas são rigidamente hierarquizados; há convenções e

---

64 No Brasil, Associação Cristã de Moços (ACM).

tabus; seu momento mais especial, o jogo, realiza-se em espaço fechado, onde há um campo, equivalente a um altar; a linguagem é específica e seu calendário tem algo de litúrgico; há um momento de recolhimento, a concentração, que exclui o sexo oposto, e um resultado final, que pode conduzir a um exame de consciência se houve erro, seguido de contrição, ou a um momento de recompensa e glória, para alguns eterna, como diria Pelé. (ALVAREZ, 2010, p. 85-86)

Guardada a semelhança, no entanto, deve-se cuidar para não reduzir uma coisa a outra. Caberia aqui a crítica que apropriadamente DaMatta (2003) faz a Michael Novak, autor do livro *The joy of sports* (1976), para quem o esporte seria, sim, uma nova religião. Ora, como bem argumenta DaMatta (2003, p. 21), reduzir uma dimensão social a outra nada esclarece.

> A magia já foi reduzida a uma ciência primitiva; rituais foram lidos como repetições neuróticas ou como expressões de misticismo; laços e termos de parentesco foram interpretados em suas matrizes de "sangue" e o esporte foi lido como uma sublimação para pulsões agressivas e guerreiras, do mesmo modo que Novak o toma como uma modalidade de religião. Só que, com isso, não se resolve o problema, pois fica-se com a tarefa de explicar a dimensão social à qual a atividade em foco foi reduzida. Se o esporte pode ser reduzido à religião, como quer Novak, temos agora que lidar com o que é "religião"?

A observação de DaMatta procede e serve para esclarecer este ponto: o futebol é, antes de tudo, uma atividade lúdica e antiutilitária, apesar de o futebol profissional estar atravessado por interesses econômicos e políticos. Não necessita ser transmutado em atividade guerreira de substituição, como faz Elias (1992), ou em religião para merecer espaço nas reflexões acadêmicas ou artísticas. O que não significa a ausência completa de atos que remetem à religião (e à magia) em certas práticas, sejam as dos torcedores, sejam as dos jogadores. Como quer Becker (2007, p. 2):

> Dadas todas as diferenças, religião e esporte parecem ter se construído na imagem um do outro. Ambos são banhados com mitos sustentados por rituais; ambos recompensam a fé e a paciência. Ambos prosperam por paixão temperada com disciplina.

Talvez fosse mais apropriado dizer que o futebol e a religião se associam fácil e de forma vantajosa, especialmente, mas não exclusivamente na América Latina e na África. Encontrei signos religiosos em vestiários visitados em diferentes lugares no mundo: capelinhas, imagens de

Cristo e principalmente de Nossas Senhoras, às vezes apenas coladas nos azulejos brancos dos vestiários, em composições heterogêneas que revelam a abundância de suas origens. Serenas imagens de Nossa Senhora da Conceição, como no pátio do clube Paysandu, em Belém, norte do Brasil, ou imagens cruéis de Cristo sangrando sob uma coroa de espinhos, como no vestiário do estádio Sánches Pizjuán, em Sevilha, sul da Espanha. Uma expressão dessa associação que me espantou foi a que descobri visitando o estádio Vicente Calderón, em Madri. Pensava encontrar um museu, tal como os que hoje existem em quase todos os grandes clubes no mundo – lugares impregnados do sagrado, em que os visitantes se postam em adoração aos objetos expostos cuja áurea (BENJAMIM, 1987) suscita emoções bem mais intensas do que a arte nos museus tradicionais. E me surpreendi quando, após a visita ao museu, vi que o estádio abrigava também o Memorial del Atlético Madrid, um espaço em que os sócios e torcedores do clube podem depositar suas cinzas em pequenas urnas incrustadas no espaço de um dos azulejos que compõem grandes mosaicos com fotos e o escudo do clube. Nada menos do que um cemitério instalado em um amplo e moderno espaço, no interior do estádio, com uma capela ecumênica para a realização das cerimônias fúnebres. Foi a solução encontrada pelo clube aos muitos pedidos de torcedores para que se espargissem suas cinzas no gramado do estádio, quando a legislação europeia passou a proibir descartes assim, por alegadas razões de higiene e saúde.[65] Um modo de legitimar a intenção dos torcedores de prolongar, para além da vida, sua paixão futebolística.

---

65   Criado em 2009, o Memorial já abrigava, quando o visitei em 2011, restos mortais de cerca de 150 torcedores, a maioria homens – cerca de 20% são mulheres – que ali descansam não pela eternidade, pois o tempo de permanência contratual era de 25 anos, pagando-se então mil e quinhentos euros. Muitos dos torcedores cujos restos mortais ali estavam tinham expressado esse desejo nos seus testamentos e previsto os fundos financeiros necessários. Segundo a responsável pelo Memorial, Ana, as visitas de parentes são intensas em datas especiais, como o Dia de Todos os Santos, mas ocorrem durante todo o ano. Uma das salas do Memorial faz às vezes o papel de uma capela: lugar para orações, com cadeiras, um púlpito e uma mesa alta que lembra um altar, onde são colocadas algumas imagens cristãs e ícones gregos. Dependendo do desejo dos familiares e das determinações testamentais, Ana ministra uma cerimônia que pode ou não ter orações, música – como o hino do clube – ou outra modalidade de *performance* que lhe for pedida. Também o clube argentino Boca Juniors mantém um cemitério próprio, mas está localizado no subúrbio da cidade, e o Corinthians Paulista já anunciou que construirá um cemitério próprio (HECICO, 2012).

Figura 1. Vestiário dos jogadores de futebol do Sevilha (cortesia Carmen Rial).

Sacerdotes de uma nova religião planetária?

Mais do que serem vistos como sacerdotes de uma nova religião planetária, alguns jogadores de futebol, as celebridades, ascendem à condição de "extraterrestre" (se tomamos emprestado o termo que, na década de 2010, designou na Espanha Messi e Cristiano Ronaldo). Isso quando não se tornam deuses aos olhos dos torcedores: "Deus mora na Catalunha", foi uma manchete do francês *L'Equipe*, um dos mais importantes e tradicionais jornais esportivos, saudando a *performance* do maior jogador do mundo, o meia-atacante Leonel Messi – jogador do Barcelona quando marcou quatro gols, desclassificando o clube inglês Arsenal da principal competição entre clubes, a Champions League, em 2010. A consagração de Messi teve ecos mundiais e as fórmulas laicas para o elogio ("gênio" ou "craque") foram superadas pelas metáforas religiosas ("Deus" ou "extraterrestre") em vários jornais, entre os quais o sério *Times* de Londres. Quem já viu os torcedores do estádio Camp Nou inteiro saudar os gols de Messi com os braços estendidos, o tronco dobrando-se para frente e para trás, proferindo um ruído ensurdecedor de "Méééésiiiii, Méééésiii", não pode deixar de pensar que a multidão só pode estar inclinando-se diante de uma divindade. Uma divindade impulsionada pelas forças do seu tempo, que disseminam sua imagem a todos os cantos do planeta, como o fizeram outros "deuses" antes: Pelé, Di Stefano, Ronaldo, Ronaldinho. Estes, porém, não contaram com a coincidência fonética do nome: as lojas e *sites* do Barcelona vendem agora uma camiseta de jogador onde se lê: "Eu vi o Messias jogar", com a figura do jogador, mãos elevadas ao céu, rodeado por uma áurea dourada.

Messi é o Messias? Talvez, mas um ainda sem uma igreja, diferentemente de outro jogador argentino que, na sua época e pelo menos no seu país, mereceu também essa sagração e, mais do que isso, a constituição de uma seita em torno do culto de sua personalidade, a Igreja Maradonista, essa sim, expressão de uma identidade local bem determinada: a identidade nacional argentina. Fundada jocosamente em 1998 por um grupo de torcedores que passou a comemorar o Natal no dia do nascimento de Maradona, ela hoje teria cerca de duzentos mil fiéis, dez mandamentos, orações, rituais de veneração aos seus gols e especialmente ao gol feito com a mão contra a Inglaterra na Copa de 1986, considerado pelo próprio Diego Maradona como uma intervenção divina num jogo marcado pela lembrança da derrota trágica dos argentinos na Guerra das Malvinas, quatro anos antes. Diez (o número da camisa de Maradona) e Dios: aqui também a proximidade fonética serve para construir o mito, que é mais presente ainda nas ruas de Nápoles, onde encontrei capelas construídas em homenagem a Maradona e sua passagem "milagrosa" pelo clube local. Como deuses, orixás ou outras entidades sagradas, o fato é que alguns dos jogadores conseguem povoar as imaginações de uma grande comunidade de torcedores, sendo adorados na forma de pôster nas paredes de bares ou na dos quartos de dormir de adolescentes em todo o mundo. De fato, mais do que perseguir a questão de se o futebol é sagrado ou não, como propunha Durkheim, interessa reconhecer a materialidade de certas práticas ligadas ao futebol, como sugere Talal Asad (1993), e o que as tornam desejáveis e imperativas.

O ponto a reter é que, sem ser religião, o futebol, por meio de seus protagonistas máximos, goza de uma veneração planetária, congregando em torno de si provavelmente mais fiéis do que os de qualquer religião em particular. E os jogadores, especialmente, mas não exclusivamente os brasileiros neopentecostais, são cientes desse fenômeno e usam sua fama e reconhecimento no esporte como uma plataforma de disseminação de crenças religiosas, como pastores de uma religiosidade banal, na qual se empenham num proselitismo feito de gestos, tatuagens, *slogans* em camisetas e frases que remetem ao Cristianismo em suas entrevistas. E isso sem contar com a solidariedade da Fifa que, como vimos, proíbe manifestações ideológicas ou religiosas. E sem contar com a adesão da mídia, que prefere relatos sensacionalistas de suas atividades mundanas. Com efeito, se sacerdotes são – ou quando extrapolam, Deuses – isso não implica um estilo sério (JANKÉLÉVITCH, 1963) ou totalmente casto, podendo associar criativamente em suas celebrações danças e reverências aos céus (como no caso de Neymar), e na vida pessoal divertimentos mundanos. A adesão a Jesus ajuda a mantê-los afastados do mal, como muitos me disseram, significando os perigos de uma vida no extremo, em que as tentações (álcool, drogas) são presentes. Esses jogadores, especialmente os neopentecostais, têm um estilo de vida marcado pela contenção, ainda que no mais das vezes ganham espaço na mídia as práticas pouco carolas dos jogadores não religiosos, os *bad-boys,* como eles mesmos designam seus colegas de profissão que "frequentam a noite". Assim, são suas visitas aos *pubs* de Manchester, às boates de Barcelona ou Madri, aos bailes *funks* em favelas brasileiras, e são suas devoções a garotas de programa ou travestis que merecem destaque na mídia, nunca as peregrinações a templos pentecostais ou católicos.

Bem, em casos excepcionais envolvendo grandes estrelas, a religião pode ganhar espaço no *mediascape*, como Kaká, que participou em 2009 da inauguração de um novo templo da Igreja Renascer em Cristo para o qual contribuiu com um alto aporte financeiro e apareceu na capa dos dois principais jornais brasileiros orando fervorosamente ao lado do casal de bispos Estevam e Sonia Hernandes.[66]

Informada por essas notícias, dos quais Kaká fazia figura de exceção, esperava encontrar *bad boys* quando iniciei os contatos com os jogadores brasileiros que emigraram para a Europa. E não é que não os tenha

---

66 As relações de Kaká com essa igreja merecem ampla cobertura midiática. Em 2007, ele expôs na sede da igreja o troféu Fifa de melhor jogador do mundo e saiu em defesa do casal de bispos (que ele chama de "apóstolo e bispa") quando estes foram presos e condenados a 140 dias de reclusão nos Estados Unidos pelos crimes de contrabando de dinheiro e conspiração. Kaká foi mostrado consultando *sites* da igreja durante a concentração na Suíça para a Copa do Mundo de 2006. Um vídeo disponível na internet mostra o momento em que foi ungido presbítero nos Estados Unidos e revela detalhes financeiros de sua venda para o Real Madrid dizendo que ter chegado tão longe na carreira "é uma conquista do povo apostólico". *Cf.* <vodpod.com/watch/1938949-kak-ungido-a-presbtero>. Em 2010, Kaká afastou-se da Renascer, sem explicar as razões, mas diz manter boas relações com o casal de bispos. *Cf.* <globoesporte.globo.com/futebol/futebol-internacional/noticia/2010/12/kaka-e-esposa-rompem-com-igreja-renascer-diz-revista.html>. Acesso em: 16 fev. 2014.

encontrado, mas o que surpreendeu foi, ao inverso, o grande número de jogadores de futebol que liam a Bíblia diariamente, frequentavam cultos religiosos em templos pentecostais, oravam e promoviam em suas próprias casas reuniões com outros jogadores, seus familiares e outros brasileiros vivendo no exterior, e até viajavam para outras cidades a fim de participarem de cultos religiosos. Os depoimentos mostram isso, numa uniformidade espantosa, mesmo quando há jogadores de diferentes origens sociais e diferentes escolaridades (RIAL, 2008). Embora os jogadores brasileiros, em geral, recebam altos salários nos clubes europeus disputando as primeiras divisões, seus hábitos de consumo não se transformaram radicalmente com essa riqueza, levando-os a agirem como *bad boys*.

Vejamos com mais atenção alguns desses depoimentos, começando por Sílvio Pereira,[67] um atacante mundialmente conhecido, que atuou em clubes globais e nos Emirados Árabes. Foi na igreja que Sílvio conheceu sua esposa, na época com 14 anos. Quando o encontrei em Sevilha, com o filho de oito meses, e Edvige Pereira, de 17 anos, Sílvio já tinha passagens pela seleção brasileira, era cortejado por diversos grandes clubes europeus. Morava numa casa de dois andares em um condomínio de luxo nos subúrbios da cidade e tinha uma BMW com bancos de couro e impecáveis tapetes brancos. Foi extremamente atencioso comigo em todos os nossos encontros, até mesmo atuando como mediador no contato com os outros jogadores. Uma generosidade visivelmente ligada à noção de "ajudar alguém". Sílvio me disse, reiteradas vezes, o quanto a aproximação com os "evangélicos"[68] foi determinante na sua vida. O ingresso na cosmologia neopentecostal, ou melhor, como preferem dizer, a descoberta da Palavra[69] (a igreja não é vista como fundamental, o importante é a fé) é visto como um marco, um ponto de ruptura entre uma vida anterior pregressa e a atual, pautada por um "compromisso com Deus". Tudo funciona como se a vida se dividisse em um *antes,* reino do mal, e um *depois,* momento em que se ingressa em um reino do bem. No *antes,* faz-se "besteiras", usa-se álcool, drogas (não foi o caso de Sílvio) e se sai com muitas mulheres – geralmente

---

67 Ofereci o anonimato a todos os jogadores que contatei, e eles sempre o recusaram. Ainda assim, preferi evitar seus nomes e de seus clubes neste texto, mantendo o nome dos quais não tive contato direto e cujas informações obtive na mídia.

68 Evangélico é como se autodesignam muitos dos fiéis das igrejas neopentecostais. Como a categoria abrange também denominações históricas protestantes, como a Igreja Batista, prefiro usar as aspas caracterizando como uma categoria dos jogadores.

69 "A Palavra" é muitas vezes usada como sinônimo da Bíblia.

as relações sexuais com as mulheres ficaram subentendidas, em frases em que estavam implícitas, talvez por um constrangimento por estarem conversando com uma mulher. No *depois* (no momento em que passei a conhecer mais a Palavra) há um autoprogresso, não no sentido material, de se ter mais dinheiro ou de ser famoso, embora muitas vezes haja um progresso material incentivado pela Teologia da Prosperidade, mas num sentido espiritual e amplo de "ser uma pessoa correta". Sílvio Pereira está certo de que foi graças a esse "compromisso com Deus" que conseguiu se afastar do mal e vencer como jogador de futebol.

Quando já não se nasce em uma família evangélica, o ingresso na Igreja se dá pela aproximação com outros evangélicos. Ocorre frequentemente que a futura esposa já seja religiosa e inicie o jogador. E mais frequente ainda que ele emule o comportamento de companheiros evangélicos do clube. Nesse caso, a conversão ocorre muito mais pela observação do comportamento de pessoas do seu pequeno círculo, que são admiradas, do que por uma catequese explícita. Sílvio Pereira me contou quase em lágrimas:

> Foi na Portuguesa. Ali eu coincidi com muitos evangélicos: [...]. E quando eu estava com eles, eu via a forma deles, o carinho que eles tinham comigo, foi um exemplo que eu tive muito forte, e isso foi o que fez com que eu pensasse "Poxa, os evangélicos são diferentes". Um dia eu estava concentrado, na véspera de um jogo, e eu vi pela televisão pegando fogo onde meu irmão morava. Vendo meu irmão, vendo as pessoas que eu conhecia, comecei a chorar. E aí quando eu olhei para o lado, o meu amigo estava chorando comigo. E aí eu me perguntei "por que ele está chorando, ele nem me conhece direito, ele não conhece essas pessoas?". Foi um exemplo muito forte, compartilhar as tristezas com o próximo quando você está triste. "Conta para mim para ver se posso te ajudar". Ele, naquele momento que me viu chorando, começou a sentir mais ou menos a tristeza que eu estava sentindo. Este exemplo de companheirismo transformou minha vida.

É o "exemplo de vida" de que fala Sílvio Pereira e que se refletiu numa outra visão do mundo, valores e estilo de vida. Não é tanto a religião, mas a "Palavra de Deus" que importa, como se a leitura da Bíblia fosse capaz de estabelecer um diálogo direto entre dois seres: um humano, outro divino. A Bíblia é um apoio, a conversa com um amigo. "Deus é um amigo que está sempre comigo", declara Fábio (que também atuou pela seleção brasileira). Fazem-se as coisas certas para "agradar a Deus", diz Sílvio, para não "entristecer a Deus". E este, em contrapartida, "concede estes privilégios que hoje posso desfrutar". Tanto entre os jogadores de clubes globais quanto os de clubes periféricos no sistema futebolístico (RIAL, 2008), encontrei jogadores que tinham na Bíblia, em Deus e nas orações grandes aliados, como foi o caso de Kaled, jogador no Marrocos. Quando conversamos no interior do táxi que nos levava até a sua casa (ele não tinha carro), onde encontraríamos sua esposa e seu filho de um ano recém-chegados do sul do Brasil, ele confessou-me que tinha na Bíblia o maior apoio para resistir à solidão, que a lia duas vezes ao dia.

> Digo que sou católico, mas é mais a Bíblia, a palavra que a Bíblia me dá. Ajuda demais. Me dá força para não ter tanta saudade, não me preocupar tanto com o que vai acontecer depois. Me dá uma segurança, me sinto muito bem, lendo, me fortalece muito.

A leitura cotidiana da Bíblia ocorre mesmo entre os católicos que, em princípio, não buscariam diretamente nela o apoio, como os pentecostais. Embora sem se converter, Kaled assumiu uma prática característica das denominações protestantes e incentivada pelas neopentecostais. E, com ela, provavelmente a ética subjetiva que a acompanha.

Voltemos à Europa. Sílvio foi um contato-chave que facilitou minha aproximação com outros jogadores e seus familiares em Sevilha, interferindo diretamente para que, por exemplo, Everton e Nilson Batista conversassem comigo. O que seria um primeiro rápido contato terminou em longas horas sentados em uma improvisada mesa no centro de treinamento, até sermos expulsos pelo segurança do clube. Everton, evangélico, e Batista, católico, também se referiram a Deus como tendo uma importância central em suas vidas.

– Everton: Eu sou mais religioso, sou evangélico, um crente.
– Batista: Aceito qualquer coisa. Se você me convida para a igreja, eu vou [Risos]. Gosto e religião não se discutem. Cada um sabe do seu gosto e religião, temos que respeitar. Eu sou um católico e você é um crente.
– Everton: A importância de Deus. Acredito que nada acontece por acaso e tudo tem uma resposta, e essa resposta só pode ser dada por Deus. Eu rezo a todo momento. Porque o mal existe, e se você não reza o mal toma conta de você. Eu rezo todo o tempo, faço pedidos, nada muito grande nem muito pequeno. É como uma batalha entre o bem e o mal, sabe?

– Batista: Eu tento agradecer tudo que Ele me deu. Agradeço a Ele que tenho uma boa vida, mesmo não sendo religioso.

A fala do evangélico Everton é mais estruturada e convicta que a do católico Batista, por ser a religião católica mais permissiva nas determinações comportamentais, embora ele também atribua suas conquistas a uma intervenção divina. Everton, no seu depoimento, revela dois pontos essenciais na teologia das religiões neopentecostais: a luta entre o bem e o mal e a permanente negociação entre o crente e Deus (eu peço por coisas). Seu depoimento é semelhante a tantos outros que ouvi:

– Bartolomeu (jogou na seleção brasileira): no Brasil, nos encontrávamos um dia antes da partida para cantar hinos (religiosos), ler a Bíblia e usar a Palavra. Isso no dia anterior, e no dia da partida nós rezávamos antes de entrar em campo. Aqui não, porque aqui a maioria não é religiosa, então se torna um pouco mais difícil. Mas acredito que não podemos julgar os outros, cada pessoa tem sua religião e temos que respeitar isso. É como a Bíblia diz, "Deus deu a todos o livre arbítrio. E então, quem sou eu para julgar?".

– Bob (jogou na seleção brasileira, contatado na Holanda): para mim é superimportante. Conheci no aniversário da minha tia quando tinha 14 anos. Minha mãe me convidou para a igreja, e eu gostei. Para mim, Deus é o que dá força pra minha vida. Ele me botou aqui, e agradeço a Deus todos os dias por Seu apoio, Sua ajuda para poder chegar aqui. Não é suficiente confiar em Deus, cada um tem que se esforçar.

– Elí (jogou na seleção brasileira, contatado na Bahia): eu me converti e sou evangélico desde 1996, depois do meu casamento. Você pergunta se sou religioso? Acho que Deus não gosta de religião. Ele quer que você se doe de todo coração. Sem levar em conta a religião, acho que a coisa importante é que procuremos por Deus. Deus é a medida, a base de tudo em nossas vidas. É assim que eu penso, e nós sempre fazemos encontros aqui [clube]: eu, X, Y, aqueles que são cristãos. Agora o Z chegou, que também é cristão.

A "crença", como preferem os jogadores, é vista como uma ajuda indispensável para resistirem às contrariedades da carreira e sobreviver ao "sacrifício" que é viver no exterior. Esta é a importância da Palavra. A relação entre futebol e religião aparece sob diversas formas sociais. Para os jogadores contatados, os atos religiosos são considerados como apelos a uma força extra, uma proteção – as orações nos vestiários, o fato de se benzerem na entrada do campo indicam esse sentido. E também como agradecimento por um dom – os braços erguidos ao céu depois dos gols, as orações realizadas em grupo depois das conquistas de torneios vão nesse sentido. Com efeito, é difícil não relacionar esses apelos a uma força extra à situação do caçador que Mauss (1968 [1934]) descreveu no seu estudo clássico: *As técnicas corporais*. Num trecho, relacionando práticas corporais e ritos mágicos, Mauss conta que um caçador conseguia permanecer por muitas horas em cima de uma árvore, e que a força e o desconhecimento da dor necessários para perpetrar essa espera vinham dos cânticos mágicos que recitava. Em outro trecho, quando analisa a aptidão sobre-humana dos australianos próximos à Adelaide em correr com cangurus, cães selvagens e émous,[70] assim como a de arrancar de cima de uma árvore um gambá, ao fato de os caçadores cantarem sem cessar uma fórmula mágica.

Como os caçadores de Mauss, também jogadores de futebol parecem encontrar na oração e nas práticas de caráter religioso a força extra que os empurram para além dos seus limites corporais, que os ajudam a fazer ou a defender um gol e os protegem de dores e lesões. Daí os gestos de tocar o gramado com a mão ou pisar na grama com o pé direito ao ingressar no terreno de jogo, chutar as traves, erguer os braços para os céus depois de um gol ou fazer o sinal da cruz antes do apito inicial. Todos esses atos introduzidos no futebol são realizados na esperança de se alcançar uma verdadeira eficácia material, seja ela a de proteger contra uma eventual lesão, de impedir que a bola passe por uma fronteira desenhada por uma gestualidade mágica, ou, ao contrário, fazer com que a ultrapasse. Se o rito futebolístico tem essa importância de busca de uma proteção, ele também implica uma troca recíproca, a de agradecimento, de contradom nos casos de sucesso. Ao dom do sucesso pessoal e profissional eles retribuem divulgando a Palavra e pagando o dízimo.

Nenhum jogador contatado me falou espontaneamente sobre o pagamento de dízimo, e de modo geral evitei abordar um tema delicado como são os seus ganhos. É bastante provável, de fato, que muitos entre eles se alinhem entre os maiores contribuintes das igrejas evangélicas.[71]

---

70   Pássaro australiano de asas bem pequenas, que corre.

71   Neymar (Santos), um jovem talento em ascensão, é fiel contribuinte da Igreja Batista Peniel, de São Vicente. Ele doa 10% de tudo o que ganha, como relatou seu pai à jornalista Debora Bergamasco. "O primeiro

Porém, como Bob expôs: não é suficiente confiar em Deus; cada um tem que "se esforçar", "trabalhar duro no clube". E também no trabalho, como Weber (1996) bem mostrou, a religião ajuda. Crer em Deus tem um papel fundamental em consolidar uma íntegra ética pessoal, a de um homem disciplinado, esforçado, obediente, solidário, interessado pelo outro. Essas são características importantes numa carreira relativamente curta em que o corpo é o instrumento central.[72] É especialmente importante na prática de um esporte coletivo altamente competitivo, em que a convivência com outros é prolongada não apenas no tempo da prática esportiva – os treinamentos, os jogos –, mas em momentos que a antecedem: as longas horas na concentração, as tensas esperas no vestiário, as horas intermináveis nos deslocamentos de ônibus, nos corredores dos aeroportos e nos voos. Esses períodos de afastamento das famílias são momentos geralmente vivenciados como desagradáveis, quando não como verdadeiras prisões, o que se acentua entre os jogadores que moram no exterior. Assim, a religião (ou fé, como eles preferem) forma hábitos específicos (MAUSS, 1968 [1934]) que lhes permitem lidar com características de hipermobilidade de suas carreiras, fornecendo tecnologias corporais (ASAD, 1993; VASQUEZ, 2011) que são apropriadas profissionalmente.

Além disso, a crença estabelece e consolida uma rede de amizade com outros jogadores brasileiros, promove um apoio no campo profissional extremamente competitivo. "As pressões vêm de todos os lados: do clube, do empresário, da torcida". Sílvio sintetiza o quadro de um ambiente hobbesiano. Para os atletas brasileiros, a religião parece atuar como um modo de disciplinar o corpo e criar um trabalhador produtivo, ao mesmo tempo que constitui um senso de comunidade que ajuda a lidar com um mundo desprovido de sentimentos, como os metodistas fizeram na Inglaterra, como

---

salarinho dele foi R$ 450. Fizemos esse primeiro contratinho dele no Santos e minha mulher pegava os R$ 45 e dava para a igreja todo mês. OK, ainda sobravam uns R$ 400 para pagar as contas. Daí ele passou a ganhar R$ 800. Tá bom, doa R$ 80... Só que Deus começa a te provar, né? Pegamos R$ 400 mil. Caramba, meu, como vamos 'dizimar' R$ 40 mil? É um carro! Cara, mas daí você pensa que Deus foi fiel. Pum, dá R$ 40 mil! Mas daí vieram 'catapatapum' reais. Meu Deus, não quero nem saber, 'dizima' logo isso! (risos). É... Deus te prova no pouco e no muito", suspira o patriarca da família Silva Santos. E o que pensa disso o jogador? [...]. Dói abrir mão de R$ 40 mil? Para Deus, nada dói. E acho legal. A gente conhece bem o pastor da Peniel. Faz dez anos que estou lá e agora estão ampliando a igreja. Acho que se a gente acreditar em Deus, as coisas vêm naturalmente. Deus me deu tudo: dom, sucesso..." Disponível em: <blogs.estadao.com.br/sonia-racy/'quero--um-porsche-e-uma-ferrari-na-garagem'/#respond>. Acesso em: 26 abr. 2010.

72   "Curta", pois se encerra para grande maioria em torno dos 35 anos. Porém, se levarmos em consideração que eles iniciam no futebol ainda criança, sua duração da carreira não difere tanto assim da de um outro trabalhador, chegando aos 30 anos de "trabalho".

mostra Thompson (1991). Mesmo que aparentemente irrelevante, o fato de muitos jogadores estarem inseridos em sociedades mais seculares, como da Europa Central, pode contribuir para acentuar essa tendência.

A mediação de pastores raramente é valorizada nesses depoimentos, uma exceção foi Bob. Quando o encontrei na Holanda, contou-me que ia até Amsterdam para frequentar cultos de um pastor brasileiro, às vezes acompanhado por Hilton (outro jogador brasileiro que já atuou na seleção). Ambos levaram as famílias numa espécie de peregrinação combinando religião e turismo, de acordo com Bob:

> Os brasileiros são maioria (de fiéis presentes na igreja), também o pastor (é brasileiro). Ele não fala holandês, e é tudo em português. Falamos com pessoas que não são jogadores lá e fazemos amigos. Descobri sobre no *site* brasileiro "Deus é Amor", que é www.deuseamor.com.br. Liguei e falei com o pastor. Eles também estão presentes na Bélgica, Suíça, Inglaterra. Sempre vou lá. É fundamental para mim.

Religião e nacionalismo banal

Como pude constatar em outros países, as igrejas neopentecostais são locais de encontro de emigrantes brasileiros, nos quais, além da religião, um nacionalismo banal é reafirmado. Billig (1995, p. 6) faz distinção entre "nacionalismo" e "nacionalismo banal". Ambos encobrem "os significados ideológicos pelos quais os estados-nação se reproduzem". Mas "há uma diferença entre a bandeira dos higienizadores étnicos siberianos tremulando, e outra discretamente balançando do lado de fora de um correio nos EUA". Para Billig, nacionalismo banal se refere "aos hábitos ideológicos que possibilitam as nações ocidentais se reproduzirem" diariamente, no cotidiano de vida de seus cidadãos.[73] Billig reconhece que, por meio dos *mediascapes*, os esportes têm grande importância em relembrar leitores e espectadores sobre a nação a que eles pertencem, então "podem ser vistos como ensaios banais para um extraordinário momento de crise, quando o estado convoca seus cidadãos, especialmente os cidadãos homens, para fazerem sacrifícios pela causa da nacionalidade" (BILLIG, 1995, p. 11).

Ao encontrar conterrâneos nas igrejas neopentecostais, conversar sobre telenovelas da rede Globo de TV e programas da TV Record, dividir

---

73 Banal, como explica Billig, a partir de Arendt (1963), não é sinônimo de inofensivo ou inócuo, mas mais de invisível. O nacionalismo pode se manifestar em formas mais violentas, como as guerras.

receitas adaptadas aos ingredientes locais ou trocar endereços de merce-rias que vendem produtos brasileiros, os jogadores brasileiros em diáspora acentuam um nacionalismo banal do mesmo modo que outros emigrantes (RIAL e KRAIESKI, 2011). De fato, como outros brasileiros no exterior, os jogadores de futebol mostram o seu nacionalismo diariamente, como pude observar, por exemplo, com a bandeira usada como toalha de mesa no corredor de entrada da casa de Hilton ou quando fui convidada na Holanda pelo pai de Berto Cardoso para comer bobó de camarão, viabi-lizado graças ao "mercado do Suriname"; ou quando comi arroz, feijão e picadinho de carne na casa de Bill (jogador com passagem pela seleção) com ingredientes adquiridos no mercado turco da cidade holandesa em que morava. Ou quando encontrei um grande caminhão perambulando entre a Embaixada Brasileira, o Banco do Brasil e outros pontos no Japão, no interior, do qual se vende frango Perdigão, sabonete Phebo, salsicha de churrasco e até revistas brasileiras, como a Playboy. Com efeito, na Holanda, até mesmo um simples Bombril pode ser comprado na internet pelo *site* da mercearia, que recebe por ano aproximadamente oito contêineres de produtos brasileiros (xampus, pomada Minâncora, queijo redondo, cerve-jas, refrigerante Fanta Uva, carne etc.), como me relatou o gerente, e que aceita encomendas pela internet também para outros países europeus. Os jogadores do clube de Tóquio com quem estive (Ilo, Edilson T. e Aldo S., com passagem pela seleção brasileira) foram unânimes em afirmar que preferiam consumir produtos brasileiros, aos quais tinham fácil acesso.

Esses jogadores frequentam diariamente restaurantes que apresentam cardápios com opções de pratos comparáveis aos do Brasil, e toda vez que viajam ao Brasil, especialmente suas esposas e familiares, levam muitos produtos na bagagem. Os itens considerados "nacionais" não se limitam ao usual feijão, farinha de mandioca e outros itens de consumo, são con-siderados também suco Tang (segundo a esposa de Fábio) e diversos medicamentos (esposa de Hilton). A necessidade subjetiva de recriar uma "brasilidade" no exterior, presente entre esses jogadores (mas tam-bém entre outros trabalhadores brasileiros vivendo no exterior) faz com que se crie um mercado formal (e informal) para produtos *made in Brazil* nos diversos países em que residem.

Na análise dos padrões de consumo regular dos jogadores, a dimensão mais saliente é da identidade nacional. Televisão, DVDs, música brasileira em CDs e na internet[74] os levam de volta ao Brasil, ou talvez mais especificamente os mantenham lá. Todos esses produtos emprestam significados para experiência de vida dos jogadores, permitindo-lhes compartilhar uma comunidade imaginada e dar ênfase ao nacionalismo por meio dos consumos diários enquanto estão no exterior. A identidade nacional é reafirmada continuamente pelos produtos que consomem, espalhando um gosto cultural brasileiro pelo mundo. O que poderia parecer os conectar globalmente ao consumo cosmopolita, é na verdade um instrumento de aproximação com o Brasil. É, principalmente, o consumo que os mantém ligados com suas comunidades nacionais de origem, e no consumo manifestam um nacionalismo banal: suas práticas repetidas cotidianamente, e quase inconscientemente, reafirmam sua "brasilidade", fazendo-os se unirem enquanto demarcam fronteiras *vis-à-vis* de "outros", os locais. Essa separação é, ela mesma, parte da mística de ser brasileiro. A escolha da frequentação de templos liderados por brasileiros pode ser considerada dentro dessa mesma dimensão.

O espaço religioso, no interior do espaço doméstico de suas casas ou nas igrejas e templos, serve para reafirmar uma identidade nacional na diáspora. Ignácio (que encontrei no Canadá), apesar de não ser evangélico, frequentava o templo Neopentecostal, em Toronto, "para encontrar outros brasileiros". Hilton e Graça, sua esposa, não gostavam do estilo de igrejas neopentecostais brasileiras em Amsterdam porque os rituais eram "muito sérios", ao contrário do Brasil, em que eram "mais alegres". Na verdade, muitos jogadores preferem organizar eles mesmos as reuniões em cultos domésticos, com outros jogadores brasileiros, como me relataram fazer na Espanha e na Alemanha.

Para concluir este capítulo, voltemos à epígrafe, à letra de "Faz um milagre em mim", que vi ser cantada por Gustavo Neves (passagem pela seleção brasileira).[75] Ela parece conter algumas das máximas que nos fazem entender por que a Teologia Neopentecostal conforma-se tão bem ao projeto de

---

74 Percebi que os jogadores mais jovens têm maior familiaridade com ferramentas da internet, incluindo *smartphones*. Os com mais de 25 anos não os usavam com frequência e preferiam telefones regulares. Todos eles me deram seus *e-mails*, e pude atestar o uso intensivo da internet depois de trocar mensagens com alguns jogadores.

75 Programa Expresso da Bola, de Décio Lopes, 9/04/2010, SporTV.

vida dos jogadores de futebol, ao contar um projeto de ascensão social (Eu quero subir/O mais alto que eu puder), que supõe grandes transformações (Mexe com minha estrutura), marcado por um meio profissional altamente competitivo, por perigos eminentes de acidentes de trabalho (Sara todas as feridas) e por apelos hedonistas tidos como danosos ao corpo, seu principal instrumento de trabalho (Me ensina a ter Santidade). Uma carreira que pode levar a uma ascensão econômica de tal grandeza que é vivida como um prodígio divino (Faz um Milagre em mim).

Considerações finais

Sem ser uma religião, o futebol une-se à religião em perfeito matrimônio de interesses, especialmente as novas denominações neopentecostais fundadas na Teologia da Prosperidade. Para os clubes, a religiosidade de seus jogadores garante bons instrumentos de lucro: corpos sadios em mentes sanas. Para os jogadores, ela oferece uma cosmologia que ordena seus cotidianos, prescreve o que devem e não devem fazer, separa o *bem* do *mal*, e assim os mantém afastados das tentações de um estilo de vida tido como prejudicial à carreira profissional. Ganham todos. Além disso, a leitura da Bíblia, principalmente, mas também a frequentação aos cultos em templos ou às reuniões entre si, ajuda-os a se manterem serenos em um campo hobbesiano de competição com outros jogadores no interior dos clubes, ao mesmo tempo que os aproxima dos seus companheiros de fé em outras instâncias que as profissionais, sendo um forte motor de sociabilidade, de criação de *redes* na diáspora.

Finalmente, para os que vivem no exterior em diáspora, as práticas religiosas são um grande alicerce para suportarem o *sacrifício* de estarem distantes de suas famílias de origem e dos amigos de infância, que os ajudam na recriação de um Brasil imaginado, na nostalgia por solidariedade e autenticidade, que afirma a identidade nacional. Os hinos que os jogadores cantam ou escutam nos seus carros luxuosos falam de mudanças radicais iguais as quais se confrontam em seus cotidianos. E, por isso, fazem sentido, dialogando com um projeto de vida de ascensão social em que as vitórias esportivas se refletem em vitórias na vida econômica, em que suas *performances* são atribuídas em parte a um dom divino, de um Deus com quem precisam constantemente negociar, pagando dízimos ou erguendo mãos aos céus para demonstrar sua fé, uma fé para a qual é necessário apoio espiritual, subjetivo, para que seja suportável a radicalidade da transformação de suas vidas num curto espaço de tempo e a vida num espaço estranho – pois mesmo os que permanecem no Brasil passam a viver, por conta da profissão, longe de suas famílias de origem e de seus amigos de infância. Os atos religiosos (ou mágicos) oferecem também aos praticantes de futebol uma força extra, a capacidade de expandir os limites do corpo em resistência e força, como Mauss (1968 [1934]) já apontava.

O futebol, por seu lado, oferece à religião nada menos que o maior e mais importante palanque para pregação, capaz de alcançar simultaneamente, em determinados jogos, bilhões de lares no planeta. Ela oferece abnegados soldados da Palavra, missionários, que testemunham a fé globalmente, mediante *slogans* em camisetas, tatuagens no corpo e depoimentos em entrevistas, e assim disseminam uma religiosidade banal no *mediascape*. Soldados da fé que também a sustentam financeiramente, transformando seus ganhos milionários em dízimos; quando não abrem eles mesmos uma igreja, como missionários empreendedores. Pela força das imagens por eles transmitidas no *mediascape*, as religiões pentecostais recriadas localmente no Brasil em formas adaptadas ganham impulso em sua exportação.

Referências

ALVAREZ, V. C. Política externa e futebol, ora bolas... *Revista do Brasil*, 17. "Futebol". Brasília: Ministério das Relações Exteriores, Divisão de Divulgação Cultural, 2010, p. 80-91.

APPADURAI, A. Disjuncture and difference in the global cultural economy. *In*: FEATHERSTONE, M. (Ed.). *Global culture*. Londres: Sage, 1990, p. 295-310.

ARENDT, H. *Eichmman em Jerusalém: um relato sobre a banalidade do mal*. São Paulo: Companhia das Letras, 1999.

ASAD, T. *Genealogies of religion: discipline and reasons of power in Christianity and Islam*. Baltimore; Londres: The Johns Hopkings University Press, 1993.

BAKER, W. J. *Playing with God: religion and modern sport*. Cambridge: Harvard University, 2007.

BENJAMIN, W. A obra de arte na era de sua reprodutividade técnica. *In*: *Obras escolhidas: magia e técnica, arte e política*. São Paulo: Brasiliense, 1987 [1936], p. 165-197.

BILLIG, M. *Banal nationalism.* Londres: Sage, 1995.

CARVALHO, J. J. de. Music of african origin in Brazil. *In*: FRAGINALS, M. M. (Ed.). *Africa in Latin America.* Nova Iorque: Holmes & Meier, 1984, p. 227-248.

DAMATTA, R. *Carnavais, malandros e heróis: para uma sociologia do dilema brasileiro.* Rio de Janeiro: Guanabara, 1990.

_____. Notas sobre as imagens e representações dos Jogos Olímpicos e do futebol no Brasil. *Antropolítica*, v. 14, p. 17-39, 2003.

DURKHEIM, E. *Les formes élémentaires de la vie religieuse: le système totémique en Australie.* Paris: PUF, 1968 [1912].

ELIAS, N. *O processo civilizador.* Rio de Janeiro: Jorge Zahar, 1994.

ELIAS, N.; DUNNING, Eric. *Quest for excitement: sport and leisure in the civilizing process.* Oxford: Basil Blackwell, 1986.

FERRETTI, S. F. *Querebetan de Zonadonu.* São Luís: Universidade Federal do Maranhão, 1985.

FRY, P. Manchester e São Paulo: industrialização e religiosidade popular. *Religião e sociedade*, v. 3, p. 25-72, 1978.

GIDDENS, A. *Modernity and self-identity. Self and society in the late modern age.* Cambridge: Polity, 1991.

GLUCKMAN, M. *Essays on the ritual of social relations.* Manchester: Manchester University Press, 1962.

HECICO, Fábio. Corinthians quer fazer cemitério para seus torcedores. *O Estado de S. Paulo,* São Paulo, 18 ago. 2012.

HIGGS, R. *God in the stadium: sports and religion in America.* Lexington: University Press of Kentucky, 1995.

HOFFMAN, S. J. *Good game: Christianity and the culture of sports.* Waco: Baylor University Press, 2010.

HUBERT, H.; MAUSS, M. Introduction à l'analyse de quelques phénomènes religieux. *In*: MAUSS, M. (Ed.). *Oeuvres.* Paris: Editions de Minuit, 1968 [1906], p. 3-39.

JANKELEVITCH, V. *L'aventure, l'ennui, le sérieux.* Paris: Aubier-Montaigne, 1963, p. 223.

LODY, R. *Dicionário de arte sacra & técnicas afro-brasileiras.* Rio de Janeiro: Pallas, 2003.

LODY, R; SÁ, Leonardo. *Atabaque no candomblé bahiano.* Rio de Janeiro: Funarte, Instituto Nacional do Folclore/Instituto Nacional de Música, 1987.

LOPES, J. S. Leite. *Sucessos e contradições do futebol "multirracial" brasileiro.* Rio de Janeiro: UFRJ. Mimeo, 1996.

MACLEOD, D. I. *Building character in the American boy: the boy scouts YMCA and their forerunners, 1870-1920.* Madison: University of Wisconsin Press, 1983.

MARIANO, R. *Neopentecostalismo: os pentecostais estão mudando.* 1995. Dissertação (Mestrado) – Universidade de São Paulo, São Paulo, 1995.

_____. *Neopentecostais – sociologia do novo Pentecostalismo no Brasil.* São Paulo: Loyola, 1999.

_____. Império Universal. *Folha de S. Paulo,* São Paulo, Caderno Mais, 5 fev. 2010, p. 4.

MARKOVITS, A; RENSMANN, L. *Gaming the world: how sports are reshaping global politics and culture.* Princeton; Oxford: Princeton University Press, 2010.

MAUSS, M. Les techniques du corps. *In: Sociologie et anthropologie.* Paris: PUF, 1980 [1934], p. 364-385.

_____. *Oeuvres 1. Les fonctions sociales du sacré.* Paris: Les Éditions de Minuit, 1968 [1909].

_____. *Essai sur le don. Forme et raison de l'échange dans les societés archaïques.* Paris: PUF, 1973 [1922], p. 149-279.

NOVAES, R. *Novo nascimento: os evangélicos em casa, na igreja e na política.* Rio de Janeiro: Mauad, 1998.

NOVAK, M. *The joy of sports: end zones, bases, baskets, balls, and the consecration of the american spirit.* Nova Iorque: Basic Books, 1976.

NUNES, F. J. *Atletas de Cristo: aproximações entre futebol e religião.* 2003. Dissertação (Mestrado) – Programa de de Estudos Pós-Graduados em Ciências Sociais, Pontifícia Universidade Católica de São Paulo, São Paulo, 2003.

ORO, A. P. O neo-Pentecostalismo macumbeiro. *Revista da USP,* v. 68, p. 319-332, 2005/2006.

PIERUCCI, A. F.; PRANDI, R. A *realidade social das religiões no Brasil.* São Paulo: Hucitec, 1996.

PUTNEY, C. *Muscular christianity. Manhood and sports in protestant america, 1980-1920.* Cambridge, Mass: Harvard, 2001.

RIAL,C.Futebol e mídia: a retórica televisiva e suas implicações na identidade nacional,de gênero e religiosa. *Antropolítica,*v.14,n.2,p.61-80,2003._____.Rodar: a circulação dos jogadores de futebol brasileiros no exterior. *Horizontes antropológicos,*v.14,n.30,p.21-65,2008. Disponível em: <www.scielo.br/scielo.php?script=sci_arttext&pid=S0104-71832008000200002&lng=pt&nrm=iso&tlng=pt>. Acesso em: 16. out. 2015.

RIAL, C.; KRAIESKI, V. As viagens da comida: notas a partir de etnografias de brasileiros emigrantes na região de Boston e com futebolistas que circulam no mundo. *In*: AREND, S.; RIAL, C.; PEDRO, L. M. (Org.). *Diásporas, mobilidades e migrações.* Florianópolis: Mulheres, 2001. v. 1. p. 191-220.

ROSENFELD, A. *Negro, macumba e futebol.* São Paulo: Perspectiva, 1993.

SADRI, A. *Max Weber's sociology of intellectuals.* Nova Iorque: Oxford University Press, 1992.

SMART, B. Not playing around: global capitalism, modern sport and consumer culture. *In*: GIULIANOTTI, R. and ROBERTSON, R. (Ed.). *Globalization and sport.* Oxford: Blackwell Publishing, 2007, p. 6-27.

THOMPSON, E. P. *Making of the english working class.* Toronto: Pinguin Books, 1991 [1963].

VALLET, O. Entre politique et religion. *Le monde diplomatique*, v. 39, p. 79-85, 1998.

VÁSQUEZ, M. A. *More than belief: a materialist theory of religion.* Oxford: Oxford University Press, 2011.

VÁSQUEZ, M. A.; MAQUARDT, M. F. *Globalizing the sacred: religion across the Americas.* Nova Brunswick; Nova Jérsia; Londres: Rutgers University Press, 2003.

WEBER, M. *The religion of China: confucianism and taoism.* Glencoe: Free Press, 1951.

_____. *The religion of India: the sociology of hinduism and buddhism.* Glencoe: Free Press, 1958.

_____. *A ética protestante e o espírito do capitalismo.* Lisboa: Presença, 1996.

Capítulo 4

Pentecostalismo brasileiro no Peru:
afinidades entre as condições sociais e culturais de migrantes andinos e a visão religiosa do mundo da Igreja Pentecostal Deus é Amor[76]

Dario Paulo Barrera

Nos últimos vinte anos, a Igreja Pentecostal Deus é Amor (IPDA) do Brasil foi a Igreja Pentecostal de mais rápido crescimento no Peru, expandindo-se principalmente nas periferias das maiores cidades, como Lima, Arequipa e Trujillo. A IPDA foi fundada em São Paulo no ano de 1962 por David Miranda, um migrante do interior do Brasil, e dirige sua atenção aos setores marginalizados da população. Miranda e um grupo de religiosos empreendedores começaram seu trabalho missionário em Lima em 1989. Na atualidade, a IPDA é uma das igrejas evangélicas mais expandidas, seus meios de comunicação são o rádio e, mais recentemente, a internet. Diferente de outros grupos pentecostais, ela recusa o uso da televisão. Mesmo no Brasil, no qual as maiores igrejas pentecostais dependem, para seu crescimento, do uso da TV, a IPDA proíbe seus seguidores de assistirem a TV. Afortunadamente para a IPDA, nas regiões altas do Peru, em que não há sinal de TV, o rádio continua sendo muito utilizado.[77]

---

76 Partes deste capítulo foram publicadas em: *Estudos de religião*, v. 23, n. 37; no entanto, meu marco teórico e argumentativo foi revisado e retrabalhado para este capítulo.

77 Em várias oportunidades durante os cultos, escutei os líderes da IPDA encorajando seus seguidores a adquirirem rádios e aos que tinham TVs venderem-nas.

A observação participante de seus cultos e a análise de seus programas de rádio e sua página *web* mostram que a maior parte dos seguidores da IPDA está entre migrantes e filhos de migrantes procedentes da região andina do Peru, que vieram para as cidades à procura de emprego, melhor educação e um futuro mais promissor desde a década 1950. Este capítulo analisa afinidades entre a cultura de indígenas andinos (em particular sua visão mítica religiosa da realidade e a força das línguas indígenas, do quéchua e do Aymara) e a mensagem pentecostal brasileira cujos pastores apresentam uma mistura de português e espanhol, popularmente conhecida como "portunhol". Como uma língua híbrida, o portunhol é semelhante ao espanhol falado pelos migrantes dos Andes, com inflexão da língua materna indígena. Gostaria de analisar a convergência entre três fenômenos linguísticos: a fonética e a gramática similares entre o espanhol e o português; a audácia dos pastores brasileiros para se comunicar em uma língua que formalmente não estudaram; e o fascínio dos migrantes andinos pelo "portunhol" falado pelos pastores. Outros fatores que tornam a IPDA atraente são a situação socioeconômica dos migrantes residentes nas periferias das maiores cidades e a estratégia missionária adotada pela igreja oferecendo salvação e benefícios vinculados às principais necessidades sociais, como saúde, emprego e bem-estar familiar. Finalmente, examinamos o fascínio em torno da imagem de David Miranda, construído nos cultos e por meio do rádio e da internet, como também o mito vinculado à fundação da original igreja em São Paulo, lugar conhecido como "Templo da Glória de Deus".

Migração andina e exclusão social

Nas primeiras décadas do século XX, depois de quase um século de conseguir a sua independência da colonização espanhola, os intelectuais peruanos apenas começavam a entender que era impossível explicar a sociedade peruana sem levar em consideração o longo período de imposição política e militar sobre a população indígena. A população das regiões andinas, sua cultura, suas crenças, sua história e resistência são componentes fundamentais da identidade nacional da sociedade peruana. José Carlos Mariátegui (1894-1930) foi, sem dúvida, o primeiro a propor que não era possível pensar o passado e o futuro do Peru sem reconhecer a importância da população andina. Quase um século após as reflexões de Mariátegui, a maior parte da população das regiões urbanas está composta por migrantes indígenas ou filhos de migrantes.

Hoje, depois de quase duzentos anos de vida "republicana", as principais cidades do país e, especialmente, a capital, Lima, mostram de maneira expressiva a diversidade cultural indígena andina. Vários aspectos sociais e culturais tornam evidente essa realidade: traços físicos dos migrantes, o uso da língua indígena junto ao espanhol, danças, costumes, comidas, crenças, formas de sociabilidade. Elementos das culturas andinas milenares reaparecem ainda na terceira geração dos migrantes, como mecanismo para reivindicar direitos negados pelas elites políticas e econômicas brancas e mestiças das grandes cidades.

O Peru é um dos países da América do Sul com maior população indígena, com várias línguas indígenas faladas, como o quéchua e o aymara. O último Censo de 2007 mostrou que na cidade de Puno (localizada no sul andino na fronteira com a Bolívia), 65% da população fala quéchua ou aymara, em Cusco 51.4% de seus habitantes fala quéchua, em Apurimac 70.6% e em Ayacucho 63.1% fala quéchua – INIE Censo Nacional, 2007.[78]

Componente importante da cultura andina é a sua compreensão mítica do mundo, da realidade. Crenças no sobrenatural, no inexplicável e no poder do ritual para mudar a realidade são centrais na cultura andina herdada. A natureza é ainda mítica, misteriosa muitas vezes e, em todos os casos, muito respeitada. Cada vez que há um terremoto, o que é muito comum nesse país, relembra-se a força da misteriosa natureza. As crenças em poderes sobrenaturais são comuns na região andina. Doenças, infortúnios, perdas ou desgraças explicam-se e encaram-se a partir de crenças e ritos mágicos. Parece assim plausível defender a hipótese de que essas crenças fazem o migrante andino peruano sentir-se confortável nos cultos da Igreja Pentecostal Deus é Amor, em que a força do poder do espírito e do outro mundo estão presentes.[79] Isso está também presente no Catolicismo popular, como constatado por Ortiz Rescaniere no seu estudo "Expresiones religiosas marginales: el caso de Sarita Colonia" (1990). Aparece também em novos movimentos religiosos muito diferentes do

---

78 Dados registrados no Instituto Nacional de Estatística e Informática - INEI. Disponível em: www.inei.gob.pe.
79 Para América Latina, as relações entre visão de mundo do Protestantismo evangélico e cultura indígena são discutidas em: *Conversion of a continent* (STEIGENGA and CLEARY, 2008).

Pentecostalismo, como o caso de "La misión israelita del nuevo pacto universal" estudada por Ossio (1990).[80]

Além da língua indígena, outros aspectos sociais e culturais parecem facilitar a tarefa missionária do Pentecostalismo em questão. A IPDA tenta transmitir uma mensagem, valores e ideias que encontram maior receptividade entre os migrantes andinos que nas grandes cidades do litoral peruano. Muitas das práticas que a IPDA exige de seus seguidores apresentam semelhanças importantes com costumes entre grupos andinos. Por exemplo, o uso de cabelo comprido das mulheres. As mulheres andinas não cortam o cabelo e costumam utilizar tranças. Também as roupas femininas são sempre compridas e cobrem quase o corpo inteiro, o que coincide com exigências dessa Igreja Pentecostal, de mínima exposição do corpo. Esses dois exemplos, marcas visíveis de identidade cultural, discriminada no contexto urbano, tornam-se motivo de orgulho e de inclusão social na IPDA. As mulheres andinas que migram para a capital, com o tempo tendem a mudar seus costumes relativos a roupa e cabelo. Isso não acontece com as mulheres migrantes que entram na IPDA, em que a conservação desses costumes é reforçada porque se tornou uma exigência religiosa, reconhecida e bem apreciada pelas outras seguidoras da IPDA.

Utopia andina e exclusão do "serrano" no contexto urbano

Os habitantes dessa região sul andina não produziram um mundo homogêneo nem coeso, mas sim um mundo marcado pelo predomínio de reinos e poderes locais. Apenas na época posterior ao Império Inca eles conseguiram integrar esses poderes locais num processo de expansão rápido e frágil.

A vitória repentina do conquistador espanhol sobre o Império Inca criou as condições sociais e culturais para o reaparecimento de diversos grupos étnicos, com línguas, crenças e costumes diferentes. O colonizador, valendo-se de superioridade militar e violência física, escondeu essa diversidade reduzindo os moradores dos Andes a uma única categoria: índios. No período posterior à independência e ao longo da vida republicana, a sociedade peruana construiu uma identidade cultural fortemente apoiada

---

80 A "Misión Israelita" é um movimento messiânico milenarista fundado pelo carismático líder Ezequiel Ataucusi Gamonal no Peru nos anos 1950. Ezequiel, como é conhecido o fundador, recebeu uma revelação que declarava ser o Peru o centro da Nova Jerusalém e os peruanos como os novos israelitas. Segundo Ossio (1973), os membros da Missão são "os marginais dos marginais".

no imaginário da sociedade incaica anterior à chegada dos espanhóis. Um Império Inca, imaginado como sociedade igualitária sem fome nem injustiças, alcançou sua máxima expressão no mito do "Retorno do Inka". O mito do Retorno do Inka migrou junto aos migrantes das regiões altas dos Andes para o litoral da cidade (ANSIÓN, 1989; SORAYA e PORTOCARRERO, 1991; FLORES, 1994).

Na memória nacional, essa mistura entre mito e utopia expressa uma reação ao racismo contra o índio, que é recorrente na prática e no discurso de governantes e elites sociais da capital no decorrer de todo o período republicano. Na cidade de Lima, esse racismo se torna concreto no uso pejorativo do termo "serrano". O termo "serrano" destaca a negação do outro, do povo indígena, o habitante da serra que desceu dos Andes e ocupou um espaço na cidade. "Serrano" expressa também a recusa do morador urbano ao andino que chegou para a capital com seus costumes, suas línguas e sua crenças. A oposição branco-índio desde a Colônia e limenho-serrano na sociedade contemporânea são componentes estruturais das relações sociais e de poder de qualquer prática social (MARZAL, 1988). Esses fatos históricos são cruciais para a análise de instituições religiosas como a IPDA no Peru.

Alberto Flores chega à seguinte conclusão sobre o racismo, importante para a questão que nos interessa: o certo é que o índio começa a ser tão menosprezado quanto temido por parte daqueles que não são índios. A cultura indígena abandona os espaços públicos e se torna clandestina. "É o momento quando as diferenças raciais cobram importância nunca antes vista" (FLORES, 1994, p. 220). Ao reivindicar o autóctone como parte integrante do seu nacionalismo, paradoxalmente, a sociedade peruana necessitava resgatar o índio. Ele aparece inevitavelmente, por exemplo, nos símbolos pátrios, na moeda, nos hinos, mas apenas nessa simbologia abstrata. O "serrano" continua sendo visto em Lima com desprezo. Mas, não é isso o que acontece nos cultos da IPDA, como discutiremos adiante. Os migrantes encontram na IPDA importantes afinidades linguísticas e culturais e são recebidos como "irmãos e irmãs".

No seu *7 ensayos de interpretación de la realidad peruana* (1928), José Carlos Mariátegui perguntava-se pelo lugar e a persistência de formas religiosas nativas pré-europeias. Segundo ele, "o paganismo aborígene subsistiu embaixo do culto católico" (MARIÁTEGUI, 1928, p. 163).

A religião oficial do Estado Inca desapareceu com a conquista, mas sobreviveram formas ancestrais de culto, as mesmas que aos poucos migrariam, posteriormente, para as periferias das grandes cidades.

Os migrantes andinos que foram para a cidade parecem combinar o tradicional com o moderno. O habitante dos Andes peruanos acredita, por exemplo, que a terra está viva e que abriga os mais diversos espíritos. Aprendeu-se isso na família e na comunidade, no trabalho agrícola e nas festas. Contudo, na educação formal, a escola ensina que as montanhas não têm espíritos, mas apenas pedras inertes. Não havendo possibilidade de integrar essas duas formas, tão diversas, de explicar a realidade, elas coexistem sem conflito, predominando uma delas em determinadas circunstâncias.[81] Quando a racionalidade moderna não lhe oferece explicação, o índio peruano tem o recurso do mito ao qual retorna com facilidade. No imaginário andino, o espaço do mágico é muito abrangente, e nele cabem o natural e o sobrenatural (PORTOCARRERO e SORAYA, 1991, p. 17). Nos cultos da IPDA estão presentes os milagres, o extraordinário, o sobrenatural, o inexplicável e a cura divina. Isso tem afinidades importantes com crenças andinas, o que a torna atraente ao migrante. A observação participante de cultos da IPDA no Peru mostrou quatro elementos indispensáveis nos cultos: a cura, o milagre, a glossolalia e o exorcismo. A leitura da Bíblia é feita apenas pelo pastor ou presbítero. Canções fazem parte também do culto, mas nem sempre acontecem. A Eucaristia é celebrada uma vez por mês e nunca é parte central do culto, e sim apenas um adendo do ritual.

Os repórteres da IPDA, microfone em mãos, frequentemente perguntam às pessoas que entram no templo: "Por que decidiu vir à Igreja Pentecostal Deus é Amor?". A resposta mais comum é: "Porque estava enfermo e escutei no programa 'A Voz da Libertação' que milagres iam acontecer aqui".

---

81   Roger Bastide propunha uma hipótese semelhante para explicar a forma como o negro brasileiro aproveitava as duas formas de entender e classificar a realidade, uma religiosa e outra profana. Bastide explicou o fato a partir do princípio de cisão: separando as culturas, o negro tornava inoperantes as incongruências entre elas, que permaneciam como dois domínios que não se misturavam. O "princípio de cisão" não permitia somente que os diversos setores comandados pelas divindades pudessem coexistir sem desencadear conflitos; também permitia a coexistência entre uma classificação religiosa baseada na divisão das forças sagradas e uma classificação profana decorrente das qualidades intrínsecas dos seres e das coisas. As observações de Bastide também questionavam as hipóteses sobre "choque cultural" que na sociologia e na antropologia definiam o "homem marginal", isto é, o homem dilacerado internamente entre duas culturas antagônicas ou em conflito. Ele não encontrou essa situação dramática entre os negros brasileiros apesar de pertencerem a duas civilizações diferentes. Veja-se Roger Bastide "Le principe de coupure et le comportement afro-brésilien" (1955).

A cura e os milagres são amplamente divulgados nos programas de rádio. Estes são repetidos dia e noite (GOGIN, 1997). Isso não surpreende porque os migrantes quando vão para a cidade dependem do serviço público de saúde. Nos seus lugares de origem, as questões de saúde são tratadas com métodos tradicionais do curandeiro ou xamã. A literatura histórica e antropológica tem demonstrado não apenas a ineficácia da "extirpação de idolatrias", senão também a continuidade dessas práticas terapêuticas e suas adaptações ao contexto urbano (TOMOEDA *et al.*, 2004; MARSILI, 2002; POLIA, 2001; REAGAN, 2001; WACHTEL, 1990, entre outros).

Nas cidades, especialmente em Lima, xamãs oferecem uma variedade das mesmas práticas de cura encontradas nas regiões rurais, anunciando seus serviços por meio de pequenos cartazes nos postes, nos pontos de telefone público ou ainda pelos anúncios no rádio. No entanto, essas práticas ainda têm um ar de clandestinidade. Se as semelhanças são evidentes entre as marcas pentecostais e as do xamã, a diferença está quando no espaço do culto pentecostal não se carrega tal estigma. Isso permite à cura pentecostal tornar-se pública, fator que beneficia a IPDA em termos de divulgar seus serviços.

Migração andina e crescimento da Igreja Pentecostal Deus é Amor

Os censos realizados no Peru continuam subestimando a categoria "religião". Por exemplo, o censo realizado em 2005 não incluiu a pergunta sobre religião e erros sérios mostraram inconsistência dos dados. O censo de 2007 incluía a pergunta por religião, embora de maneira restrita, como no censo de 1993: "Qual é a sua religião? Marque apenas uma resposta: Católica/Cristã/Evangélica/Outra/Nenhuma". Aqui, a categoria "Cristão/ Evangélico" abarcava grande variedade de igrejas e tradições. No entanto, é possível analisar o crescimento da população e migração, focando nas cidades em que a IPDA tem crescido mais: Lima, Trujillo, Chiclayo, Piura e Arequipa. As quatro primeiras citadas são cidades que estão na costa, para onde flui com mais intensidade a migração interna do país. Arequipa está ao sul do país e numa região intermédia, de trânsito, entre a região andina e o litoral. Nessas cinco cidades, a IPDA possui seu maior contingente de igrejas e seguidores. Focamos a nossa atenção em Lima, Trujillo e Chiclayo no qual fizemos observação de campo dos cultos da IPDA nos últimos quatro anos. A IPDA no Peru disponibilizou, no seu *site*, as suas próprias estatísticas a respeito do número de novas igrejas abertas entre janeiro e outubro de 2007 (ver tabela 1).

As cidades estudadas têm 35% do crescimento da IPDA no país. Cabe mencionar ainda três cidades no interior do país, Ayacucho e Cañete na região sul andina e Huánuco na região centro andina, em que a IPDA também teve importante crescimento. Ayacucho é um dos lugares mais pobres do país e foi o centro de gravidade da violência política e militar entre o Sendero Luminoso e o exército e a polícia, no decorrer de mais de duas décadas (1979–2002). Cañete é uma cidade de trânsito em direção à capital e ponto obrigatório de passagem ou de nova residência para muitos que fugiam de Ayacucho. O problema era semelhante em Huánuco, região na qual atuava outro grupo insurgente, o Movimento Revolucionário Tupac Amaru, no decorrer dos anos 1984 a 2000. É evidente que tanto em Ayacucho quanto em Huánuco, esse período de guerra, com saldo de 70 mil mortos segundo o informe da Comissão da Verdade, contribuiu para uma maior procura de religião em geral. Moradores das regiões dos Andes do sul e do centro tiveram que migrar para outras regiões fugindo da guerra. Muitos desses migrantes foram para as principais cidades. Com frequência esses migrantes tinham familiares mortos ou desaparecidos. Uma das constatações do Relatório da Comissão da Verdade foi que o maior número de vítimas era composto por pessoas indígenas analfabetas, particularmente mulheres. Não se pode dizer que a guerra explica o crescimento da IPDA, mas a hipótese de que migrantes desse período, submetidos à violência e ao desgarro social, encontraram consolo e refúgio no discurso pentecostal em geral é plausível.

Tabela 1. *Novas igrejas da IPDA entre janeiro e outubro de 2007*

Cidade	Igrejas em janeiro 2007	Igrejas em outubro 2007	Total de novas igrejas
Lima	396	478	82
Trujillo	32	50	18
Chiclayo	27	35	8
Piura	23	28	5
Arequipa	29	32	3
Total	507	623	116

Fonte: www.ipda.com.pe.

A cidade de Lima, capital do país, atrai o maior volume de migrantes, seguido por Arequipa, La Libertad e Lambayeque. A outra cidade da costa com importante número de migrantes é Piura. A "Primeira Sede Nacional" da IPDA está em Lima, a "Segunda Sede Nacional" está em Trujillo e a "Terceira Sede Nacional" está em Arequipa. Nas três cidades, a IPDA desenvolve agressivo trabalho de proselitismo por meio do radio: "Rádio Vitória" em Lima, com alcance nacional, "Rádio Sintonia" em Trujillo, com alcance para toda a região norte andina, e "Rádio Amistad" de Arequipa, com alcance para toda a região sul andina. As três emissoras de rádio têm programação 24 horas. Nos últimos três anos, a IPDA renovou seu *site* na internet e agora oferece recursos de áudio e vídeo que podem ser acessados de qualquer lugar do país.

Como a IPDA começa as suas atividades no Peru em 1989, interessa prestar atenção especialmente aos dois últimos censos, de 1981 e 1993 (Tabela 2). O volume de migrantes aumentou em todos os casos. Os censos de 1993 e 2007 perguntaram pela língua materna e mostraram que 20% (1993) e 14.7% (2007) da população do país falava línguas indígenas. Mais de 10% (1993) e 6.2% (2007) da população de Lima e 19% (1993) e 17% (2007) de Arequipa têm por língua materna uma língua indígena, regra geral o quíchua e o aymara. A porcentagem é menor, mas não menos importante para Lambayeque: 3 % (1993) e 2.2% (2007), e Trujillo: 1,6% (1993) e 0.3% (2007). Há que se supor que a porcentagem pode ser maior, pois o migrante na cidade tende a esconder a sua origem andina em razão da discriminação. Para a cidade de Lima importa destacar que 71% (2007) são migrantes da região Andina. Desse total de migrantes, 51,5% são mulheres. De fato, o templo principal da IPDA na cidade de Lima está dividido em três partes, duas delas são para mulheres e uma para homens.

Tabela 2. *População migrante segundo os quatro últimos censos*[a]

Cidade/Ano	1972	1981	1993	2007
Lima	1.398,315	1.818,103	2.392,014	1.412,212
La Libertad	110,004	142,744	194,739	173,582
Lambayeque	97,250	134,841	182,365	106,809

| Piura | 35,946 | 61,022 | 75,238 | 99,151 |
| Arequipa | 133,574 | 188,576 | 246,464 | 200,733 |

[a] O censo de 2007 perguntou aos migrantes a respeito dos últimos 5 anos, assim, os dados para 2007 correspondem a novos migrantes.

Fonte: Elaboração própria a partir de dados de www.inei.gob.pe.

Nos dois últimos censos o analfabetismo cresceu nas maiores cidades. No censo de 2007, a porcentagem de pessoas que apenas completaram o primeiro grau foi 25.8% para Trujillo, 28.7% para Chiclayo e 22.6% para Arequipa, sendo a média nacional de 31.3%. Piura ultrapassou a média nacional de 2007: 37.61% de seus habitantes é analfabeto.[82] Esses dados são importantes porque foi precisamente nos anos 1990 que a IPDA intensificou seu trabalho em Trujillo, Chiclayo e Piura. Na cidade de Lima, o aumento de migrantes tem contribuído para uma maior porcentagem de analfabetos, particularmente entre mulheres, o que é significativo porque as mulheres tendem a ser a clientela predominante da IPDA.[83] De fato, observamos que as mulheres eram mais envolvidas nos cultos. Elas eram mais ativas nos ritos de cura, de exorcismo e nos testemunhos. Também nas expressões físicas intensas que envolviam tremores, pulos e gritos. As longas saias das mulheres, da mesma forma como se usa nos Andes, evitam a exposição do corpo apesar dos repentinos movimentos, giros e quedas, e quando alguma exposição do corpo acontece sempre havia uma equipe de mulheres com mantas nas mãos prontas para cobrir a parte do corpo que ficou exposta.

Durante as curas e o exorcismo, a Bíblia é utilizada como um símbolo e não como um texto. Nos cultos os fiéis seguidores nunca leem a Bíblia e os pastores raramente o fazem. No entanto, a Bíblia é um objeto que tem o poder para aumentar a eficácia da cura ou do exorcismo. Durante as muitas sessões de exorcismo que observamos, o pastor solicitava ao público levantar a Bíblia quando tinha alguma dificuldade para expulsar o demônio do corpo das pessoas. Nas poucas oportunidades em que o pastor lia a Bíblia, a grande maioria das pessoas não seguia a leitura, limitando-se apenas a escutar. Esse uso da Bíblia permite às mulheres que são analfabetas ter

---

82 *Cf.* www.inei.gov.pe.

83 No Brasil, o censo de 2000 mostrou que todas as igrejas pentecostais têm maioria de mulheres entre seus seguidores, especialmente a Igreja Universal do Reino de Deus, A Igreja do Evangelho Quadrangular e a Igreja Pentecostal Deus é Amor. A porcentagem de mulheres nessas igrejas é de 57%. A porcentagem nacional de mulheres é de 50.7%. Para mais detalhes sobre essa questão, veja-se Barrera (2005). Para o caso do Peru, não temos dados censitários que discriminam a porcentagem de mulheres em cada igreja.

plena participação nas práticas de cura, exorcismo e nos testemunhos, que são centrais no culto da IPDA.

A IPDA e os migrantes nas periferias urbanas

No Peru, David Miranda começou seu trabalho missionário em 1989,[84] acompanhado por três famílias brasileiras. Inaugurou a primeira igreja em Lima num pequeno local da Urbanização Elio. Um mês depois, mudou-se para "El Rimac", um dos bairros mais populares da cidade, onde alugou o ex-cinema Estrella.[85] Miranda comprou várias horas de transmissão na *Rádio Victoria*, uma das emissoras mais escutadas do país. O pastor Antonio Ribeiro, um pastor brasileiro, responsabilizou-se pela IPDA no Peru. Ribeiro permaneceu como pastor da IPDA em Lima por aproximadamente uma década e foi o primeiro a ensaiar o uso do espanhol nas suas falas. Em 1993, Hernández (1994, p. 156) registrou que a IPDA batizou 900 pessoas em Lima.[86]

No ano de 1995, a Igreja tinha 103 congregações no Peru, das quais 34 estavam em Lima. Na *Rádio Victoria*, transmitia programas 24 horas por dia, além de vincular-se a outros 20 departamentos do país.[87] Segundo informação que consta no seu *site* oficial, está em projeto a reconstrução de um novo templo e uma grande campanha de *marketing* para recolher dinheiro está em marcha para "O Templo da Glória de Deus no Peru".

Em Lima e nas cidades brasileiras de São Paulo e Salvador, a IPDA proíbe seus membros de assistirem a televisão. Do púlpito também as lideranças condenam e proíbem os fiéis de ter televisão em casa. Entretanto, a IPDA não tem conseguido se furtar à importância decisiva da imagem na comunicação moderna, investindo recentemente no uso da internet (BARRERA, 2005). A questão principal da IPDA em relação à TV é a exposição do corpo. As regras da IPDA proíbem seus membros de irem a praias ou piscinas, também de usarem roupas como *shorts* ou camisas curtas. Na TV, há imagens expondo os corpos para todo tipo de *marketing*. As regras da IPDA contra a TV e contra o uso de roupas curtas coincidem com elementos da cultura andina.

---

84 No mesmo ano, a IPDA abriu igrejas no Chile, Uruguai e Argentina. Na comemoração de seu vigésimo aniversário no Peru (2009), o discurso do pastor relembrava a revelação recebida por Miranda de "começar uma grande obra neste país".

85 Hoje, a capacidade do teatro de 1.200 lugares onde funciona a igreja em Lima é insuficiente, especialmente nos cultos de domingo.

86 É importante considerar que a IPDA realiza batismos semestrais, um em julho e outro em dezembro.

87 Iglesia Pentecostal Dios es Amor. Gran Revista Evangelizando al Perú. Folheto publicado pela IPDA. s/d e s/l.

Dois aspectos devem ser destacados. Primeiro, fatores climáticos e geográficos fazem os habitantes andinos usarem roupas que cobrem a maior parte do corpo devido ao frio intenso. Roupas de banho também são estranhas à cultura andina porque nem o mar nem a piscina fazem parte de seus lugares de lazer. Segundo, os migrantes em Lima são identificados e discriminados socialmente por causa de suas roupas, e a TV reforça esse mecanismo de discriminação quando associa roupas relevantes com Modernidade e progresso. Na IPDA, os migrantes são bem recebidos apesar de seus hábitos quanto a roupa e corpo. A grande maioria das pessoas que frequentam os templos da IPDA costuma vestir-se precariamente, a pobreza de seus seguidores é mais evidente que a de outros pentecostais no país. Os bairros de procedência são verificados nos testemunhos transmitidos pelo rádio, nos quais o entrevistador pede o nome, o endereço e a região de procedência do beneficiado. Nas cidades de Lima e Trujillo, são frequentes os fiéis que procedem da região andina. Muitos deles foram para Lima ou para a cidade mais próxima, seduzidos pela propaganda de milagres que escutaram no rádio.

Como as regras da IPDA para seus membros são muito rigorosas, nem todos os interessados nos serviços religiosos tornam-se membros. A rádio tem se tornado ferramenta eficaz de recrutamento de seguidores. A importância da rádio para a IPDA no Peru merece uma explicação em relação à concorrência pentecostal no cenário brasileiro, na qual o uso da TV é chave. Desde a época da ditadura militar, a legislação peruana mantém fechadas as autorizações para novos canais de TV aberta. Isso explica em parte por que a Igreja Universal do Reino de Deus, cujo poderio midiático televisivo no Brasil é conhecido, não tem conseguido crescer no Peru. A IURD abriu um templo no centro da cidade de Lima em 2003 com o nome "Pare de Sufrir", mas não consegue seguidores. A presença dessa igreja no Peru é insignificante. Evidentemente, num país como Peru, a falta do apelo à imagem lhe acarreta grande desvantagem. Ao mesmo tempo as igrejas pentecostais no Peru têm pouco espaço na TV de sinal aberta. Isso significa que a concorrência midiática pentecostal acontece principalmente no espaço radiofônico e nisso a IPDA leva vantagem.

Nos cultos da IPDA, os eventos mais comuns e mais significativos são a cura, a fala em línguas e o exorcismo. A IPDA não necessita de um discurso sistemático e racional para divulgar sua mensagem e atrair sua clientela. Outros dois aspectos delatam a condição social dos adeptos: a saúde precária e a fácil aceitação dos discursos simples.

A enorme legitimidade de práticas mágicas nos cultos dispensa os pastores de explicações racionais, sistematizadas ou fundamentadas na teologia ou na ciência. É suficiente, por exemplo, a afirmação utilizada como propaganda de uma pessoa que disse ter tido câncer e que agora está curada. O discurso dos líderes é mais aceito quanto mais incrível ou inexplicável é o fato narrado ou tratado.

A respeito do exorcismo, frequente no culto da IPDA, é evidente a afinidade com o lugar do Diabo no imaginário andino. A IPDA no Peru não é a única Igreja Pentecostal que pratica o exorcismo, mas é sem dúvida a que mais apela a esse rito. Uma longa e rica produção bibliográfica tem demonstrado a importância do Diabo nas culturas andinas como explicação das mais diversas mazelas ou infortúnios da vida.[88] Resultado de longo processo de sincretismo entre mitos pré-hispânicos e as diversas versões das doutrinas cristãs (católicas e protestantes). O animismo andino que considera a realidade física povoada de seres espirituais é reinterpretado na visão da IPDA com a figura versátil e multifacetada do Diabo, sempre escondido detrás de todo e qualquer infortúnio, doença, desgraça, problema familiar, conjugal ou econômico. Os migrantes andinos morando na cidade, longe da natureza andina, de seus lugares de origem, das montanhas cheias de "huacas" (lugares sagrados) onde eles podiam rezar, encontram nas crenças da IPDA, particularmente sobre o Diabo, uma explicação para seus problemas mais graves.

Os fiéis da IPDA saem do culto convencidos da intervenção divina nos seus corpos. Pessoas que por muitos anos frequentavam igrejas protestantes dizem que logo no primeiro culto na IPDA "sentiram o poder de Deus" como nunca tinha acontecido durante todo o tempo de pertença nessas igrejas. Uma mulher que antigamente era seguidora da Aliança Cristã e Missionária me disse: "Sou da Deus é Amor porque aqui sinto o poder de Deus em cada culto". Um homem que frequentava a igreja Assembleia de Deus disse-me: "Foi aqui que Deus me revelou que estava com uma doença incurável e agora estou limpo". Outra mulher, ex-seguidora da igreja evangélica peruana, disse-me: "eu fui desenganada por muitos médicos e na primeira

---

88 No seu estudo sobre a *malignidade andina*, intitulado "Imperfecciones, demonios y heroes andinos", Ortiz (1986) afirma: "Não um senão muitos são os demônios andinos... Uns mais do que outros, todos somos suscetíveis de sermos deuses ou demônios". Veja-se também Taussig (1980).

vez que fui à Deus é Amor fui revelada com câncer.[89] O Presbítero anunciou a revelação de Deus, mas eu não queria passar à frente. Demorei uns minutos, mas acabei indo e agora estou curada". Depoimentos desse tipo e as manifestações corporais coletivas durante o culto, tais como dança, tremores, gritos, palmas e diversas formas de êxtase, não deixam dúvida nos seguidores da IPDA de terem tido acesso à divindade. Todos esses fatores tornam-se mais significativos para os migrantes andinos fortemente estigmatizados pelos limenhos. A IPDA oferece não apenas compensação simbólica (MENDONÇA, 1984, p. 9) por meio da aceitação cultural, mas também benefícios materiais que os fiéis afirmam terem recebido de Deus: milagres, saúde, melhora econômica, solução de problemas familiares.

Cultura andina e fascínio do "portunhol"

De forma similar às crenças, a língua indígena também não foi erradicada. A sua influência permanece mesmo nas pessoas que aprenderam o espanhol. O migrante andino conserva, apesar dos anos, a influência fonética da língua indígena, quíchua ou aymara, e troca o "i" pelo "e" e o "o" pelo "u". Isso acontece mesmo quando os pais já não falam mais a língua materna. São os resquícios culturais de permanência fonética da língua materna. Na cidade de Lima, o migrante é rapidamente identificado por sua maneira de falar que gera desprezo e marginalização. Constatamos alguns exemplos da influência da língua indígena em observação de cultos da IPDA em Lima. As letras destacadas na coluna da esquerda do quadro a seguir são as que foram trocadas. Na coluna da direita está a forma correta em espanhol.

Tabela 3. *O serrano e palavras em espanhol*

mais fuerte	más fuerte
Bendece	Bendice
Maravelloso	Maravilloso
Cresto, santo to nombre	Cristo santo es tu nombre
espéreto santu de deos	espíritu santo de dios
me alma te glorefica	mi alma te glorifica
conferma grande melagro	confirma el gran milagro
conferma tos redemedos	confirma a tus redimidos

Fonte: Elaborado pelo autor a partir de observação de campo.

---

89 Na IPDA, usa-se com muita frequência a expressão "ser revelado com..." para explicar que no culto a doença tornou-se conhecida por alguma mensagem extraordinária recebida sempre por meio do pastor.

Essa pronúncia alternativa no espanhol é legitimada pelos pastores brasileiros que se comunicam por meio de uma mistura de espanhol com português, uma interlíngua popularmente conhecida como "portunhol". Trata-se de um interessante fenômeno linguístico de "imitação prestigiosa" (MAUSS, 1974). Dirigentes e fiéis peruanos da IPDA imitam palavras e até frases do portunhol utilizadas pelos dirigentes brasileiros. Por exemplo, os presbíteros peruanos utilizam constantemente nas suas pregações a expressão "tá compreendendo", de uso comum no português. No momento dos exorcismos, a congregação da IPDA segue a voz do pastor que grita para expulsar o demônio: "sai, sai" ou "saia, saia" e "queima, queima". Em espanhol, essas palavras seriam "sal" ou "salga" e "quémalo".

Outro exemplo é a omissão da preposição "a" depois do verbo, obrigatória em espanhol quando o complemento direto é pessoa. Essa preposição também é obrigatória, em espanhol, depois de alguns verbos como "ir". Os seguintes exemplos mostram como a congregação da IPDA seguindo o "portunhol" dos pastores brasileiros omite a preposição "a" ou a substitui pela preposição "para", pouco usada no espanhol e frequente no português. A seguir, alguns exemplos coletados nos cultos da IPDA. A coluna da esquerda são as que foram trocadas, a coluna da direita está a forma correta em espanhol:

Confirma tus redimidos	*(confirma a tus redimidos)*
Vamos escutar el Servo de Dios	*(Vamos a escuchar al Siervo de Dios)*
El Señor habló para el Misionero David Miranda	*(El Señor le dijo al...)*

Fonte: Elaborado pelo autor a partir de observação de campo.

O "portunhol" dos pastores brasileiros facilita o ingresso de peruanos na hierarquia da IPDA em Lima, isso por coincidir com as limitações dos migrantes andinos, que constituem a sua clientela predileta. Essas coincidências de fato mudam o sentido dessas marcas, que deixando de ser elemento de discriminação racial passam a cumprir papel de empoderamento. Em observações dos cultos da IPDA em Lima e Trujillo nos meses de janeiro, julho e dezembro dos quatro últimos anos, verificamos o aumento de lideranças de origem andina.

Nos anos 1990, na pesquisa de campo na cidade de Lima, observamos que era comum a maioria dos pastores brasileiros ensaiarem seu "portunhol" para comunicar-se com os fiéis do Peru, mas David Miranda não entrava nesse exercício linguístico. Quando se transmitiam mensagens de Miranda pela rádio, ou mesmo quando estava no Peru, Miranda sempre falava em português e outra pessoa traduzia. Em observação de campo mais recente, nos últimos três anos, constatamos que Miranda começou, aos poucos, a aproveitar o "portunhol". No início do mês de setembro de 2007 captamos, na internet, uma mensagem de David Miranda falando de São Paulo para os peruanos e chegando via satélite até a emissora da "Rádio Victoria" de Lima. A IPDA estava divulgando para os fiéis de Lima a pregação que Miranda faria no sábado seguinte em Lima e convidava os fiéis a comparecer num coliseu esportivo perto do centro da cidade de Lima, para escutar a mensagem de Miranda vinda de São Paulo. O próprio Miranda fez uma mensagem convidando os peruanos para esse evento. A seguir, veja a mensagem de Miranda. Destacamos as palavras em "portunhol" e colocamos seu correspondente correto em espanhol entre parênteses. Também quando se trata de uma expressão idiomática que não pode ser traduzida literalmente, a colocamos em itálico.

> Hermanos, yo conheço (conozco) la fé de los peruanos. Tem (hay) que llegar temprano, devido (debido) o (al) fuso (uso) horário de Brasil. Nós (nosotros) temos (tenemos) que iniciar muy temprano em (en el) Coliseo Cerrado, no (en el) centro de Lima, ponte (puente) de (del) Ejército. Onze (once) de la mañana, nossos (nuestros) hermanos, hermanas, reporteros, reporteras. Concorram (concurran) temprano. Milagros sem (sin) limites (limites). Usted vai (va a) ver milagros como no (en el) Estadio Nacional, *cento e setenta e três* (ciento setenta y tres) paralíticos. O (el) estádio superlotou. (se repletó) *Não vai forçar* (no insista) senão (sino) *vai dar tumulto*. (va a haber conflicto). Se (si) chegar (llega) atrasado, a (a la) hora que o (el) misionero orar (ore), usted vai (va) *fazer entrega total* (va a entregarse totalmente). Em (en) tua (tu) vida vai (van) ocorrer (ocurrir) milagros sem (sin) limite (límite). *Não fica nervioso* (no se preocupe). Do lado de fora (afuera) o (el) milagre (milagro) está garantido (garantizado). Ustedes vão (van a) ficar (quedarse) maravillados. Até (hasta) este domingo hermanos. Estarei predicando (voy a predicar) la (el) mensaje para todos ustedes. Até logo mais (hasta muy pronto). Les hablo de San Pablo.

Nessa mensagem de Miranda, podem detectar-se também as semelhanças entre o "portunhol" e o espanhol do migrante andino. Quando fala espanhol, o migrante andino tem diversos problemas fonéticos, os mais comuns são os seguintes: 1) confunde vogais, "e" pelo "i", "u" pelo "o"; 2) transforma palavras proparoxítonas em paroxítonas (por exemplo: clínica por clinica); e 3) muda o gênero dos substantivos de masculino para feminino.

Outra curiosa coincidência ajuda as lideranças brasileiras a serem bem compreendidas pelos migrantes indígenas. Um número importante de palavras do português que terminam em "gem" (garagem, reportagem, mensagem, engrenagem, equipagem, maquiagem, reportagem etc.) e são do gênero feminino, em espanhol são do gênero masculino e terminam em "aje" (*garaje, reportaje, mensaje* etc.). Acontece que o migrante andino não diz: "el garaje" e sim "la garaje", não "el mensaje" e sim "la mensaje". As lideranças brasileiras da IPDA apreendem a palavra em espanhol, mas colocam-lhe artigo feminino, como no português, aproximando-se assim, sem sabê-lo, da fala do migrante andino. Esses exemplos nos levam a concluir que os migrantes andinos na cidade Lima não são apenas atraídos pela forma dos cultos da IPDA, senão que podem se sentir convidados porque lá eles podem se expressar com liberdade e legitimidade, pois o "portunhol", legitimado nesse espaço como mecanismo de prestígio, é muito parecido com o espanhol deles. Também, as campanhas com pastores brasileiros são as mais divulgadas pelo rádio e a internet; os pastores que não falam espanhol direito são mais admirados, revelando o fascínio com uma linguagem híbrida ao mesmo tempo estranha e familiar, que marca diferença, mas também fornece prestígio. Em outras palavras, a fronteira linguística tem papel principal no apelo dos pastores brasileiros.

O uso do portunhol é vantajoso para os dois grupos, os migrantes andinos peruanos e os pastores e líderes brasileiros, funcionando como uma língua intermediária que permite que a comunicação aconteça. Para os brasileiros, não é importante aprender um bom espanhol para divulgar sua mensagem, enquanto que para os peruanos não é necessário aprender o português (CORDER, 1981; ORTIZ, 2002). Poderíamos dizer que o portunhol é como um inglês "macarrônico" construído com a intenção de facilitar a comunicação entre duas línguas diferentes. No entanto, deve-se levar em consideração que os pastores e missionários brasileiros realmente acreditam que falam espanhol bem. Isso é muito claro na sua forma desinibida que usam o portunhol não apenas nos templos e cultos, mas também na rádio e na internet. Não há qualquer questionamento ou correção do portunhol dos pastores brasileiros e, aos poucos, a fonética e a gramática errada deles começa a "fossilizar-se" (ORTIZ, 2002). Para isso, são indispensáveis esses erros, considerados uma forma diferente e privilegiada de falar espanhol, o que contribui para deixar atraente a fala dos pastores perante os migrantes andinos.

Em novembro de 2009, acompanhamos durante um mês as mensagens e imagens no *site* da IPDA no Peru. Duas novidades chamaram a nossa atenção. A primeira, os shows de música evangélica de Hereni Miranda cantando em espanhol. É mais difícil detectar o portunhol quando ela canta, mas nos poucos intervalos para pedir a participação do público a mistura das duas línguas torna-se evidente. Vejamos alguns exemplos, a forma correta está entre parênteses: "vamos cantar todo mundo" (*vamos a cantar todo el mundo*), "mais forte" (*más fuerte*), "mais uma vez" (*una vez más*), "feche os olhos e sinta" (*cierre los ojos y sienta*), "Iesus está aqui igreja" (*Jesús está aqui iglesia*), "as mãos mais alta pra Iesus" (*las manos más altas para Jesús*).

A segunda novidade no *site* é a apresentação nos cultos de "grupos folclóricos". No Peru, é muito comum que grupos de jovens mantenham ritmos musicais andinos utilizando os instrumentos típicos, tais como o bombo, o sicuri, a zampoña e a quena, mas esses instrumentos típicos da cultura andina não tinham lugar nos cultos da IPDA. Recentemente, esses grupos ganharam espaço no culto e se apresentam vestindo as roupas típicas de cor escura e o "poncho" colorido. Em outras palavras, marcas da identidade indígena como roupas e instrumentos andinos ganharam legitimidade na IPDA no Peru, quebrando a rigidez do terno e introduzindo ritmos estranhos ao culto da IPDA. Não há dúvidas de que as lideranças descobriram que os migrantes andinos são muito simpáticos aos ritmos folclóricos, representação simbólica importante da identidade nacional peruana.

Uma das práticas mais comuns nos cultos da IPDA é a glossolalia ou a fala em "línguas desconhecidas". Qual seria a importância dessa prática para um público pouco letrado que sofre discriminação por causa de suas dificuldades para falar espanhol? A resposta a essa questão encontra-se no campo de relação entre discurso e emoção. Na IPDA, o discurso é mínimo e a emoção máxima. A rigidez e a lógica do discurso, que fazem parte de uma doutrina pesada, cedem perante o forte apelo emocional. Nesse sentido, a glossolalia é uma supervalorização da emoção que desestrutura o discurso, reduzindo-o a formas fonéticas sem estrutura fixa.

Isso, em consequência, abre espaço para a criatividade e a inovação por parte de quem a utiliza (GOODMAN, 1972). A glossolalia praticada na IPDA não visa a uma comunicação por meio de palavras. A importância da emoção é indiscutível. Nota-se isso nos gestos do rosto, nos movimentos descontrolados do corpo e no volume da voz. Poderia ser considerada uma "comunicação não verbal" (SAMARIN, 1972) se levado em consideração o caráter coletivo dela. Parece-me, assim, que por causa do portunhol a centralidade da glossolalia é um mecanismo de empoderamento simbólico. Ambas são afirmação de liberdade linguística, evidentemente restrita aos cultos, para pessoas social e culturalmente privadas de poderem se exprimir por si próprias.

Se não é pelas roupas nem pelos traços físicos o migrante é reconhecido pelo sotaque e os evidentes problemas fonéticos decorrentes da força da língua indígena. O migrante sofre com mais força essa "afasia social". Línguas indígenas como quéchua e aymara historicamente foram consideradas no Peru como inferiores e, quem as utiliza, como intelectualmente inferior devido à sua incapacidade para dominar a língua oficial, no sentido analisado e criticado por Labov (2008). Essa subestimação sociolinguística torna-se mais forte no contexto urbano. Nesse contexto, adquire sentido a procura pelos cultos em que se encontra esse espaço de expressividade social, que a sociedade urbana cotidianamente lhe nega. Nossa hipótese a respeito do valor da glossolalia é que mais do que uma recuperação da palavra, ela é a recuperação de liberdade, no sentido de superação de formas de comportamento que limitam com clareza as atitudes das pessoas, particularmente a respeito do lugar que elas ocupam no Peru moderno. Nesse caso, liberdade até para contornar as normas mínimas do correto uso da língua. De fato, há poucos contextos em que os migrantes andinos poderiam exercer essa liberdade. No culto da IPDA, eles têm liberdade ampla, embora passageira, para se expressarem. A glossolalia não elimina as marcas da discriminação social, mas é um dos elementos do culto pentecostal que se constitui em espaço no qual se reduz o impacto dessa discriminação.

Considerações finais

Neste capítulo, mostrou-se como algumas afinidades entre, de um lado, os ensinamentos da IPDA, seu *modus operandi* e sua identidade brasileira, e de outro lado, a visão de mundo e o *ethos* dos migrantes andinos contribuem para o forte impacto dessa igreja entre essa crescente população no Peru. Ao mesmo tempo que nosso foco primeiro foi questões sociolinguísticas, há muitos aspectos de afinidades culturais que vale a pena explorar. A visão de mundo da IPDA, cheia de espíritos malignos e demônios que causam doença, infortúnio e conflitos, permite aos migrantes andinos que vão para as cidades grandes e desconcertantes, como Lima, encontrar explicação significativa na sua perspectiva das dificuldades e da realidade desafiadora que com frequência encaram.

Além disso, enquanto a figura do pastor carismático é central em muitas igrejas pentecostais, na IPDA David Miranda ocupa um lugar de destaque particular que serve de referência para todos os seus templos no mundo. Miranda é considerado um profeta que tem contato direto com Deus, que recebe revelações sobre todos os aspectos da vida das igrejas, dentro e fora do Brasil, tais como a transferência de um pastor para outra igreja na cidade ou no campo, o empreendimento de uma campanha especial ou o aumento de certo tipo de doença em alguma cidade. Os profetas de plantão seguem o exemplo de Miranda durante os cultos. Aquilo que "foi revelado pelo Espírito" não pode ser questionado. Essa perspectiva da revelação do líder espiritual se encaixa bem com a autoridade e o prestígio concedido aos curandeiros religiosos e xamãs nas religiões andinas. Ortiz constatou que no Peru há especialistas em práticas mágicas específicas, tais como a magia maléfica, a cura com ervas, os que curam problemas dos ossos, adivinhos que usam a folha da coca ou os grãos de milho, outros que curam com o cuy (porquinho-da-Índia andino), também os especialistas em curar o susto e o mal de sombra (ORTIZ, 1985, p. 65). Segundo Polia, "O curandeiro andino de hoje, apesar do longo processo de deculturação, osmose cultural e sincretismo sofrido, é depositário e continuador da teoria e prática xamânicas tradicionais" (POLIA, 1989, p. 199). Na opinião de Cloudsley (1996, p. 175), "no Peru existe um infinito número de crenças que se estendem desde as comunidades indígenas nas montanhas até o curandeirismo popular nas regiões urbanas, particularmente em Lima e nas cidades próximas do litoral".

Apesar dessas múltiplas afinidades, o papel da linguagem não pode ser subestimado. No Peru, essa é uma das mais importantes marcas da marginalização dos serranos, que constituem o principal público da IPDA no país, na sua experiência cotidiana. Nisso, as semelhanças entre o espanhol denegrido dos migrantes andinos e o portunhol prestigioso dos pastores brasileiros oferecem a medida do empoderamento simbólico da mesma forma como a glossolalia o faz para as populações que foram excluídas ou silenciadas. No contexto da IPDA, a desvantagem sociolinguística transforma-se em poder religioso e reconhecimento social.

Assim, não se trata de recepção passiva do novo, uma religião brasileira. Pelo contrário, é o caso da "glocalização" de uma igreja brasileira, de adaptação criativa de um movimento transnacional às condições locais, uma adaptação na qual ambas as partes, indígenas peruanos e pastores e missionários brasileiros, têm um papel ativo.

Referências

ANSION, J. (Ed.). *Pishtacos. De verdugos a sacaojos*. Lima: Tarea, 1989.

BARRERA, P. Matrizes protestantes do Pentecostalismo. *In*: PASSOS, J. D. (Org.). *Movimentos do espírito. Matrizes, afinidades e territórios*. São Paulo: Paulinas, 2005.

BASTIDE, R. Le principe de coupure et le comportement afro-brésilien. *Anais do XXXI Congresso Internacional dos Americanistas*, São Paulo. (1955).

CLOUDSLEY, P. La medicina en los Andes. *In*: *Anthropologica*, Lima, n. 14, p. 173-182, 1996.

COMISIÓN DE LA VERDAD Y RECONCILIACIÓN. Informe final. Disponível em: <www.cverdad.org.pe/ifinal/index.php>.

CORDER, P. *Error analysis and interlanguage*. Oxford: Oxford University Press, 1981.

FLORES A. *Buscando un Inca. Identidad e utopía en Los Andes*. Lima: Horizonte, 1994.

GOGIN, G. *Presencia religiosa en las radios limeñas*. Lima: Universidad de Lima, 1997.

GOODMAN, F. Speaking in tongues: Cross-cultural study of glossolalia. Chicago: University of Chicago Press, 1972.

HERNÁNDEZ, H. *La Iglesia Pentecostal Dios es Amor: Demonismo, brujería, milagro y fundamentalismo*, Tesis de Licenciatura en Antropología. Lima: PUC, 1994.

LABOV, W. *Padrões sociolinguísticos.* São Paulo: Parábola, 2008.

MARSILI, M. God and Evil in the gardens of the Andeas South: Midcolonial rural religion in the Diocese of Arequipa. Doctoral Theses, Emory University, 2002.

MARZAL, M. *Los caminos religiosos de los inmigrantes en la gran Lima.* Lima: PUC, 1988.

MAUSS, M. As técnicas corporais. *In*: *Sociologia e antropologia.* São Paulo: Edusp, 1974.

MENDONÇA, A. *O celeste porvir. A inserção do protestantismo no Brasil.* São Paulo: Paulinas, 1984.

ORTIZ, A. Símbolos y ritos andinos: un intento de comparación con el área vecina amazónica. *Anthropologica*, Lima, n. 3, p. 61-85, 1985.

_____. Imperfecciones, demonios y héroes andinos. *Anthropologica, Lima*, n. 4, p. 191-224, 1986.

_____. Expresiones religiosas marginales: el caso de Sarita Colonia, VALCÁRCEL, M. *Pobreza urbana: interrelaciones económicas y marginalidad religiosa.* Lima: PUC, 1990.

ORTIZ, M. L. A transferência, a interferencia e a interlingua no ensino de línguas próximas. *In*: CONGRESO BRASILENO DE HISPANISTAS, 2., 2002, San Pablo. Disponível em: <www.proceedings.scielo.br/scielo.php?script=sci_arttext&pid=MSC0000000012002000100039&lng=en&nrm=abn>. Acesso em: 27 jun. 2012.

OSSIO, J. *Ideología mesiánica del mundo andino.* Lima: Ignacio Prado, 1973.

POLIA, M. Contagio y pérdida de la sombra en la teoría y práctica del curanderismo andino del Perú septentrional: provincias de Ayabaca y Huancabamba. *Anthropologica,* Lima, n. 7, p. 194-231, 1989.

_____. *La sangre del cóndor. Chamanes de los Andes.* Lima: Fondo Editorial del Congreso del Perú, 2001.

PORTOCARRERO, G. y SORAYA, I. *Sacaojos. Crisis social e fantasmas coloniales.* Lima: Tarea, 1992.

SAMARIN, W. J. *Tongues of men and angels. The religious language of Pentecostalism*. Nova Iorque: Mac Millan, 1972.

STEIGENGA, T. and CLEARY, E. (Ed.). *Conversion of a continent. Contemporary religious change in Latin America*. Nova Jérsia; Londres: Rutgers University Press, 2008.

TAUSSIG, M. *The devil and commodity fetishism in South America*. Carolina do Norte: University of North Carolina Press, 1980.

TOMOEDA, H.; FUJI, T.; MILLONES, L. *Entre Dios y el Diablo. Magia y poder en la costa norte del Perú*. Lima: Instituto Francés de Estudios Andinos, PUC/Lima, 2004.

WACHTEL, N. *Le retour des ancêtres. Les indiens Urus de Bolivie XXe–XVIe siècle. Essai d'histoire régressive*. Paris: Gallimard, 1990.

Capítulo 5

O Catolicismo brasileiro de exportação:
o caso Canção Nova

Brenda Carranza e Cecília Mariz

O *Global christianity, a report on the size and distribution of the world's Christian Population* (2011), do Pew Research Center, registra que nas Américas os carismáticos representam 15,8% do Catolicismo e 48,5% no conjunto do Catolicismo mundial. Cifras oficiais estimam que a Renovação Carismática Católica esteja presente em mais de 250 países, organizada em centenas de milhares de grupos de oração e tenha estabelecido contato com mais 100 milhões de fiéis católicos, sendo representada na Cúria Romana pela International Catholic Charismatic Renewal Services (ICCRS). No Brasil, o último censo (2010) registra que 64% da população se declara católica e que os pentecostais protestantes representam 22,2% do país. Pouco tempo atrás, o Pew Forum (2006) identificou que 57% dos católicos brasileiros se consideravam carismáticos, entretanto, oficialmente só dez milhões podem ser contabilizados, estando organizados em 20 mil grupos de oração, coordenações diocesanas, estaduais e nacionais, inúmeros programas de formação de jovens e de lideranças, além de projetos missionários. É nesse cenário demográfico que a Renovação Carismática emerge como uma aparente revitalização do Catolicismo brasileiro enquanto uma experiência religiosa versátil e criativa, capaz de sugerir expressões próprias que ultrapassem os limites nacionais.

Compromisso com o sucesso

Assim, em 1968, quase sessenta anos depois da chegada do Pentecostalismo protestante dos Estados Unidos ao Brasil, deflagra-se a Renovação Carismática Católica (RCC), a partir da atuação de sacerdotes jesuítas norte-americanos em Campinas-SP (CARRANZA, 2000, p. 29). Também vinda dos EUA, a RCC no Brasil se aproxima bastante dos movimentos carismáticos e pentecostais protestantes em vários aspectos: sua ênfase na moralidade sexual e familiar, o combate a religiões afro-brasileiras e não cristãs, como a New Age, acusando-as de demoníacas, e seu projeto missionário global (ver entre outros MARIZ & MACHADO, 1994; MACHADO, 1996; MARIZ, 1999; MARIZ 2009; ALMEIDA, 2003; CARRANZA, 2005). Pode-se, contudo, notar que, em nosso país, a RCC se aproxima mais do Neopentecostalismo, não tanto pela ênfase na prosperidade, mas pelo uso da mídia e do *marketing* religioso como ferramenta tanto de evangelização em massa, como de visibilidade social. Em grande medida, as ações da RCC adjetivaram de carismático e de midiático o Catolicismo brasileiro das últimas décadas, sendo seu núcleo propulsor o *ardor missionário*.

Tanto por sua teologia e espiritualidade pentecostais como por sua interação com a sociedade mais ampla que outras religiões, a RCC tem sido responsável por transformações internas no universo católico, mudando decisivamente a face sociorreligiosa da Igreja Católica no Brasil ao longo de mais de 40 anos. No entanto, essa transformação tem sido direcionada para o reforço da autoridade institucional, e não ao seu questionamento. Nesse sentido, a RCC difere do movimento Pentecostal protestante que estimulava divisões nas igrejas onde se instalava. Que mecanismos são acionados para evitar tensões e rupturas entre a autoridade institucional e as múltiplas lideranças proféticas surgidas a partir da experiência com os dons do Espírito Santo, e ainda das novas lideranças entre si? Um desses mecanismos parece ser a valorização da pluralidade dos carismas e a formação de "territórios relativamente autônomos" dentro da igreja mais ampla e da própria RCC, pelo que tem sido chamado de "novas comunidades". Nesse contexto de embates institucionais, essas comunidades emergem, inspiradas na organização dentro da Igreja Católica dos Movimentos Eclesiais, da segunda metade do século XX, caracterizados por Urquhart

(2002, p. 7-29) como organizações integradas por leigos, sacerdotes, celibatários, com forte mobilidade internacional e apelo na evangelização das "estruturas mundanas".

Desde os anos 2000, vários são os estudos que sinalizam a importância dessas novas formas de agregação religiosa que, no Brasil, configuram um novo estilo hegemônico de ser católico, entre os quais apontamos: Braga (2004), Oliveira (2004), Pereira (2008), Campos e Caminha (2009), Gabriel (2009), Portella (2009), Silveira (2009). Por sua repercussão ampla na sociedade brasileira e por seu projeto de missão no exterior, realizamos um recorte empírico a partir da comunidade mais antiga do Brasil: a Canção Nova (CN).

A partir de dados coletados nos *sites* disponibilizados pela comunidade e também de entrevistas com membros, procuramos, neste texto, identificar os mecanismos que permitem o crescimento exponencial dessa comunidade, o apelo incisivo com que atrai a juventude e a teologia subjacente à organização do grupo e à formação de seus membros. Focaremos especialmente a compreensão que a Canção Nova tem do seu carisma missionário e sua vocação evangelizadora por meio do uso integrado das diversas tecnologias de comunicação contemporâneas. Procuramos avaliar em que medida essa concepção se revela nos relatos de fundação das casas fora do país, nas atividades lá desenvolvidas, e dificuldades e experiências narradas pelos missionários. Ainda baseadas nesses dados, tentaremos mostrar que o estilo de evangelizar da CN no exterior e o conteúdo das pregações são os mesmos do Brasil, o público-alvo e o tipo de projeto exportado dependerão, contudo, dos projetos dos bispos que a convidaram, ora para apoiar as comunidades de brasileiros imigrantes, ora para criar a mídia católica e/ou reanimar a fé de católicos nativos.

Nas próximas páginas, mostraremos também como a CN se identifica com as exortações do Papa João Paulo II, tornando-se porta-voz da evangelização da juventude e da recristianização da sociedade ocidental. Sublinhamos a ênfase na moralidade sexual e as críticas ao mundo racional secular e à cultura de consumo, alvo de preocupação da CN. Procuramos identificar como os missionários brasileiros acreditam contribuir para a igreja dos países que trouxeram para o Brasil o Cristianismo e a própria RCC. Por meio de textos, vídeos e falas disponíveis *online*, analisamos a experiência de missionários nos EUA, França, Portugal, Itália e Israel, ao mesmo tempo, comparamos dois projetos de evangelização para jovens, criados na CN, com grande sucesso no Brasil e exportados para além-fronteiras: o "Por Hoje Não, por hoje não vou mais pecar" (PHN) e o "Hosana Brasil".

Uma aposta na juventude

As novas comunidades, conhecidas nos EUA como *covenant commu-nities* e, na França, denominadas de *communautés nouvelles*, despertaram a simpatia do Papa João Paulo II que, em documento oficial, ponderou:

> O Espírito, que, ao longo dos tempos, suscitou numerosas formas de vida consagrada, não cessa de assistir a Igreja [...]. Sinal desta intervenção divina são as chamadas *Novas Fundações*, com características de algum modo originais relativamente às tradicionais.

Essa simpatia pode ser entendida pelo fato de essas comunidades e/ou fundações compartilharem suas preocupações em relação aos processos de secularização e seus impactos na sociedade. A teologia, que as nutre, identifica-se com o discurso de João Paulo II, como defende ser o papel dos leigos fazer com que a cultura cristã sobreponha à secular na sociedade contemporânea:

> No atual mundo, frequentemente dominado por uma cultura secularizada que fomenta e propaga modelos de vida sem Deus, a fé de tantos é colocada à dura prova e frequentemente sufocada e apagada. Adverte-se, portanto, com urgência a necessidade de um anúncio forte e de uma sólida e profunda formação cristã. [...] E eis, portanto, os movimentos e as novas comunidades eclesiais: eles são a resposta, suscitada pelo Espírito Santo, a este dramático desafio no final do milênio. Vós sois esta providencial resposta.

Ao longo das últimas décadas, as novas comunidades, nacionais e internacionais, são marcadas pela memória do impulso do Espírito Santo e terão em comum o sentimento de serem herdeiras da espiritualidade da Renovação Carismática Católica. No Brasil, são frequentes os relatos de fundadores que evocam uma revelação especial em algum encontro do Grupo de Oração e que narram os desdobramentos que as experiências carismáticas desencadearam. A Canção Nova não é exceção.

Com sua sede localizada em Cachoeira Paulista, às margens da rodovia que liga Rio de Janeiro a São Paulo, a mais movimentada do país, a Canção Nova foi fundada, em 1978, pelo sacerdote brasileiro Jonas Abib, sob inspiração do Espírito Santo. Hoje, essa sede representa o maior complexo midiático católico, com mais de 450 mil metros quadrados e o mais pulsante epicentro da RCC do Brasil. Assim, a experiência carismática é condição *sine qua non* para poder ser membro da Canção Nova, tanto que o artigo 18 dos seus estatutos reza: "Somos Renovação Carismática Católica. Nascemos nela. Nela nos formamos. Com ela crescemos. A pessoa que se sente chamada à Canção Nova deve ter passado pela experiência da RCC".

Ao assumir como missão a expansão do avivamento espiritual (glossolalia, repouso no espírito), as novas comunidades, inclusive a Canção Nova, contribuem para a consolidação da pentecostalização católica, fazendo dessa mística o estilo de agrupamento societal que as caracteriza na sociedade e na Igreja.

O reconhecimento pontifício oficial obtido em 2008 reforça a certeza de Jonas Abib de que a Canção Nova foi suscitada pelo Espírito Santo para responder à necessidade da sociedade contemporânea de "um anúncio forte e de uma sólida e profunda formação cristã", tal como definido anteriormente por João Paulo II. No sentir de seu fundador, que está muito ciente da liderança de sua comunidade, esse reconhecimento é "um ponto de chegada maravilhoso. Deus é sempre providente, pois a aprovação dos nossos estatutos acontece, exatamente, quando completamos 30 anos de história".

A pluralidade dos grupos religiosos que se autodenominam e/ou se identificam como novas comunidades é muito grande, calcula-se que há mais de 500 iniciativas sob essa égide espalhadas pela geografia brasileira (CARRANZA, 2009, p. 7). Muitas dessas comunidades reconhecem a Canção Nova como sendo a força motriz da RCC que propiciou, na figura de seu fundador, a formação de inúmeras bandas musicais, estimulou habilidades artísticas de incontáveis leigos, jovens, seminaristas, sacerdotes. Monsenhor Jonas Abib, a quem os membros muito admiram, possui grande importância como líder máximo da comunidade e inspira muitas pessoas a se lançarem para trilhar caminhos de fama, mesmo que restrita ao âmbito eclesial.

A centralidade do seu líder e a dimensão do respeito e veneração que ele inspira aos fiéis ficam claras no *site* da comunidade Canção Nova. Nele, encontramos a biografia, fotos, vídeos e a referência da produção editorial do fundador. Amante da música, Mons. Jonas estampou essa referência no nome da comunidade, Canção Nova, sinalizando um dos elementos constitutivos do carisma da comunidade, pois:

> Devido ao chamado inspirado e precursor, é impossível falar da Canção Nova hoje e não falar de unção, música e melodia de qualidade. Depois de 30 anos de evangelização e de toda a experiência acumulada, grandes massas, unidas em uma só voz, têm a certeza de que Deus fez dessa obra a casa do músico católico [...]. Nascemos da música e para a música (CORRÊA, Nelsinho. Ministério de Música).

Foi a partir da promoção de eventos musicais massivos no imenso complexo que constitui a sede em Cachoeira Paulista (São Paulo) que a Canção Nova passou a ter uma forte adesão da juventude. Atestam magistralmente essa afirmação os trinta mil jovens reunidos durante três dias no acampamento "Hosana Brasil", em novembro de 2009, cuja versão inglesa será abordada mais adiante. Com a participação de inúmeras bandas musicais, padres cantores, pregadores clérigos, leigos consagrados da comunidade e da RCC, o acontecimento foi descrito pelos promotores como "o maior encontro de espiritualidade promovido por esta Obra de Evangelização". Nessa megaconcentração, os participantes, junto com Dunga, cantor e expoente máximo da música Canção Nova, entoaram melodias que rezavam: "O mundo quer desfigurar meu viver, trazendo os meus olhos ao que vai perecer... toda vez que oro eu me sinto feliz e me arrependo do que errado eu fiz...". Os jovens também tiveram a oportunidade de escutar conselhos do tipo: "O paganismo tem invadido a nossa religião, a nossa Igreja e nós precisamos continuar dizendo não a isso, precisamos continuar querendo ser fiéis [...] propor-nos por hoje não pecar mais."

O investimento maciço na música além de refletir o aspecto carismático aproxima muito a comunidade da juventude, fornecendo experiências que permitem adesão emocional e afetiva, via estilos musicais disponíveis no mercado. Entretanto, mesmo que os ritmos sejam modernizantes e rejuvenescedores, os discursos que acompanham os *shows*, encontros, congressos, louvores, em geral, são carregados de uma visão encantada e tradicional da realidade, na qual o bem e o mal se debatem na vida das pessoas. O demônio e o pecado são identificados nas práticas sexuais que desviam da norma católica oficial, portanto, devem ser combatidos cotidianamente por meio do louvor que, de certa forma, exorciza-os (SOFIATI, 2009, p. 122-126).

Em sua análise sobre o perfil da juventude brasileira, Regina Novaes (2006) destaca que, apesar do atual cenário de ofertas religiosas plurais, as instituições tradicionais continuam a ser lugares de agregação social, de identidades e de formação de grupos, com importantes reflexos no comportamento dos jovens na sociedade civil. Para essa autora (p. 289-290), as crenças e pertenças religiosas dos jovens são variáveis relevantes na sociedade brasileira contemporânea.

Nessa direção, a iniciativa de evangelização mais importante da CN é o PHN (Por Hoje Não, por hoje não vou mais pecar!), que propõe uma estratégia de luta contra o demônio, por meio da qual se busca diariamente "colocar qualidade no falar, pensar, sentir e agir não dando espaço ao mal que estraga amizades, casamentos, namoros...". Inspirado no programa de sobriedade dos Alcoólicos Anônimos, criado nos EUA, o PHN sugere aos fiéis ficarem vigilantes vinte e quatro horas por dia para não caírem nas tentações dos vícios, drogas, sexo e consumismo. Como Jesus já pagou todos os pecados da humanidade, todos podem e devem ser santos, argumenta o PHN.

Esse discurso rompe com a concepção católica tradicional, descrita por Weber (1991), de que apenas indivíduos especiais (os virtuoses) poderiam aspirar à santidade. Para o PHN, ser feliz é ser santo e todos podem encontrar a santidade, seguindo seu método. O lema "fazer novas todas as coisas" impulsiona a Canção Nova e, em proporções menores, muitas das novas comunidades, a organizar megaeventos, atividades e encontros que requerem um enorme investimento de recursos humanos e financeiros. Isso só é possível graças à novidade que representa o modo de vida que essas agrupações trazem e sua capacidade de organização empresarial, como se verá a seguir.

Apoiados por uma espiritualidade ancorada nos sacramentos, na leitura da Bíblia, sob orientação espiritual dos sacerdotes ou membros da CN, os jovens de hoje poderão ser "santos com calça jeans" que evitam sexo fora do casamento (FABRI, 2010, p. 458-477). O jovem do PHN deve "viver, promover e divulgar a castidade", tida também como forma de prevenir a Aids. Para isso, deve munir-se de orações como: "São Miguel Arcanjo, defendei-nos no combate, sede nosso refúgio contra as maldades e as ciladas do Demônio!". Para se "manter no propósito de ser santo na Modernidade", a Canção Nova disponibiliza mensagens e dicas práticas nos programas de WebTVCN do PHN, envia SMS pelo celular e organiza acampamentos. Enquanto criador do PHN, Dunga declara: "a cada não que dou ao pecado equivale a milhares de 'SIMs' a Deus... São muitas as possibilidades de sermos felizes, porém, é necessário não vincular esse desejo ao pecado".

Com doze anos de existência, o PHN é um dos "produtos de exportação" do estilo evangelizador da CN. Dunga declara na WebTVCN:

> Hoje levo essa proposta para o Brasil e para o mundo, e em todos os lugares que chego e prego, o PHN se torna nova opção para nos levar a descobrir as belezas da nossa Igreja, seus sacramentos, dogmas, tradições, santos e Palavra de Deus, com a proposta simples de apenas dizer a cada dia ao pecado POR HOJE NÃO [...] Já visitei muitos países, entre eles USA, França, Alemanha, Portugal, Itália, Canadá, Japão, Israel, e em todos eles encontrei cristãos que vibraram com a proposta.

Sobre a necessidade do PHN e sua aceitação em Nova Iorque, entre brasileiros imigrantes, Dunga comenta:

> Aqui vivem [...] migrantes, que batalham a vida, a gente percebe [...] a "garra" dos brasileiros... O PHN cabe direitinho neles, é uma roupa perfeita para auxiliá-los a ter uma vida digna... buscando a santidade, dizendo não ao pecado aqui nos Estados Unidos.

A convivência identificada como "sadia", tanto no Hosana Brasil quanto no PHN, seria o suporte social que torna plausível essa visão de mundo oposta aos valores hegemônicos da sociedade contemporânea. Para manter tal convivência, propõe-se aos fiéis se "recolherem" simbolicamente, e por vezes fisicamente, em um lugar "santo". A CN converte-se nesse "local" de salvação. Portanto, construindo espaços de identidades juvenis, a CN defende uma ascese intramundana, apoiada em uma teologia e moral de luta cotidiana contra o demônio.

Sob o lema "fazer novas todas as coisas", que orienta a teologia e a espiritualidade da CN, dois elementos são essenciais para a manutenção e expansão internacional da comunidade: a capacidade empresarial e a organização interna dos membros, ambos aliados na promoção e manutenção de inúmeros projetos que requerem enormes recursos humanos e financeiros.

Um estilo original de comunidade

A visão teológica de remissão pessoal, num mundo de pecado e perversão moral, traz embutida, também, certa percepção de sociedade que molda a noção de missão dos membros da Canção Nova e das novas comunidades. Matteo Calisi, Presidente Internacional da Fraternidade Católica de Comunidades de Aliança e Associações Carismáticas, declara:

> A RCC é a resposta a uma sociedade que decretou a morte de Deus [...]. O que quer nos dizer agora o Senhor? As Novas Comunidades são uma contestação diante da imagem de um mundo sem Deus, fechado em si mesmo, que se dirigiu a falsos deuses, tornando o homem escravo do sexo, do poder e do dinheiro.

Movidos por tal necessidade de trazer Deus ao mundo secular, homens e mulheres, tanto celibatários como casados, assim como sacerdotes se consagram a viver nas comunidades em pobreza, obediência e castidade. Outra novidade dessas comunidades será o redimensionamento do papel do leigo na estrutura eclesial. Na Canção Nova, considerados cofundadores ao lado do padre Jonas, destacam-se dois leigos casados entre si, Luzia Santiago e Eton Santiago, cujos exemplos contagiam outros muitos leigos, celibatários ou casados, motivando-os a criar também inúmeras comunidades novas.

No Brasil, por ter sido a primeira a ser fundada, a Canção Nova pode ser considerada, portanto, como referência e inspiração para outras que surgiram depois. Na Canção Nova, como nas demais comunidades, os membros podem optar por dedicação total, vivendo numa "comunidade de vida", compartilhando recursos e moradia, ou ser membro da "comunidade de aliança".

Enquanto os membros da "comunidade de aliança" possuem trabalhos seculares e fazem doações para manter a obra e os membros da "comunidade de vida", estes últimos se dedicam exclusivamente ao trabalho religioso, sendo responsáveis diretos pela expansão da obra, no país e no exterior. Os membros da comunidade de vida comprometem-se com um estilo de vida pautado por:

> [...] uma entrega total e radical. Vivendo sob um mesmo teto, fazendo a renúncia total dos bens, vivendo na dependência da providência de Deus, colocando em comum vida e serviço, numa consagração total a Deus e aos irmãos.

Embora também comprometidos com a obra e com o estilo de vida da Canção Nova, os membros da comunidade de aliança residem com suas famílias, exercem suas funções profissionais e gerenciam seus próprios salários, entretanto, participam do mesmo espírito missionário da comunidade, pois:

> A vocação desses missionários é reconhecida pela busca do equilíbrio de uma vida de oração, de vida fraterna em comunidade e trabalho santificado, com o coração voltado à evangelização [...], acrescentando ainda que o hábito dos membros da Canção Nova é o sorriso. (Depoimento de Vera Lúcia Reis)

Nesse sentido, as novas comunidades configuram-se como núcleos de vivência católica, nos quais as exigências de vida comunitária pressupõem rupturas com o mundo secular e cumprimento do ideário de santidade que exige uma opção radical e desprendimento. Isso implica a submissão da própria liberdade ao imperativo de obediência a outrem sob mandato tido como divino. Apostam na opção pela castidade sexual, seja no celibato ou no matrimônio, pela pobreza e renúncia aos bens materiais, dependendo completamente da Providência para subsistência. Com grande capacidade para reorientar, de forma relativamente duradoura, a vida de milhares de pessoas, a Canção Nova revela-se como instância eclesial de forte apelo religioso.

Os membros da Canção Nova consideram-se como chamados por Deus para realizar uma missão, não só no sentido mais amplo de "serviço ao próximo", mas também, e muito frequentemente, no sentido de missão como evangelização ou reavivamento e/ou mesmo divulgação do Cristianismo em sua versão católica renovada, como bem o expressa uma vocacionada:

> Ser Canção Nova significa acolher a vocação e o lugar que desde sempre Deus havia designado para mim. Canção Nova é o lugar escolhido por Deus para ser a minha escola de santidade [...] significa cuidar de um povo: o povo de Deus. Acolher o dom de Deus. Não consigo me ver em outro lugar, aqui é o meu ponto de chegada e partida. Nela encontrei o meu lugar na Igreja [...] para que toda a minha vida seja um canto de louvor à bondade do Senhor!

A obediência desempenha um papel fundamental na obra missionária da comunidade. O consagrado abre mão de sua autonomia de escolha, pois considera que Deus escolhe por ele, como atesta o depoimento de uma jovem quando questionada sobre sua opção em relação ao local de sua missão:

> [...] não somos nós que decidimos a missão aonde vamos. Quem decide é o Conselho [da Canção Nova] onde acontecem as reuniões e é determinado para onde o missionário vai [...] nós sabemos que o Conselho é a voz de Deus, por isso o obedecemos [...]. (M.S.A. Entrevista, 29.03.2010)

Para responder a essa exigência, entre outras, os "novos apóstolos do século XXI", como são identificados os futuros membros, participam do "programa de formação de missionários da Canção Nova", em que vivenciam duas fases de formação: a inicial, que se subdivide em pré-discipulado, discipulado, juniorato, e a permanente, ou seja, a vida consagrada e a consagração para sempre. Ambas as fases incluem a aspiração para o sacerdócio, o celibato e o matrimônio. Os formadores responsáveis velam para que seja incluída direção espiritual, confissões, encontros mensais com o formador e retiros da "Boa Morte". Segundo depoimento da formadora:

> Os missionários reforçam, neste período, a identidade do carisma Canção Nova e aprendem a lidar com a sua própria formação humana ligada a um trabalho de reconciliação da salvação pessoal. Esta formação é mais intensa aqui porque quanto menos pendências (afetiva, familiar, de vida comunitária e espiritual) o membro tiver, mais condições têm de averiguar a sua vocação profundamente. (Vera Lúcia Reis)

A decisão de confiar a sobrevivência pessoal e institucional apenas à Providência finca suas raízes nas diretrizes teológicas que orientam a relação econômica dos membros da Canção Nova, como é possível ler nas palavras do fundador que aconselha na revista mensal do socioevangelizador:

> Deus precisa ser o primeiro. Este é o sistema de Deus! O mundo nos enganou e entramos direitinho nele [...]. É preciso, o mais depressa possível, pular para fora desse sistema; ele está matando nossas famílias, nossos filhos, nossos casamentos [...]. Se você busca Deus em primeiro lugar, se busca a implantação de seu reino como primeiro investimento de sua vida, tudo o mais lhe será dado em acréscimo. Vida, saúde, comida, roupa, presente e futuro [...] é Deus quem providencia! (Mons. Jonas Abib)

Diretriz que parece concretizar-se, também, na dinâmica institucional da comunidade que sobrevive por meio das doações de uma extensa rede social de sócios, angariada na transmissão de programas televisivos, radiofônicos e na WebTV. Além disso, ocorrem também outras campanhas que motivam doações extras de pessoas que ainda não são sócias da CN. Adotando um sistema do tipo empresarial, o administrador geral da Canção Nova define "metas" de arrecadação a partir do cálculo dos gastos necessários para manutenção das distintas atividades e presta contas aos contribuintes, informando sobre os valores já arrecadados. Munido de uma tabela com dados, faz nestes termos a reflexão:

> É possível viver da Providência? [...] O que vivemos a cada ano e mês é uma experiência de que Deus cuida de nós. Deus sempre colocou os filhos para trazer o necessário. Foi sempre assim. Ele quis contar com pessoas assim como eu e você para manifestar o "Deus proverá". Sua Divina Providência em resgate de almas. (Wellington Silva Jardim)

A ênfase na Providência e a fala de Jonas Abib, anteriormente mencionados, parecem entrar em rota de colisão com a lógica secular da sociedade de consumo de massa. Referindo-se a essa sociedade, Gilles Lipovetsky comenta:

> Raros são os fenômenos que conseguiram modificar tão profundamente os modos de vida e os gostos, as aspirações e os comportamentos da maioria em um intervalo de tempo tão curto. Jamais se reconhecerá tudo o que o homem novo das sociedades liberais "deve" à invenção da sociedade de consumo de massa. (LIPOVETSKY, 2007, p. 11)

Um dos dispositivos, segundo Eliane Oliveira (2009, p. 197), da Canção Nova para se opor a essa sociedade secular seria a "vida no Espírito", ou seja, a experiência religiosa católica carismática, o êxtase de um Pentecostes revivido cotidianamente. Essa experiência de êxtase nutre seus discursos de crítica ao mundo, solda a comunidade internamente e alimenta a força centrípeta que a conduz para dentro da Igreja. No entanto, sua missão de ocupar espaços sociais e competir com a cultura secular a obriga a estar voltada para o "mundo" e a usar seus instrumentos, marcando presença nas ágoras midiáticas: os *mass media*. A especificidade de sua vocação exige que levante grandes somas. Por isso, apesar de ser crítica em relação ao estilo consumista da sociedade contemporânea, a Canção Nova necessita estimular também certo consumismo religioso, possuindo lojas virtuais e recorrendo à lógica empresarial, como mostra Antonio Braga (2004).

Um carisma para novos canais da evangelização

> O que a Canção Nova tem de mais forte são os meios de comunicação. O restante são estruturas que qualquer comunidade poderia ter. Nós temos a graça de ter os meios que Deus nos deu e comunicar um Senhor vivo e vivenciado por nós. É o presente que o mundo mais almeja, porque isso corresponde à sua maior necessidade. (Mons. Jonas Abib)

Sob a convicção de que missão da Canção Nova seria a modernização tecnológica da Igreja no Brasil, foi inaugurado, em 1980, o sistema de Rádio CN e, nove anos depois, em 1989, o sistema de TV Canção Nova. A diversificação de meios segue pelos anos seguintes, acompanhando os avanços tecnológicos. O sistema Canção Nova de Comunicação abrange, atualmente, revista (com editora para impressão também de livros), rádio (AM e FM), TV, portal, WebTV e *mobile* (o que inclui a transmissão de fotos, músicas, imagens, vídeos e pregações pelo celular, *palmtops* e *iPod*). No Brasil, o sinal é transmitido por 86 operadoras de TV a cabo e, no exterior, via satélite. Além de produzir e comercializar livros (com mais de 1.500 títulos), CDs e DVDs (mais de 500), conta com um *call center* (120 mil chamadas mensais), um departamento de audiovisuais e estrutura multicanal de comercialização (varejo, atacado, porta a porta, catálogo e *e-commerce*).

A maior preocupação da produção midiática do sistema Canção Nova é a de oferecer programas radiofônicos, televisivos e ambientes virtuais *sadios* que acompanhem a inovação midiática (WebTV, blogues, Sencond Life, Lifestream, *wallpaper*, *ringstones*, *truetone*s, MP3, *wik*, *podcast web* rádio, fórum...). O esforço é sempre disponibilizar conteúdo que faça realidade o desejo do Papa João Paulo II, que declarou: "a internet é o veículo da evangelização do terceiro milênio", por isso, "essa obra de Deus [Canção Nova] não poderia deixar de usufruir dela".

Entretanto, como referência da mídia católica brasileira, a Canção Nova se propõe veicular informações sobre a Igreja, *links* com formação espiritual, palestras, eventos, *shoppings*, bate-papos, notícias eclesiais (locais e globais), além de produzir material e atividades voltados às casas de missão. Apesar de esforços no Brasil e no exterior para ampliar sua audiência, a mídia da CN se apresenta como uma mídia "de serviço junto à Igreja", como demonstra o depoimento:

> O Sistema Canção Nova de Comunicação inaugura sua Central de Produção Multimídia [...] complexo que reúne rádio, TV e internet, somado à digitalização, permitirá que a Canção Nova cumpra com mais afinco sua missão e serviço junto à Igreja e aos bispos do Brasil e junto à população [...] com a integração, nossos meios de comunicação ganham mais força. (Ana Paula Guimarães, Brasília, 5 de maio de 2010)

Por criar uma rede comunitária midiática, não presencial, motivando uma aliança por meio de doações em quantidade suficiente para realizar projetos tecnológicos custosos, a Canção Nova já é uma pioneira no mundo católico brasileiro. A importância dos contribuintes fica muito clara nas palavras do fundador da Canção Nova a seguir:

> Foi através da Rádio Canção Nova que foi criado o Clube do Ouvinte, conhecido como CORAÇÃO DA OBRA! [...] é o Programa da Família Canção Nova, feito para os sócios benfeitores, pessoas que contribuem espontaneamente com a Canção Nova, pois não veiculamos propagandas comerciais, ou seja, vivemos da Divina Providência!

O estilo de arrecadação se repete no estrangeiro, como o atesta o diácono Valdir, responsável pela missão CN na França, que declara:

> Com sua ajuda, sócio-evangelizador brasileiro, nós tentamos levar o jeitinho brasileiro de louvar o Senhor, a pregação do jeito brasileiro para o povo francês [...] cada vez mais as pessoas vêm e gostam de nosso estilo de evangelizar com retiros de cura interior [...] Tudo tem que ser feito em francês e custa caro [...]. Sem você [doador], nada disso aconteceria [...]. Vocês são os grandes investidores nesta obra de evangelização. A França, a Europa, que no século XIX enviou missionários para o mundo inteiro, hoje está precisando ser evangelizada, você investe na obra certa!

Em outra latitude do planeta, o padre Roger Araújo, responsável pela comunidade de Atlanta/EUA, escreve à comunidade de católicos brasileiros, agradecendo as contribuições econômicas dos fiéis e solicitando ajuda na ampliação dos equipamentos digitais, porque:

> Desde que cheguei aqui nos EUA, o meu sonho é termos uma rádio para os nossos imigrantes brasileiros [...]. Este sonho está no coração de Deus e tenho certeza de que, em breve, teremos este presente para todos nós. Conto com suas doações e preces, para que este desígnio possa se realizar no tempo de Deus.

Se é verdade que o complexo midiático da Canção Nova conta com a Providência Divina apoiando seus projetos, também é certo que a lógica empresarial é uma ferramenta decisiva para captar e gerenciar recursos econômicos daqueles que se comprometem a manter a obra, como revela a analista do departamento de marketing institucional, para quem a captação de recursos:

> [...] é o resultado de um planejamento que sai das minhas mãos, com a ajuda da minha equipe de trabalho. Também percebo esse resultado, quando presencio doações [...]. (Silvia Cristina Rodrigues)

As doações são estimuladas por um amplo leque de estratégias e projetos de arrecadação, entre os quais se destaca a campanha "Dai-me Almas", que fornece recursos para o Sistema de Comunicação Canção Nova. O fundador justifica essas campanhas:

> [...] é justo que nós queiramos muito mais dinheiro para resgatar do que para perverter. Veja quanto dinheiro está sendo investido, quantos milhões de dólares, de euros, libras, estão sendo investidos na perversão das pessoas [...]. Por isso é justo que tenhamos dinheiro nas mãos, administrando-o para Deus, para resgatarmos nossos irmãos, porque eles não podem se perder. (Mons. Jonas Abib)

Mesmo que não seja, entre as comunidades brasileiras, a que possui mais casas (25) ou a que agrega mais membros nas suas comunidades de vida e de aliança (966), a Canção Nova tem a maior visibilidade e talvez o maior número de membros de aliança. Se considerarmos como "membros de aliança" todos aqueles que contribuem para a Rádio e a TV Canção Nova por meio do "clube do ouvinte", sem dúvida, a CN conta com ampla membresia entre os que ouvem a rádio e assistem à TV Canção Nova, espalhados pelos vários estados do país e também no exterior.

Sem dúvida que a habilidade para obter recursos e usar os meios eletrônicos de comunicação de massa é um fator fundamental para seu sucesso. Essa sua expansão, contudo, gera um duplo movimento. Por um lado, um movimento centrífugo, pois, na apropriação das mídias integradas para a evangelização, transborda o território brasileiro e se projeta virtualmente, como o confirma, nos EUA, o padre Roger Araujo, presbítero da CN:

> Nós estamos longe da nossa pátria, mas estamos bem perto do coração de Deus. Esse *site* vai nos ajudar com interatividade, espiritualidade, formação e muitos conteúdos necessários para nossa vida aqui. Nós precisamos da sua contribuição, da sua interatividade. Nós precisamos que você faça desse *site* a sua casa, o ponto de encontro da comunidade católica brasileira aqui nos Estados Unidos.

Por outro lado, há um movimento centrípeto, que beneficia a própria comunidade, seja no aumento de meios para divulgar seu carisma, na multiplicação da visibilidade de seus projetos ou ainda na angariação de recursos materiais e vocacionais.

A mídia desempenha um papel importante no recrutamento de novas vocações. Informações divulgadas via *online* permitem a futuros membros tomar contato com a comunidade e discernir sua possível pertença. Assim nos narrou sua experiência vocacional uma aspirante:

> [...] participei do Grupo de Oração, na paróquia. Mas eu queria algo a mais. Entrei no *site* da Canção Nova [...] me identifiquei com a proposta missionária [...] iniciei o predискipulado e fiz o discipulado pela internet sem ter que deixar minha cidade, deixar minha família [...]. Acompanho os *blogues* das casas de missão e quero formar parte da família Canção Nova. (D.S. Entrevista em 17/04/2010)

Se esse testemunho é de quem se restringe às fronteiras nacionais, outros testemunhos no exterior registram a experiência vocacional, como se observa nas declarações registradas no vídeo sobre o décimo aniversário da CN em Portugal, em que se afirma:

> Quero render meu Hosana ao Senhor especialmente porque, no decorrer desses dez anos, surgiram as primeiras vocações portuguesas na forma de vida e de Aliança ao carisma Canção Nova e esse é o melhor fruto da nossa entrega de vida.

Mesmo com essas vantagens, centrípetas e centrífugas, a CN ainda se constitui como uma mídia de católicos para católicos, não conseguindo ultrapassar o umbral intereclesial, apesar dos enormes investimentos humanos e econômicos (CARRANZA, 2011, p. 141-223), o que parece não ser uma preocupação da própria comunidade, muito pelo contrário, parece ser sua marca conforme *spot*:

> TV Canção Nova, sua TV cem por cento católica em Portugal, com a programação baseada nos valores e princípios cristãos. [...] nossa TV se mantém sem anúncios publicitários, com programas de vários formatos, estilos e temas como de espiritualidade, jornalismo, entrevistas, programas infantis, eventos, cultura, música, entretenimento e muito mais. WebTVCN é sua TV católica em Portugal.

Saber evangelizar pelos meios de comunicação de massa é o principal carisma da CN, sua principal missão e vocação. Esse seu dom especial, como lembra Camurça (2009, p. 71), coloca-a numa dinâmica de "barganhas", empréstimos e influências mútuas entre o mundo da mídia e da religião. A mídia não é um instrumento neutro, como destaca esse autor, ela possui sua lógica própria de interpretação e de construção de realidade que obedece a cânones da Modernidade e seus valores. Mesmo que utilizada para fins religiosos, não se isenta dessa lógica (CARRANZA, 2005, p. 192).

Uma vez mais, confirma-se o dilema que enfrenta a Igreja Católica: dialogar com a Modernidade, tentando manter seus valores tradicionais. Se aceitarmos a perspectiva teórica de McLuham (1993), condensada na máxima "o meio é a mensagem", a CN estará, provavelmente, sem se dar conta, assumindo e transmitindo alguns dos valores centrais da sociedade contemporânea, que se propõe a criticar. Retomando o argumento anterior de Camurça (2009), a manutenção de um sistema de alta tecnologia atualizado leva à extrema valorização da produtividade, da competitividade, da capacidade de seduzir massas, de levantar recursos com rapidez e eficiência, sob o risco de identificar bênçãos divinas com grandes números em geral, seja em termos de audiência ou de recursos financeiros captados. Efeitos e dilemas que só aumentam quando a comunidade, impelida pelo ardor missionário, transborda seu território e migra, com toda sua bagagem teológica e proposta evangelizadora, para outras culturas, outros valores, outros territórios.

Missionários do carisma midiático

> Deus está enviando a Canção Nova, agora, para a sua missão pública [...]. Não vamos servir unicamente ao Brasil, porque a Igreja nos aprova e nos abre as portas para irmos para o mundo [...]. Evangelizar no mundo de hoje é a grande necessidade da Igreja [...]. Este reconhecimento [pontifício] não é apenas nosso [membros da Comunidade], mas sim de toda a família Canção Nova. Esta conquista, esta vitória, pertence a você que nos acompanha e nos ajuda. (Mons. Jonas Abib)

Em sintonia com essa declaração do fundador, o missionário nos EUA, Fernando Fantini explicita como o departamento de Informática e Tecnologia da Canção Nova é o instrumento para ir além-fronteiras:

> A CN conta com 200 operadoras que, em transmissão via satélite, tem alcance nos cinco continentes, são 45 milhões de receptores espalhados pelas Américas, Europa, Oriente Médio, Norte da África, Oeste da Ásia e Oceania. Para ampliar o seu alcance a emissora dispõe de um canal na WebTVCN, a

> primeira web católica do Brasil [...] com conteúdos diferenciados para os internautas. A equipe aposta na interatividade via celular, novas formas de interação via SMS [...] aproveitamos as novas ferramentas através dos blogues, *twitter*, portal de voz.

A missão, assim, é percebida não tanto pelo número de casas que abrem, mas pelo alcance de sua mídia e pela realização de eventos. Contudo, além de investimento tecnológico e contatos episcopais certos, há um motor propulsor: a interpretação sobrenatural dos acontecimentos cotidianos. Os membros da CN sentem-se, portanto, em comunicação direta com Deus:

> Uma vez na casa da Canção Nova aqui em Roma, e após a comunhão, fizemos um momento de ação de graças. O Salmo que me veio ao coração foi o de número 2: "Pede-me e te darei as nações por herança". Nós fomos corajosos e pedimos, não para nós, mas para Jesus Cristo, as nações por herança. Tivemos a ousadia de filhos. Pouquíssimo tempo depois, abriram-se as portas do céu e conseguimos o satélite. O alcance da Canção Nova chegou longe. (Homilia 5/11/2008. Dom Alberto Taveira Corrêa)

Esse apelo missionário pode ser visto como a coluna vertebral da proposta evangelizadora da Canção Nova. Quando visitamos o *site* da comunidade e tivemos contato com os mais variados materiais de divulgação, eletrônicos e impressos, constatamos que convidar todos à missão não significa que estejam estimulando a todos os seus membros a realizarem deslocamentos geográficos ou trabalhos proselitistas. Na verdade, as novas comunidades defendem, tal como o discurso oficial da Igreja Católica, que todo cristão é chamado a propalar sua fé, mas que cada um tem sua forma específica para fazer isso. O chamado missionário é necessariamente muito diverso. Tanto se pode realizar uma missão no sentido restrito do termo, significando realizar viagem para terras estranhas, mas também num sentido mais amplo, como, por exemplo, dar testemunho da fé no seu cotidiano. A definição de missionário aparece no *site* para quem queira ler:

> É aquele que anuncia o Evangelho, fazendo suas as palavras e o testemunho de Jesus Cristo; mas é também aquele que, mesmo sem anúncio explícito, encarna e vive cada uma dessas palavras, transformando-as em gestos concretos de solidariedade [...]. Missionário é aquele que está disposto a sair, lançar-se em terras estranhas e inóspitas, abrir veredas novas no deserto ou na selva; mas é também aquele que se dispõe a ficar convertendo-se em

> presença viva e atuante em cada dor humana e em cada porão de sofrimento [...]. Missionário é aquele que sobe à montanha, onde reza [...]; mas é também aquele que desce à rua e aos campos e, no contato vivo com mulheres e homens desfigurados [...]

As ideias propaladas pelas lideranças, divulgadas pela literatura e *sites* do grupo, são repetidas pelos membros. Estes afirmam que podem fazer missão tanto longe quanto perto de casa em sua terra natal, que as dificuldades enfrentadas pelo missionário não diminuem a intensidade de sua felicidade, e ainda defendem que buscam integrar o ativismo pastoral e a contemplação espiritual. O trecho de entrevista a seguir ilustra esse tipo de discurso:

> É evangelizar com sua vida [...] não só apenas [...] em todos os aspectos da vida [...] viver o evangelho em qualquer lugar do mundo [...] temos que ser fiéis apesar das fraquezas, lembrar que somos miseráveis [...] levar o evangelho vivido. (E.S.S. Entrevista em 29/3/2010)

A Canção Nova reconhece que sua missão principal é a de levar o Evangelho aos diferentes cantos do mundo pelo som e imagem da mídia. A ideia de missão como expansão geográfica fica muito clara quando padre Jonas Abib exorta: "Não vamos servir unicamente ao Brasil".

Outro elemento importante é o destaque da necessidade da igreja de "Evangelizar no mundo de hoje". Diferentemente dos missionários que acompanhavam os colonizadores, não se pretende falar de Cristo para quem nunca ouviu. A missão das novas comunidades é arrebanhar católicos desgarrados, reanimar a fé dos que estão afastados do seio da sua igreja, reinstitucionalizá-los e engajá-los na dinâmica sacramental e na prática religiosa.

Há também a diferença de que os missionários católicos contemporâneos encontrarão na terra de missão uma hierarquia e comunidade católicas longamente estabelecidas, portanto, mais que abrir caminho, eles consolidam opções da igreja local. Por isso, segundo indica missionário enviado temporariamente a Portugal:

> Sempre quando a Canção Nova vai é porque a diocese chama [...]. Chegamos primeiro a serviço. Nunca vamos sem ser chamados. O bispo da cidade pede [...] o Conselho vê as possibilidades [...] nós abrimos nosso coração e obedecemos. (P. A. L. W. Entrevista em 29/3/2010)

Uma missão católica não pode se estabelecer em uma paróquia sem ter permissão da hierarquia. O convite do bispo é fundamental. A liderança da comunidade pode ir ao bispo negociar esse convite, pedir para ser convidada, mas não pode chegar sem convite ou sua aprovação.

Mais relatos são encontrados no *site* da CN sobre esses convites:

> Após contato com o bispo Maronita Reverendo Paul Nabil Sayah [...] foram enviados seis membros da Comunidade Canção Nova à cidade de Belém em Israel;

> Dom Wilton Gregory convidou a Canção Nova e um padre para morar e levar a Boa Nova para a capital da Geórgia nos EUA;

> Estamos na França, na Diocese de Fréjus-Toulon sob olhar cuidadoso do nosso bispo, Dom Dominique Rey.

Observamos que a CN prioriza sua atuação, dependendo do convite que recebe e da solicitação do bispo. Um exemplo, a missão dos EUA, liderada por padre Roger Araújo, foi convidada para acompanhar brasileiros imigrantes. Já o prelado de Fréjus-Toulon, na França, convidou a Canção Nova, cujo trabalho tem sido coordenado pelo diácono Valdir, para reavivar o Catolicismo em sua diocese. Em Portugal, a CN busca apoiar o desenvolvimento de tecnologia de comunicação e também reavivar a fé naquele país. As missões da Itália e de Israel pretendem ser uma âncora em língua portuguesa de difusão jornalística dos locais santos e seus eventos, além de incentivar e oferecer apoio às peregrinações de brasileiros.

Entretanto, o dinamismo e o entusiasmo religiosos que a mística carismática imprime nos membros das Novas Comunidades assustam, por vezes, o clero. O temor de que esse entusiasmo e dinamismo levem a autonomias e criem uma "igreja paralela" aparece nos textos elaborados por líderes da hierarquia, especialmente aqueles textos direcionados aos líderes leigos. Ilustramos esse tipo de advertência com a declaração a seguir, de Dom Alberto Taveira Corrêa, Arcebispo de Belém (PA) e Diretor Espiritual da RCC e das Novas Comunidades, no Brasil. O bispo Taveira não quer desestimular o ímpeto missionário, mas ressalta que, quando em missão (geográfica), as Novas Comunidades não podem deixar de:

> Conservar a comunhão com o Papa e os bispos. Sejam fiéis à inspiração do Senhor, submetam-na ao bispo, em sua Diocese de origem [...]. Os bispos esperam das Novas Comunidades um caminho de amadurecimento, na superação de exclusivismos e no estabelecimento de um fecundo caminho de diálogo.

Nessa declaração, o prelado lembra a predominância do *carisma institucionalizado* da Igreja Católica na figura do bispo em relação ao carisma do tipo mais profético da Nova Comunidade, de seu líder e/ou dos fiéis que podem ter recebido diretamente alguma revelação do Espírito Santo. Esse tipo de cuidado por parte da hierarquia e das Novas Comunidades é fundamental para o projeto católico de preservação da unidade eclesial, sem a qual o magistério das Novas Comunidades não sustenta o legado tradicional.

O Brasil tem sido historicamente país alvo de missões das diferentes religiões e apenas muito recentemente tem se tornado origem de missões. Um católico brasileiro leigo partir para missão no exterior, como parte do carisma do grupo que o envia, ainda é um fenômeno bastante raro. Em geral, os missionários são vinculados a ordens religiosas tradicionais, padres e freiras e/ou ordens terceiras correspondentes, bem como Institutos de Vida Consagrada. Na maioria das vezes, os leigos vão para uma missão na qualidade de voluntários e não de representantes com missão de fundar comunidades. Esse é mais um dado de singularidade da expansão da Canção Nova.

Essa dimensão não passa despercebida ao assessor de Ação Missionária do Brasil e Secretário Executivo do Conselho Missionário Nacional (Comina), que, por ocasião da sondagem inicial às Dioceses brasileiras para envio de missionários ao Haiti, comenta sobre o aumento de missionários leigos fora do país. Mais ainda, destaca que: "na maioria dos casos, os leigos procedem das novas comunidades, o que talvez se explica pela facilidade que eles têm para manter contatos diretos com os bispos das dioceses no estrangeiro, sem precisar passar pelo COMINA" (Entrevista padre José Altevir da Silva em 06/05/2010).

Certamente, as Novas Comunidades, ao menos as brasileiras, tornaram-se instâncias articuladoras de atividades missionárias, capazes de formar redes nacionais e internacionais que permitem a circulação de um determinado Catolicismo. Assim, localizar os brasileiros que participaram da Igreja Católica e/ou já tiveram contato com a CN é um bom começo para *transplantar* o seu carisma. A seguir, aprofundaremos algumas dimensões dessas atividades missionárias da CN na diáspora.

Canção nova para recriar o mundo

Fiéis ao lema "Chegar a todos os cantos da Terra a começar pelo coração da Igreja", a Canção Nova inicia sua expansão no exterior por Roma, onde se encontra instalada há 13 anos. A principal missão nessa cidade é difundir para o público de língua portuguesa as atividades do Papa, transmitindo suas audiências, pronunciamentos, viagens e documentos, e os da Cúria romana. Ainda que a comunidade tente se inserir no país, traduzindo para o italiano o portal da CN, produzido no Brasil, a CN está voltada principalmente para incentivar os telespectadores brasileiros a peregrinar a lugares e cidades específicas. O mesmo ocorre com a casa em Israel, visto que:

> Desde 2005, a Casa [em Israel] alcançou inúmeras vitórias, entre elas [...] a crescente produção qualitativa de programas, documentários e matérias jornalísticas realizadas pela equipe de televisão e internet local; o crescente número de peregrinos que, motivados pelos programas exibidos pelo Sistema Canção Nova de Comunicação, visitam a Terra Santa, nenhuma televisão religiosa faz isso aqui.

Além disso, em parceria com outra nova comunidade brasileira, a "Obra de Maria", a CN oferece o suporte logístico e espiritual para os peregrinos brasileiros que ela organiza em visita à Terra Santa e, ao mesmo tempo, promove peregrinações especiais como a divulgada por Dunga para os brasileiros imigrados nos EUA em Long Branch NJ:

> Você já pensou em peregrinar pela Terra Santa, onde Jesus andou? Canção Nova possibilita que você peregrine por Israel levando consigo todos os motivos e intenções, orações, pedidos de seus familiares [...] Eu disse peregrinar, não é excursão religiosa, não é passeio, não é turismo, é missa diária, oração dentro do ônibus, meditação nos lugares sagrados, em clima de meditação, sairemos do Brasil para ter uma experiência [...] vamos reviver a vida de Jesus [...] Também oferecemos um PHN, experiência radical para jovens, subiremos todos os montes a pé, vamos andar de camelo, dormiremos no deserto [...] será radical [...].

Brasileiros acompanhando brasileiros no exterior, na qualidade de migrantes, essa será uma das dimensões da missão da Canção Nova fora do Brasil e, especificamente, da comunidade nos Estados Unidos, fundada em 2004. Evangelizar supõe para a comunidade nos EUA responder ao chamado feito pelo Arcebispo de Atlanta, Dom Wilton Gregory, quem solicitou a realização de encontros para brasileiros na Arquidiocese de Atlanta e outros estados. A tarefa iniciou-se com a criação de um Grupo de Oração, logo viriam os dias de Louvor, retiros espirituais e eventos que se propunham a atrair um amplo público. O coordenador descreve suas atividades:

> Eu, padre Roger Araujo, estou trabalhando com os nossos irmãos brasileiros que vivem na Geórgia [...] procurando viver com eles a linda experiência de viver o Evangelho de Cristo longe da nossa Pátria [...]. Quero que você conte comigo e com todo o trabalho da missão da Canção Nova nos EUA [...] Estamos à sua disposição, para encontros, missões, matérias de evangelização e com todo potencial de comunicação na mídia que Deus nos confiou para que você e sua família não se sintam sozinhos [...].

De outro lado, Dunga reconhece, falando sobre seu encontro em Londres: "No geral, eu vejo que são os brasileiros levando uma jovialidade, uma esperança para aquela Igreja tão necessitada". Mas a tarefa evangelizadora, presencial e pelos *mass media* também se estende aos nativos do país, num primeiro momento, abarcando os fiéis que frequentam as paróquias onde a comunidade se instalou ou se aproximando eventualmente dos membros da comunidade. Essa tarefa pode ser compreendida como uma recatolização, com um estilo diferente, seja por seu estilo carismático, seja por seu jeito brasileiro.

As atividades missionárias incluem organização de encontros que revitalizam a comunidade (vigílias de oração, missas carismáticas), animação litúrgica, formação catequética e propagação do carisma Canção Nova, como o relata a primeira missionária de Portugal:

> [...] fazíamos as adorações toda quinta-feira; o curso bíblico com o povo [...]. Nós tínhamos o grande desafio: transplantar o carisma Canção Nova para um outro povo, para a Europa, para Portugal, a porta da Europa. A partir daqui o Senhor nos irradia para outros povos. (Márcia Costa)

Embora a concretização dessa missão só fosse acontecer em 1998, para a Canção Nova, o ano tido como marco revelador da sua internacionalização foi *1992* (GABRIEL, 2009, p. 232). Foi um ano revelador enquanto mandato divino, porque:

> Deus vai colocando as coisas, vai suscitando o padre [Jonas] que vai correndo atrás de saber o que Deus quer, pois já nesta época [1992] ele sentia que

> tinha uma coisa para a canção Nova em Portugal. (Entrevista, Marta, São
> Paulo, 2006 *apud* Gabriel, 2009, p. 232)

Como já assinalamos, o carisma especial da Canção Nova é evangelizar na mídia, tanto que "a comunidade foi acolhida pelo Bispo de Dallas, com a disposição de servir à Igreja pelo carisma da evangelização nos meios de comunicação". O empenho de *implantar* as novas tecnologias ao serviço da evangelização é visível nas cinco casas de missão da Canção Nova. Em todos os projetos, é possível identificar o esforço para implementar produtoras de TV, a construção de *sites*; blogues; WebTV; a produção de matérias jornalísticas e reportagens relacionadas com a igreja local e universal. Esforço que nos foi confirmado por missionário enviado, temporariamente, a Portugal:

> Sempre tive vontade de sair do Brasil [...] fui por um período curto, pois
> estavam precisando de uma pessoa que auxiliasse na parte técnica e de ani-
> mação [...] foi excelente ter a oportunidade de poder projetar-me com o ta-
> lento musical no exterior [...] conhecer o povo [...] ter contato com migrantes
> angolanos [...]. (Entrevista W. P. Z. em 31/03/2010)

A urgência de corresponder à incisiva utilização dos meios de comunicação social como particularidade da missão Canção Nova se percebe como constante nos relatos de fundação, um exemplo é o da casa da diocese de Fréjus-Toulon:

> [A] Canção Nova na França teve seu início em 9 de fevereiro de 2005, quan-
> do cinco missionários foram então enviados a esta terra de cultura e língua
> diferente. [...] Passados alguns meses [...] deu-se início nossa missão, com
> um projeto de evangelização pela internet, através do *site* webtvcn.fr.
> O maior desafio era fazer o *site* todo em francês.

O suporte tecnológico dado às paróquias é o motivo pelo qual a Canção Nova é solicitada nas dioceses. Como parte dessa missão, realiza um conjunto múltiplo de atividades que variam da produção de um boletim de notícias semanal (EUA) à manutenção de uma programação 24 horas na TV com sinal de transmissão na Europa, norte da África e Oriente Médio (Satélite *Hot Bird*), direção espiritual pela internet (França), transmissões diretas desde o Santuário de Fátima (Portugal) e cobertura *online* das audiências do Papa (Vaticano) e suas visitas a outros países (Portugal/maio 2010).

Percorremos sistematicamente os *sites*, blogues e WebTVCN das cinco casas de missão e identificamos as linhas comuns na sua elaboração. Em todos, é registrado o histórico da casa de missão, os *links* para WebTV, rádioCN, conteúdos religiosos (artigos, notícias, orações, biografias de santos, mensagens piedosas etc.), programações de eventos, contato com os missionários e para contribuições e orientação vocacional. As diferenças de conteúdos disponibilizados nos ajudam a perceber as estratégias de inserção que a Canção Nova desenvolve em cada lugar, bem como algumas das dificuldades e facilidades.

Nos EUA, a diversidade de conteúdos, de matérias jornalísticas e de recursos tecnológicos é abundante, sendo que todos os conteúdos estão disponíveis em duas versões: inglês e português. De modo semelhante, o *site* de Portugal registra uma diversidade enorme de conteúdos, categorias e eventos, sinalizando para a facilidade que a língua comum oferece, portanto, observamos a presença midiática da comunidade nos mesmos moldes que no Brasil. Contrariamente, na França, os programas postados na WebTV são realizados por colaboradores nativos, sendo uma urgência o domínio da língua, pois "com quase quatro anos na França, temos como principais metas a divulgação de tudo o que já fizemos como conteúdo em língua francesa para os países francófonos". Nesse sentido, apropriar-se da língua do país é revelado como a grande dificuldade dos missionários, junto a ter contato com uma nova cultura, alimentação diferente e estar longe da família. Ao disponibilizar seus blogues nas versões em inglês, italiano, espanhol e francês, a comunidade comemorou esse feito como conquista e sinal de "inculturação", entendida como o processo de inserção cultural do Evangelho.

À Itália, a Canção Nova chegaria em 1997 para realizar produções jornalísticas em língua portuguesa sobre o Papa e sobre o Vaticano, como explica no *site*:

> Assim, em novembro de 2006, demos um grande passo na expansão da nossa missão aqui em Roma, lançamos a WebTVCN em italiano: <www.webtvcn.it>, e hoje contamos também com um portal em italiano: www.cantonuovo.eu.

Entretanto, temos a nítida impressão de que evangelização pela mídia se reduz, por enquanto, à difusão de matérias e materiais, todos em italiano, emanados do Vaticano.

A casa da Canção Nova em Israel, como descreve o relato de sua fundação, iniciou seu trabalho difundindo "as riquezas atuais e já vividas, culturais e religiosas dos lugares santos, mediante os meios de comunicação social e das peregrinações". Essa aliança entre *mass media* e as peregrinações trouxe seu retorno concreto. Transformando em peregrinação o turismo sob o lema: "mais que viagem, encontro com Deus", a Canção Nova, em parceria com a Obra de Maria, outra nova comunidade brasileira, oferece a infraestrutura necessária para os peregrinos com referência cristã nos lugares santos da Terra Santa; visitas eclesiais a Roma; e visitas aos santuários marianos de Fátima (Portugal) e Nossa Senhora de Lourdes (França), entre outras visitas turísticas.

Todavia, para responder à sua vocação de evangelizar na mídia, a Canção Nova abre diversas frentes de trabalho. Busca divulgar conteúdos religiosos a brasileiros no país de missão, apoiar as tarefas da igreja local, atrair turismo religioso para os lugares sagrados e, não menos importante, gerar produtos que alimentam a rede de programação nacional e internacional. Verificamos, uma vez mais, que o público-alvo da produção continua sendo de católico para católico, como no Brasil. Procurar esses fiéis será a estratégia de inserção da missão no estrangeiro, sem ultrapassar as fronteiras confessionais, apesar do desejo de que estas sejam ultrapassadas, segundo depoimento:

> Então isso que o Papa falou eu vejo que já está acontecendo, porque muitos destes brasileiros que estão lá, antes de irem para a Inglaterra, estiveram na Canção Nova, foram evangelizados pela Canção Nova, assistem à TV Canção Nova pela internet e estão levando essa grande evangelização da América Latina para o continente europeu. Daí as palavras de Bento XVI de que este continente, sobretudo o Sul dele, é um grande celeiro de esperança para a humanidade. (Depoimento de Dunga)

Brasil: esperança do mundo

Embora os missionários espalhados por EUA, França, Portugal, Itália e Israel não ultrapassem os 60 membros, tanto da comunidade de aliança como da comunidade de vida, eles desenvolvem com rapidez diversas estratégias de inserção nos países em que se instalam. Sabemos, desde a perspectiva Bourdieusiana, que tudo isso não acontece sem que a comunidade estabeleça redes sociais de apoio que lhe permitam acumular o capital social tão necessário para a sua expansão. Torna-se imperativo para os missionários conhecer a língua, compreender matizes culturais da comunicação, perceber que, mesmo falando a mesma língua, as gramáticas afetivas precisam ser afinadas, para que as dissonâncias performáticas não interfiram na aceitação da mensagem simbólica da qual a Canção Nova é portadora.

A primeira rede acionada pela comunidade é a dos contatos intraeclesiais que a capacitam para sobreviver, realizar missões e se expandir numa malha de confiança e reciprocidade social entre amigos, fiéis e simpatizantes. Um exemplo dessa rede solidária intraeclesial é entre Canção Nova e os frades franciscanos quando inauguram em conjunto o Franciscan Multimedia Center em Belém – cuja finalidade foi a produção de materiais de divulgação a peregrinos potenciais na Terra Santa para redes de TV católicas no Brasil –, a compra da casa da missão Maranatha em Toulon e a parceria com a nova comunidade Shalom em Haifa – fazendo a cobertura do evento Halleluya Sound of Hope para cristãos na Galileia. De mais a mais, os convites episcopais aparecem na medida em que a própria comunidade promove eventos que atraem os holofotes e deixam em evidência sua capacidade de revitalizar a igreja, consequentemente, no futuro, o convite virá. Dunga, no seu depoimento sobre a experiência em Londres, corrobora:

> Então isso chega [Hosana Brasil] aos ouvidos dos bispos, dos cardeais e até mesmo do Papa, porque uma coisa é você reunir cem mil pessoas no Brasil – isso já se tornou comum graças a Deus –, mas outra coisa é você reunir um número grande de pessoas em Londres, então isso vira notícia positiva para a Igreja de Londres.

A segunda rede de apoio que se busca é mais ampla. Ela se constrói ao atrair benfeitores, sócios-contribuintes, amigos que colaborem economicamente com a Canção Nova, sob a premissa: "com sua contribuição, pode ajudar esta missão crescer!". Notamos que as mesmas campanhas realizadas no Brasil são promovidas: "Dai-me Almas" (Portugal), "Projets pour édifier l'Eglise" (França), "o clube do ouvinte" (EUA). O apelo nos *sites* é permanente, disponibilizando os *links* necessários para fazer depósitos bancários, descontos em cartão de crédito, contribuições. Enquanto no Brasil, esses benfeitores recebem uma prestação de contas mensal e, no *site*, podem monitorar se as percentagens de contribuições cobrem os gastos, não encontramos, nos *sites* das casas de missão no estrangeiro, nenhuma prestação de contas.

Ressalvamos que esses contribuintes serão, por sua vez, potenciais membros da comunidade, bem como público-alvo das atividades a serem desenvolvidas. Um exemplo é a casa de missão de Portugal que conta com um espaço próprio de atendimento ao benfeitor, em que comparecem as pessoas quando precisam de acompanhamento espiritual, oração, confissão.

Assim, o desejo de que os nativos compareçam a esses espaços de atendimento e se deixem envolver pela comunidade é muito grande, uma vez que o sucesso recrutando membros entre os fiéis nativos é um indicador de que a Canção Nova conseguiu um enraizamento no país de missão. Atingir também os não brasileiros, os nativos dos países de missão, é o objetivo dos esforços do ministério DAVI (Departamento Áudio Visual) em traduzir para o inglês e francês os materiais catequéticos, sermões, músicas da CN, como vimos nas casas dos EUA e da França. A comunidade, portanto, consagra-se plenamente à tarefa evangelizadora de "ganhar todas as nações" por meio dos *mass media*. Porém, até agora, há poucos indícios de sucesso com os fiéis locais, por isso, suspeitamos de que, por enquanto, apesar dos esforços de traduções, as comunidades da CN permanecem distantes das gramáticas culturais dos países no qual realizam missão. Esse problema coloca-se também em relação à comunicação com aqueles que não são católicos. Assim, a despeito de seus enormes investimentos, a mídia da CN no exterior, como no Brasil, continua a ser de católicos para católicos.

Segundo pudemos constatar nos depoimentos dos missionários, ser missionário cançoonovista fora da terra natal pressupõe experiências de estranhamento cultural, dificuldades financeiras, incertezas sobre o futuro, saudades da família, enfim, viver a mesma sorte que qualquer imigrante. A diferença assenta-se no arcabouço subjetivo que o missionário tem para suportar o abismo entre o sonho e a realidade. O missionário possui recursos teológicos e comunitários que permitem superar os obstáculos, como conta a missionária Ucinéia Salgado:

> Há oito anos, em 2001, eu fui enviada em missão [...]. Entramos na cultura. Para mim, foi um pouco difícil deixar minha família, não ter contato com ela [...]. Vir para a Terra de Jesus foi algo inimaginável [...]. A melhor parte de estarmos hoje em Terra Santa é a nossa convivência em comunidade. Nós precisamos ser família uns com os outros.

Os próprios membros reconhecem em seus depoimentos que essa transferência tem como objetivo ajudá-los a aprofundar seus laços com sua "nova família" ao mesmo tempo que lhes permite romper alianças passadas (MARIZ, 2009). O papel de suporte da comunidade é destacado na entrevista da missionária Ucinéia Salgado quando esta afirma "vivermos essa graça de conviver, onde os homens e as mulheres, uns vão fecundando os outros no carisma; ser um homem de Deus nos ajuda a ser mulher de Deus".

Há outras dificuldades não reveladas publicamente, como o caso enfrentado pela missão de Portugal, descrito por Eduardo Gabriel (2009, p. 234-235). Houve um confronto entre o clero local e a comunidade devido a esta ter deixado toda a liturgia de suas missas a cargo dos leigos, caso inusitado na igreja portuguesa.

Certamente, as novas comunidades, ao menos as brasileiras, tornaram-se instâncias articuladoras de atividades missionárias, capazes de formar redes nacionais e internacionais que permitem a circulação de um Catolicismo Carismático, ancorado numa *vida no Espírito*. Nessa perspectiva, a Canção Nova procura santificar seus membros e as "estruturas do mundo" mantendo-se em sintonia com o movimento cultural da primeira década do século XXI, que, por meio da revolução dos meios de comunicação, cria um mundo genuinamente internacional, no qual ideias, valores, crenças, afetos e pessoas se movem com uma facilidade e rapidez nunca antes experimentadas.

O fluxo de missionários leigos acompanha e faz parte do dinamismo e complexo movimento de pessoas da era globalizada em que a migração internacional não implica o mesmo grau de afastamento duradouro e de suspensão de comunicação e ruptura com a terra de origem, como outrora. Localizar os brasileiros que participaram da Igreja Católica e/ou já tiveram contato com a Canção Nova é um bom começo para *transplantar* o seu carisma. Em sua missão de reavivar católicos do mundo global, todos seus esforços de evangelização se orientarão para reproduzir o modelo de Catolicismo Carismático que está dando certo no Brasil.

Todavia, a exportação de um estilo de Catolicismo Carismático brasileiro pode representar a inversão do processo histórico colonial, no qual a metrópole acompanhava os processos de colonização em todas suas dimensões, inclusive a religiosa, quando os missionários eram oriundos dos centros de difusão cristã. Na verdade, se for constatado que o aumento real dos missionários se deve à contribuição que as novas comunidades fazem a esse movimento, então a Canção Nova estaria sendo protagonista nesse processo, confirmando seu ser missionário, além-fronteiras, e ampliando um estilo de Catolicismo brasileiro de exportação.

Referências

ALMEIDA, R. A guerra das possessões. *In*: ORO, A. P.; CORTEN, A.; DONZON, J.-P. *A Igreja Universal do Reino de Deus: os novos conquistadores da fé*. São Paulo: Paulinas, 2003, p. 321-342.

BRAGA, A. da C. TV Canção Nova: Providência e Compromisso X Mercado e Consumismo. *Religião & sociedade*, v. 24, n. 1, p. 113-123, 2004.

CAMPOS, R. e RIBEIRO, C. P. A. A obra de Maria: a redefinição da devoção mariana. *In*: CARRANZA, B.; MARIZ, C.; CAMURÇA, M. *As Novas Comunidades Católicas: em busca do espaço pós-moderno*. Aparecida, SP: Ideias & Letras, 2009, p. 267-288.

CAMURÇA, M. Tradicionalismo e meios de comunicação de massa: o Catolicismo midiático. *In*: CARRANZA, B.; MARIZ, C.; CAMURÇA, M. *As novas comunidades católicas: em busca do espaço pós-moderno*. Aparecida, SP: Ideias & Letras, 2009, p. 59-78.

CARRANZA, B; MARIZ, C; CAMURÇA, M. *Novas comunidades: em busca do espaço pós-moderno*. Aparecida, SP: Ideias & Letras, 2009.

CARRANZA, B. *Catolicismo midiático*. Aparecida, SP: Ideias & Letras, 2011.

_____. Perspectivas da neopentecostalização católica. *In*: CARRANZA, B.; MARIZ, C.; CAMURÇA, M. *As novas comunidades católicas: em busca do espaço pós-moderno*. Aparecida, SP: Ideias & Letras, 2009, p. 33-59.

_____. 40 años de RCC: un balance societário. *Ciencias sociales y religión*, Porto Alegre, ano 10, n. 10, p. 95-226, out. 2008.

_____. *Movimentos do Catolicismo brasileiro: cultura, mídia e instituição*. 2005. Tese (Doutorado) – Instituto de Filosofia e Ciências Humanas, Universidade Estadual de Campinas, 2005.

_____. *Renovação Carismática Católica*. Aparecida, SP: Santuário, 2000.

FABRI, M. e CARRANZA, B. Para compreender teológica e pastoralmente as Novas Comunidades. *Convergência*, ano 45, n. 433, p. 458-477, jul./ago. 2010.

DOCUMENTO DE APARECIDA. V Conferência Geral do Episcopado Latino-americano e do Caribe. Aparecida: Brasil, 2007.

FRESTON, P. Breve história do pentecostalismo brasileiro. *In*: ANTONIAZZI, A. *et al. Nem anjos, nem demônios*. Petrópolis: Vozes, 1994, p. 67-159.

GABRIEL, E. Expansão da RCC brasileira: a chegada da Canção Nova em Fátima-Portugal. *In*: CARRANZA, B.; MARIZ, C.; CAMURÇA, M. *As novas comunidades católicas: em busca do espaço pós-moderno*. Aparecida, SP: Ideias & Letras, 2009, p. 233-240.

GIOVANNI PAOLO II. Messaggio ai partecipanti al congresso mondiale dei movimenti ecclesiali promosso dal Pontificio Consiglio per i Laici. *Insegnamenti di Giovanni Paolo II*, v. 1, ano 21, p. 1123, 1998.

JOÃO PAULO II. *Vita consecrata*. Exortação Apostólica pós-sinodal. (19 mar. 1996). Vaticano: Libreria Vaticana, 1996.

LIPOVETSKY, G. *A felicidade paradoxal: ensaio sobre a sociedade do hiperconsumo*. São Paulo: Companhia das Letras, 2007.

MCLHUAN, M. *La Galaxia Gutenberg*. Barcelona: Círculo de Lectores, 1993.

MACHADO, M. das D. *Carismáticos e pentecostais: adesão religiosa na esfera familiar*. Campinas: Autores Associados & ANPOCS, 1996.

MARIANO, R. *Neopentecostais: sociologia do novo Pentecostalismo no Brasil*. São Paulo: Loyola, 1999.

MARIZ, C.; AGUILAR, L. Shalom: construção social da experiência vocacional. *In*: CARRANZA, B., MARIZ, C., CAMURÇA, M. *As novas comunidades católicas: em busca do espaço pós-moderno*. Aparecida, SP: Ideias & Letras, 2009, p. 241-266.

_____. Missão religiosa e migração: "novas comunidades" e igrejas pentecostais no exterior. *Análise social*, v. 41, p. 161-187, 2009.

_____. A teologia da batalha espiritual: uma revisão da bibliografia. *In*: *Boletim informação bibliográfica*, Rio de Janeiro, n. 47, p. 33-48, 1º sem. 1999.

NOVAES, R. Juventude, percepções e comportamentos: a religião faz diferença? *In*: ABRAMO, H. W. e MARTONI BRANCO, P. P. *Retratos da juventude brasileira: análises de uma pesquisa nacional*. Rio de Janeiro; São Paulo: Fundação Pereu Abramo; Instituto Cidadania, 2006, p. 263-290.

OLIVEIRA, E. M. de. "O mergulho no Espírito Santo": interfaces entre o Catolicismo carismático e a Nova Era (o caso da Comunidade de Vida no Espírito Santo Canção Nova). *Religião & sociedade*, v. 24, n. 1, 2004.

OLIVEIRA, E. M. de. A "vida no Espírito" e dom de ser "Canção Nova". *In*: CARRANZA, B., MARIZ, C., CAMURÇA, M. *As Novas Comunidades Católicas: em busca do espaço pós-moderno*. Aparecida, SP: Ideias & Letras, 2009, p. 195-222.

PEREIRA, E. *O espírito da comunidade: passagens entre o mundo e o sagrado na Canção Nova*. 2008. Dissertação (Mestrado) – Instituto de Filosofia e Ciências Sociais, Universidade Federal do Rio de Janeiro, Rio de Janeiro, 2008.

PORTELLA, R. Medievais e pós-modernos: a Toca de Assis e as novas sensibilidades católicas juvenis. *In*: CARRANZA, B., MARIZ, C., CAMURÇA, M. *As Novas Comunidades Católicas: em busca do espaço pós-moderno*. Aparecida, SP: Ideias & Letras, 2009, p. 171-194.

SILVEIRA, E. J. S. Tarô dos santos e heresias visuais: um Catolicismo new age? *In*: CARRANZA, B., MARIZ, C., CAMURÇA, M. *As Novas Comunidades Católicas: em busca do espaço pós-moderno*. Aparecida, SP: Ideias & Letras, 2009, p. 107-136.

SOFIATI, F. *Religião e juventude: os jovens carismáticos*. 2009. Tese (Doutorado) – Universidade de São Paulo, São Paulo, 2005.

SOUZA, A. R. *Igreja in concert: padres cantores, mídia marketing*. São Paulo: Fapesp; Annablume, 2005.

URQUHART, G. *A armada do Papa: os segredos e o poder das novas seitas da Igreja católica*. São Paulo: Record, 2002.

Parte II

Religiões Afro-brasileiras

Capítulo 6

Transnacionalismo como fluxo religioso através de fronteiras e como campo social:
Umbanda e Batuque na Argentina

Alejandro Frigerio

Se as religiões afro-brasileiras estão presentes agora em muitos países, ao que sabemos atualmente, é apenas na região do Rio da Prata (Argentina e Uruguai) que seus templos podem ser contados às centenas, ou talvez, milhares. No final dos anos de 1980, quase quinhentos templos estavam listados no Registro Nacional de Cultos da Argentina – e estes eram apenas uma pequena parte do total existente. Desde então, impossibilitados de cumprir com os padrões normativos rigorosos estabelecidos pelo controle burocrático do estado sobre religiões não católicas (FRIGERIO e WYNARCZYK, 2003), muitos perderam sua permissão legal. Entretanto, a quantidade real de templos existentes na cidade tem crescido continuamente. Apesar de não existirem registros que possam fornecer o número preciso, são encontrados templos por toda Grande Buenos Aires e também nas capitais de quase todas as províncias do país. Uma estimativa de 3 a 4 mil templos no país – em sua maioria, situados em torno da cidade de Buenos Aires – provavelmente não é infundada.

Essas religiões chegaram à Argentina no final dos anos de 1960, tiveram um crescimento rápido na década de 1980 com a volta da democracia ao país e estão, neste momento, presenciando uma segunda fase de expansão. O artigo descreverá este desenvolvimento e o analisará dentro de uma estrutura de referência transnacional. Nós o consideraremos um exemplo de transnacionalização *a partir de baixo* e, o que raramente acontece, algo que *não* é causado principalmente pela imigração, pois essas religiões não foram levadas para a Argentina ou Uruguai por migrantes brasileiros. As fronteiras foram cruzadas, mas apenas em curtas visitas para rituais de iniciação, tanto por argentinos que foram a Porto Alegre como por líderes gaúchos que foram à Argentina visitar seus filhos de santo. Além disso, se algum crédito deve ser dado à imigração, é mais provável que migrantes *uruguaios* para a Argentina tenham sido mais decisivos na propagação da religião do que os brasileiros.

Apesar do recente crescimento nos estudos transnacionais, ou talvez por causa dele, não há um modo definitivo de entender esse fenômeno. Devo argumentar que parece haver duas maneiras principais de conceituar transnacionalismo *a partir de baixo*: como circulação ou fluxo de pessoas e/ou bens distintos de um país para o outro ou como o estabelecimento de um campo social composto por uma variedade de conexões que transcendem as fronteiras nacionais. Essas maneiras de compreender o transnacionalismo não são mutuamente excludentes, mas se uma ou outra é empregada, diferentes processos sociais e suas consequências são destacados. Aqui tentaremos usar as duas, de maneira a mostrar como elas enfatizam diferentes aspectos da transnacionalização das religiões afro-brasileiras.

Defenderemos a necessidade, especialmente no contexto da América Latina, de uma conceituação mais variada e dinâmica dos domínios sociais transnacionais, reconhecendo que as redes de relacionamentos que as constituem são multidirecionais e, longe de estarem estabelecidas definitivamente, aumentam e diminuem, mudando de intensidade, extensão, direção e foco. Uma visão diacrônica do crescimento das religiões afro-brasileiras na Argentina mostrará essa diversidade e evolução, que pode ser explicada pela difusão de novas tecnologias de comunicação, mudanças nas condições socioeconômicas e nos custos de viagens ao exterior, bem como pelas dinâmicas internas específicas desses movimentos religiosos.

Transnacionalismo como um fluxo de fronteira e como um campo social

Estudos que consideram o transnacionalismo religioso principalmente como a circulação de pessoas, ideias e bens culturais pelas fronteiras nacionais normalmente se ocupam do desalojamento de certas crenças e práticas religiosas do contexto nacional, histórico e geográfico em que se originaram – e onde elas têm certas implicações políticas, bem como da identidade de seus seguidores – e o seu movimento ou reaparição em outro contexto nacional (ARGYRIADIS e DE LA TORRE, 2008). Isso pode acontecer devido à migração de seus praticantes (em grandes números ou em números menores, como missionários) ou porque pessoas de outro país e/ou cultura viajam para o seu local de origem para aprendê-las, ou a combinação de ambos (ORO, 1999; JUÁREZ HUET, 2004). Dentro dessa perspectiva, adaptações aos novos contextos da sociedade, a recepção social que eles encontram e as modificações/ressignificações que sofrem são cruciais (ARGYRIADIS and JUÁREZ HUET, 2008; ORO, 2004). Às vezes, as ideias de desterritorialização e reterritorialização (CAPONE, 2004; DIANTEILL, 2002) ou deslocalização e relocalização (VASQUEZ e MARQUARDT, 2003, p. 35; DE LA TORRE, 2009) são usadas para resumir ou descrever esses processos. Igualmente, para explicar o sucesso diferencial na transnacionalização de algumas religiões sobre outras, análises podem apontar as características que as ajudaram a "ir tão longe" (CSORDAS, 2007).

Enquanto esse ponto de vista é mais popular entre estudiosos europeus e latino-americanos, uma segunda perspectiva, preferida nos estudos sobre imigração na América do Norte, coloca a ênfase no estabelecimento de "espaços sociais" ou "campos sociais" por meio das fronteiras nacionais. Em uma tentativa de estabelecer "um programa de pesquisa do transnacionalismo", Mahler (1998, p. 67) define o *transnacionalismo a partir de baixo* "como a criação de um novo espaço social – abrangendo ao menos duas nações – fundamentalmente baseado na vida diária, nas atividades e relações sociais dos personagens cotidianos [...]". Análises que enfatizam o transnacionalismo a partir de baixo mostram como as práticas diárias das pessoas comuns formam, mais do que simplesmente refletem, novas formas de cultura urbana (GUARNIZO and SMITH, 1998), enquanto o *transnacionalismo de cima* descreve os esforços das corporações multinacionais, da mídia e de outras elites sociais poderosas para estabelecer dominação política, econômica e social no mundo (MAHLER, 1998, p. 67).

Levitt e Glick Schiller (2004, p. 1009) preferem o termo "campo social" a espaço social. Baseados em Basch, Glick Schiller e Szanton Blanc (1994), elas definem campo social como uma série de várias relações sociais interligadas por meio das quais ideias, práticas e recursos são trocados, organizados e transformados de forma desigual. Campos sociais são multidimensionais, abrangendo interações estruturadas de diferentes formas, profundidade e largura. Para ser transnacional, eles devem "unir atores, por meio de relações fronteiriças diretas e indiretas" (LEVITT and GLICK SCHILLER, 2004, p. 1009).

Glick Schiller (2005, p. 442), concordando com Bourdieu, afirmou que ela escolheu o termo "campo" para "chamar atenção para as maneiras nas quais as relações sociais são estruturadas pelo poder. As fronteiras de um campo são fluídas e o campo em si é criado pelos participantes que se unem na luta por posições sociais". As ideias de "fluidez" e "luta", como veremos, são bastante apropriadas para o entendimento dos campos sociais estabelecidos pelo crescimento das religiões afro-brasileiras na Argentina.

Assim, a ênfase nesses estudos recai menos nos processos de desincorporação/incorporação ou desterritorialização/reterritorialização que parecem chamar a atenção dos estudiosos cuja perspectiva eu descrevi previamente, e mais nas "redes interligadas de relações sociais fronteiriças" que tornam possível a troca de "ideias, práticas e recursos". A primeira perspectiva parece dar mais atenção a processos diacrônicos, e a segunda a processos sincrônicos de como o campo social é mantido. Estou me referindo à atenção relativa e não à desconsideração, já que os estudos de campos sociais podem ser orientados para como foram criados – como as redes de relações foram estabelecidas, assim também fornecendo uma perspectiva mais diacrônica – ou para como e com que intensidade elas são mantidas, necessitando de uma perspectiva mais sincrônica.

Nas páginas seguintes, empregamos as duas perspectivas para analisar a transnacionalização das religiões afro-brasileiras para a Argentina.

O transnacionalismo como um fluxo religioso através das fronteiras nacionais

I. Translocalização – Difusão das religiões afro-brasileiras na Argentina

As religiões afro-brasileiras chegaram à Argentina na segunda metade dos anos de 1960, principalmente por meio de praticantes argentinos que foram iniciados em torno da cidade de Porto Alegre, no sul do Brasil, e por uruguaios que foram iniciados em Montevidéu (onde essas religiões estão presentes desde o final dos anos de 1950) (FRIGERIO, 1998a; HUGARTE, 1998; ORO, 1999). Essa dupla origem das religiões na Argentina fez surgir o que chamamos de uma "escola brasileira" e uma "escola uruguaia" de praticantes religiosos (ver FRIGERIO, 1998a para um relato detalhado). Os envolvidos na primeira têm Porto Alegre como sua Meca, enquanto para aqueles que fazem parte da escola uruguaia, é a cidade de Montevidéu. Enquanto todos concordam que a religião originou-se no sul do Brasil, os fundadores, pioneiros e templos tidos como as principais referências contemporâneas para as práticas religiosas diferem de acordo com a linhagem religiosa defendida. Líderes como João de Bará (de Porto Alegre) e mãe Teta (de Santana do Livramento), que iniciaram a bem conhecida e lembrada primeira geração de pais de santo uruguaios, são considerados os fundadores da religião no Uruguai, mas significam pouco para aqueles que foram iniciados em Porto Alegre. Para eles, um grupo diferente e mais diversificado de líderes brasileiros são suas principais referências. O fato de que o período de iniciação parece ser mais curto na escola uruguaia, junto com a situação econômica difícil que fez as viagens para o Brasil mais caras, ajudou a aumentar sua influência enormemente na última década. Assim, se nos anos de 1980 havia um principal centro de gravitação para os templos de religiões afro-brasileiras em Buenos Aires e ele era situado em Porto Alegre, atualmente parece haver dois, o outro sendo Montevidéu.

Portanto, no mais importante caso de transnacionalização de religiões afro-brasileiras, a migração não teve um papel importante, enquanto a mobilidade de curta duração entre as fronteiras nacionais teve. Poucos pais de santo brasileiros migraram para Montevidéu ou Buenos Aires, e as figuras mais importantes nesse processo de expansão são as que vivem em Porto Alegre e que costumavam ir e vir (ver FRIGERIO, 1998a; ORO, 1999).

Estudos sobre o crescimento dessas religiões mostram que uruguaios que as descobriram próximo à fronteira entre Brasil e Uruguai levaram-nas para Montevidéu, e argentinos que aprenderam a religião no sul do Brasil abriram os primeiros templos em Buenos Aires (FRIGERIO, 1998a; HUGARTE, 1998; ORO, 1999). Pais de santo brasileiros eram trazidos com regularidade para realizar os ritos de iniciação necessários, mas eles não ficavam por muito tempo. Nos anos de 1990, essas visitas se tornaram mais frequentes, graças à presença de uma maior massa de crentes, mas especialmente devido à taxa de câmbio que tornou mais lucrativo para eles irem a Buenos Aires, iniciar filhos e filhas de santo e oferecer consultas divinatórias com búzios para uma clientela que ia muito além dos crentes religiosos.

A migração tem um papel mais importante se considerarmos a presença uruguaia em Buenos Aires. Talvez em torno de duas dúzias de pais de santo uruguaios tenham se instalado na cidade ao longo dos anos e iniciado muitos moradores locais na religião. Eles participaram de todos os estágios de desenvolvimento das religiões afro-brasileiras na cidade, desde o seu começo no final dos anos de 1960. Por essa razão, muitas famílias transnacionais agora veem Montevidéu, e não o Brasil, como o seu ponto de origem – elas sabem que seus pais, ou mais frequentemente seus avós de santo foram iniciados no Batuque por um lendário líder brasileiro, pai João de Bará, mas como ele morreu há muito tempo, considera-se que a origem de seu axé – e a Meca para viagens religiosas – seja Montevidéu.

Assim, é principalmente a mobilidade entre as principais cidades do sul: Porto Alegre – Montevidéu – Buenos Aires que explica o crescimento do movimento religioso. Viajar de Buenos Aires para Porto Alegre (vinte horas de ônibus ou duas de avião) é muito mais barato do que para São Paulo, Rio ou Bahia e provavelmente explica por que foi o *Batuque* e não o *Candomblé* que cruzou as fronteiras. Não é uma viagem que qualquer pessoa possa fazer, mas está ao alcance de indivíduos da classe média (ou média baixa) que lideraram o processo. O transporte para Montevidéu é mais barato, pois o Rio da Prata pode ser cruzado por uma variedade de meios e com preços bem diferentes. Isso, e o fato de que os migrantes uruguaios que foram essenciais no crescimento das religiões afro-brasileiras na Argentina viviam principalmente no (comparativamente mais pobre) segundo anel da Grande Buenos Aires, explica a predominância da "escola uruguaia" entre a classe média baixa e os setores mais populares da cidade. Pelo contrário, a primeira geração de pais e mães de santo iniciada na "escola brasileira" vivia na área mais classe média, nos municípios ao norte do primeiro anel (*primer cordón*) da Grande Buenos Aires. A classe social, portanto, se junta à teologia e à história para auxiliar a explicar as diferenças entre os praticantes das duas "escolas" religiosas.

Em Buenos Aires, as religiões afro-brasileiras cresceram lentamente durante os anos de 1970 e explodiram nos anos de 1980 com o retorno da democracia em 1982. No final dos anos de 1980, em torno de 500 templos estavam legalmente registrados no Registro Nacional de Cultos Não Católicos, mas eles compunham apenas uma fração de todos os que existiam na Grande Buenos Aires, especialmente nas áreas ao norte e a oeste do município. Naquela época, praticantes alegavam que havia mais de três mil templos na cidade. Embora esse número fosse provavelmente superestimado, o número de templos existentes era maior do que o conhecido legalmente, certamente mais do que o dobro. Quando este artigo foi escrito, devido à incapacidade de cumprir com os procedimentos burocráticos, o número dos templos legalmente registrados tinha diminuído enormemente. Entretanto, a religião prosperou e templos podem ser encontrados por toda a área da Grande Buenos Aires. Atualmente, a estimativa dos praticantes de três mil templos pode ser verdadeira.

As pessoas que frequentam os templos de Umbanda são *porteños* (como os habitantes de Buenos Aires são conhecidos), brancos e das classes média e média baixa, que procuram respostas para problemas de saúde, trabalho e família (CAROZZI e FRIGERIO, 1992; 1997).

Os templos praticam Umbanda e Quimbanda, com fortes influências do Espiritismo e Catolicismo e também o Batuque. O Batuque, conhecido como *Nação* ou *Africanismo*, é uma variante mais africana – semelhante aos mais conhecidos Candomblé da Bahia ou à Santería cubana – que se desenvolveu no Rio Grande do Sul e prospera em Porto Alegre (CORRÊA, 1992; ORO, 1994). Apesar da presença generalizada nesse estado brasileiro, e agora também no Uruguai e na Argentina – que faz desta a variante religiosa afro-brasileira que mais cresce fora do Brasil –, o Batuque tem surpreendentemente recebido pouca atenção tanto de estudiosos como da sociedade na qual cresceu. Isso se deve ao fato de que o Rio Grande do Sul teve sua identidade regional baseada na presença da imigração europeia e na cultura dos gaúchos, enquanto a existência de uma população negra significativa e culturalmente ativa no estado tem sido invisibilizada.

Na Argentina, como no sul do Brasil e no Uruguai, a maioria dos templos pratica as três variantes (Umbanda, Quimbanda e Batuque), pois elas constituem estágios diferentes do mesmo caminho religioso que os praticantes chamam "a religião" (FRIGERIO, 1989). Nesse caminho religioso, a Umbanda e a Quimbanda são vistas como os primeiros passos em direção ao *Batuque*, que é considerado o centro do sistema religioso. Pessoas que querem se afiliar a um templo são primeiramente iniciadas na Umbanda (e de modo crescente na Quimbanda), em que elas são socializadas nas práticas e visões de mundo religiosas, e somente depois de um ou dois anos elas passam por rituais de iniciação no *Africanismo*, como o Batuque também é conhecido na cidade (FRIGERIO, 1989; CAROZZI e FRIGERIO, 1992). A Umbanda, com o uso de imagens e conceitos católicos, funciona assim como uma "ponte cognitiva" entre o Catolicismo tradicional e o corpo de práticas e crenças mais distintas do africanismo, como veremos a seguir.

II. Relocalização – expansão das religiões afro brasileiras na Argentina

a) Tradução: alinhamento de quadro com o Catolicismo Popular

Em uma recente tentativa de resumir as principais características das religiões que "se adaptam bem" (isto é, são passíveis de transnacionalização), Thomas Csordas (2007, p. 261) enfatizou a importância de terem uma "mensagem transponível", de modo que "seus princípios, suas premissas e promessas religiosas possam achar uma base por meio da diversidade do cenário linguístico e cultural". Até que grau uma mensagem religiosa é "transponível" depende, de acordo com esse autor, da "sua plasticidade (possibilidade de transformação) ou generalização (universalidade)" (CSORDAS, 2007, p. 260).

Devido a suas origens marcadamente étnicas e nacionais, as religiões afro-brasileiras parecem ser mais "locais" do que "universais", e assim poderíamos esperar que, para conseguir se expandir além do seu lugar de origem, elas deveriam sofrer transformações significativas. Meu argumento é que, ao contrário, elas são passíveis de tradução cultural – uma possibilidade sempre desconsiderada nos estudos transnacionais. Isto é especialmente verdadeiro no cenário latino-americano, graças à (pré) existência nesses países do Catolicismo Popular, cuja lógica no relacionamento com o sagrado é bastante semelhante à da Umbanda. A principal semelhança parece ser uma crença central na multiplicidade dos seres espirituais que, por meio de oferendas, orações e comunicação direta apropriadas, podem auxiliar os indivíduos a resolver problemas específicos em suas vidas diárias (CAROZZI e FRIGERIO, 1992). No Catolicismo Popular, esses seres espirituais são os santos (tanto os oficialmente sancionados como os folclóricos como *Gauchito Gil*, *Difunta Correa*, *San La Muerte* e outros), que se acredita serem mais próximos dos humanos do que Deus ou Jesus. Nas religiões afro-brasileiras, há uma ordem espiritual abrangente que inclui os orixás do Batuque (em sincretismo com os santos católicos), guias espirituais da Umbanda e os exus e a pombagira da Quimbanda.

Esforços de tradução de crenças religiosas podem ser estudados produtivamente usando o conceito de Snow *et al.* (1986) de processos de "alinhamento de quadros" (*frame alignment*), isto é, a ligação das interpretações individuais e de grupos religiosos (sobrenaturais) de tal forma que o conjunto de valores e crenças individuais seja congruente e complementar ao do grupo. Seguindo o pensamento de Goffman (1974, p. 21), entendem *quadros* como um "esquema de interpretação" que permite aos indivíduos "localizar, perceber, identificar e rotular" ocorrências dentro de seu espaço de vida e no mundo como um todo. Dando significado aos eventos e ocorrências, os quadros (*frames*) funcionam para organizar experiências e guiar ações, tanto individuais como coletivas. Conceituado desse modo, observa-se que o alinhamento de quadro é uma condição necessária para a participação no movimento seja por sua natureza ou intensidade (SNOW *et al.*, 1986, p. 464). Das quatro técnicas de alinhamento de quadro descritas por esses autores, três podem ser identificadas nos esforços de conversão dos líderes de religiões afro-brasileiras na Argentina (FRIGERIO, 1999).

A maioria das crenças e práticas do Catolicismo Popular não é aprovada ou apreciada pelos padres católicos, que preferem enfatizar que os santos são modelos para uma vida cristã e não apenas milagreiros, como muitos dos devotos os veem atualmente. Além do mais, os padres católicos não estão contentes com a relação independente e idiossincrática que os seguidores estabelecem com eles. Assim, eles ou tentam mudar essas crenças e práticas, ou fingem que elas não existem; em qualquer caso, elas não têm lugar na religião institucionalizada. O Catolicismo Popular argentino pode então ser interpretado nos termos que Snow *et al.* (1986), de acordo com Mc Carthy e Zald (1977), chamam de um "emaranhado de sentimentos" (*sentiment pool*). Ao traduzir a definição, inicialmente pensada para os movimentos sociais, para outra aplicável aos movimentos religiosos, podemos defini-la como um grupo de indivíduos que compartilham interpretações comuns em relação a possíveis interações entre os homens e os seres espirituais, mas aos quais falta uma base organizada para expressar suas visões de mundo e para agir em defesa de seus interesses.

Quando os líderes religiosos da Umbanda entram em contato com esses católicos, nominais na maioria, e que realmente têm esquemas interpretativos não muito diferentes dos deles, eles realizam uma forma de "ponte cognitiva" (*frame bridging*); "a união de duas ou mais estruturas ideologicamente congruentes, mas estruturalmente desconectadas em relação a um assunto ou problema específico" (SNOW *et al.*, 1986, p. 467). Essa estrutura é conseguida principalmente mediante redes de relacionamentos interpessoais por meio das quais os indivíduos chegam aos templos para consultas privadas com o pai ou mãe de santo. Os procedimentos divinatórios em Buenos Aires variam: enquanto o jogo de búzios é considerado o método mais confiável, diversos líderes preferem reservar o jogo para rituais e usam as cartas de Tarô ou espanholas para as consultas diárias. Nos anos de 1980, e talvez ainda hoje, isso tornou a experiência menos estranha para os clientes, pois a maioria deles teve experiências prévias com adivinhos (adivinhadores, parapsicólogos) ou sabem de alguém que teve (CAROZZI e FRIGERIO, 1992).

A fórmula comum para as primeiras consultas nos templos parece ser a seguinte: adivinhação de algum aspecto da vida do cliente, diagnóstico da causa do problema que levou o cliente ao templo, decisão sobre qual a ajuda espiritual necessária, demonstração de afeto e preocupação pelos problemas do cliente, e a garantia de que por meio da intervenção do templo os problemas serão resolvidos. Assim o líder confirma que o indivíduo que o consultou está correto em ter (um grau variável de) fé na possibilidade de ajuda mágica ou sobrenatural para os seus problemas diários. O cliente ainda não está familiarizado com os seres espirituais que irão intervir, nem com os procedimentos a serem usados, mas, ao contrário do que teria acontecido no caso de uma visita a um psicólogo ou padre católico, ele tem confirmada sua fé na possibilidade de intervenção espiritual em sua vida diária e não é ridicularizado ou estigmatizado. Desse modo, quadros interpretativos similares de atribuição sobrenatural são colocados em contato por meio da consulta (CAROZZI, 1993).

As ajudas espirituais, rituais de "auxílio espiritual" que normalmente seguem as consultas, são realizadas em frente ao altar da Umbanda, que é rico em santos católicos. Embora tambores e músicas em português sejam geralmente usados, a experiência ainda está dentro do quadro da cultura popular argentina, pois é semelhante ao atendimento de um adivinho ou de um curandeiro. Apenas mais tarde, quando uma relação de confiança mútua com o sacerdote ou com outros membros do templo tenha sido estabelecida por meio da realização de consultas e ajudas espirituais, o devoto em potencial será convidado para as sessões de caridade da Umbanda, em que são vistos médiuns em transe com suas entidades espirituais. Se necessário, ele pode se submeter a trabalhos espirituais mais complexos, envolvendo o sacrifício de animais. Por fim, ele pode participar das festas dos orixás do Batuque.

Durante esse ciclo subsequente de consultas – *trabalhos* –, o comparecimento a sessões de Umbanda ou Quimbanda, os líderes completam uma "amplificação do quadro" (*frame amplification*), "a clarificação e o fortalecimento de um quadro interpretativo que chega a um assunto, problema, ou conjunto de eventos específicos". Por meio do estabelecimento de relações interpessoais, o líder e/ou seus filhos que o ajudam, amplificam, fortalecem e expressam mais claramente certos temas presentes nos quadros interpretativos de seus clientes, com respeito às causas de seus problemas e seus tratamentos que não são possíveis de desenvolver devido à estigmatização pela Igreja Católica. Em primeiro lugar, entre eles há a crença na existência e efetividade da mágica, nos danos ou prejuízos espirituais enviados ou causados por um terceiro, nos efeitos maléficos da inveja ou na possibilidade de mobilizar uma entidade espiritual protetora em favor do consultante – ou uma maligna contra ele. Nos templos da Umbanda essas ideias não somente são bem-vindas, como há um grupo enorme de práticas mágico-religiosas que especificam e codificam os muitos rituais, oferendas e seres espirituais que podem ser convocados em benefício do consultante. Assim, o sistema de crenças das religiões afro-brasileiras amplifica e reforça ideias presentes naqueles que vão para os seus templos considerando o sobrenatural a causa de seus problemas, os possíveis antagonistas que são responsáveis e a eficácia da cura espiritual.

Se, por um lado, as estratégias de "construção de uma ponte cognitiva" e "amplificação de quadros" permitem aos líderes religiosos alcançar aqueles que compartilham o mesmo quadro de atribuição de causalidade sobrenatural e reforçam suas crenças, por outro, são apenas boas o suficiente para estabelecer um relacionamento que funciona – uma clientela que os consulta em relação a uma diversidade de problemas. Mas para recrutar membros que são comprometidos com a religião, uma tarefa mais aprofundada de "transformação de quadros" (*frame transformation*) é necessária, para que os indivíduos venham a interpretar o mundo – e seu lugar dentro dele – de acordo com os princípios teológicos da nova visão, o que implica um processo gradual de "conversão".

A transformação dos quadros anteriores, implicando uma conversão real, é feita gradualmente, expondo, como vimos, o possível ou futuro membro a situações mais distantes de sua visão de mundo a partir de outras mais próximas, e usando ou explicando novos conceitos religiosos embasados naqueles que já lhe são familiares. Desse modo, especialmente nos primeiros estágios de seu relacionamento com o templo e ainda nos seus primeiros meses como membro, contínuas referências são feitas a conceitos familiares ao Catolicismo Popular, como "Deus", "fé", "religião", "santos", "anjo da guarda", "templo", "retiro espiritual", "batismo". Apenas depois de o indivíduo ser membro de um templo por um período ele aprenderá o correto uso dos equivalentes estrangeiros afro-brasileiros como Olodumaré, orixá, terreiro, filho de santo, obrigação, bori ou assentamento. Termos familiares mais antigos são gradualmente redefinidos e novas relações entre eles e outros princípios caros a essas religiões são estabelecidos.

Na prática, a "transformação de quadro" é alcançada com a utilização pela Umbanda de imagens e conceitos católicos, como um passo intermediário, uma "ponte cognitiva" entre o Catolicismo Popular e as mais desconhecidas práticas e crenças do Batuque ou Africanismo. Na maioria das carreiras religiosas que estudei, os indivíduos foram primeiro iniciados, socializados e suas habilidades mediúnicas na Umbanda desenvolvidas, sendo iniciados no Batuque somente mais tarde, quando estavam mais versados na intrincada cosmologia afro-brasileira. O desenvolvimento da habilidade de efetivamente entrar em transe – que não tem equivalente no Catolicismo Popular – parece ser uma das principais marcas na transformação do quadro (para uma descrição detalhada desse processo, ver CAROZZI e FRIGERIO, 1992; FRIGERIO, 1995).

Se por meio da transformação do quadro novas identidades pessoais, como "filho de religião", "filho de um determinado orixá, como Xangô ou Iemanjá", são adotadas pelos devotos, identidades sociais como "umbandista" não são necessariamente assumidas em muitas interações sociais, devido ao alto grau de estigmatização que estas religiões sofrem na Argentina.

b) A Recepção Social – a imagem das religiões afro-brasileiras na Argentina

Depois de sua chegada do Brasil na metade da década de 1960, por aproximadamente vinte anos, a Umbanda e o Batuque não foram percebidos socialmente como um movimento religioso presente em Buenos Aires. Conflitos entre as novas religiões e a sociedade ocorreram principalmente em um nível individual, nas instâncias em que os líderes eram processados sob a acusação de "prática ilegal de medicina" – uma acusação que os colocou na mesma categoria de tradicionais curandeiros.

Com o retorno da democracia ao país em 1982, a prática de religiões afro-brasileiras estava entre os muitos comportamentos sociais que durante anos se mantiveram escondidos e apenas então ganharam visibilidade. Em jornais e revistas da metade dos anos de 1980, a "Umbanda", termo que acolhia essas religiões, era mencionada no contexto de desenvolvimento de seitas ou de novas crenças mágicas no país (FRIGERIO, 1991a; 1991b) e descrita normalmente como "uma seita que pratica magia branca e negra, bem como rituais exóticos". Dessa maneira, a religião era duplamente estigmatizada: por ser uma seita e porque era considerada mágica. Os sacrifícios de animais já tinham se tornado a principal característica de estigmatização, especialmente devido às reclamações e esforços das sociedades protetoras dos animais que fizeram eco em jornais importantes (FRIGERIO, 1991b).

No início dos anos de 1990, a Umbanda – que até então não era um dos grupos mais estigmatizados – se envolveu no primeiro de três pânicos morais (GOODE e BEN YEHUDA, 1994) sobre seitas, que sacudiram a sociedade da Argentina (FRIGERIO, 1993; 1998b). Depois do assassinato ritual de uma criança no sul do Brasil, do qual foi acusado um grupo argentino de culto UFO, um padre católico denunciou que uma menina também havia sido assassinada em um templo de Umbanda em Buenos Aires. Devido a essa acusação, por dez dias os princípios e práticas da Umbanda foram duramente julgados na mídia. Em muitos programas de televisão, ex-membros descreveram cerimônias de iniciação que incluíam sangue e sacrifícios de animais, possessões em transe, dando credibilidade às acusações de que a Umbanda, como se acreditava que todas as "seitas" faziam, levava à divisão de famílias e poderia levar a assassinatos (FRIGERIO, 1998b; FRIGERIO e ORO, 1998).

Depois das acusações – que mais tarde foram provadas serem falsas –, o sacrifício de animais passou a ser considerado uma prática perigosa, que poderia levar a sacrifícios humanos. O grau de preocupação da sociedade foi expresso em uma coluna editorial do prestigiado jornal Clarín (um dos mais importantes jornais do país). Com o título "Superstições perigosas", ele afirmava:

> Mesmo sem considerar o assunto dos assassinatos, *o sacrifício de animais já desagrada nossa consciência coletiva.* A aparição de grupos ou pessoas que admitem estas práticas indica grandes alterações que, sem sombra de dúvida, pedem uma análise psicológica ou sociológica mais do que críticas teológicas. Superstição, mágica, práticas divinatórias e outros comportamentos semelhantes são rejeitados e condenados pelas grandes religiões da humanidade. *Eles não pertencem à mesma dimensão, mas a uma mais primitiva, obscura e irracional.* [...] Fontes de comportamentos anormais e crimes, elas são um assunto de preocupação e pedem respostas adequadas da parte da sociedade que se considera civilizada. (CLARÍN 03/08/92, grifo nosso)

Com esse escândalo, as atividades ameaçadoras das "seitas" se tornaram assunto digno da atenção nacional, e especialistas locais do "movimento anticulto" (BROMLEY e SHUPE, 1995) se apropriaram do problema (FRIGERIO, 1998b). A imagem da Umbanda ficou irrevogavelmente ligada a essa controvérsia. A partir daquele momento, muitos artigos da mídia impressa tratando de "seitas" apresentavam fotos características de cerimônias de Umbanda como parte de suas ilustrações. Programas de televisão também frequentemente ilustravam notícias sobre "seitas" ou um grupo específico com imagens de possessões de transe e tambores da Umbanda, "mesmo se esta religião não tivesse nada com o grupo ou evento que estivesse sendo exposto". A Umbanda assim se tornou o exemplo visual de uma "seita", um papel que grupos pentecostais tiveram previamente nos anos 1980 (FRIGERIO, 1998b).

A imagem da Umbanda foi afetada pela controvérsia da mídia em um grau que pode ser visto nos resultados de uma pesquisa de opinião pública feita a pedido de uma Comissão Parlamentar para o Estudo das Seitas. Em uma pergunta direcionada sobre quais grupos poderiam ser considerados perigosos, a Umbanda ficou em segundo – depois de *A Família*, o grupo que estava envolvido no mais recente pânico moral sobre seitas (GUTIERREZ *et al.*, 1995, p. 2677).

No final dos anos de 1990, a controvérsia sobre as seitas diminuiu, mas a imagem da Umbanda estava irremediavelmente manchada. Regularmente, nos últimos dez anos, jornais e noticiários de televisão têm culpado "pais da Umbanda" específicos por assassinatos e atividades criminosas, expressando suas preocupações sobre os "rituais da Umbanda" que levavam aos crimes. A maioria dessas acusações era infundada e sugerem que a polícia estava satisfeita em culpar a religião por qualquer atividade criminosa que se achasse vinculada, muitas vezes tenuemente, com velas coloridas e certas imagens religiosas. Partilhando preconceitos semelhantes, os jornalistas estão inclinados a divulgar esses pontos de vista, que algumas vezes chegam aos processos judiciais. Apesar de na Argentina a valorização multicultural da diversidade étnica e cultural ter aumentado na última década, o número crescente de praticantes de religiões afro-brasileiras ainda é uma minoria invisível e estigmatizada.

c) Relocalização de religiões afro-brasileiras – desenvolvendo narrativas de pertencimento

A suspeita social gerada na Argentina pela transnacionalização de religiões afro-brasileiras não é, claro, algo novo ou um desenvolvimento local singular. Praticantes dessas religiões no Brasil ou em Cuba tiveram que suportar as mesmas acusações no começo do século XX (ARGYRIADIS, 1999; CAPONE, 1999). Como as culturas afro-brasileira e afro-cubana lentamente vieram a ser avaliadas de uma forma mais positiva e consideradas partes da herança nacional e não como um sintoma de doença mental ou desvio social, as religiões negras acharam um lugar nas narrativas dominantes da nação ou, pelo menos, em alguns estados dentro dela (DANTAS, 1988). Entretanto, essa posição foi mais facilmente considerada como "herança cultural" ou "folclore" do que uma religião ou busca espiritual legítima. Esse foi o caso tanto na Bahia como em Cuba, ao menos até recentemente. O fato de elas terem sido consideradas em sua maioria "folclore" ou "cultura" (negra) teve consequências em sua transnacionalização. Esse lugar precário, no qual foram colocadas dentro da nação ou região nas quais se originaram, se perdeu quando se transnacionalizaram. Aqui seus devotos devem tentar reconquistar um lugar na (nova) nação.

Este é o caso quando, e é verdade tanto para a Argentina como para o Uruguai, as religiões afro-brasileiras alcançaram um número relevante de praticantes e templos; são praticados na maioria por nativos (não imigrantes) e em países em que a criação da nação é baseada em narrativas homogeneizantes – nas quais se espera que os indivíduos percam todos os traços étnicos para se tornarem cidadãos. Sob essas circunstâncias seus praticantes têm que desenvolver estratégias de legitimação social e "narrativas de pertencimento" dentro da narrativa dominante da nação.

Na Argentina, desde que essas religiões se tornaram visíveis sob o nome genérico de "Umbanda" vinte e cinco anos atrás, três principais estratégias de legitimação evoluíram: uma religiosa, uma cultural e uma de direitos civis (FRIGERIO, 2002; 2003). A primeira, mais popular na metade dos anos de 1980, enfatizava que a "Umbanda é uma religião" e não uma "seita" e destacava as qualidades formais que a assimilavam à religião católica. A estratégia cultural se desenvolveu no final dos anos de 1980 e tornou-se popular durante a década de 1990. Ela reivindicou a herança cultural africana e afro-americana, às quais essas religiões pertenciam, e salientou a presença Negra no passado da nação. A terceira estratégia se desenvolveu no final dos anos de 1990 e, percebendo a ineficácia das tentativas anteriores, encorajou umbandistas a se aproximarem de políticos nacionais e locais, bem como de oficiais do governo, reivindicando seus direitos de igualdade religiosa. Essas estratégias não são excludentes, embora uma ou outra tenha sido a principal orientadora em tentativas de mobilização coletiva em períodos diferentes (FRIGERIO, 2003).

A estratégia cultural, que ainda é empregada por diferentes praticantes, pode ser vista como oferecendo uma narrativa de pertencimento dentro da nação argentina. Essa narrativa local de pertencimento nacional justifica a presença da religião no país por meio da reconstrução da história da população afro-argentina – e não graças à recente influência brasileira. *Encontrar a cultura ou religião negra no passado do país dá aos devotos o direito à sua prática no presente.* Essa estratégia foi impulsionada depois da visita do Oní (Rei) de Ifé (cidade sagrada dos iorubás nigerianos) a um templo de Candomblé na cidade. Essa visita bem como o consequente apoio da embaixada nigeriana a diversos eventos públicos de Umbanda fizeram muitos líderes reconhecer publicamente suas religiões como "africanas". Assim, a origem brasileira que sempre tinha sido minimizada para evitar acusações de ser uma "seita estrangeira" foi ainda mais minimizada. Rotuladas como religiões "africanas", elas foram desnacionalizadas e podiam ser encontradas no passado nacional de qualquer sociedade das Américas onde existisse uma população Negra. Argumentou-se que essas religiões não eram apenas patrimônio dos países onde suas variantes atuais se originaram, mas constituíam uma herança comum aos países da América Latina devido a suas populações negras – sem atentar ao quanto a narrativa dominante nacional tivesse subestimado essa herança, como acontece na Argentina (FRIGERIO, 2002b). Essa estratégia retórica teve um duplo propósito: mostrar à sociedade local que os umbandistas estavam praticando uma religião que tinha raízes próprias no país e afastar o crescente movimento religioso para longe do domínio brasileiro (FRIGERIO, 2002; 2003).

Os resultados práticos dessas estratégias foram ambivalentes. Um grupo de cerca de uma dúzia de líderes da Umbanda que mais fortemente as defenderam, organizando diversos eventos públicos que eles esperavam que chamasse a atenção para a natureza de sua religião, tinha recursos limitados à sua disposição. A mídia nem sempre cobriu seus encontros e suas vozes não foram ouvidas tão alto como eles esperavam que fossem. Entretanto, eles criaram consciência entre seus parceiros de que a legitimidade social era uma meta válida e conseguiram convencer alguns oficiais do governo que compareciam a suas reuniões de que a religião praticada por eles merecia tanto respeito quanto qualquer outra.

Resumindo o que foi visto até agora, podemos dizer que os esforços dos umbandistas argentinos para construir pontes cognitivas entre suas crenças e aquelas de seus devotos potenciais tiveram sua correspondência em um nível macro, com as diversas estratégias de legitimação social que eles apresentaram. Em ambos os casos, houve um astucioso uso de recursos culturais da sociedade e um alinhamento em níveis micro e macro de quadros interpretativos preexistentes com aqueles de suas religiões. Em um nível individual, tentaram recrutar membros comprometidos, executando formas de alinhamento de quadro, tocando um conjunto de sentimentos de indivíduos que tem crenças mágico-religiosas que não são atendidas, ou apenas com restrições, pela Igreja Católica. Em um nível mais amplo, lutam para se tornar respeitados e legitimados na sociedade, primeiro assegurando sua conformidade com o modelo social sobre o que é uma religião, e mais tarde pela criação de narrativas de pertencimento à nação argentina. Executando estratégias de alinhamento de quadro micro e macro, tentam inserir suas crenças na sociedade argentina sem modificá-las ou mudá-las. No entanto, foram mais bem-sucedidos em um nível individual do que em nível social; sua religião é próspera, mas ainda é estigmatizada socialmente. Além de ir contra a narrativa nacional dominante, suas práticas também contradizem certos temas culturais (GAMSON, 1988) caros à sociedade argentina: a ideia de que o país é não apenas branco, mas também moderno e racional (FRIGERIO, 1996). Esses temas culturais são fortes, mesmo em setores da sociedade que se opõem à narrativa nacional dominante excludente, privando, assim, os praticantes de possíveis aliados. A comunicação com o mundo espiritual por meio de sacrifícios animais continua a criar uma distância cognitiva entre a religião e muitos setores da sociedade (progressivos ou conservadores) que nenhum esforço de trabalho interpretativo parece capaz de diminuir. As políticas da identidade contemporânea, na Argentina ou em qualquer parte, não têm lugar para mágicos.

O transnacionalismo como campo social

Até agora descrevi a transnacionalização das religiões afro-brasileiras analisando os processos que tornaram possível sua circulação pelas fronteiras nacionais e examinando como elas cresceram e foram recebidas no novo contexto social. Nesta parte do capítulo, nosso foco será o campo social transnacional diferenciado que se estabeleceu como resultado dessa expansão. Demonstraremos que não há *um* campo social, mas diversos e de diferentes naturezas. As redes que constituem esses campos não vão somente em direção ao Brasil, mas cada vez mais ao Uruguai, e nestes últimos anos se estendeu além do Cone Sul para incluir outras variantes de religiões afro-americanas, como a Santería cubana e o Ifá nigeriano. Com a expansão do uso da internet, os campos sociais que tomam forma de esferas públicas transnacionais também emergem. Por último, sugeriremos que esses campos vêm e vão de acordo com a mudança nas condições sociais, inovações teológicas e as tecnologias de comunicação que se tornam acessíveis aos praticantes de religiões afro-brasileiras.

Linhagens rituais como redes transnacionais

Na Argentina, bem como no Brasil (LIMA, 1977), a família de santo criada em torno de um pai ou mãe de santo em um terreiro é a principal unidade das religiões afro-brasileiras. Como um porta-voz privilegiado da vontade dos orixás e o principal administrador de seus *axés* ou poderes espirituais, tudo que o pai de santo determinar deverá ser obedecido sem pestanejar por seus filhos de santo. Essa família é enraizada em uma *linhagem* religiosa, ou o que no sul do Brasil é chamado uma "bacia": um avô de santo, um bisavô etc., até o mais alto que o conhecimento do líder possa levá-lo. Uma vez que seus filhos de santo estejam ritualmente habilitados a abrir seus próprios templos, um pai se torna um avô de santo e o líder de uma família religiosa maior.

Com a expansão do Batuque para outros países, algumas linhagens religiosas se tornaram transnacionais: um líder em Porto Alegre poderá iniciar "filhos" em Montevidéu ou Buenos Aires que continuarão sua linhagem nessas cidades, ou talvez complicar o problema um pouco mais quando, por exemplo, um filho em Montevidéu mais tarde iniciar "netos" em Buenos Aires. Portanto, membros dessas famílias religiosas podem formar uma comunidade transnacional de fiéis, na medida em que reconhecem que um aspecto muito importante de suas vidas, tanto ritual como diária, pode ser fortemente influenciado pelo que acontece na casa de seu pai ou avô de santo, em outro país, a centenas de quilômetros de distância. Acredita-se que cada templo tem e mobiliza axé ou poder espiritual, transmitido por meio da linhagem religiosa desde o seu começo. É responsabilidade de cada templo compor a linhagem e mantê-la, e se possível, aumentá-la, mas a "casa mãe" é sempre considerada a maior fonte de axé. Portanto, é comum para os líderes se voltarem para seus próprios pais ou mães em outro país se eles estão tendo problemas difíceis de solucionar. De modo semelhante, o bem-estar do "templo mãe" deve se espalhar para os seus afiliados, e seus problemas são uma fonte de preocupação para todos.

Para linhagens transnacionais, como para os locais, as festas de Batuque em honra dos orixás que ocorrem a cada dois ou três meses são suas principais expressões de sociabilidade. Ali alianças são estabelecidas – ou rompidas – e as relações de ancestralidade são expressas e reforçadas, com uma frequência que depende da proximidade geográfica, dos recursos econômicos e da relação de proximidade existente entre um pai e seus filhos estrangeiros ou *hijos* em determinado momento. Entretanto, pelo menos uma ou duas vezes por ano, diversos membros de uma família religiosa de diferentes países devem se reunir para prestar homenagem aos orixás ou exus do fundador. Como Oro (1999) mostrou, a apresentação dos filhos estrangeiros nas festividades do orixá ou exu do pai de santo é uma das principais formas de criação e acumulação de prestígio.

As relações com o pai de santo brasileiro são especialmente próximas durante os primeiros anos, até que o indivíduo tenha finalizado todas as iniciações que o habilitem a continuar com a prática religiosa por si mesmo. Uma vez que esteja "liberado" e tenha permissão para "cortar" (sacrifício ou oferenda de animais) para os seus próprios orixás, a distância geográfica e o dinheiro envolvido nessas viagens contribuem para lentamente haver um afastamento. Mesmo no Brasil, as relações entre os líderes religiosos e seus filhos são sempre cheias de conflitos: eles não têm que ser transnacionais para que isso ocorra. Mas quando nacionalidades diferentes estão envolvidas, a possibilidade de desentendimento devido a percepções estereotípicas equivocadas de indivíduos de países vizinhos aumenta (ORO, 1999).

É muito comum líderes na Argentina terem "passado pelas mãos" de mais de um pai de santo, algumas vezes mais de cinco ou seis. A nacionalidade pode variar, mas eles tentam permanecer dentro da mesma nação religiosa, ou pelo menos "escola" nacional (brasileira ou uruguaia); entretanto, ocorrem cruzamentos de todos os tipos.

Além da linhagem, as famílias religiosas normalmente reconhecem que pertencem a uma mesma "nação" religiosa (gege, gege ijexá, oyó, cabinda) dentro do Batuque, um reconhecimento que cria um grande campo de identificação transnacional. As nações funcionam como "redes de redes", pois elas são formadas por muitas linhagens religiosas. Além disso, os campos sociais transnacionais criados pelas "nações" religiosas são na maioria trinacionais, pois geralmente têm membros tanto na Argentina como no Uruguai, enquanto que, como vimos anteriormente, muitas linhagens formam campos sociais binacionais. Em termos da natureza do campo social transnacional que criam, entretanto, as "nações" religiosas funcionam mais como *comunidades imaginadas*, gerando uma consciência de pertencimento a uma rede maior que a linhagem religiosa, mas não necessariamente oficializando a rede de relações possíveis. As linhagens religiosas fazem as pessoas cruzar as fronteiras nacionais para cumprir com rituais ou participar de celebrações, enquanto as "nações" religiosas apenas as fazem sentir parte de uma rede maior de templos relacionados – não necessariamente participando deles. Lealdade efetiva a uma "nação" religiosa provavelmente é estabelecida mais localmente do que transnacionalmente, quando pais ou mães que pertencem à mesma nação visitam as festas de Batuque um do outro. A amizade entre pais e mães locais não apenas acontece dentro da linha de suas "nações", embora seja uma variável a ser considerada, junto à linhagem religiosa, faixa etária ou proximidade geográfica. A nação também pode ser considerada uma linhagem de linhagens, como no caso da Cabinda, cuja origem é atribuída a um indivíduo específico, bem lembrado em Porto Alegre. Os fundadores de outras "nações", entretanto, não são identificados tão claramente.

Os campos sociais transnacionais criados por linhagens religiosas na prática de religiões afro-brasileiras na Argentina podem ser imaginados como dois triângulos isósceles, planos e sobrepostos: um com seu vértice superior apontando para Porto Alegre, e um menor com seu vértice apontando para Montevidéu. Para algumas linhagens religiosas, Montevidéu é vista como a Meca e o ápice de suas práticas religiosas, para outras, é Porto Alegre. Com o tempo, o triângulo apontando para Montevidéu se tornou maior, igualando (ou talvez ultrapassando?) aquele voltado para Porto Alegre. Triângulos menores, correspondendo a campos sociais criados por outras variantes de religiões afro-brasileiras ou afro-americanas presentes na Argentina apontam para a Bahia (Candomblé), Cuba (Santería) e agora também, depois de um desenvolvimento do movimento de reafricanização, para a Nigéria. O número de indivíduos participando nesses campos sociais transnacionais é muito menor do que aquele correspondente ao Batuque. Não há mais do que uma dúzia de templos de Candomblé em Buenos Aires, talvez vinte ou trinta templos de Santería, e outros doze que afirmam praticar, além da veneração do orixá, adivinhação de Ifá. Os dois últimos grupos, apesar de seu pequeno número, se tornaram importantes simbolicamente na última década, como será explicado a seguir.

A internet e a criação de novos espaços sociais religiosos transnacionais

a) Fóruns de discussão

Durante a última década, o uso difundido da internet na Argentina tornou possível a existência de novos espaços sociais transnacionais nos quais os praticantes podem se encontrar *online* e discutir o propósito e as características de suas práticas religiosas. Nesse sentido, foram especialmente importantes os fóruns de debate possibilitados pela criação dos Grupos do MSN no inverno de 1999. A existência prévia de páginas de templos na *web* possibilitou a circulação de conhecimento religioso que até então tinha sido transmitido apenas oralmente ou talvez por livros que na Argentina e no Uruguai sempre foram difíceis de encontrar. Entretanto, essas páginas na *web* eram uma forma estática de comunicação, permitindo pouca interação entre os indivíduos que estavam longe uns dos outros.

Quando os Grupos do MSN foram criados, eles encontraram uma animada, apesar de irregular, acolhida entre os umbandistas do Cone Sul e praticantes de outras variantes de religiões afro-americanas vivendo em outros países. Os grupos eram facilmente administrados por uma, duas ou mais pessoas e podiam acolher milhares de membros que propunham temas e depois escreviam dezenas e às vezes perto de cem postagens debatendo-os. O tamanho das mensagens podia variar muito, de uma linha a vários parágrafos, e incluíam discussões detalhadas de temas sérios, história, rituais, ética, bem como a propagação de boatos sobre comportamentos individuais. Além do mais, álbuns de fotografias podiam ser adicionados ao grupo ou documentos do Word anexados às mensagens. Os grupos também apresentavam salas de bate-papo, para aqueles que queriam um contato mais imediato. Essa variedade de possibilidades fornecidas por meio da internet, seu caráter amigável e altamente interativo, tornou esses grupos extremamente populares por um período de cinco anos (2003-2008, aproximadamente) e ampliou a sociabilidade de umbandistas e batuqueiros em novas direções. Por um lado, eles permitiam uma interação muito maior entre os praticantes de religiões afro-brasileiras. Antes, a sociabilidade estava restrita a festas de Batuque – que atraíam as maiores multidões, até a Quimbanda ficar popular – ou aos congressos periódicos que eram feitos para chamar a atenção da sociedade para a religião. Apesar de esses eventos públicos serem comuns durante a segunda metade dos anos de 1980 e a primeira metade dos anos de 1990, aproximadamente depois de 1995 eles foram descontinuados devido aos altos custos que tinham.

Os menores fóruns de discussão hospedados nos Grupos do MSN tinham entre cinquenta, cento e cinquenta ou duzentos membros, provavelmente o maior número de pessoas que uma festa de Batuque conseguiria reunir. Os dez maiores apresentavam de um a dois mil membros. Assim, esses grupos não só reuniam regularmente um número maior de pessoas do que as formas usuais de sociabilidade jamais fizeram, mas também possibilitavam que pessoas de qualquer região do país interagissem de uma forma nunca vista.

Uma consequência muito importante foi que esses grupos suplantaram o nível nacional e se tornaram uma arena pública *transnacional* dos falantes de espanhol, que incluíam muitos participantes ativos de países de fora do Cone Sul. Participantes estrangeiros nesse novo campo social eram indivíduos falantes de espanhol que praticavam não a religião afro-brasileira, mas a afro-cubana (principalmente fora de Cuba). Provavelmente, devido a problemas de linguagem, poucos pais de santo brasileiros participaram ou tiveram um papel relevante nessas discussões. Então, ao tradicional campo transnacional composto por pais de santo brasileiros/argentinos/ uruguaios estabelecido pelo crescimento do Batuque e da Umbanda fora do Rio Grande do Sul, um novo campo se sobrepôs que incluía principalmente argentinos, cubanos da diáspora que viviam na Europa ou nos EUA, mexicanos praticantes da Santería e alguns uruguaios que praticavam o

Batuque. Por meio desse novo campo transnacional, novas alianças foram criadas, inimigos descobertos e circulou um conhecimento religioso de que nunca se tinha ouvido antes. O interesse inicial amigável entre os participantes de variantes específicas de cada religião (principalmente o Batuque e a Santería), mais tarde deu espaço para acusações de praticantes das religiões afro-cubanas de que o Batuque não era "puro" ou suficientemente "africano". O papel do Ifá, o sistema de adivinhação que havia se perdido no Brasil, mas não em Cuba, também foi muito discutido. Esse debate foi encabeçado por babalaôs cubanos e mexicanos (iniciados por cubanos), que discordavam fortemente dos poucos argentinos que haviam sido iniciados na Nigéria nas versões africanas do Ifá, no qual permite que mulheres sejam adivinhas (iyaonifas) – algo estritamente proibido em Cuba. Isso serviu para criar uma consciência nunca vista da existência e importância do Ifá, e mesmo adeptos mais radicais do Batuque se tornaram mais conhecedores do assunto, apesar de não iniciados. Os *santeros* cubanos e mexicanos tentaram fazer valer seus pontos de vista de que mulheres e homossexuais não fossem permitidos no Ifá e muitas discussões se seguiram sobre qual das duas versões do Ifá, a cubana ou a *tradicionalista africana*, poderia ser mais compatível com a prática do Batuque.

Por meio desse novo campo social transnacional de falantes de espanhol, variantes religiosas afro-americanas que não sabiam umas das outras foram colocadas em contato: Santería e Palo Mayombe, iniciadas em Cuba e espalhadas por todos os EUA, México e alguns países da América do Sul, como Venezuela; o Batuque e a Umbanda/Quimbanda do sul do Brasil, em suas versões argentinas e uruguaias. O novo campo social descentralizou, de certa forma, a relação predominante das tradicionais redes do Batuque: a língua superou a variante religiosa como fator de aglutinação na comunidade transnacional, e a importância dos pais de santo brasileiros como os principais interlocutores estrangeiros das religiões foi, de certa forma, diminuída.

O uso crescente da internet aumentou a influência dos religiosos cubanos no Cone Sul. Isso não levou necessariamente a um aumento no número de iniciações na Santería ou Palo, mas precipitou um uso generalizado de lendas afro-cubanas e suas descrições dos orixás. A mitologia afro-cubana dos orixás é mais rica e quantitativamente maior do que a preservada no Batuque, e sendo em espanhol e não em português é mais facilmente entendida e copiada da internet do que as estórias brasileiras. Então, por meio do estabelecimento desse campo social houve mais influência de uma variante (Santería) sobre a outra (Batuque) do que uma troca recíproca. Isso também se deveu à participação ativa nos fóruns de debate de devotos cubanos ou mexicanos, treinados pelos cubanos, que estavam ansiosos para mostrar e dividir seu conhecimento religioso – mais do que os praticantes de Candomblé e Batuque brasileiros.

Em fevereiro de 2009, os Grupos do MSN foram fechados por decisão da companhia. Muitos fóruns tentaram migrar para outros grupos e *sites* da internet (Multiply, Live, Sonico, Google), mas nenhum deles tinha a maleabilidade e capacidade de acomodação da mídia anterior. O novo campo transnacional fracassou e foi desarticulado. Os fóruns que conseguiram se reagrupar (no Google ou Sônico) tinham uma participação muito menor e mais local. O interesse internacional aparentemente havia se perdido.

Se for um truísmo que a internet oferece uma arena privilegiada para o estabelecimento de redes transnacionais, deve-se dar mais atenção às características diferentes de muitos formatos ou mídias encontradas na rede, já que elas parecem favorecer certos tipos de expressões e interações em detrimento de outros. Como já discutido aqui, os Grupos do MSN ofereceram uma arena com um formato amigável e maleável que possibilitou a interação regular e relativamente planejada de uma audiência razoável de praticantes de religiões afro-americanas (não apenas afro-brasileiras) por um período de quatro ou cinco anos. Quando foram fechados, essa comunidade virtual transnacional desabou. Ao mesmo tempo, entretanto, uma arena diferente estava se desenvolvendo na internet que, por fim, permitiu o estabelecimento de uma nova comunidade transnacional, apesar de ter características muito diferentes.

b) Fotologs

Se os fóruns de debates pareciam ser a mídia pela qual praticantes mais experientes dessas religiões poderiam se expressar por meio de longas discussões, bem como agressões, nos últimos dois anos um novo tipo de mídia se desenvolveu na internet e chamou a atenção de muitos umbandistas, se bem que de um grupo etário diferente e talvez outra condição social: os *Fotologs* (também conhecidos como *fotoblogs* ou *flogs*). Conhecidos localmente como Metroflogs – sua versão argentina –, eles se tornaram populares entre os umbandistas durante o ano de 2008. Com uma conta no Metroflog, uma pessoa pode postar uma imagem ou fotografia por dia, e amigos, colegas ou até desconhecidos podem deixar seus comentários nelas. Normalmente os comentários são breves, de quatro ou cinco linhas, mas podem chegar a vinte ou trinta (muito menos frequente). Os praticantes de Umbanda postam uma foto em seus próprios Fotologs e depois "assinam" – fazendo breves comentários – fotos dos outros, esperando que retribuam a cortesia. O principal objetivo parece ser ter um número suficientemente grande de "visitas" em seu próprio Fotolog – muitos apresentam um máximo de 20 comentários visíveis, alguns têm mais, outros muito menos.

Entretanto, como ocorre normalmente na internet, e especialmente quando estão envolvidos umbandistas, as visitas e comentários logo se transformam em fofocas, calúnias e brigas. Perto do final de 2009, um grupo recente chamado "flogs escrachadores" se tornou uma nova mania. Fotografias postadas nesses "flogs" faziam piada de cerimônias, roupas, oferendas e, especialmente, da *performance* dos médiuns em transe – as supostas "entidades espirituais" – que não estavam de acordo com o que o dono do Fotolog pensava que fosse o comportamento religioso correto. Com muita frequência, também postavam fotos de pais e mães de santo e faziam observações sarcásticas ou rudes sobre suas religiões e condutas diárias, bem como condição de gênero; travestis e gays são seus alvos favoritos. As observações dos visitantes algumas vezes defendem as pessoas cujas fotos são postadas, mas com mais frequência concordam com o apresentado. Linguagem chula não é poupada.

Esses flogs escrachadores parecem ter se originado em Montevidéu – onde a internet se tornou mais amplamente disponível nos últimos quatro ou cinco anos – e logo também inspiraram praticantes argentinos pertencentes à "escola uruguaia". Quando pais e mães de santo identificáveis são o alvo, são sempre de Montevidéu ou imigrantes uruguaios vivendo em Buenos Aires. A maioria dos líderes portenhos caracterizados da mesma maneira pertence à escola uruguaia. Líderes brasileiros são pouco mencionados, apesar de observações gerais do tipo "foram os brasileiros que começaram com o fiasco" não serem raras.

Apesar de muito menos elaborado que o anterior, esse novo campo se constitui como uma nova arena transnacional em que informações a respeito do comportamento de líderes religiosos e a maneira correta de praticar a religião são intercambiáveis. A julgar pelas fotos postadas e a linguagem usada nos comentários e postagens, os participantes desse novo campo são muito mais jovens e com menos educação formal do que os que participavam dos fóruns de discussão. O formato não permite observações mais elaboradas, mas as fotos, especialmente as dos flogs escrachadores, são comentários poderosos por elas mesmas. Esse campo transnacional, diferentemente do anterior, aparenta ser essencialmente binacional, pois os participantes vivem principalmente na Argentina e no Uruguai. Talvez por causa da natureza admoestatória de muitos dos flogs, essa arena parece também mais próxima da prática religiosa diária nos dois países. De acordo com o desenvolvimento dinâmico da Quimbanda nos últimos anos, a maioria das fotos mostra cerimônias dessa variante, comentando sarcasticamente roupas e adereços (coroas, mantos, capas, xales e chapéus) usados por pessoas que afirmam estarem possuídas pelos exus e pombagiras ou pelos ciganos e africanos, cada vez mais populares. Os flogs fingem ser uma força disciplinadora para o que é entendido como o crescente número de pessoas praticando a religião sem o conhecimento necessário, mas não pode evitar ser principalmente uma versão *online*, mais gráfica, visível e ampla da onipresente fofoca dos templos que sempre caracterizaram as muitas variantes das religiões afro-americanas.

Considerações finais

Considerando que muito do trabalho sobre a transnacionalização religiosa focalizou nas atividades de transmigrantes ou de missionários religiosos, este capítulo mostra como um grande processo de expansão de crenças e práticas religiosas pode ter lugar sem a grande presença de imigrantes ou a intenção consciente de catequização e sem patrocínio econômico estrangeiro. Ele mostra a presença efetiva de redes de relacionamentos sociais "múltiplas" e "entrelaçadas" mediante as quais "ideias, práticas e recursos são trocados, organizados e transformados desigualmente", como a definição de campos sociais de Levitt e Glick Schiller (2004) sugere. As religiões afro-brasileiras chegaram à Argentina por meio de Porto Alegre, mas também de Montevidéu. Dessa forma, a prática dos campos sociais transnacionais foi estabelecida ao menos em duas direções, e não em apenas uma como seria esperado.

Redes mais recentes que se tornaram possíveis pela experiência anterior vão até Cuba ou Nigéria – são estabelecidas por pessoas que praticavam o Batuque, mas ultimamente procuraram uma versão mais "pura" e "mais africana" dessas religiões.

Neste capítulo, argumentou-se que não interessa o quanto certas crenças possam ser consideradas "exóticas" ou "alheias" em certo contexto social, por meio dos processos de tradução elas podem ser adaptadas ao novo local sem modificações maiores. As ideias de Snow *et al.* (1986) de "alinhamento de quadro" (*frame alignment*) foram extremamente úteis para entender como os praticantes interpretam suas próprias crenças, partindo de tradições mágico-religiosas preexistentes e evoluindo para um processo gradual de conversão que torna possível a expansão da religião sem que nela ocorram mudanças expressivas. Junto com os processos de alinhamento de quadros criados em nível micro para conseguir conversões individuais, os praticantes também o realizam em um nível macro, criando estratégias de acomodação que procuram a legitimação social.

A necessidade de sacrifícios animais que é tão central a essas religiões sempre foi entendida de forma insatisfatória na Argentina e permanece seu principal traço de estigmatização. Depois dos desmerecidos escândalos midiáticos, a polícia e os jornalistas ficam suspeitos de crimes envolvendo qualquer coisa que possa sugerir a parafernália de um "ritual de Umbanda". Pelas duas últimas décadas e meia, praticantes tentaram diversas estratégias de acomodação que incluíram a formação de narrativas de pertencimento à nação Argentina em um esforço para desnacionalizar e realocar essas religiões. Tirando o "Brasil" de "afro-brasileira" e incluindo "afro" dentro da "Argentina", eles tentaram refazer os entendimentos dominantes da nação Argentina para que suas práticas pudessem ser consideradas parte da herança cultural negra do país. Estratégias de alinhamento de quadros foram mais bem-sucedidas em um nível micro do que macro; os templos cresceram rapidamente, mas a legitimação social não está aparecendo.

Analisamos a transnacionalização de religiões afro-brasileiras para a Argentina e o Uruguai, utilizando duas interpretações do conceito: primeiro como a circulação de pessoas e crenças por meio das fronteiras nacionais e segundo como o estabelecimento de um campo social composto por uma variedade de redes que transcendem as fronteiras nacionais.

Campos sociais, como vimos, são multidirecionais e mudam de intensidade, extensão e foco durante os anos. Linhagens e "nações" religiosas constituem as tradicionais redes por meio das quais elas se estabeleceram indo na direção de Porto Alegre, mas também de Montevidéu. A influência de redes uruguaias cresceu ao longo dos anos, conforme as taxas de câmbio das moedas nacionais variavam. Durante os anos de 1990, a força do peso argentino em relação ao real tornou possível uma onda de pais e mães de santo brasileiros que iniciaram muitos argentinos no Batuque. Na década seguinte, a taxa mudou e muitos líderes novos ficaram sob a influência da escola uruguaia, pois atravessar o Rio da Prata era mais barato do que ir para o Brasil. As redes religiosas tradicionais deram origem a pelo menos dois campos: um formado por *linhagens* que produziram reais e repetidas interações transnacionais, a outra por *nações* que deram origem a afiliações mais tênues, mais parecidas com as comunidades imaginadas.

O uso crescente da internet durante a última década tornou possível a existência de diferentes esferas de discurso transnacional: os fóruns de discussão abrangendo diversos países e variantes religiosas diferentes e os Fotologs binacionais focados nas cerimônias mais locais de Quimbanda e Batuque. Embora a troca de fofocas e polêmicas exista em ambos, uma mídia permitia discussões mais amplas e com melhores argumentos, e a outra, comentários curtos e mais específicos. Entretanto, em ambos o conhecimento religioso circula de maneira nunca vista, novas identificações nacionais e transnacionais são formadas e exibidas, alianças são forjadas e rompidas e novos entendimentos, alcançados sobre crenças, rituais e história.

Em resumo, uma vista diacrônica da transnacionalização da religião afro-brasileira mostra que, apesar de ter começado no final dos anos 1960, é um processo (ou melhor, processos) em andamento, que cria muitos campos sociais multidirecionais e cuja densidade e intensidade flui e reflui ao longo dos anos.

Referências

ARGYRIADIS, K. *La religión á La Havane*. Paris: Editions des Archives Contemporaines, 1999.

ARGYRIADIS, K. and JUÁREZ H. N. Acerca de algunas estrategias de legitimación de los practicantes de la Santería en el contexto mexicano. *In*:

ARGYRIADIS, K. *et al.* (Ed.). *Raíces en movimiento. Prácticas religiosas tradicionales en contextos translocales.* Zapopan, Jal: El Colegio de Jalisco, 2008, p. 281-308.

ARGYRIADIS, K.; DE LA TORRE, R. "Introduction". *In*: ARGYRIADIS, K. *et al.* (Ed.) *Raíces en movimiento. Prácticas religiosas tradicionales en contextos translocales.* Zapopan, Jal: El Colegio de Jalisco, 2008, p. 11-43.

ANDERSON, B. *Imagined communities: reflections on the origins and spread of nationalism.* Londres; Nova Iorque: Verso, 1983.

BROMLEY, D. and SHUPE, A. Anti-cultism in the United States: origins, ideology and organizational development. *Social compass*, v. 42, n. 2, p. 221-236, 1995.

CAPONE, S. A propos des notions de globalisation et de transnationalisation. *Civilisations*, v. 51, p. 9-22, 2004.

_____. *La quête de l'Afrique dans le Candomblé.* Paris: Karthala, 1999.

CAROZZI, M. J. Consultando a una mãe de santo: un análisis de la construcción social del efecto mágico. *Revista de investigaciones folklóricas*, v. 8, p. 68-79, 1993.

CAROZZI, M. J. and FRIGERIO, A. Mamãe Oxum y la Madre Maria: Santos, Curanderos y Religiones Afro-Brasileñas en Buenos Aires. *Afro-Asia*, v. 15, p. 71-85, 1992.

_____. Não se nasce batuqueiro: a conversão às religiões afro-brasileiras em Buenos Aires. *Religião e sociedade*, v. 30, p. 71-94, 1997.

CONCONE, M. H. *Umbanda, uma religião brasileira.* São Paulo: USP/CER, 1987.

CORRÊA, N. *O Batuque do Rio Grande do Sul.* Porto Alegre: EDUFRGS, 1992.

CSORDAS, T. Modalities of transnational transcendence. *Anthropological theory*, v. 7, n. 3, p. 259-272, 2007.

DANTAS, B. G. *Vovó Nagô e papai branco: usos e abusos da África no Brasil.* Rio de Janeiro: Graal, 1988.

DIANTEILL, E. Deterritorialization and reterritorializationof the Orisha Religion in Africa and the New World. *International Journal of Urban and Regional Research*, v. 26, n. 1, p. 121-137, 2002.

DE LA TORRE, R. De la globalización a la transrelocalización de lo religioso. *Debates do NER*, v. 16, p. 9-34, 2009.

FRIGERIO, A. *With the Banner of Oxalá: Social Construction and Maintenance of Reality in Afro-Brazilian Religions in Argentina*. Ph.D. dissertation, Anthropology Dept. Los Angeles: University of California, 1989.

_____. Nuevos movimientos religiosos y medios de comunicación: la imagen de la Umbanda en Argentina. *Sociedad y religión*, v. 8, p. 69-84, 1991b.

_____. La Umbanda no es una religión de ignorantes y mediocres: La estigmatización de las religiones Afro-Brasileñas en Buenos Aires. *Revista de Antropología*, v. 10, p. 22-33, 1991a.

_____. La invasión de las sectas: el debate sobre los nuevos movimientos religiosos en los medios de comunicación en Argentina. *Sociedad y religión*, v. 10/11, p. 24-51, 1993.

_____. Política y drama en el trance de posesión. *Horizontes Antropológicos*, v. 3, p. 39-56, 1995.

_____. The medicalization of new religious movements in Argentina: Cultural themes and deviance designations. Paper presented at the *58th. Annual Meeting, Association for the Study of Religion*, Nova Iorque, p. 15-17, ago. 1996.

_____. El rol de la "escuela uruguaya" en la expansión de las religiones afro-brasileñas en Argentina. *In*: HUGARTE, R. P. (Ed.). *Los cultos de posesión en Uruguay: Antropología e Historia*. Banda Oriental, 1998a, p. 75-98.

_____. The great cult scare in Argentina: power, politics and religion. Paper presented at the *Annual Meeting of the Society for the Scientific Study of Religion*. Montreal, Canadá. November 6-8, 1998b.

_____. Estableciendo puentes: articulación de significados y acomodación social en movimientos religiosos en el Cono Sur. *Alteridades*, v. 18, p. 5-18, 1999.

_____. Outside the nation, outside the diaspora: accommodating race and religion in Argentina. *Sociology of religion*, v. 63, n. 3, p. 291-315.

_____. "¡Por nuestros derechos ahora o nunca!": construyendo una identidad colectiva umbandista en Argentina. *Civitas Revista de Ciências Sociais*, v. 3, n. 1, p. 35-68, 2003.

_____. Re-africanization in secondary religious diasporas: constructing a world religion. *Civilisations*, v. 51, p. 39-50, 2004.

_____. Repensando el monopolio religioso del Catolicismo en la Argentina. *In*: CAROZZI, M. e CERIANI, C. (Ed.). *Ciencias sociales y religión en América Latina*. Buenos Aires: Biblos/ACSRM, 2007, p. 87-118.

FRIGERIO, A. and ORO, A. P. "Sectas satánicas" en el Mercosur: un estudio de la construcción de la desviación religiosa en los medios de comunicación de Argentina y Brasil. *Horizontes antropológicos*, v. 8, p. 114-150, 1998.

FRIGERIO, A. and WYNARCZYK, H. Cult controversies and government control of new religious movements in Argentina. *In*: RICHARDSON, J. (Ed.). *Regulating religion: case studies from around the globe*. Plenum Publishers, 2003, p. 453-475.

GAMSON, W. Political discourse and collective action. *International Social Movement Research*, v. 1, p. 219-244, 1998.

GLICK SCHILLER, N. Transnational social fields and imperialism. *Anthropological theory*, v. 5, n. 4, p. 439-461, 2005.

GOFFMAN, E. *Frame analysis*. Cambridge: Harvard University Press, 1986.

GOODE, E. and BEN-YEHUDA, N. *Moral panics: the social construction of deviance*. Oxford, UK: Blackwell, 1994.

GUARNIZO, L. and SMITH, M. P. The locations of transnationalism. *In*: SMITH, M. P. and GUARNIZO, L. (Ed.). *Transnationalism from Below*. Nova Brunswick; Londres: Transaction Publishers, 1998, p. 3-33.

GUTIÉRREZ, D. *et al. Comisión Especial para el Estudio de los Movimientos Religiosos o Seudo Religiosos Libres Denominados Sectas: Informe Final*. Buenos Aires: Legislatura de la Provincia de Buenos Aires, 1995.

HALL, S. Encoding, decoding. *In*: DURING, S. (Ed.). *The cultural studies reader*. Londres: Routledge, 1993, p. 90-103.

HERSKOVITS, M. The southernmost outposts of New World Africanisms. *American anthropologist*, v. 45, n. 4, p. 495-510, 1943.

HUGARTE, R. P. *Los cultos de posesión en Uruguay: Antropología e Historia*. Montevidéu: Banda Oriental, 1998.

LEVITT, P. and GLICK SCHILLER, N. Conceptualizing simultaneity: A transnational social field perspective on society. *International migration review*, v. 38, n. 3, p. 1002-1039, 2004.

LOFLAND, J. and RICHARDSON, J. Religious movement organizations: elemental forms and dynamics. *Research in social movements conflict and change*, v. 7, p. 29-51, 1984.

MAHLER, S. Theoretical and empirical contributions toward a research agenda for transnationalism. *In*: SMITH, M. and GUARNIZO, L. (Ed.).

Transnationalism from below. Nova Brunswick: Transaction Publishers, 1998, p. 64-100.

MCCARTHY, J. and ZALD, M. Resource mobilization and social movements: a partial theory. *American Journal of Sociology*, v. 82, p. 1212-1241, 1977.

ORO, P. A. *Axé Mercosul: As religiões afro-brasileiras nos países do Prata*. Petrópolis: Vozes, 1999.

_____. La transnationalisation du pentecotism brésilien: le cas de l'Eglise Universelle du Royaume de Dieu. *Civilisations*, v. 51, n. 1-2, p. 155-179, 2004.

_____. (Ed.). *As religiões afro-brasileiras do Rio Grande do Sul*. Porto Alegre: EDUFRGS, 1994.

VASQUEZ, Manuel and MARQUARDT, M. F. *Globalizing the sacred: Religion across the Americas*. Nova Brunswick, NJ: Rutgers University Press, 2003.

Capítulo 7

Pretos velhos através do Atlântico:
religiões afro-brasileiras em Portugal

CLARA SARAIVA

Introdução

Em novembro de 2005, entrei num ônibus na cidade de São Paulo. Ao pagar a viagem ao condutor, fui identificada como a "portuguesinha". Sentei-me na primeira fila e iniciou-se uma conversa entre o homem sentado ao meu lado, um mulato de setenta anos, duas mulheres brancas de cerca de sessenta anos sentadas na fila de trás e o próprio condutor. Começaram por comentar o quanto prezavam Portugal e os portugueses, passando depois para uma discussão sobre a amabilidade dos portugueses e de como conseguem estabelecer uma ótima relação com todos. A conversa continuou com comentários sobre a ausência de racismo entre os portugueses, sobre como eles conseguiram estabelecer relações amigáveis em África e no Brasil, e como a relação entre Portugal e Brasil sempre foi excepcional e excelente.

Quando saí do ônibus fiquei pensando sobre os comentários desses passageiros que tinham espontaneamente iniciado uma conversa comigo e como, apesar de nenhum deles ter lido Gilberto Freyre, eles pareciam partilhar dos ideais freyrianos. Essa experiência não era nova para mim (nem para os cientistas sociais que estudam o Brasil), já que muitas vezes ouvi brasileiros falarem sobre esse assunto e elogiar a ótima relação entre as duas nações irmãs. Uma série de textos que discutem e criticam a ideologia freyriana do luso-tropicalismo, as qualidades positivas da colonização portuguesa e a miscigenação veio-me à mente. Enquanto seguia meu caminho para a entrevista com um pai de santo da Umbanda que tinha muitas relações com Portugal, pensei no modo como os próprios portugueses, em Portugal, conceitualizam essa relação com o Brasil à luz da sua recente conversão às religiões afro-brasileiras.

Começaremos este capítulo com um breve relato de como as religiões afro-brasileiras têm se expandido em Portugal nos últimos vinte anos. Passaremos, em seguida, à caracterização desse cenário religioso a partir de dois pontos de vista. Primeiro, interpretaremos o modo como os líderes religiosos afro-brasileiros (pais e mães de santo) conceitualizam o seu trabalho religioso e como percebem a organização e função das religiões afro-brasileiras em Portugal, sobretudo no que diz respeito à cura e ao melhoramento do bem-estar das pessoas. Em segundo lugar, analisaremos a perspectiva dos seguidores e "consumidores" dessas religiões, focando o modo como uma alteridade religiosa exótica é combinada com um reportório ideológico e uma *tool box* em que a religião surge como uma solução para as situações de crise e em que as noções de cura, bem-estar e melhoramento pessoal têm um papel crucial. O material apresentado neste capítulo foi recolhido ao longo do trabalho de campo conduzido em terreiros em Portugal desde 2006. A pesquisa incluiu entrevistas com líderes rituais e seguidores dessas religiões, assim como pesquisa na internet e no Brasil (sobretudo São Paulo e Fortaleza, em casas com fortes ligações com Portugal).

O Brasil e as religiões afro-brasileiras na velha metrópole

Portugal tem uma história de uma longa relação com o Brasil, começando com o seu papel de colonizadores, entre os séculos XVI e XVII, quando Portugal – e a sua capital, Lisboa – era a metrópole. O Brasil sempre atraiu os portugueses, que emigraram para o Novo Mundo à procura de melhores condições de vida, e tornou-se seu destino favorito durante os séculos XIX e XX. Na segunda metade do século XX, após a revolução de 1974 em Portugal, muitos portugueses simpatizantes do antigo regime fugiram para o Brasil, junto a outros retornados das antigas colônias na África, pois várias delas estavam passando por guerras civis violentas.

Foi só com as mudanças sociais e econômicas pelas quais Portugal passou após os anos 1970, e especialmente com a sua entrada na União Europeia no final da década de 1980, que coincidiu com um período de recessão econômica no Brasil, que o movimento se inverteu e os brasileiros começaram a emigrar para Portugal, com muitos outros migrantes, oriundos dos mais diversos continentes. Os brasileiros são presentemente o maior grupo de imigrantes em Portugal, perfazendo cerca de 24% da população migrante do país.

As complexas mudanças pelas quais o país passou nos anos 1970 e 1980 consubstancializaram-se nas esferas políticas, econômicas e sociais, assim como na religiosa. A liberdade religiosa veio com os direitos adquiridos com a revolução do 25 de Abril, e o país lentamente abriu-se às novas religiões (BASTOS, 2001; BASTOS e BASTOS, 2006) e a novas formas de lidar com as situações de crise e de aflição, como eu e outros já analisamos (SARAIVA, 2010a; 2010b; 2010c; SARRÓ, 2009).

Entre as novas religiões, o Candomblé e a Umbanda têm-se expandido rapidamente. Esse fenômeno foi analisado por Ismael Pordeus Jr., o primeiro antropólogo que trabalhou esse tema. No final dos anos 1990, ele conduziu o estudo de um dos primeiros terreiros em Lisboa. Esse terreiro havia sido fundado por uma mulher portuguesa que se havia iniciado no Rio de Janeiro depois que emigrou ao Brasil, e que, retornando para Portugal em 1974, abriu uma casa de Umbanda (PORDEUS JR., 2000; 2009). Os seus seguidores (filhos e filhas de santo), mais tarde, após as suas próprias iniciações, fundaram os seus terreiros, disseminando a prática da Umbanda e do Candomblé em Portugal (PORDEUS JR., 2009). Com a passagem dos anos, as casas de Umbanda e Candomblé tornaram-se conhecidas e expandiram-se de forma cada vez mais rápida: de quarenta casas em 2008 para cinquenta em 2010. A maioria dos terreiros são de Umbanda ou praticam variedades de Candomblé mais próximas da Umbanda, tal como a Umbanda Omolocô, ou mesmo o que os próprios pais e mães de santo denominam "Umbandoblé", variantes que misturam, de formas variadas, elementos do Candomblé e da Umbanda. Essa situação não é nova e acontece também no Brasil, onde, mesmo se o Candomblé Queto (relacionado com a região da Bahia e a tradição Nagô/Yoruba do Benim e Nigéria) é olhado como a "variante mais pura", a variedade de expressões afro é imensa, e cada terreiro segue a forma ditada pelo seu pai ou mãe de santo (CAPONE, 2004).

A Umbanda, conhecida por ser uma "religião verdadeiramente brasileira", uma síntese do imaginário religioso brasileiro, parece ser a variedade que mais agrada aos portugueses, funcionando como uma "ponte cognitiva" (FRIGERIO, 2004) entre o Catolicismo tradicional e variantes mais africanas, como o Candomblé, sobretudo por causa dos sacrifícios animais e da manipulação de sangue, que são mais dificilmente aceitos (SARAIVA, 2013b). Se tentarmos sistematizar os tipos de rituais e as casas de culto em Portugal, podemos dizer que elas se organizam em três tipologias diferentes, centradas em movimentos migratórios e conexões entre Portugal, Brasil e África (PORDEUS JR., 2009; SARAIVA, 2010a; 2010b; 2010c; GUILLOT, 2009).

No primeiro grande grupo estão os portugueses que, nas suas movimentações pelo Atlântico, trouxeram as religiões afro-brasileiras com eles. Nesse grupo estão os portugueses que eram imigrantes no Brasil, foram iniciados nas religiões afro-brasileiras lá e trouxeram-nas de volta para a velha metrópole. A situação simétrica é ilustrada pelos portugueses que agora vão para o Brasil para serem iniciados ou aí desenvolverem a sua carreira religiosa, já que veem o Brasil como uma Meca religiosa (CAPONE, 2004). O segundo grupo é composto de brasileiros que vieram para Portugal para trabalhar noutras áreas, mas que, chegando a Portugal, viram a oportunidade de desenvolverem o seu conhecimento religioso, e aqueles que vieram com o objetivo específico de abrirem terreiros em Portugal. Nesse grupo estão também brasileiros que vão só por algumas semanas, para darem consultas baseadas no jogo de búzios e que regressam ao Brasil sem constituírem comunidades religiosas. Um terceiro grupo é formado por portugueses que não têm conexões com o Brasil, mas sim com a África. Nascidos numa das antigas colônias e com ascendentes africanos, invocam essas relações para legitimarem a sua autoridade religiosa. Não obstante, os seus discursos levam-nos de volta à construção mítica de uma conexão atlântica entre Portugal, África e Brasil que invoquei no início do capítulo, em que descrevi a cena no ônibus de São Paulo e a sua ligação com os ideais freyrianos sobre o luso-tropicalismo, assim como o conceito de Gilroy sobre o Atlântico Negro.

É importante explicitar que os seguidores das religiões afro-brasileiras são 99% portugueses. Os brasileiros ocupam posições-chave nos terreiros, como pais ou mães de santo ou *ogãs*. Entre outras razões propostas para o sucesso da exportação das religiões afro-brasileiras para países tradicionalmente católicos (ORO, 1985; FRIGERIO, 2004), há dois grupos de argumentos que gostaria de desenvolver. O primeiro refere-se ao encantamento que essas "religiões emocionais" (ORO, 1985) exercem sobre os portugueses. Vários autores (ORO, 1985; PORDEUS JR., 2009; SARAIVA, 2010a; 2010b; 2010c) veem o transe e a possessão como uma continuação de formas de comunicar com o sobrenatural e formas de mediunidade que existiam na clandestinidade durante a ditadura salazarista e que podem hoje em dia ser expressas livremente. Esses componentes das religiões afro-brasileiras parecem estabelecer um contínuo com tradições dos países do Sul do mediterrâneo, em que a religiosidade popular incorpora manifestações de mediunidade e comunicação entre o mundo dos vivos e o mundo dos mortos por meio de mediadores, como o caso da "bruxa" na França (FAVRET-SAADA, 1977), ou o dos "espíritas" ou "corpo aberto" em Portugal e Espanha. Além disso, oferecem novas formas de exercer as capacidades mediúnicas de cada um, inseridas numa moldura religiosa que os indivíduos conceitualizam como oferecendo mais liberdade e empoderamento, pela possibilidade de comunicarem diretamente com o divino:

> É maravilhoso incorporar e ter uma relação direta com o sobrenatural. A Igreja Católica nunca permitiu isso, e tínhamos sempre o padre a dizer que os espíritos eram coisas do diabo (L, mulher, 35 anos de idade).

O segundo grupo de fatores relaciona-se com o fato de que as tradições de base africana são "religiões de aflição" que tratam de situações de *life-crisis* (TURNER, 1967). A maior parte das vezes a adesão a essas religiões começa com consultas destinadas a vencer essas crises relacionadas com saúde, amor ou problemas financeiros. Aos poucos, as pessoas envolvem-se cada vez mais no grupo e eventualmente iniciam o seu caminho para a iniciação. Nessa perspectiva, tendem a reinterpretar os seus problemas por meio da visão da sua nova pertença religiosa. Nessa nova perspectiva, a cura e a solução para as crises de vida são atribuídas à conversão ao culto dos orixás (SARAIVA, 2010c). Um dos seguidores contou-me: "Doente como eu estava, depois de andar de médico para médico, teria morrido se não tivesse encontrado os meus orixás e decidido seguir este caminho" (M, 50 anos).

Aumentando as relações luso-brasileiras: a organização e funções nos terreiros portugueses

Muitos especialistas de rituais que dão consultas de búzios publicam anúncios nos jornais e revistas portuguesas. A maioria dos terreiros e líderes rituais têm *websites* ou alguma outra forma de publicidade na internet, que se tornou em um meio poderoso de expansão e comunicação entre pais e mães de santo e os seus seguidores. A complexidade e o detalhe do *site* dependem da organização do terreiro e do seu grau de fama. Alguns têm ambas as revistas impressas e *online*, que funcionam como uma forma de divulgação e aprendizagem sobre a doutrina das religiões afro-brasileiras para o público em geral.

A maioria dos terreiros têm preferido tornar-se associações sem fins lucrativos, o que lhes confere, de acordo com a lei portuguesa, alguns direitos cívicos. Alguns dos líderes dessas associações deram um passo além e criaram federações usando os modelos federativos da Umbanda brasileira, mesmo se consideram seguidores mais próximos do Candomblé. Das federações existentes em Portugal, a Fenacab pretende ser uma extensão portuguesa da sua congênere brasileira, baseada em Salvador, Bahia, e defensora do Candomblé Queto. O seu presidente é um pai de santo português, investido no seu papel pelo responsável da Fenacab no Brasil. Outra associação, CPCY (antes denominada Apcab), compete com a primeira na defesa dos direitos da religião e cultura africana de raiz Yorubá; e uma terceira, Feuca, está sob a direção de um pai de santo português da Umbanda, o qual pretende criar uma federação baseada na Europa para os cultos afro-brasileiros.

Em 2010, a Fenacab e a CPCY e uma outra associação (Atupo) conseguiram o estatuto de religiões oficiais portuguesas para o Candomblé e a Umbanda, ao lado de outras religiões, como o Judaísmo e o Islamismo. A forma como as associações e federações são criadas está diretamente relacionada com os laços que o sacerdote (ou sacerdotisa) mantém com o Brasil e, portanto, as associações portuguesas pretendem ser filiais portuguesas das originais brasileiras. A "pureza" e o prestígio de um terreiro dependem muito do grau de relacionamento e intimidade que o sacerdote ou sacerdotisa tem com a sede ou federações a que pertencem no Brasil.

No chamado mundo globalizado do século XXI, esses especialistas religiosos estão cientes de como as suas capacidades podem ser usadas para curar e melhorar o bem-estar das pessoas, e isso se torna uma das principais razões para o seu funcionamento. Nos templos de Umbanda, as *giras* ocorrem pelo menos uma vez por semana, e algumas das casas de culto têm sessões de cura específicas. Nos templos de Candomblé, as festas coletivas, *xirê*, acontecem com menos frequência, mas por meio de consultas de adivinhação, o sacerdote/sacerdotisa atende às situações de crise de vida dos clientes.

O princípio da caridade, um dos fundamentos da Umbanda, é o grande guia para todo o trabalho realizado nas sessões de cura umbandistas, mas também é usado como uma base para o trabalho dos sacerdotes do Candomblé. Entre esses sacerdotes, alguns tentam permanecer mais ligados aos princípios fundamentais da sua religião e lutam pela "pureza africana", removendo outros princípios esotéricos. No entanto, a grande maioria dos ritualistas afro-brasileiros praticam Umbanda ou alguma variante mista de Umbanda e Candomblé, como vimos anteriormente.

A atração que os portugueses sentem por essas religiões também está relacionada com uma maior abertura a novas coisas em geral (novas ideias, novos rituais, novas práticas de cura) nos últimos vinte anos. Para a maioria dos portugueses que procuram ajuda em suas situações de crise de vida, a Umbanda e o Candomblé aparecem como uma opção, entre outras de que ouviram falar ou experimentaram. Muitas vezes, a experiência com as religiões afro-brasileiras segue uma linha de experiências sucessivas, como práticas Nova Era (Reiki, leitura de palmas das mãos), que são oferecidas pelos especialistas rituais e anunciadas em suas revistas e lojas esotéricas. Por exemplo, "Povo de Santo e Asé", uma revista publicada pela Anacab, tinha na capa de uma de suas edições um grande anúncio sobre Feng Shui, sob o título "Os segredos do corpo revelado pelo Feng Shui". Na mesma linha, a Atupo, outra grande associação de Umbanda com sede em Braga, uma cidade no norte de Portugal, tem regularmente artigos sobre Nova Era e sobre o que eles chamam de "práticas de cura alternativa".

Tomemos o caso de um pai de santo que enfatiza a sua relação com a África. Seu pai nasceu em Goa (Índia) e sua mãe era portuguesa, mas o casal vivia em Angola com os seus filhos. O Pai C. salienta o poder que ele recebeu da África, e como, tendo sido iniciado por outro pai de santo português (que era um filho de santo de um dos primeiros líderes do sexo feminino), ele nunca sentiu uma necessidade real de ir ao Brasil, já que "Brasil, Portugal e África estão ligados, é o mesmo fluxo de energia". Esse sacerdote ilustra o caso de um líder religioso que usa todos os tipos de técnicas e peças de esoteria religiosas para fazer seu trabalho. Ele me disse:

> Quando eu era criança, estava interessado em todos os tipos de histórias sobre mitologias. Fui iniciado na Umbanda com a idade de 18 anos, mais tarde, no Candomblé, e, mais tarde, também em cultos celtas, Kardecismo e mesa branca. Fiz cursos de Aromaterapia, Cromoterapia, Gemotherapia, Reiki, Feng Shui, Shenchin, Skem, corpo-espelho, Tarô, florais St. Germain, florais australianos, cursos de regressão, xamanismo, viagens astrais, Astrologia, Quiromancia, Numerologia [...] os últimos [que fiz] foram sobre a magia do fogo e das pedras, e eu vou-me inscrever no próximo sobre a magia das folhas e dos anjos.

Este não é um caso isolado. Muitos desses líderes rituais que não têm terreiros, mas dão consultas, são donos de lojas esotéricas que vendem livros sobre práticas da Nova Era, com parafernália importada do Brasil para ser usada em todos os tipos de rituais. Essa incorporação de princípios e técnicas diferentes para curar o corpo material e espiritual não vai contra o que é considerado equilibrado e saudável dentro das religiões afro-brasileiras, como veremos a seguir. Essa é a razão principal pela qual eles se combinam tão bem, tanto na perspectiva dos curadores rituais como na perspectiva dos usuários.

Cura e autoaperfeiçoamento com a ajuda dos orixás

As pessoas procuram as consultas de especialistas rituais para resolver situações de crise de vida. Além da doença propriamente dita, os problemas de pobreza, amor e trabalho geralmente se expressam pelo corpo. Assim, a face visível de tais problemas consiste amiúde em problemas de saúde. Essa é uma das principais razões que leva os portugueses aos terreiros. Certamente, situações de crise de vida sempre existiram e foram tratados pelos portugueses como noutros lugares do mundo. O que eu quero aqui salientar é que o que as religiões e terapias afro-brasileiras oferecem hoje em dia são alternativas às práticas mais antigas, como as que integram o Catolicismo tradicional e a noção de "religiosidade popular" que incorporaram várias formas de lidar com o sobrenatural e com situações de crise de vida, como Jeanne Favret-Saada (1977) discutiu em seu trabalho sobre a bruxaria na França rural.

Há um lado muito prático para a adesão a tais sistemas religiosos que se conecta diretamente ao conceito do que é um indivíduo e o que significa "estar bem". A cura é central tanto na Umbanda como no Candomblé. Normalmente, as pessoas explicam como encontraram as religiões afro--brasileiras, dizendo "se não veio pelo amor, veio pela dor". Em geral, as religiões afro-brasileiras lidam com situações de crise de vida que têm de ser tratadas e superadas. Dentro dessa lógica religiosa interna, muito se refere à saúde. As doenças e o mal, em geral, são categorias sociais explicadas de acordo com a visão de mundo do Candomblé e Umbanda. Portanto, tanto a doença como o seu diagnóstico não podem ser dissociados da sua cosmologia e conceitualizações mágico-religiosas, refletindo as relações sociais e os princípios básicos deste universo (BARROS & TEIXEIRA, 1989, p. 41; SILVA, 1995; BRUMANA e MARTINEZ, 1991, p. 73). A maioria dos rituais são estratégias para a restauração do bem-estar físico, mental e social.

A concepção de bem-estar implica uma percepção holística da pessoa, em que o corpo e a mente estão interligados; ser saudável significa estar equilibrado e, simetricamente, o equilíbrio é identificado com a saúde (SILVA, 1995; PORDEUS JR., 2000). Se uma pessoa está doente, isso significa que o seu equilíbrio foi perturbado. Isso pode ter várias causas que dizem respeito diretamente a falhas no cumprimento dos próprios deveres para com os espíritos dos mortos, e só podem ser curadas se essas obrigações forem cumpridas, restabelecendo assim o equilíbrio entre o indivíduo e seu orixá. A doença se origina, assim, a partir de um desequilíbrio nas forças que vêm do sobrenatural e agem sobre o corpo. No caso das religiões afro-brasileiras, a noção de *axé* é central para essa concepção. *Axé* pode ser definido como uma força vital e energia invisível e sagrada presente em todas as divindades, seres naturais e coisas. Essa energia precisa de certos rituais para ser dinamizada. Nos rituais, é por meio do canto (*pontos cantados*), da batida dos tambores e de outros espetáculos que essa força entra em ação. Os deuses são assim convocados para vir à presença dos vivos.

Possessão e o corpo

No processo de construção do carácter sobrenatural da doença, a cura do corpo humano transforma-se no mais importante *locus* de ação, em que a crença e as emoções estão concentradas e em torno do qual uma série de representações que ultrapassam largamente a caracterização biológica do corpo humano são construídas.

Assim, crenças e sentimentos centram-se no corpo, enquanto um conjunto de representações que vão além da simples caracterização biológica dos seres humanos é construída. Se esses princípios são a base para as religiões afro-brasileiras em seu "país de origem" (Brasil), eles se tornam uma espécie de "lei de Deus", uma vez que são deslocados e os indivíduos que executam os rituais são portugueses. A fenomenologia das religiões afro-brasileiras é personificada pelo português e torna-se uma "bíblia", que deve orientar não só a vida nos terreiros, mas toda a vida cotidiana. O que se segue, portanto, vem das conclusões a que cheguei depois de ouvir a interpretação que os meus informantes fazem do que leem nos livros provenientes do Brasil ou o que ouvem nos ensinamentos de seu pai ou mãe de santo.

Para os seguidores dessas religiões, o papel do corpo se relaciona diretamente com dois aspectos. Um deles é a importância da relação permanente e constante que os vivos mantêm com o mundo dos mortos, que tiveram um corpo físico, mas agora são apenas seres sem uma aparência concreta. O fato de que a relação entre o mundo dos vivos e o dos mortos é crucial também é visível na concepção da vida, que implica não só a relação da família com os parentes vivos, mas também com os mortos, que se tornaram, na maioria dos casos, os antepassados, espíritos ou deuses.

Essa relação nos leva ao segundo aspecto, que diz respeito à importância do corpo e ao papel central que a incorporação por espíritos desempenha nessas religiões. O fenômeno da possessão é da maior importância e a base para o próprio sistema religioso; tais sistemas religiosos operam por meio da gestão sistemática do corpo como o *locus* para a manifestação do sagrado (BRUMANA e MARTINEZ, 1997, p. 11). O veículo de comunicação com os deuses e os espíritos, conceitualizados como representações das forças da natureza, é o corpo humano, que se torna um "cavaleiro divino" (DEREN, 1970), um veículo para a manifestação física dos espíritos e sua comunicação com os vivos. A possessão suprime, ainda que temporariamente, a distância entre o mundo dos humanos e o dos deuses. Como Marcio Goldman (1987, p. 111) coloca:

> No Candomblé [...] o transe e a possessão [...] suspendem todas as distâncias entre o *Aiê* e o *Orum*, fazendo com que os orixás encarnem nos homens e transmitam alguma coisa da sua essência divina, ao mesmo tempo que uma certa dose de humanidade lhes é insuflada pelos fiéis que concordam em recebê-los.

A possessão só é possível por meio da vida, e as religiões com cultos de possessão são religiões que celebram a vida e a comunicação. Um indivíduo só pode experimentar a posse e, portanto, entrar na esfera de alta comunicação com os deuses por meio de um complexo processo de iniciação em que o corpo da pessoa desempenha um papel essencial. A possibilidade de experimentarem o transe e a possessão é de fato uma das razões que trazem os portugueses para essas religiões, como expliquei anteriormente.

O corpo iniciado

Nas religiões afro-brasileiras, a possibilidade de uma pessoa ser médium é muitas vezes expressa por meio de queixas físicas, sinais dados pelos deuses de que essa pessoa deve trilhar o caminho da iniciação e aprender a domesticar as suas capacidades mediúnicas. Subjacente está a ideia de que o desequilíbrio deve ser corrigido, sob pena de a condição se agravar e poder até levar à morte de um indivíduo. A percepção de que os deuses e as entidades são cruéis, rígidos e não aceitam recusas, discutida amplamente na literatura antropológica, aplica-se aqui com toda a segurança: se a pessoa é escolhida, não pode virar as costas e não aceitar essa condição, sob pena de morrer ou de alguém na sua família sofrer graves retaliações.

O despertar para a iniciação é frequentemente associado com problemas de saúde, visível em distúrbios no organismo. Muitas vezes, é a recorrência de distúrbios de saúde que abre a possibilidade de que a pessoa possa ter sido escolhida pelos deuses para ser o seu "cavalo". Alguns exemplos retirados de meu trabalho de campo em Portugal ilustram essa ideia. Uma mulher que mais tarde se tornou a mãe de santo de um terreiro de Candomblé em Lisboa sofria de problemas de saúde recorrentes relacionados com a sua capacidade mediúnica. Só depois que ela aceitou totalmente esse poder e começou seu processo de iniciação conseguiu superar seu sofrimento e doenças físicas. Uma das jovens que frequenta esse terreiro está passando por problemas pessoais (ela agora está separada do marido e tem dois filhos) que afetam diretamente seu bem-estar. Ela sofre de ansiedade, muitas vezes tem falta de ar, sente-se sufocada e queixa-se de dores agudas no peito. O pai de santo considera que isso é também devido aos seus poderes mediúnicos latentes, que precisam ser desenvolvidos, mas o processo é longo e difícil. Ela cura-se a si mesma por meio de banhos de ervas e está lentamente aprendendo a lidar com as suas capacidades como médium. Em outro caso, uma mulher que havia sido colocada em uma instituição de saúde mental, acusada de ouvir vozes e quase ter matado seu próprio filho, foi curada com a ajuda de um pai de santo que a fez aceitar seus poderes mediúnicos e passar pelo longo e árduo processo de iniciação.

O processo de iniciação e a criação de um novo terreiro também revelam os aspectos interpessoais e internacionais de difusão de tais práticas, tais como pais e mães de santo que viajam do Brasil para Portugal e outros países europeus para dar consultas, mas também para realizar iniciações. Os rituais de iniciação em Portugal seguem o mesmo processo do Brasil. Os rituais preliminares na iniciação incluem a *lavagem das contas*, em que a pessoa recebe o colar feito de contas das cores do orixá pessoal (previamente identificado pelo pai de santo); o *bori*, um rito que reforça a relação da pessoa com os seus orixás e o terreiro e que requer um período de reclusão e descanso; o *assentamento*, em que a representação material do orixá pessoal é reconhecida ritualmente e esses objetos são sacralizados; e, finalmente, a *feitura*, em que se conclui a iniciação.

Desse modo, o processo de iniciação formaliza o pacto entre o indivíduo e as divindades; essa relação implica uma conexão direta com os deuses, mas também a integração social do indivíduo na sua congregação religiosa. A ligação com os deuses dá-se pela identificação com os elementos naturais (água, fogo, terra e ar) e os fenômenos meteorológicos, as cores, os dias da semana, os animais e as espécies minerais e vegetais. Cada orixá está ainda relacionado com determinadas atividades, padrões de personalidade e comportamento.

O apuramento do orixá de cabeça da pessoa (*dono da cabeça*) é geralmente feito por meio de um processo de adivinhação em que o pai ou mãe de santo faz o jogo de búzios. Mas mesmo antes disso, qualquer pai ou mãe de santo experiente consegue perceber, pela cuidadosa observação da personalidade, comportamento, reações, qual o orixá de cabeça da pessoa. Esse processo de apuramento é confirmado no jogo de búzios, o processo de adivinhação em que se ratifica essa pertença.

Quando se identifica o orixá da pessoa, passa-se em seguida ao mapeamento do corpo de acordo com a relação que se estabelece com os deuses que formam o seu panteão pessoal (SILVA, 1995). O líder religioso identifica, não só orixá de cabeça, mas também o *juntó*, o orixá de trás, o que ocupa o peito etc. O corpo é assim inteiramente concebido e organizado como uma manifestação do sobrenatural. Dessa forma, a cabeça é conceitualizada como o *locus* da decisão, em que razão e emoção se encontram. A expressão ritual "fazer a cabeça" significa a descoberta do *self* enquanto pessoa e, ao mesmo tempo, o estabelecimento de um laço social sério e permanente com a comunidade religiosa.

O corpo transforma-se assim numa espécie de livro que pode ser lido, interpretado e manipulado pelos especialistas religiosos (BARROS e TEIXEIRA, 1989), seguindo certas lógicas ideais. Esse mapeamento do corpo é uma fonte de interesse e curiosidade para os portugueses, recém--chegados a essas religiões, como uma seguidora notou: "Sente-se que nos ligamos realmente ao divino, nossa cabeça, nosso corpo [...] é como os anjos da guarda, mas melhor" (A, 22 anos).

Por exemplo, a parte frontal do corpo está relacionada com o futuro, e as costas com o passado; o lado direito é masculino e o lado esquerdo feminino; os membros inferiores ligam-se aos antepassados. Em todos os rituais deve-se permanecer descalço, para que as solas dos pés estejam em contato direto com o chão, de modo a estabelecer a conexão com os poderes que imanam da terra. As mãos são o veículo de entrada e saída das forças que vêm dos orixás, incorporados nos seus filhos e filhas. As palmas das mãos abertas, viradas para cima, em frente ao corpo, exprimem a aceitação da submissão à vontade dos orixás, como quando se pede a bênção ao pai/mãe de santo. Dentro da mesma lógica, é com as mãos que os médiuns incorporados realizam a purificação ritual, pelos *passes* que limpam as pessoas dos maus fluídos e energias negativas. Carregadas de energia positiva, as mãos do médium executam determinados movimentos ao longo do corpo da pessoa, do topo da cabeça até aos pés, batendo no final com firmeza no chão, para descarregar todas as más vibrações, purificando assim corpo e espírito.

Perder o equilíbrio

A importância de manter um equilíbrio para se estar saudável implica a pressuposição da importância de manter uma boa relação entre os dois mundos, o dos vivos e o dos mortos, ou entre os humanos e o sobrenatural. Só se essa relação se mantiver positiva existirá um equilíbrio; caso contrário, os problemas surgem. Desde o começo do processo de iniciação, o corpo é pensado como o centro das inscrições que os orixás desejarem fazer e como símbolo do pacto social e religioso que se instala entre o deus e o indivíduo (BARROS e TEIXEIRA, 1989, p. 49). Diferentes ações negativas têm consequências variadas, e é no corpo que se manifestam e se tornam visíveis os distúrbios decorrentes dessas faltas.

Uma das possibilidades é a marca ou ação do orixá sobre alguém escolhido para ser iniciado, como vimos. O sinal de que a pessoa foi escolhida pelos deuses para desenvolver a sua mediunidade manifesta-se por meio de problemas físicos, que desaparecem quando a pessoa aceita a sua condição e começa o processo de iniciação. Uma segunda possibilidade é a doença ser uma ação ou marca em alguém que negligenciou as suas obrigações e deveres rituais para com os deuses ou antepassados. A violação de regras e a transgressão de tabus (sexuais, alimentares) é, como tal, também uma causa para o surgimento de queixas físicas. O que a pessoa faz afeta não apenas a ela, mas a toda a família de santo, e só pode ser reparado por meio de um estrito cumprimento dos rituais e ações prescritas. Já que tais violações põem em risco a posição do indivíduo enquanto membro de uma congregação, são vistas como extremamente perigosas e devem ser tratadas pelo pai ou mãe de santo, que define as sanções e as purificações rituais que devem ter lugar a fim de restaurar o equilíbrio individual e social.

Uma terceira causa de distúrbios advém de um contato excessivo com os espíritos dos mortos, os *eguns*; tal situação ocorre no caso de uma morte recente na família que não tenha sido tratada adequadamente, isto é, em que não se tenham realizado todos os necessários rituais de purificação. A ocorrência de tal falta ritual leva a que os espíritos dos mortos não sigam o seu caminho para o outro mundo e façam os vivos sofrer pela sua negligência. A realização de ritos de purificação e a oferta de *ebós* reinstalam as fronteiras entre a vida e a morte e restabelece o equilíbrio e o bem-estar.

A contaminação devido a agentes naturais pode também ser uma causa de problemas físicos. Contudo, apesar de a doença ser provocada por agentes patológicos, há a noção de que estes atacam a pessoa porque ela está frágil, a sua força interior (o seu *axé*) está fraca, e mais uma vez é necessária a realização de ritos de purificação para restaurar a força vital da pessoa.

Curar em português de Portugal

No seio de uma religião que celebra a vida por meio do uso do corpo, manter um corpo saudável é uma prioridade máxima. Dessa forma, todos os procedimentos terapêuticos devem começar com as práticas (como os rituais de limpeza do corpo) que restauram um bom relacionamento entre o mundo dos vivos (os indivíduos e sua estrutura física) e o mundo dos deuses. Todas as cinco causas de distúrbios mencionadas estão diretamente ligadas ao fato de se ser um membro de uma congregação religiosa. Mas, em muitos terreiros (em Portugal como no Brasil), há uma categoria importante de pessoas que vão inicialmente como clientes, em busca de alívio para suas situações de crise de vida em que os problemas de saúde são proeminentemente visíveis. Como vimos, esta é uma das principais razões para a atração pelas religiões afro-brasileiras dos portugueses. Uma das minhas informantes, uma jovem mulher num dos terreiros de Candomblé de Lisboa que sofria de problemas desde a infância, ouvindo vozes e vendo espíritos, foi diagnosticada na sua adolescência como sofrendo de transtorno bipolar e foi submetida a tratamento psiquiátrico. Mais tarde, ela começou a ir a um terapeuta brasileiro e acabou num terreiro de Candomblé, onde começou o processo de iniciação para se tornar uma *filha de santo*. Quando lhe foi diagnosticado câncer da mama, ela procurou uma mistura de cura esotérica por meio de magnetismo, terapia das pedras e gemoterapia (SARAIVA, 2010a; 2010b; 2010c). Mas, acima de tudo, ela argumentou que o que realmente funcionou foi a ajuda dos orixás:

> Quando eles descobriram o câncer, os médicos não queriam operar, porque o câncer era muito grande, e eu tive que passar por quimioterapia, e em quatro meses o câncer passou de 10 para 5 centímetros. Quando eu comecei a quimioterapia também foi quando eu fiz as primeiras obrigações ao meu orixá. Quando eu comecei as cerimônias de iniciação do câncer estava 12 centímetros; em poucos dias diminuiu 10 centímetros, e a dor e o sangramento cessaram. Após a operação, o médico me disse que eu nunca seria capaz de mover meu braço novamente. Duas semanas depois eu recebi Ogum (meu orixá de cabeça) e daquele dia em diante eu era capaz de mover meu braço em todas as direções, como se nada tivesse acontecido. Tenho certeza de que teria morrido se não fosse pelos orixás. (Laura, 31 anos, desempregada)

O diagnóstico para os problemas é muitas vezes relacionado com um encosto (espírito de um morto que não atingiu o seu lugar no além), e a purificação é o primeiro passo para a cura. Muitas vezes, essas pessoas que chegam aos terreiros pela doença acabam por descobrir a sua mediunidade e começam a percorrer o caminho da iniciação. Em qualquer dos casos, após o diagnóstico, realizado pelo especialista religioso usando os métodos divinatórios anteriormente explanados, a cura implica a restauração da unidade fragmentada pela perda do axé. Apesar de as sequências rituais serem diferentes de terreiro para terreiro, basicamente compreendem sempre um período de preparação, em que a pessoa se desliga das suas atividades mundanas, seguida dos primeiros ritos de limpeza e purificação. Estes incluem libações, banhos de ervas, uso de ervas para colocar por cima da parte do corpo lesada, defumações, uso de pólvora e passes. Algumas entidades especializadas na cura, como é o caso dos pretos velhos, fazem também massagens ou cura por meio do toque.

As plantas, ervas e raízes usadas nas terapias todas têm um significado específico e uma relação particular com os orixás. Do mesmo modo que cada orixá requer o sacrifício de um determinado animal e a oferenda de uma comida específica, também cada um deles tem uma relação especial com o mundo vegetal. Como tal, as plantas são usadas não apenas nos ritos religiosos, mas também nos ritos terapêuticos. Um dos aforismos recorrentes nos terreiros é *kosi ewe, kosi orisha* (sem folhas não há orixás).

A grande maioria dos ritos de purificação requer o uso de plantas, já que as folhas são consideradas uma das fontes primordiais de axé. Os pais e mães de santo muitas vezes afirmam que o uso da folha correta pode matar ou curar um indivíduo: as folhas "quentes" (associadas com os orixás do fogo e da terra, como Ogum e Exu) agitam as atmosferas, as emoções e os indivíduos e podem causar mal, enquanto que as folhas "frias" (relacionadas com os orixás da água e do ar, como Oxum e Oxalá) apaziguam e tranquilizam. O conhecimento profundo da adequação das plantas e das folhas a cada ritual ou terapia é, portanto, uma das mais importantes qualificações de qualquer pai ou mãe de santo respeitado (SILVA, 1985, p. 209). Associadas à proclamação de palavras mágicas que potencializam a sua eficácia, flores, plantas, ervas, raízes, sementes e cascas de árvore são usadas na preparação de medicamentos, bebidas e libações profiláticas (CAMARGO, 1989). Na diáspora, a importação de ervas e folhas envolve certas dificuldades, e muitos pais de santo que viajam ao Brasil retornam com malas cheias de plantas. Quando não é possível obter as plantas originais, estas são substituídas por outras, que se encontram em Portugal, as mais parecidas possível (em forma, aroma, características ou efeitos terapêuticos) com as originais.

A sequência final é a oferta de *ebós* (oferendas aos orixás), começando geralmente com uma oferta para Exu, já que ele é o orixá concebido como mensageiro e mediador entre os humanos e os deuses, personificando assim a comunicação entre os dois mundos. Os *ebós* de saúde são preparados com determinados ingredientes e seguindo determinadas regras rituais que respeitam a relação direta com o mal que se pretende curar e, sobretudo, o orixá diretamente ligado a essa pessoa. Cada orixá tem uma comida própria, preparada a partir de ingredientes específicos. Por exemplo, Exu prefere rum e alimentos feitos de feijão e azeite de dendê (óleo de palma); Obaluaiê, sendo o orixá responsável pela doença, gosta de receber pipoca, as "flores de Obaluaiê". Tal como acontece com os outros orixás, o tipo de alimento a oferecer está diretamente ligado aos mitos fundadores e às histórias de vida de cada um deles. Assim, de acordo com o mito, Obaluaiê estava doente, com varíola, e foi curado por Iemanjá (orixá associado com a água salgada, o mar), tornando-se o símbolo para a transformação da doença em saúde; o aspecto da pipoca se relaciona com as marcas ásperas que a varíola deixa na pele. A aparência estética dos alimentos também é importante, uma vez que eles são concebidos como oferendas para agradar os deuses; por isso, sofisticados bolos de inhame em forma de serpente são dados a Oxumarê (orixá que simboliza renovação e movimento e é personificada como um arco-íris--cobra) e comidas de farofa ou farinha de milho e dendê para os Exus.

Cada terapia envolve elementos específicos, que dependem das características dos pacientes e das suas energias, as especificidades dos seus orixás, os traços da própria doença. As práticas terapêuticas envolvem não apenas a cura imediata, o tratamento dos sintomas, mas também um objetivo profilático, tal como a prevenção do mau olhado, inveja ou outros problemas. Qualquer terapia é supervisionada por um orixá ou pela entidade responsável, e são eles que indicam quais os métodos curativos apropriados, os ingredientes a serem usados, e são eles próprios que, em última análise, procedem à cura, incorporados nos seus cavalos:

> Toda a cura que ocorre aqui é supervisionada pelas entidades espirituais que dirigem a casa. Foi o guia de casa (Guia), Mestre Pé de Vento, que escolheu os médiuns para trabalharem no grupo de cura e é ele que dirige e convoca todas as outras entidades que trabalham com os médiuns nas sessões de cura. (Cl, pai de santo)

Além das *giras*, sessões em que os pretos velhos e os caboclos dão consultas e exercem caridade ajudando as pessoas, há sessões de cura específicas, que têm lugar por meio de consultas em privado com os especialistas rituais ou, em alguns terreiros, com a presença de um grupo de médiuns especializados na cura. Tanto a nível privado como coletivo, as sessões de cura juntam os princípios da purificação e reenergização da Umbanda e Candomblé, e um vasto universo de terapias e práticas, como descrevemos anteriormente, bastante recentes para os portugueses. O primeiro caso pode ser ilustrado pelo pai de santo a que nos referimos (C) que defende que, quando as pessoas vão para a consulta (habitualmente o jogo de búzios), ele deixa o seu instinto sentir o que será o melhor tratamento para cada caso. Desse modo, pode reenviar os consulentes para uma consulta de reivindicação ou recomendar um banho de ervas purificante:

> Eu faço o jogo de búzios e vejo o que as queixas são; posso usar qualquer uma dessas terapias para curar a pessoa, dependendo do caso e do que é melhor para ela. Embora na Umbanda e Candomblé sejam as entidades que curam a pessoa, as diferentes esferas estão todas ligadas; por exemplo, quando estou realizando uma sessão de Reiki peço mentalmente às forças espirituais para enviar uma entidade (um guia) para dirigir-me. O importante é fazer com que as pessoas se sintam melhor.

A mesma lógica é seguida nos terreiros em que se opta por uma aproximação mais coletiva, como uma mãe de santo que dirige sessões de cura e em conjunto com os seus médiuns relata:

> O trabalho no terreiro é complementado com as sessões de cura. Na maioria das vezes as pessoas vêm com problemas familiares ou problemas de amor que são somatizados e criam problemas de saúde. Estas situações são identificadas nas sessões semanais e redirecionadas para as sessões de cura. (Mãe V)

Noutro terreiro, no qual eu tenho participado em várias sessões de cura, estas usam técnicas de concentração, plantas, cristais, terapia das pedras, numa sala com uma atmosfera extremamente calma. As sessões normalmente iniciam-se com uma conversa prévia entre a chefe do grupo de cura e o paciente; essa conversa enfatiza a relação entre a biomedicina e a cura religiosa, assim como o papel das outras técnicas que ajudam a melhorar o bem-estar do indivíduo. Por exemplo, numa das sessões a que assisti, a paciente explicou que sofria de hepatite crônica e que os médicos tinham recomendado que ela fizesse uma biópsia, que ela não queria fazer. A sessão de cura foi dirigida para a restauração do equilíbrio do corpo, para que ela não precisasse fazer esse exame médico, como a médium explicou: "Fazemos trabalho complementar com o dos médicos para ajudar as pessoas a sentirem-se melhor" (Cr., grupo de cura). Na sala onde a sessão teve lugar, a responsável pelo grupo de cura apelou à concentração e chamou as entidades que desceram para os ajudar. A sessão durou cerca de vinte minutos, durante os quais a médium colocou as suas mãos sobre o fígado da paciente.

Salvos pelo preto velho

Se olharmos agora para o modo como os seguidores e clientes dessas religiões veem o que acontece com eles, podemos pensar as noções desenvolvidas por Paula Montero (1985) sobre a doença como desequilíbrio e o modo como essas noções são incorporadas na Umbanda e no Candomblé. Como Montero explicita, as fronteiras entre o que é concebido como "doença física" e "doença espiritual" são extremamente permeáveis. Os clientes queixam-se que a medicina oficial não "consegue ver a doença", porque ela é "de uma natureza diferente", não passível de ser detectada pelos instrumentos e técnicas de diagnóstico da medicina oficial; e, mesmo que a identifique, não a consegue curar, já que a origem do problema está noutro lugar:

> Eu estava muito doente, mas os médicos não conseguiam entender o que estava acontecendo. Foi o preto velho quem me disse que havia algo no meu peito, que precisava ser tratada. Foi ele o primeiro a compreender o que estava acontecendo, muito antes dos médicos me dizerem que eu tinha câncer. (S., 29 anos, secretária)

Frequentemente os indivíduos procuram ajuda noutras práticas terapêuticas e o encontro das religiões afro-brasileiras é visto como o fim de um caminho que tiveram de percorrer para terem melhoras:

> Primeiro fui a um terapeuta brasileiro, que usou Aromaterapia e Cromoterapia; daí fui para o terreiro, e descobri a força dos orixás. Quando o meu câncer de mama foi diagnosticado, fiz cura de magnetismo, mas eu certamente teria morrido se não fossem meus orixás. (L., sexo feminino, 31 anos, caixa do supermercado)

Não obstante, a maioria das pessoas partilha a visão do pai C. e veem as práticas de Nova Era que chegaram a Portugal com as religiões afro--brasileiras como complementares. Sem grande conhecimento sobre todas as diferentes práticas, tendem a classificá-las de uma forma que reúne conceitos de energia e bem-estar:

> Os médicos disseram que não havia cura e que eu devia ir ao bruxo [feiticeiro]. Poucas pessoas conhecem a Umbanda aqui. Eu também fui aconselhada a tentar outras terapias. Fui a um homem japonês que me disse que ele não podia fazer nada por mim, porque eu já estava sendo tratada num templo sagrado e estava sendo bem tratada, já que o templo tem uma boa luz e energia. É claro que ele estava se referindo ao templo de Umbanda, mas eu lhe tinha contado nada sobre isso [...]. Eu acho que nas outras terapias sentem a energia da Umbanda, há uma boa conexão espiritual entre eles. (A., 49 anos de idade, dona de casa)

> Fui operada de uma hérnia de disco duas vezes seguidas. O médico me disse que eu nunca mais seria capaz de me sentar por mais de vinte minutos, e eu sempre teria de praticar muito exercício, para desenvolver os músculos entre os discos. Mas eu não tenho tempo para o exercício. Agora sou relações públicas de uma empresa e dirijo cerca de 200 km por dia. Quando eu saio da *gira* de sábado me sinto bem, e isso permite-me aguentar a semana de trabalho. Sem a ajuda das entidades de Umbanda, eu nunca poderia lidar com isso, estaria com muita dor. Com a quantidade de quilômetros que viajo e o estresse, eu só sou capaz de levar tudo com a sua ajuda. (T., sexo feminino, 39 anos, relações públicas)

Em geral, os indivíduos relatam que as religiões afro-brasileiras e as suas práticas de cura lhes transmitem uma sensação de "grande calma e paz". Isso poderia parecer contraditório com o empoderamento que sentem por conseguirem incorporar e receber entidades sobrenaturais e a necessidade de isso "ser trabalhado", como se referiu um pai de santo:

> Tudo isso requer muito trabalho, de modo que os médiuns em desenvolvimento entendam que ninguém é mais importante do que outra pessoa, e que estamos aqui, usando todas as técnicas possíveis, para fazer as pessoas se sentirem melhor [...] que é o nosso papel. Estou aqui para ajudar o português e eu não posso voltar para o Brasil, já que as pessoas precisam de mim aqui. (Pai Cl)

Isso traz-nos de volta à questão das conexões entre Portugal e o Brasil e a necessidade de implementar mais pesquisa sobre a construção simbólica dessa relação e o modo como os indivíduos dela se apropriam – no caso da minha pesquisa, o modo como os portugueses que frequentam os templos afro-brasileiros os compreendem, e ainda o modo como pais e mães de santo brasileiros em Portugal falam sobre esses aspectos. Por exemplo, uma mãe de santo relatou-me:

> Os brasileiros transmitem uma energia muito boa, que dá boas vibrações. Porque somos brasileiros temos uma visão diferente dos portugueses. O próprio país (Brasil) tem uma energia que transmite isso; é um país em ritmo acelerado, um país miscigenado, o racismo é combatido [...] aqui, em Portugal, as pessoas estão muito acostumadas a falar sobre suas doenças, falam sobre isso o tempo todo: você conhece alguém, e ela começa a falar sobre suas doenças, seus problemas. É muito pesado; no Brasil tudo é mais leve. (Mãe V.)

Esse discurso relaciona-se com a forma como os portugueses pensam o Brasil no que diz respeito a religiões afro-brasileiras. O Brasil é louvado como a "terra-mãe" dessas religiões. Como vimos, muitos dos líderes religiosos são realmente oriundos do Brasil, e também é para o Brasil que vai a maioria dos portugueses que querem ser iniciados nessas religiões. De fato, o Brasil surge numa posição pivô como a origem dos cultos afro-brasileiros. De fiéis católicos regulares, os portugueses tornam-se assíduos frequentadores das lojas esotéricas, compram livros sobre Umbanda e Candomblé e sonham em ir a um terreiro em Salvador, Bahia. Ter ido lá é um motivo de orgulho e alegria:

> Eu fui lá no ano passado com o meu filho! Eu sonhava em fazer isso a partir do momento em que comecei a frequentar este terreiro aqui em Portugal, há três anos. Eu queria ir à fonte, à origem. Foi uma experiência maravilhosa! (S, 55 anos, escriturária)

Num país com um elevado número de imigrantes brasileiros, a minha primeira suposição quando eu comecei a minha pesquisa foi que tais templos estariam cheios de brasileiros, em busca de práticas na sua diáspora que eles conheciam de sua terra natal. Pelo contrário, nos terreiros ambos os iniciados que incorporam os espíritos (filhos e filhas de santo) e os clientes são quase exclusivamente portugueses, e muito poucos brasileiros os frequentam, preferindo juntar-se às igrejas neopentecostais. Isso está diretamente relacionado com os estereótipos e a estigmatização que os brasileiros sentem em Portugal. Os brasileiros afirmam que os portugueses os rebaixariam se eles frequentassem as sessões de Umbanda ou Candomblé: "Os portugueses pensariam que fôssemos fazer feitiçaria, eles iriam rebaixar-nos ainda mais".

Na verdade, os brasileiros imigrantes em geral são frequentemente alvos de racismo por parte dos portugueses. Os homens brasileiros estão associados à "homossexualidade" no imaginário português, e isso é usado para afirmar que os homens brasileiros são muito bons como garçons de bar, e as mulheres brasileiras são vistas como potenciais prostitutas, ou pelo menos como facilmente abertas a relações sexuais com qualquer um (ver MACHADO, 2002; PADILLA, 2003). Nesse sentido, a religião oferece um modo feliz de escapar a tais estereótipos e transforma a "homossexualidade" brasileira num objetivo nobre. Num contexto de suposta "fraternidade" e afinidades entre as duas culturas (FELDMAN-BIANCO, 2001), é impressionante como um estereótipo espelha o outro e inteiramente inverte a situação: ambos são atraídos pelas religiões afro-brasileiras, mas são os portugueses que sentem o apelo de Iemanjá e se tornam seus seguidores (SARAIVA, 2010a; 2010b; 2010c).

Considerações finais: simetrias e oposições

O discurso elogiando as qualidades dos brasileiros nos leva a uma posição simétrica daquela com que comecei este texto, em que as qualidades dos portugueses foram elogiadas pelo motorista de ônibus. No primeiro caso, os portugueses são elogiados por um sociólogo brasileiro que escreve sobre as qualidades excepcionais dos portugueses na criação da sociedade brasileira, na qual ele é seguido pelo homem comum. No segundo, temos um caso de hibridização religiosa dos portugueses, que escolhem interagir com as religiões vindas do Brasil, que eles louvam como pura, forte e útil para suas vidas.

Em Portugal, existem terreiros para todas as classes sociais, em diferentes regiões do país e em diferentes cidades, desde bairros de classe alta aos de classe trabalhadora, e assim não se pode afirmar que é estritamente um fenômeno de classes mais baixas. Cada terreiro é uma espécie de reino no qual os líderes rituais ditam suas próprias regras. Como acontece no Brasil, há uma grande mobilidade dos seguidores, que podem se mover de um terreiro para outro, se o escolherem fazer.

Voltando às razões que enumerei como fatores que atraem os portugueses para as religiões afro-brasileiras, pode-se observar que todo o conceito de religiões "emocionais" se relaciona com a busca de solução para situações de crise de vida, especialmente onde a saúde está em jogo. A forma como essas religiões conceitualizam a doença abre-se a uma nova forma de sentir o próprio corpo mais holística, autêntica, mais em contato com a natureza e com uma espiritualidade que é sentida como estando em conexão direta com o mundo sobrenatural, em oposição à presença hegemônica do padre católico e da moral católica.

Tudo isso nos leva a considerações sobre a reconfiguração do campo religioso português, que já não pode ser concebido como um campo hegemonicamente católico na sua totalidade. Há um espaço no qual as religiões afro-brasileiras e muitas outras vivem lado a lado com as práticas da Nova Era e lojas esotéricas. Essa abertura dos portugueses para novas perspectivas e práticas, de fato um fenômeno dos últimos vinte anos, está-se expandindo rapidamente e desenvolvendo para novas formas de percepção da vida e da religiosidade. A rápida expansão das religiões afro-brasileiras em Portugal é, assim, fundamental para se analisar esse processo, como parte de um mosaico maior cujos contornos merecem ser alvo de pesquisa mais aprofundada.

Referências

ALMEIDA, M. V. de. *Um mar da cor da terra. Raça, cultura e política de identidade*. Oeiras: Celta, 2000.

AMARAL, R. *Xirê! O modo de crer e de viver no Candomblé*. Rio de Janeiro; São Paulo: Pallas, 2005.

BARRETO, A. (Ed.). *Globalização e migrações*. Lisboa: Imprensa de Ciências Sociais, 2005.

BARROS, J.; TEIXEIRA, M. L. O código do corpo: inscrições e marcas dos orixás. *In*: MARCONDES DE MOURA, M. (Ed.). *Meu sinal está no teu corpo: escritos sobre a religião dos orixás*. São Paulo: Edição/Edusp, 1989, p. 36-62.

BASTIDE, R. *As religiões africanas no Brasil*. São Paulo: Pioneira, 1989.

BASTOS, C. Omulu em Lisboa: etnografias para uma teoria da globalização. *Etnográfica*, v. 2, p. 303-324, 2001.

BASTOS, C.; VALE DE ALMEIDA, M.; e FELDMAN-BIANCO, B. *Trânsitos coloniais*. Lisboa: Imprensa de Ciências Sociais, 2002.

BASTOS, J. G. P.; BASTOS, S. P. *Portugal multicultural: situação e identificação das minorias étnicas*. Lisboa: Fim de Século, 1999.

_____. *Filhos diferentes de deuses diferentes*. Lisboa: Acime, 2006.

BIRMAN, P. *O que é Umbanda*. São Paulo: Brasiliense, 1985.

BLANES, R. Remembering and suffering: memory and shifting allegiances in the Angolan Tokoist church. *Exchange*, v. 38, p 161-181, 2009.

BROWN, D. Power, invention, and the politics of race: Umbanda past and future. *In*: CROOK, L and JOHNSON, R. (Ed.). *Black Brazil: culture, identity and social mobilization*. Los Angeles: UCLA Latin American Studies Center, 1999, p. 213-236.

BRUMANA, F. and MARTINEZ, E. *Marginália sagrada*. Campinas: Unicamp, 1991.

BURDICK, J. *Looking for God in Brazil. The progressive Catholic Church in urban Brazil's religious arena*. Berkeley; Los Angeles: University of California Press, 1996.

CAMARGO, C. P. F. *Kardecismo e Umbanda*. São Paulo: Pioneira, 1961.

CAPONE, S. *A busca de África no Candomblé: tradição e poder no Brasil*. Rio de Janeiro: Pallas, 2004a.

_____. (Ed.). Religions transnationales. *Civilisations: Revue Internationale d'Anthropologie et de Sciences Humaines*, v. 51, 2004b.

CAPONE, S. and TEISENHOFFER, V. Devenir medium à Paris: Aprentissage at adaptation rituels dans l'mplantation d'un *terreiro* de Candomblé en France. *Psychopathologie Africaine*, v. 31, n. 1, p. 127-156, 2001-2002.

CASTELO, C. *"O Modo português de estar no mundo": O luso-tropicalismo e a ideologia colonial portuguesa (1933-1961)*. Lisboa: Afrontamento, 1998.

DANTAS, B. G. *Vovó Nagô e Papai Branco: Usos e abusos da África no Brasil.* Rio de Janeiro: Graal, 1988.

DEREN, M. *Divine Horsemen. The living gods of Haiti.* Nova Iorque: McPherson & Company, 1979.

FAVRET-SAADA, J. *Les mots, la mort, les sorts.* Paris: Gallimard, 1977.

FELDMAN-BIANCO, B. Brazilians in Portugal, Portuguese in Brazil: construction of sameness and difference. *Identities*, v. 8, n. 4, p. 607-650, 2001.

FRIGERIO, A. Re-africanization in secondary religious diasporas: constructing a world religion. *Civilisations: Revue Internationale d'Anthropologie et de Sciences Humaines – Religions Transnationales*, v. 51, p. 39-60, 2004.

FRY, P. *Para inglês ver.* São Paulo: Brasiliense, 1982.

_____. *A persistência da raça: estudos antropológicos sobre o Brasil e a África Austral.* Rio de Janeiro: Civilização Brasileira, 2005.

GOLDMAN, M. A construção ritual da pessoa: a possessão no Candomblé. *In*: MARCONDES, M. C. E. (Org.). *Candomblé, desvendando identidades*. São Paulo: EMW, 1987, p. 87-119.

GUILLOT, M. *Les cultes afro-brésiliens: nouvelles dynamiques religieuses au Portugal*, thesis Project. Paris: X-Nanterre, 2007.

GUSMÃO, N. *Os filhos de África em Portugal: multiculturalismo e educação.* Lisboa: Imprensa de Ciências Sociais, 2004.

KOSER, K. *New african diasporas.* Londres: Routledge, 2003.

LAHON, D. *O negro no coração do Império: uma memória a resgatar*, séculos XV-XIX. Lisboa: ME/Casa do Brasil, 1999.

LANDES, R. *A cidade das mulheres.* Rio de Janeiro: UFRJ, 2002.

MACHADO, F. *Contrastes e continuidades: migração, etnicidade e integração dos guineenses em Portugal.* Oeiras: Celta, 2002.

MACHADO, I. Cárcere público: os estereótipos como prisão para os brasileiros no Porto, Portugal. *Revista Temática: Revista dos Pós-Graduados em Ciências Sociais do IFCH*, v. 10, n. 19/20, p. 120-152, 2002.

MAFRA, C. *Na posse da palavra: religião, conversão e liberdade pessoal em dois contextos nacionais*. Lisboa: Imprensa de Ciências Sociais, 2002.

MAGGIE, Y. *Guerra de orixá: um estudo de ritual e conflito*. Rio de Janeiro: Jorge Zahar, 2001.

MALHEIROS, J. Jogos de relações internacionais: repensar a posição de Portugal no arquipélago migratório global. *In*: BARRETO, A. (Ed.). *Globalização e migrações*. Lisboa: ICS, 2005, p. 251-272.

MATORY, J.L. *Black atlantic religion. Tradition, transnationalism and matriarchy in the afro-brazilian Candomblé*. Princeton: Princeton University Press, 2005.

MONTERO, P. *Da doença à desordem. A magia na Umbanda*. Rio de Janeiro: Graal, 1995.

ORO, A. P. A desterritorialização das religiões Afro-Americanas. *Horizontes Antropológicos*, v. 3, p. 69-79, 1995.

ORO, A. P.; and STEIL, C. (Ed.). *Religião e globalização*. Petrópolis: Vozes, 1997.

ORTIZ, R. *A morte branca do feiticeiro negro: Umbanda e sociedade brasileira*. São Paulo: Brasiliense, 1988.

PADILLA, B. *Os novos fluxos migratórios: tipos e respostas no velho e no novo mundo*, paper presented to the 8th Metropolis International Conference. Viena, 2003, p. 15-19.

PAIS, J. M., VILLAVERDE CABRAL, M. and VALA, J. (Ed.). *Atitudes sociais dos portugueses: religião e bioética*. Lisboa: Imprensa de Ciências Sociais, 2001.

PEREIRA, L. S. Migração, resistência e rituais terapêuticos: religiões afro-brasileiras em território português. *Os Urbanitas*, v. 3, n. 4, 2006. Disponível em: <www.aguaforte.com/osurbanitas4/PEREIRA2006.html>.

PIRES, R. *Migrações e integração*. Oeiras: Celta, 2003.

PORDEUS JR., I. *Espaço, tempo e memória na Umbanda luso-afro-brasileira*, paper presented in the panel "MR06 - O Candomblé e suas variantes regionais: história ritual e crenças". *In*: CONGRESSO LUSO-AFRO-BRASILEIRO, 5., 1997, Bahia.

PORDEUS, JR. in François Laplantine *et al.*, "La mise en texte de la mémoire de Omolocô, à Lisbonne", *Récit et Connaissance*. Lyon: Presses Universitaires de Lyon, Montfort et Villeroy, 1998.

_____. *Uma casa luso-afro-portuguesa com certeza: emigrações e metamorfoses da Umbanda em Portugal*. São Paulo: Terceira Margem, 2000.

_____. *Portugal em transe*. Lisboa: Imprensa de Ciências Sociais, 2009.

SARAIVA, C. African and Brazilian altars in Lisbon: some considerations on the reconfigurations of the Portuguese religious field. *In*: NARO, N.; R. SANSI-ROCA, R. and TREECE, D. (Ed.). *Cultures of the lusophone black atlantic*. Nova Iorque: Palgrave Macmillan, 2007, p. 175-196.

_____. Transnational migrants and transnational spirits: an African religion in Lisbon. *Journal of ethnic and migration studies*, v. 34, n. 2, p. 253-269, 2008.

_____. Closer to Africa or to Rome? Syncretism and religious practice in Portuguese Umbanda and Candomblé. In: WOLF-KNUTS, U. and GRANT, K. (Ed.). *Proceedings from the 2008 SIEF Congress "Rethinking the sacred", Religionsvetenskapliga skrifter*. Abo: Åbo Akademi University, 2009, p. 37-51.

_____. Afro-brasilianische rituale und therapien in Portugal. *In*: DILGER, H. und HADOLT, B. (Coord.). *Medizin im Kontext: Krankheit und Gesundheit in einer vernetzten Welt*. Frankfurt; Nova Iorque: Peter Lang, 2010a, p. 181-200.

_____. Filhas de santo: rituais, terapias e diálogos afro-brasileiros em Portugal. *In*: HAVIK, P; SARAIVA, C. e TAVIM, J. A. (Org.). *Caminhos cruzados em história e antropologia. Estudos de homenagem a Jill Dias*. Lisboa: Imprensa de Ciências Sociais, 2010b, p. 341-365.

_____. Afro-Brazilian religions in Portugal: bruxos, priests and pais de santo. *Etnográfica. Revista do Centro em Rede de Investigação em Antropologia*, v. 14, n. 2, p. 265-288, 2010c.

SARRÓ, R. O sofrimento como modelo cultural: uma reflexão antropológica sobre a memória religiosa na diáspora africana. *In*: PEREIRA, L. S. and PUSSETTI, C. (Ed.). *Os saberes da cura: antropologia da doença e práticas terapêuticas*. Lisboa: ISPA, 2009, p. 33-51.

SCHMIDT, B. *Caribbean diaspora in the USA: diversity of caribbean religion in New York City*. Oxon: Ashgate, 2008.

SEF. *Relatório de imigração, fronteiras e asilo: 2008.* Lisboa: Serviço de Estrangeiros e Fronteiras, 2009.

SILVA, V. G. da. *Orixás da metrópole.* São Paulo: Vozes, 1995.

_____. A criação da Umbanda, *História viva. Grandes Religiões. Cultos Afro.* Duetto, 2006.

TEISENHOFFER, V. Umbanda, New Age et psychothérapie: aspects de l´implantation de l´Umbanda à Paris, *Ateliers du LESC*, n. 31, *Religions afro-américaines: nouveaux terrains, noveaux enjeux* (online since July 13 2007 Disponível em: <ateliers.revues.org/documents872.html>.

VALA, J. *Novos racismos: perspectivas comparativas.* Oeiras: Celta, 1999.

VILAÇA, H. Identidades, práticas e crenças religiosas. *In*: PAIS, J. M.; VILLAVERDE CABRAL, M. and VALA, J. (Ed.). *Atitudes sociais dos portugueses: religião e bioética.* Lisboa: Imprensa de Ciências Sociais, 2001, p. 75-128.

Capítulo 8

Autenticidade transnacional:
o caso de um templo de Umbanda em Montreal

DEIRDRE MEINTEL E ANNICK HERNANDEZ

Introdução

Numa manhã calma de domingo em fevereiro em Outremont, um bairro próspero da cidade de Montreal, a neve que havia acabado de cair cintila ao sol radiante. Chegamos a uma casa de tijolo e, tal como nos tinham indicado, dirigimo-nos a uma entrada no quintal nos fundos da casa que dá acesso a um porão mobiliado. Ao entrar no porão, encontramo-nos numa sala onde se dispuseram cadeiras dobráveis enfileiradas. Na frente, há um altar e um conjunto de tambores numa área separada por uma corda. Adornam o altar, um ramo de flores e de penas, três velas e um copo de água, assim como pequenos objetos incluindo um potinho de mel, um pedaço de giz, uma pedrinha e uma tigela coberta com água, água de colônia e pétalas de flor. Mais atrás, quase escondido, há um despertador. As cadeiras são logo ocupadas e todos estão em silêncio. Uma jovem vestida de branco toca os tambores. Outras mulheres vestidas de branco cantam (em português do Brasil) e movem-se ao ritmo da música no *gongá*, o espaço sagrado perto do altar. Uma mulher alta e radiante entra na área cantando e dançando ao ritmo da música em volta do altar. Ela veste uma saia comprida florida. A mãe (vinda do Brasil em visita) chegou e a *gira* começa.

Como é que esse pequeno grupo de montrealenses, nenhum deles brasileiro, pessoas com nível universitário, podem cantar numa língua que não é sua e, em alguns casos, incorporando espíritos associados a uma cultura e história que pouco conheciam antes de se defrontarem com a Umbanda? Esses médiuns não descobriram a Umbanda por intermédio de imigrantes brasileiros, tampouco por terem visitado o Brasil, exceto num ou noutro caso como turistas, antes de se tornarem umbandistas. Em vez disso, descobriram Umbanda por um processo complexo de transnacionalização que começou com uma visita ao Brasil de alguns terapeutas suíços. Desde então, a Umbanda tem circulado não só por meio de migrantes brasileiros, mas, nesse caso, da migração de não brasileiros entre a Europa e a América do Norte. Além do mais, o desenvolvimento da internet e a expansão das viagens internacionais permitiram a esse grupo de Montreal poder funcionar como parte integrante do "Templo Arán", cujo pai de santo vive perto de São Paulo.

De origem modesta, mas não pobre (tem nível colegial), o "pai" viaja pouco e, pelo que sabemos, só fala português. É, no entanto, um músico de talento. A "mãe" a que nos referimos neste capítulo é a irmã do "pai" e também é a coordenadora internacional da rede do Templo Arán. No caso dela, o título de "mãe" denota respeito por seu avanço ritual e seu papel de representante do pai de santo, mas não implica uma equiparação estrutural ao líder. Ao contrário do pai, ela é com frequência referida e chamada por seu nome próprio, precedido de "mãe", como "mãe Susana" (pseudônimo). Ela é mestre em Psicologia, título que obteve depois de tornar-se adepta da Umbanda Arán, buscando melhor entender o transe dos médiuns do ponto de vista psicológico. Ela fala francês, inglês e espanhol fluentemente e viaja com frequência desempenhando seu papel como coordenadora da rede internacional do Templo Arán.

Durante muitos anos, antropólogos negligenciaram pesquisar a Umbanda em favor do Candomblé, apesar de a pesquisa de Bastide (1960) sobre as religiões africanas no Brasil ter descrito a Umbanda e a situado no contexto religioso brasileiro. Desde os anos 1980, a Umbanda tem atraído cada vez mais a atenção dos estudiosos, não só tal como existe no Brasil (BROWN, 1994; MOTTA, 1993), mas também nos países vizinhos: no Uruguai (MORO e RAMIREZ, 1981, citados por BROWN e BICK, 1987), no Paraguai (ORO, 1999) e na Argentina (MUCHNIK, 2006; FRIGERIO, 2004). A propagação da Umbanda para os EUA (BROWN e BICK, 1987) e para a Europa (CAPONE e TEISENHOFFER, 2001--2002) também constitui o tema de vários estudos recentes.

Muito tem sido escrito sobre como os migrantes transportam sua religião para outras sociedades, como sua religião muda através do tempo e como pode transformar o panorama religioso da sociedade de acolhimento (MOSSIÈRE e MEINTEL, 2010) e, ainda assim, permitir aos migrantes continuarem ligados ao país de origem (LEVITT, 2008). Bastante atenção tem sido dedicada ao papel que desempenha a religião para sustentar as comunidades globais da diáspora, como, por exemplo, no caso dos armênios. Contudo, o processo que trouxe o Templo Arán a Montreal foi diferente dos casos anteriores por não ter sido o resultado de migração ou de movimentação de refugiados. Isso não quer dizer que a migração não tenha contribuído para a propagação da Umbanda para fora do Brasil; por exemplo, a migração de brasileiros teve um papel nessa propagação nos EUA (MARGOLIS, 1994, p. 218; BROWN e BICK, 1987, p. 74).

A propagação do Templo Arán para o exterior do Brasil, porém, assim como a presença dele no Quebec parece ser um fator da mobilidade generalizada associada com a globalização (ROUDOMETOF, 2005). Além disso, este estudo de caso exemplifica como se pode recorrer a recursos simbólicos gerados fora do ambiente de origem, o que parece ser cada vez mais comum na nossa era (voltaremos a esse assunto mais tarde). Novas tecnologias de comunicação originaram formas inovadoras de liderança, transmissão religiosa e socialização por meio da rede mundial do Templo Arán. Sugerimos mesmo que o caso do templo ilustra vivamente como a globalização leva a novas formas de formação de comunidades religiosas.

Relativamente a essa formação, a expansão transnacional desse tipo da Umbanda tem implicações religiosas e culturais interessantes para a própria comunidade religiosa. Enquanto a Umbanda é geralmente vista como uma religião universal para seus adeptos, na prática, esse fato tem trazido certos desafios espirituais, culturais e sociais para o Templo Arán. Além da questão óbvia da incorporação de espíritos associada com a história e cultura brasileiras por não brasileiros, notamos também questões sobre normas de gênero, o uso ritual do tabaco e a importância de um ambiente natural específico. Essas questões serão retomadas depois de descrevermos as origens do *modus operandi* transnacional do Templo Arán em Montreal. Começamos por descrever a pesquisa sobre a qual baseamos nossa análise.

O estudo

Annick Hernandez tem tido contato extenso com o Templo Arán em Montreal, primeiro como participante e mais tarde como pesquisadora/participante, desde setembro de 2007. Fez também várias visitas ao templo no Brasil e entrevistou sua representante no estrangeiro, a mãe. Sua pesquisa no grupo de Montreal foi efetuada como parte de um estudo mais vasto de grupos espirituais e religiosos contemporâneos no Quebec, dirigido por Deirdre Meintel. Até hoje, por volta de noventa grupos têm sido estudados e destes, trinta tem sido objeto de estudo etnográfico durante alguns meses. Um conjunto de instrumentos de pesquisa (roteiros de observação e questionários de entrevista) está sendo usado para todos os estudos a longo prazo, com adaptações para cada grupo particular. São observados rituais e outras atividades religiosas, assim como não religiosas que envolvem membros do grupo. São realizadas entrevistas com membros e líderes sobre suas trajetórias religiosas, participação religiosa atual (alguns participam de vários tipos de grupos religiosos) e outras questões sobre o grupo, tais como crenças, práticas e o papel da religião em suas vidas.

Hernandez participou de três retiros no templo de São Paulo e de um encontro para o qual foram convidados os coordenadores de todos os templos, fora e dentro do Brasil. Além da observação participante contínua no templo de Montreal, ela entrevistou a mãe e realizou muitas entrevistas informais com médiuns do Templo Arán de Montreal, Brasil e de outros lugares. Ela continua a manter contato com vários médiuns pela internet.

A equipe de pesquisa pretende, acima de tudo, descobrir a variedade de grupos e recursos que se têm desenvolvido no Quebec desde a "Revolução Tranquila" dos anos 1960, que foi um período de secularização rápida, ainda que tardia (comparativamente a outras democracias ocidentais). Os grupos incluem novas correntes dentro de religiões bem implantadas, incluindo o Catolicismo, religiões trazidas por imigrantes ou quebequenses que residiram temporariamente no exterior, assim como religiões e novas formas de espiritualidade, muitas vezes híbridas, desenvolvidas *in situ*. Em segundo lugar, o estudo examina como a religião se articula, ou não, com a etnicidade e, em terceiro lugar, como figura na vida diária, tanto dos imigrantes como dos não imigrantes.

A tradição da Umbanda e o Templo Arán

Sendo um produto sincrético resultante de muitas influências – incluindo tradições africanas e ameríndias, Espiritismo kardecista e Catolicismo –, considera-se que o fundador da Umbanda foi Zélio Moraes, um médium influenciado por espíritas kardecistas que trabalhava em Niterói. Bastide (1960) descreve a Umbanda como sendo um tipo de reinvenção da macumba, pela via do Espiritismo, que reteve associações místicas africanas entre os dias, as cores e as forças da natureza (orixás), as plantas e os animais. Do Cristianismo veio a ênfase na fé, esperança e caridade (PRANDI, 1990, p. 61) e suas pretensões ao universalismo (AUBRÉE, 1987, p. 154). O panteão de espíritos das tradições africanas foi transmutado em forças da natureza, enquanto as noções kardecistas de progresso e evolução, assim como a crença na reencarnação integraram o programa espiritual da Umbanda (CAPONE, 1999a, p. 96). Engler (2009, p. 555) descreve o Kardecismo, ou Espiritismo, de maneira sucinta como "uma versão racionalista francesa do espiritualismo americano", uma descrição com a qual devemos concordar baseada na experiência de trabalho de campo de Meintel sobre o Kardecismo em Lyon, França, e em Montreal, sobre o espiritualismo, durante mais de dez anos. O autor cita estatísticas do censo do ano 2000 que mostram que 2.2 milhões de brasileiros se autoidentificam como kardecistas comparado com 387.000 umbandistas. No entanto, como observa Engler (2009, p. 556), muitos mais procuram curas por meio da participação em rituais de Umbanda. Os dois grupos espíritas ativos que conhecemos em Montreal são liderados por brasileiros e realizam muitas atividades em português.

A Umbanda é altamente diversificada, sendo alguns grupos mais próximos do Espiritismo kardecista, enquanto outros demonstram uma maior influência africana e se parecem mais com o Candomblé. Cada templo, que é guiado pelas entidades espirituais de seu fundador, tem sua maneira particular de interpretar o Texto Sagrado da Natureza, suas próprias regras e filosofia. Fry (1978, p. 180) observa que alguns líderes fundaram federações de centros de Umbanda "para estabelecerem hegemonia política e ritual", com sucesso limitado. Tais federações deram certo grau de proteção contra o assédio policial durante os anos da ditadura Vargas (1930-1938), quando a Umbanda foi perseguida junto a outras variantes religiosas mais antigas (BROWN e BICK, 1987, p. 78; FRY, 1978, nota 9).

O Templo Arán define-se como monoteísta e não promove a crença em demônios; em vez disso, considera o negativismo como o que está deslocado, o que não está em harmonia com sua própria natureza. Isso se aplica também aos seres humanos como indivíduos. A Natureza é considerada como sendo sagrada e suas forças são fundamentais para os ensinamentos Arán. A preservação da vida é um valor fundamental, além de que se dá grande ênfase ao respeito pelo meio ambiente e pela biodiversidade. O templo afasta-se do sacrifício de animais (apesar de tomar cuidado com não o denegrir, tal como praticado no Candomblé) e defende a coexistência pacífica com a Natureza em vez de sua dominação pelos seres humanos.

Os orixás são considerados as grandes forças da Natureza e são fundamentais na filosofia e cosmogonia Arán. As entidades "superiores", que são geralmente incorporadas por médiuns nas *giras*, são os caboclos (ameríndios) e pretos velhos (espíritos de velhos e sábios escravos domésticos ou ex-escravos). Estes são consultados pelos espectadores nos rituais e dão seus conselhos por meio dos médiuns que os incorporam. Os exus (espíritos da noite) e as pombagiras (suas homólogas do sexo feminino) são considerados entidades "inferiores" e, apesar de não serem fontes de conselhos, são tidas como um complemento necessário às entidades superiores. A presença delas assegura o equilíbrio do grupo e dos indivíduos que o compõem (as entidades incorporadas falam português quando comunicam por meio dos médiuns em Montreal). No Templo Arán, o *xirê*, ou representação da sequência de orixás, constitui a principal referência; cada elemento da vida cotidiana pode ser situado em relação aos efeitos dos orixás. O *xirê* também determina onde são colocados objetos no altar e a sequência dos cânticos durante qualquer ritual. Compreender o *xirê* constitui um processo de aprendizado infindável que o iniciado passa a conhecer nível por nível, como se no interior de uma espiral.

No Esquema 1, cada elemento tem seu lugar; bem e mal não existem. A questão que se põe é a de equilíbrio ou desequilíbrio. Cuidar de si mesmo ou dos outros é uma questão de entender o que está faltando. Como a mãe explica, "quando alguém está sufocando, pode-se perguntar: 'é falta de ar ou terra demais?'".

Esquema 1 - Norte, Sul, Oeste, Leste; Terra, Fogo, Água, Ar

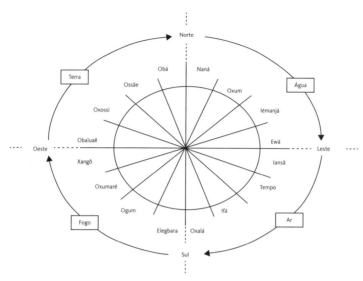

Fonte: HERNANDEZ, 2010, p. 31.

Tais como outras religiões afro-brasileiras, a Umbanda foi sujeita a políticas repressivas sob o regime de direita de Vargas (1930-1945), o que continuaria até o início dos anos 1950. Na verdade, seus líderes iniciais tentaram dissociar-se dessas religiões. Sob a "influência do branqueamento" chegou a ponto de tentar encontrar origens indo-europeias para o nome "Umbanda" que, até aí, se tinha presumido ser de origem africana. Assim, numa interpretação posterior, o nome supostamente derivou de "aum" e de "Bhanda" que quer dizer: " 'o limite no ilimitado', o 'Princípio divino', luz radiante, a fonte da vida e evolução constante" (BROWN, 1994, p. 42). No entanto, a Umbanda reabilitou, simultaneamente, espíritos considerados como tendo origem afro-brasileira e ameríndia, tais como o preto velho e o caboclo, tidos até então como inferiores no Espiritismo kardecista (JENSEN, 1999, p. 42). Em meados da década de 1960, a Umbanda já não estava marginalizada e gozou até de certa proteção sob a ditadura militar desse período (CAPONE, 1999, p. 131). Desde então a Umbanda tornou-se uma espécie de "religião nacional" (ORTIZ, 1975, p. 90), "uma grande síntese das tradições religiosas afro-brasileiras e ameríndias, Espiritismo kardecista e Catolicismo" (JENSEN, 1999, p. 279) cujo hibridismo reflete a sociedade brasileira. Jensen (1999) encontra vestígios das tendências para a reafricanização já no fim do regime Vargas. Desde então, mais formas "africanas" da Umbanda têm aparecido, estimuladas também pela contracultura dos anos 1970. Engler (2007) descreve mesmo um "contínuo de Umbandas" em que no extremo branco, os elementos kardecistas foram absorvidos na Umbanda por um processo unilateral, enquanto no outro extremo, Umbanda e Candomblé se interpenetram. Além disso, como Jensen (1999, p. 268) observou, a reafricanização de algumas federações Umbanda levou alguns pais de santo a buscar serem iniciados nos centros Candomblé da Bahia; em alguns casos, centros Umbanda inteiros estão fazendo uma transição para o Candomblé, um processo que Capone (1999a, p. 132-138) descreve em detalhe.

A ligação suíça

No início da década de 1980, psicoterapeutas de Genebra, que usavam uma abordagem chamada de "mediação terapêutica",[90] formaram um grupo para providenciar apoio mútuo em seu trabalho clínico e de desenvolvimento pessoal. Buscavam encontrar meios para evitar o esgotamento, além de poderem desenvolver-se do ponto de vista pessoal como médicos. Seguindo a sugestão de um participante brasileiro, o grupo começou a trabalhar com médiuns e, no decurso de uma viagem ao Brasil com esse fim, descobriram o Templo Arán em São Paulo. A experiência de retiro de quarenta e oito horas com o pai de santo levou a uma série de intercâmbios entre Brasil e Genebra que permitiu aos europeus desenvolver sua prática de Umbanda por meio de visitas ao Brasil. Em contrapartida, brasileiros do templo de São Paulo foram a Genebra para ajudar a implantar um templo. Dois europeus têm desempenhado o papel de coordenadores desde então. Atualmente, o coordenador é um médium brasileiro que esteve envolvido na implantação do Templo Arán de Genebra e reside permanentemente na Suíça.

Nascida no Quebec, Isabelle é a coordenadora do Templo Arán de Montreal. Ela teve seu primeiro encontro com a Umbanda por meio do trabalho com esse grupo, como terapeuta, e depois em atividades de Umbanda do grupo. Apesar de estar estabelecida em Montreal, visitava o grupo de Genebra cinco ou seis vezes por ano e fez uma ou duas viagens ao Brasil anualmente, o que lhe permitiu continuar seu desenvolvimento como médium. Afinal, teve que reduzir o número de viagens por razões

---

90 Essa abordagem procura harmonizar o equilíbrio dos elementos em qualquer situação (AÏN, 1999, p. 70; AMBROSI, 2002).

Autenticidade transnacional |253

de saúde e financeiras. Contudo, esse fato deixou-a sem o contexto necessário para continuar a desenvolver-se como médium, dado que os médiuns não incorporam entidades espirituais sem outras presentes. A incorporação requer ajuda e inscreve-se num contexto ritual bem definido. Ela formou então um pequeno grupo para a prática da "meditação" da Umbanda (o *assentamento*[91]). Em 1992, um dos participantes regulares do grupo decidiu acompanhá-la ao Brasil e lá iniciou sua formação de médium. Foi então que as entidades espirituais do pai de santo anunciaram que, a partir daí, os rituais públicos ou *giras* poderiam ter lugar em Montreal, o primeiro deu-se em maio de 1992. O grupo continua sendo pequeno; atualmente, com cinco médiuns regulares, a maioria nascida no Quebec e todas mulheres, incluem Isabelle, uma médica e sua filha adulta, uma artista e uma especialista em computação multimídia.

Um punhado de espectadores, a maioria quebequense de classe média ou alta, em sua maioria mulheres frequentam as *giras*. Até agora, a existência dos rituais tem passado boca a boca, por meio das redes pessoais dos médiuns, o que faz com que os presentes tendam a ser profissionais ou estudantes. Alguns deles conheceram Isabelle num contexto terapêutico e aceitaram seu convite para ir a uma "meditação" Umbanda ou uma *gira*. Um deles, uma mulher de origem europeia, contou o seguinte:

> Fiquei fascinada com a música. Encontrei ali algo das canções de minha infância, uma vibração interior e a sensação de algo maior do que eu, que estava faltando na minha vida. Quando ela falou sobre a ideia de eu ir ao Brasil com ela, não hesitei nem um segundo.

Para Marie, também de origem europeia, foi sua filha adulta, Virginie, nascida no Quebec que a convidou para ir ao templo.

> Acho que Virginie tinha consultado a Isabelle como terapeuta e mais tarde me contou que estavam fazendo rituais. Será que eu gostaria de assistir? Ela tinha me falado sobre estas coisas e eu estava me perguntando, "O que será isso?". Foi assim que eu vim e, devo dizer que, durante algum tempo, tive minhas dúvidas.

Nove anos mais tarde, Marie continuava ativa no templo e havia feito várias viagens ao Brasil com sua filha. Para lidar com problemas no

---

91   Esse termo se refere ao ato de sentar para meditar.

casamento, Beatrice começou consultando um psicoterapeuta. Depois de algum tempo, sua irmã, Isabelle, convidou-a para ir ao templo. Beatrice diz que: "Ela pensou que me faria bem e eu pensei, por que não? Por que nesse tempo eu realmente queria sair do caos que eu estava". Beatrice permaneceu ativa no templo durante anos, mas, mais tarde, regressou à religião de sua infância, o Catolicismo, e isso com a bênção do pai de santo. Uma família brasileira agora está frequentando as sessões regularmente, tendo descoberto o templo de Montreal por meio de amigos no Brasil. Que se saiba, não existem outros grupos de Umbanda funcionando com regularidade em Montreal, embora se diga que alguns psicoterapeutas brasileiros na cidade sejam umbandistas e que também exista um grupo ativo de Santo Daime.

A participação no templo de indivíduos altamente qualificados, em particular os que estão envolvidos em ocupações terapêuticas, nos parece intrigante, mas está longe de ser um caso único no contexto montrealense. A religião tem sido uma característica preeminente da sociedade quebequense; até o período de rápida secularização da década de 1960, a educação e os sistemas de saúde e de assistência social estavam nas mãos da Igreja Católica. Desde então, muitos quebequenses têm deixado de frequentar regularmente as igrejas católicas. Simultaneamente, muitas religiões novas no Quebec têm-se enraizado pela via da imigração, por meio de viajantes retornados, ou ainda por hibridismo desenvolvido *in situ* de origens várias. A maioria dessas correntes religiosas recruta adeptos por boca a boca, por meio das redes de contato pessoais. Muitas, tal como o Budismo, Espiritualismo e Neoxamanismo, não requerem conversão e, de fato, são frequentadas amiúde por indivíduos que desejam os recursos espirituais que elas oferecem mais do que pelo desejo de adotarem novas identidades religiosas. A maioria dos quebequenses ainda se identifica como católica, mas muitos deles buscam recursos espirituais fora do Catolicismo e desenvolvem, frequentemente, espiritualidades híbridas. Não é raro para indivíduos frequentar igrejas católicas e, pelo menos ocasionalmente, um ou vários tipos de grupos religiosos.

Na maioria dos casos, também, os indivíduos estão buscando dar sentido às crises em suas vidas (divórcio, doença, desemprego) e estão procurando maneiras de experienciar significado e transcendência

(MEINTEL, 2011). Curas, ou pelo menos bem-estar, figuram de maneira central em quase todas as novas correntes religiosas estudadas por Meintel e suas colegas (por exemplo, congregações carismáticas católicas, grupos neoxamanistas, incluindo seguidores da *wicca* e da espiritualidade aborígene [ameríndia]). Isso se consegue, tipicamente, por via de rituais (MEINTEL et MOSSIÈRE, 2011) que ativam a unidade corpo-mente, em estado de ruptura que McGuire (2008) chamou de "secularização" da saúde e da cura. Alguns desses novos grupos no Quebec atraem membros da classe média e contam, em suas fileiras, com um bom número de profissionais qualificados (médicos, psicólogos, advogados).

O templo de Montreal

Ao contrário de outros templos Arán, o de Montreal é muito pequeno e não tem crescido grandemente em seus vinte anos de existência, apesar de ter havido algumas mudanças na adesão de novos membros; até então todos os médiuns têm sido mulheres. Entre outras coisas, a pequenez do templo não permite o desenvolvimento de atividades de caridade ou sociais que estão no cerne da Umbanda, pelo menos tal como é praticada no Brasil. Ao expressar seu pesar sobre esse fato, Isabelle explica: "Por que somos tão poucos tudo torna-se mais difícil: uma ou duas pessoas estão disponíveis [...] e as outras ficam de fora; ou fica difícil nos sincronizarmos". Outra diferença com outros templos Arán é que o tocador de tambor (*ogã de atabaque*), geralmente um homem, é uma mulher, dado que não existem médiuns do sexo masculino, o que foi aprovado pela mãe e pai de santo. Mas é importante assinalar que, embora as mulheres toquem tambor, não têm estatuto ritual formal de *ogã de atabaque*, normalmente detido por um homem que não incorpora entidades espirituais. No caso de Montreal, as mulheres se revezam tocando o tambor, para que possam incorporar como médiuns quando não o estão tocando.

De resto, o grupo de Montreal funciona como os outros templos na rede Arán: o mandato de coordenador vem diretamente do pai de santo (e suas entidades espirituais), podendo terminar em qualquer altura.[92] Como nos explicou Isabelle, são três as responsabilidades do coordenador: física, ritual e mediunista. A primeira implica que a pessoa deve assegurar a harmonia,

---

92   Ver Teisenhoffer (2007) para uma descrição de outro templo na mesma rede localizado em Paris; ver também Capone e Teisenhoffer (2001-2002).

limpeza e segurança do espaço ritual. Em segundo lugar, o coordenador deve assegurar que todos os detalhes do ritual sejam seguidos corretamente. Em terceiro lugar, os médiuns devem estar em boa forma física e espiritual de maneira a poder incorporar as entidades espirituais na *gira* semanal. As tarefas restantes são assumidas por outros médiuns do templo, como, por exemplo, saudar quem assiste aos rituais, cobrar donativos mensais, obter materiais adicionais necessários para os rituais. Em geral, os médiuns ajudam a preparar o altar, a limpar depois de cada ritual e assim por diante. Nesse templo, os médiuns revezam-se para desempenhar o importante papel do *cambonô* (que assiste a coordenadora e a entidade que ela está incorporando).[93]

Em Montreal, ficou estipulado que os donativos mensais fossem de \$12 (podem chegar aos 15€ em certos templos europeus) e são usados para pagar o aluguel, assim como as flores e outros materiais necessários para os rituais. Outras despesas ocasionais (como, por exemplo, pagar os custos de viagem e despesas incorridas quando a mãe visita o templo) são divididas entre membros. Para ajudar a cobrir despesas, os médiuns organizam oficinas e vivências a serem dadas pela mãe, como psicóloga que é. Essas oficinas tratam de temas tais como a dança sagrada e os elementos da natureza e como se harmonizar com ela, mas não são apresentados especificamente como sendo noções Umbanda. Muitas vezes esses eventos atraem novas pessoas às *giras* (rituais) e levam, indiretamente, ao recrutamento de novos membros.

Os rituais públicos têm lugar na noite de segundas-feiras e cada um deles é dedicado a um espírito da Umbanda. Todos os cânticos se fazem em português ou em yorubá, ao som do tambor, aprendido no tempo de São Paulo, ou durante uma das visitas da mãe. Os médiuns se encontram mensalmente para falar de assuntos relativos ao templo, incluindo preocupações sobre ritual, para limpar as instalações se for necessário, trocar informações e planejar eventos futuros (uma viagem ao Brasil, a visita da mãe. Sempre que possível, os médiuns também se reúnem, semanalmente, para praticar as componentes musicais do ritual Umbanda – bater palmas, cantar, tocar tambor e dançar.

Ao se preparar para a *gira*, os médiuns participantes preparam-se para incorporar abstendo-se de carnes vermelhas e álcool por doze horas e de

---

93 O cambonô ajuda a entidade espiritual (já incorporada pelo médium) a se paramentar, fornece-lhe materiais para ele ou ela usar (tais como velas, giz etc.) e dá mensagens às pessoas presentes.

relações sexuais por dezoito horas antes do ritual. Devem ainda banhar-se com um sabonete de ervas feito no Brasil e assim limpar não só o corpo como também o espaço enérgico em redor de si (que se considera ser parte do corpo). Tudo isso prepara o médium para receber suas entidades e, logo que tenha sido tomado o "banho espiritual", o médium deve evitar tudo que não seja apropriado a seu estado espiritual (palavras, temas de conversa e manejo de lixo).

Todo médium tem um altar pessoal em casa (*pegi*) com um copo de água para absorver as energias negativas, uma pedra do rio, mel e um giz (*pemba*) do Brasil. A água é substituída de três em três dias, o mel, uma vez por semana. Na noite da *gira*, o médium acende velas brancas enquanto faz uma meditação preparatória, que se chama de *assentamento de eledá*.[94] Em todo o tempo, os médiuns devem ter cuidado com o topo da cabeça que é considerado sagrado, por ser o portal de contato com as entidades. Por exemplo, se por acaso for molhado com álcool, deverá ser lavado imediatamente. De três em três meses, com todos os outros templos da rede Arán, faz-se um ritual durante o qual médiuns incorporam entidades espirituais de linhagem "mais baixa", tais como os *exus* (espíritos da noite) e as pombagiras (os espíritos que correspondem ao estereótipo da prostituta[95]) para, dessa maneira, manter um equilíbrio entre os planos mais elevados e os mais baixos. Essas entidades complementam as da linhagem mais "elevada", tais como os pretos velhos e os caboclos e são uma parte necessária da mesma realidade. Nesses rituais, os espectadores pedem ajuda para problemas ou preocupações de saúde e as entidades lhes respondem por via dos médiuns. Outros rituais, tais como a purificação (defumação), também podem ter lugar de vez em quando, como, por exemplo, para purificar um espaço que se destinava a uma unidade de saúde em 2008. Nessa ocasião, por acaso esteve presente a mãe, mas os coordenadores também podem executar esse tipo de ritual.

No fim de cada ritual, os médiuns se encontram e cada um dá sua impressão, que é anotada por escrito pelo coordenador. Os ensinamentos transmitidos pelas entidades espirituais também são transcritos. Mais tarde, o *cambonô* transmite esse relatório por *e-mail* em português à mãe, com uma

---

94 Esses preparativos são mais complexos para os médiuns que passaram por graus mais elevados de iniciação.

95 Kelly Hayes (2011) oferece uma opinião menos gráfica das pombagiras do que a que se encontra normalmente na literatura científica, apresentando-as como sendo "figuras transgressivas, homólogas dos *exus* (p. 4), uma força apaixonada e veemente com quem contam os devotos para esclarecer uma situação problemática" (p. 11).

cópia enviada para o pai de santo. Apesar da comunicação entre os templos no exterior e o Brasil se fazer principalmente por meio da mãe, os relatórios semanais permitem ao pai de santo se manter informado sobre a maneira como os rituais estão sendo realizados.

Esse fato dá uma ideia de como as atividades do templo de Montreal são seguidas de muito perto pelo centro espiritual no Brasil. O relatório semanal é só uma parte dos contatos transnacionais que ocorrem no Templo Arán de Montreal. A seguir, veremos como a tecnologia da comunicação e viagens (dos membros e a mãe de santo) permitem a esse templo permanecer fortemente ligado a seu centro brasileiro e ao pai de santo e, ao mesmo tempo, desenvolver relações "de tipo horizontal" com outros templos da rede Arán. Enquanto o pai de santo respeita outras religiões e está consciente das trajetórias híbridas de seus seguidores, ele não permite sincretismos locais ao nível de ritual. Em pelo menos um caso, que envolveu um grupo austríaco, seu templo acabou por ser retirado da rede Arán devido a desvios repetidos das normas rituais estabelecidas pelo pai de santo.

Um templo com locais múltiplos

O fato de que todos os templos Arán funcionem da mesma maneira faz parte integrante do conceito orientador para que sejam, afinal, um templo único. Essa ideia de um só templo significa que "se garante o respeito pelos fundamentos religiosos, assim como facilitar a circulação das autoridades superiores e dos membros entre templos" (TEISENHOFFER, 2007, p. 6). A internet é crucial para o contato entre templos no exterior e o centro da rede em São Paulo. O templo de São Paulo mantém vários *sites* na internet em português, assim com outro que providencia *links* para *sites* de templos associados em inglês, francês e português. O *e-mail* é usado na rede para enviar relatórios semanais e outras mensagens para a mãe. Uma lista eletrônica com todos os coordenadores de templo é usada para transmitir informação do Brasil para todos os templos Arán. Assim, a informação sobre eventos no templo de São Paulo, iniciações dos médiuns a níveis superiores e outros eventos sociais é transmitida regularmente de São Paulo para os outros templos Arán, junto a convites para participarem de atividades.

Assegurados a organização e o funcionamento do ritual baseado no mesmo modelo em todos os templos, o pai de santo, assistido pela mãe, orienta o desenvolvimento espiritual de todos os médiuns, seja onde for que vivam. Todos se encontram sob a orientação e responsabilidade do pai de santo no Brasil. Apesar de os coordenadores locais poderem deixar um indivíduo passar os dois primeiros graus de mediunidade,[96] compete ao pai de santo e suas entidades determinar quando um médium estará pronto para ser iniciado a um dos níveis mais elevados, o que tem lugar em cerimônias chamadas de *camarinhas*,[97] realizadas em São Paulo.

Muitos objetos rituais não são encontrados fora do Brasil e são, portanto, comprados por médiuns que viajam para visitar o pai de santo. Estes incluem uma variedade de giz (*pemba*) usado nas cerimônias, água de colônia, incenso, velas coloridas, misturas de ervas purificadoras etc. Os médiuns também compram e trazem do Brasil camisetas com o logotipo do templo do Brasil, as sandálias que os médiuns usam com suas roupas rituais e saias de crinolina.

Uma vez por ano, o pai de santo invoca aos "filhos e filhas do templo" para se deslocarem ao Brasil e continuarem seu desenvolvimento como médiuns. Muitas vezes, durante suas viagens, a mãe não pode desempenhar alguns dos rituais que são realizados no Brasil porque falta em Montreal a "infraestrutura" necessária (isto é, médiuns com experiência para executá-los, música especial e assim por diante). Viajar para São Paulo permite aos médiuns regressar à fonte de sua tradição espiritual e experienciá-la no contexto em que se originou. Eles próprios veem essas visitas como sendo essenciais. Por exemplo, uma das médiuns de Montreal explicou que, quando vai ao Brasil e se encontra com médiuns "incorporados", ela se certifica de sua autenticidade. "Minha própria emoção é meu barômetro", diz ela. Em Montreal, muitas vezes, ela se pergunta: "O que está vindo da entidade e o que está vindo do médium?". Em Montreal ela não sente o mesmo nível de emoção que sente no Brasil, mas antes um sentimento de "harmonia".

Apesar de os médiuns desejarem visitar o Brasil uma vez por ano, isso nem sempre é possível. As visitas da mãe permitem aos que não podem viajar para o Brasil experienciar um contato próximo com a fonte da tradição da Umbanda Arán. Além disso, proporcionam uma ocasião para se

---

96   Esses graus são: 1) médiuns "da assistência" (isto é, médiuns na audiência fora do espaço isolado em volta do altar), e 2) médiuns "de corrente" que participam dentro desse espaço.

97   No sentido literal quer dizer câmaras pequenas, que se referem aos recintos onde os iniciados fazem um retiro no momento da iniciação.

fazer um aprendizado intenso como médiuns: praticar novos rituais e incorporar espíritos diferentes sob sua estrita vigilância. A mãe fala francês e inglês fluentemente; em Montreal dá seus ensinamentos aos médiuns em francês (a maioria deles acaba estudando português). Sua primeira visita foi em 2007 depois de muitos anos de existência do Templo. Nessa ocasião fez uma a *gira* pública (descrita na Introdução). Desde então, já foi a Montreal três vezes. Durante uma das visitas da mãe, a entidade espiritual que ela estava incorporando ajudou outra entidade a incorporar num dos médiuns e a falar em português. Portanto, esses retiros que os médiuns fazem com a mãe os ajudam a aprender como dar passagem a entidades. Ao mesmo tempo, segundo os membros, os médiuns também dão oportunidade às entidades para aprender a usar o corpo do médium estrangeiro de modo a poder comunicar-se com os que estão presentes. Em 2008, a mãe recebeu a iniciação necessária para poder celebrar batismos, casamentos e os níveis de iniciação *bori*[98] em templos do exterior.

Para além do Brasil: contatos entre templos do exterior

Atualmente existem onze templos na rede global Arán, a maioria deles nos EUA (Nova Iorque, Santa Cruz e Washington DC) e na Europa (Portugal, França, Suíça, Áustria e Bélgica), além dos cinco que existem no estado de São Paulo. Todos eles se encontram listados no *site* Arán. Alguns templos do exterior desenvolveram relações estreitas entre si devido à proximidade geográfica ou relações históricas, tal como as que existem entre os templos de Montreal e Genebra. No início, médiuns de Montreal foram ao templo de Genebra para participar dos retiros de iniciação. Também se desenvolveu um estreito relacionamento entre o templo de Montreal o de Washington, devido ao tamanho e importância deste último (dado que tem um espaço permanente para o ritual) e à sua proximidade relativa. A lista eletrônica dos coordenadores do templo não só os mantém em contato com o templo de São Paulo como também lhes possibilita a ajuda e o apoio mútuos. Isabelle tem muitas oportunidades para consultar outros coordenadores:

---

98   Este é o nível de iniciação em que os médiuns formam uma relação duradoura com seu espírito caboclo, isto é, uma entidade protetora ameríndia que simboliza a consciência espiritual humana e que governa os outros espíritos, autorizando-os ou não a se manifestarem.

> Se tenho que realizar rituais de que não estou segura, pergunto a alguém. Estou constantemente em contato com coordenadores de outros templos. Por exemplo, se souber que realizaram certo tipo de evento ou estiveram numa *camarinha* comigo, quando tal evento teve lugar e algo me escapou, entro em contato. E sei também que posso contar com eles devido à sua ética; sei que me enviarão (o que preciso) baseado na ética do templo (Arán).

Médiuns de Montreal têm visitado, com frequência, templos na costa nordeste dos EUA para participar de rituais supervisionados pela *mãe* em visita. Suas viagens a Montreal são menos frequentes, devido à distância, ao pequeno tamanho do templo e fundos limitados do grupo. Como explica Isabelle:

> Se a mãe vai realizar rituais em Washington, o pessoal do templo... nos informa. Para nós é muito importante porque ficamos tão ao norte e somos tão poucos aqui. Vamos lá para os dias da *vivência* e o pessoal do templo nos recebe. São muito hospitaleiros.

Pessoas e informação circulam constantemente entre os vários templos Arán. Contudo, as finanças são mantidas separadas; as colaborações financeiras são raras e algo contenciosas. Dito isso, o relacionamento entre templos por meio da rede permite a um médium, visitando outra cidade ou país, participar de rituais e incorporar suas próprias entidades, e não ser um dos médiuns exercendo suas funções oficiais.[99] Isso faz parte do aspecto "universal" da Umbanda no templo Arán, questão à qual voltaremos mais tarde. Amizades formam-se frequentemente pelos contatos com médiuns de outros países e durante visitas ao templo no Brasil e a outros templos da rede.

A globalização do Templo Arán

Nas igrejas evangélicas e pentecostais, a evangelização levada a cabo por missionários tem sido um fator de peso na expansão global de muitas igrejas (MARY, 2003), juntamente, em alguns casos, com a migração de convertidos (MOSSIÈRE, 2010). Em contrapartida, a expansão da Umbanda no estrangeiro não resultou do esforço para recrutar novos membros, apesar de a migração brasileira poder, por vezes, desempenhar um papel no recrutamento, como notou Margolis (1994) e Frigerio (2004). No Brasil, as atividades de cura e de caridade dos grupos de Umbanda, incluindo o

---

99 Estes são os médiuns "de corrente", uma referência à área que ocupam durante o ritual e que está reservada àqueles que incorporam, com regularidade, em qualquer templo.

Templo Arán, atraem novos membros, o que parece ser igualmente o caso do templo em Washington, já que uma de suas atividades consiste em providenciar ajuda para imigrantes. Mas outro fator é responsável pela expansão do Templo Arán fora do Brasil: em Montreal, o principal impulso tem vindo de europeus e norte-americanos, muitos deles em ocupações terapêuticas, em busca de recursos pessoais e espirituais além dos que são oferecidos em seu ambiente sociocultural.

Apesar de o templo de Montreal continuar sendo o menor de todos na rede Arán, a adesão mudou durante os anos de sua existência. Seus membros ocasionalmente falam da Umbanda com seus colegas de profissão e amigos que mostram interesse. Normalmente, tais indivíduos são convidados para uma *gira* e, depois de assistir, alguns continuam frequentando os rituais. Acontece também que oficinas dadas pela mãe para profissionais da área de terapia atraem um ou outro membro; nessas oficinas ela ensina uma abordagem que integra "sabedoria espiritual de tradições milenares" (como está escrito em seu *site*) com psicoterapia a fim de favorecer o "equilíbrio psicossomático" do indivíduo (do *self*). Ao expressar-se como terapeuta e não como líder religiosa, a mãe propõe em suas oficinas uma percepção mais aguçada das relações entre seres humanos e elementos da Natureza que os influenciam em níveis para além da consciência comum. Ocasionalmente, os participantes das oficinas procuram aprender mais sobre a tradição espiritual que sustenta essa abordagem e, por isso, veem aos rituais do templo e até, em alguns casos, começam a desenvolver sua habilidade como médiuns.

Num estudo mais vasto sobre grupos religiosos contemporâneos, dirigido por Meintel, vemos muitos outros casos em que espiritualidades aborígenes atraíram indivíduos comuns em busca de novos recursos simbólicos. O vodu haitiano, Santo Daime, grupos de ayahuasca e xamanistas inspirados por aborígenes, todos eles têm atraído quebequences, pertencentes às classes médias e muitos deles altamente qualificados. Contudo, em todos esses casos, a liderança é local, mesmo quando se mantém algum contato com figuras espirituais nas sociedades em que se originam essas correntes. Comparativamente, o Templo Arán encontra-se muito mais ligado a suas origens e, por essa razão, depende ainda mais da internet e das viagens além das fronteiras nacionais para a orientação e o desenvolvimento espiritual de seus membros.

Uma sociabilidade religiosa transnacional

A divulgação da Umbanda pode ser caracterizada como "diáspora" na medida em que se refere a uma difusão para várias regiões do mundo, a partir de suas origens no Brasil (especificamente em Niterói nas décadas de 1920 e 1930) (BROWN, 1994; BROWN e BICK, 1987, p. 79). A propagação do Templo Arán de Umbanda de São Paulo para a América do Norte e Europa também pode ser vista nos mesmos termos. O templo em São Paulo continua funcionando como centro em muitos aspectos importantes, como vimos, particularmente por seus retiros de iniciação (*camarinhas*) e rituais. Simultaneamente, o Templo Arán oferece um exemplo particularmente rico de transnacionalismo religioso pelo qual a informação circula por vias que cruzam e entrecruzam fronteiras nacionais. O termo "transnacional" é muitas vezes usado para descrever os comportamentos dos migrantes e, de fato, muito do desenvolvimento conceitual dessa noção tem-se centrado na migração (ver, por exemplo, GLICK SCHILLER *et al.*, 1992). Porém, não é menos verdade que, como afirma Capone num debate sobre transnacionalismo religioso, não deve só dizer respeito a migrantes; mesmo aqueles que ficam em seu país podem desenvolver redes transnacionais (2002, p. 1). Na realidade, pode-se falar de "espaços religiosos transnacionais", segundo Roudometof (2005), que foram construídos por meio de práticas que, necessariamente, não incluem as migrações. O uso da internet, assim como de várias formas de mobilidade que não sejam a migração, também contribui para criar tais espaços (ROUDOMETOF, 2005, p. 119). Até hoje, foram iniciados por volta de seiscentos médiuns no Templo Arán do Brasil, como informa o *site* do templo.

O fluxo transnacional de pessoas e de recursos simbólicos entre os templos Arán e o contato entre cada templo com o centro de São Paulo não são inteiramente originais. Capone (1999b) descreve uma sala de *chat* chamada "OrixáNet" que se tornou um ponto de referência importante para todos os interessados em religiões de origem africana. De fato, estão sendo criadas sociabilidades internacionais dentro de muitos sistemas religiosos; um estudo mais amplo sobre as espiritualidades contemporâneas no Quebec oferece vários exemplos dessa realidade. Convertidos ao islão (MOSSIÈRE, 2008) e jovens muçulmanos (LE GALL, 2010) buscam orientação religiosa em fontes da internet e fazem intercâmbio com seus pares em salas de *chat*. Os seguidores da *wicca* pesquisam na internet novos rituais e encantamentos (ROBERTS, 2010); um xamã nos EUA tem seguidores em Montreal, que a visitam todos os verões para o ritual da Dança do Sol e se mantêm em contato com ele por correio eletrônico durante o resto do ano (MEINTEL, 2007).

O que distingue o Templo Arán global desses exemplos é até que ponto seu caráter transnacional foi organizado por práticas formalizadas (ROUDOMETOF, 2005, p. 120). Algumas dessas "práticas transnacionais" são mencionadas no *site* Arán. Por exemplo, no que diz respeito à autonomia financeira de cada templo, não se deve transferir dinheiro de um templo para outro ou de um país para outro. Iniciações ao mais alto nível da mediunidade devem ser realizadas no templo do Brasil. Em 2002, invocando uma expansão do templo para outros países, o pai de santo anunciou no *site* que os coordenadores que tinham sido iniciados no contato com seu orixá (ritos de feitura) poderiam realizar "retiros experienciais" (vivências) com enfoque nos "ciclos" (uma série de aspectos ou qualidades[100]) dos elementos fogo, terra, água e ar.

De maneira geral, o pai de santo reivindica a autoridade do Templo Arán sobre o ritual e a orientação filosófica dos templos filiados; afirma no *site* a "prontidão" do templo para restringir toda a ação contrária a seus princípios éticos. A noção do Templo Arán como entidade única atualmente enraizada em muitos estados-nação é muito mais do que uma imagem: é o princípio orientador de sua administração. Por um lado, o templo mantém que sua filosofia e ensinamentos são válidos para além das fronteiras da cultura afro-indígena-brasileira (de acordo com seu *site*); o modo de administrar do templo assegura a uniformidade ritual de um contexto nacional para outro e conserva, no percurso, certa continuidade cultural, isto é, espíritos "brasileiros" (caboclos, pretos velhos etc.) falando português do Brasil, que são incorporados por médiuns europeus e norte-americanos. Por outro lado, como fica a autenticidade religiosa? Como conseguem médiuns de origens culturais diferentes experienciar o que parece ser uma forma de espiritualidade bem brasileira?

---

100 Por exemplo, a água tem quatro qualidades: o princípio feminino, o princípio maternal, a fertilidade e o renascimento.

Autenticidade transnacional

Em seus estudos sobre as religiões afro-brasileiras em vários contextos nacionais, Capone descobriu que "bem no centro do transnacional, também se pode encontrar o 'puro' e o 'autêntico'" (2002, p. 14, tradução nossa). Tal como ela aponta, ao citar Clifford (1997, p. 10), o "autêntico" é muitas vezes ligado ao nacional e o transnacionalismo ao "híbrido" (inautêntico). Nesse templo de Umbanda transnacionalizado, a autenticidade não é simplesmente uma questão de correção litúrgica, embora exista, como temos visto, um grau impressionante de conformidade às normas rituais determinadas pelo pai de santo. Ainda mais importante é o significado pessoal e o crescimento espiritual que os membros encontram na Umbanda Arán. "Maior tolerância", "maior respeito pelos outros", "inspiração para meus objetivos na vida", são frases que as médiuns de Montreal usam para descrever as mudanças que a Umbanda tem feito em suas vidas. Apesar de diferenças culturais, várias relataram experienciar uma espécie de reconhecimento ao descobrirem o templo pela primeira vez: "Quando fui na *camarinha* (no Brasil) foi como se eu estivesse no lugar que estava procurando toda minha vida, sem o saber". Outro membro nos disse:

> Estranhamente, penso que minha visão do mundo está ligada com a Umbanda, mas eu penso que já tinha essa visão dentro de mim, sem saber que nome lhe dar, e é por isso que eu pratico a Umbanda.

Apesar de o templo enfatizar que não viola a "essência de outras culturas" (como está escrito no *site* do templo), tampouco propõe conceitos tais como "enculturação" (ROUTHIER e LAUGRAND, 2002) para acomodar a cultura dos participantes não brasileiros. Outras tradições culturais e religiosas não são denegridas nos ensinamentos do templo. Simultaneamente, a Umbanda é considerada "universal" por definição segundo o pai de santo. Em vez de diferenças culturais, se dá centralidade à noção de "individuação": cada indivíduo deve ser totalmente ele próprio, distinto de todos os outros, mas ligado a eles para estar em harmonia com o mundo. Por isso, existe uma longa preparação para cada iniciação, um período para explorar o potencial de "harmonização" entre o indivíduo e o templo, a cada nível de desenvolvimento espiritual.

O caso de Beatrice (que tinha por volta de cinquenta anos quando fazia parte do templo de Montreal) ilustra de modo interessante como o indivíduo e sua origem podem afetar sua experiência na Umbanda. Como a maioria dos quebequenses de sua geração, Beatrice foi criada na religião católica. Quando descobriu a Umbanda, por um associado do Templo Arán de Montreal, estava passando uma fase difícil de sua vida e sentiu que os rituais Umbanda nessa cidade a ajudaram. Seu encontro com o pai de santo durante uma visita ao Brasil foi um momento decisivo:

> Ele me impressionou muito... Senti nele uma profundidade espiritual muito viva e verdadeira... Era de uma simplicidade desarmante por ser alguém que se agarra à vida com unhas e dentes e tem um sentido de humor incrível.

Beatrice foi iniciada e passou a ser uma médium ativa do templo de Montreal durante alguns anos. Numa noite, quando estava se preparando para incorporar, perguntou a si própria: "Que estou fazendo?". Regressou ao Brasil, se encontrou de novo com o pai e confessou-lhe que precisava parar por um tempo. "Creio em Deus e em todo o folclore desse templo, mas já não estou segura se isso é para mim". "Tire todo o tempo que precisar", respondeu ele. "E se você quiser voltar, será sempre bem-vinda". Beatrice, que nunca tinha deixado de praticar o Catolicismo, encontra-se atualmente envolvida num grupo de meditação cristão e não vê sua saída do templo como uma rejeição da Umbanda. "Vejo-a como um processo: passei pela Umbanda e depois veio algo mais".

A Umbanda parece não ser uma religião altamente "portátil", para usar o termo de Csordas (2007, p. 261), pelo menos segundo um de seus critérios, que é o da "prática portátil", isto é, do tipo que envolve pouco conhecimento esotérico ou equipamento, não limitado a um contexto cultural particular. Na realidade, tornar-se umbandista em Montreal implica aprender português, usar objetos rituais e roupa que só podem ser obtidos no Brasil e, ainda, adquirir conhecimento sobre um panteão complexo de entidades espirituais. Além disso, o novo adepto deverá forjar um relacionamento com algumas dessas entidades. Por outro lado, a Umbanda Arán já vem com o que Csordas chamou de mensagem "transponível", que mantém seu significado em outros contextos culturais sem ser os de origem. Por exemplo, ela evoca um ambiente natural que aparenta ser menos relevante para aqueles que não são brasileiros. Existem alguns lugares no Brasil que são considerados "sagrados" pelo Templo Arán. Porém, estes são definidos não em termos culturais e históricos, mas sim como espaços que foram consagrados por muitos rituais e que se prestam ao desenvolvimento de uma consciência ecológica espiritual para aqueles que os forem visitar. São definidos como espaços "mágicos", em que pessoas de diferentes tradições podem se encontrar para meditar, cantar ou dançar. É significativo que outros espaços sagrados Arán estejam sendo criados no exterior por templos Arán fora do Brasil. À parte da centralidade dos elementos (terra, fogo, água e ar) para o quadro interpretativo da filosofia Arán, no qual se define a Natureza como "o Texto Sagrado", o ambiente natural também é apresentado em termos ecológicos, o que os dá significado para uma audiência internacional.

Em declarações públicas recentes, o pai de santo indicou sua intenção de remover as referências católicas do templo. O relacionamento entre santos católicos e os orixás é agora apresentado como um produto histórico e menos fundamental para a liturgia Arán. Frigerio interpreta tal "reafricanização" como uma maneira de permitir a criação de um quadro "interpretativo" que é particularmente adequado

> para transcender restrições de nacionalidade e para providenciar a aparência de uma religião mundial... Por este processo, a África acaba por ser considerada não só como a *origem remota* da tradição religiosa, como também o *modelo contemporâneo* para sua prática. (FRIGERIO, 2004, p. 4)

Frigerio observa que a tendência para a reafricanização é particularmente evidente em configurações de diásporas secundárias, tais como os EUA. A Umbanda Arán está se aproximando do Candomblé e, pela mesma razão, aproximando-se de uma base africana que é parte relevante do legado histórico em todas as Américas. Frigerio também observou adeptos deslocando-se, ao longo do tempo, de variantes de religiões afro-americanas "menos africanas" para as "mais africanas". Quando os líderes religiosos fazem isso, podem afetar a orientação de uma coletividade religiosa. No caso Arán, o argumento de Frigerio (2004) não parece aplicar-se tão bem como a outros contextos, pelo menos ao atual. A maioria dos países em que o templo se enraizou não tem um componente cultural africano significativo em suas histórias nacionais, como acontece nas Américas, pelo que seu valor estratégico não parece ser o mesmo (na realidade, no caso do Quebec, até poderia vir a criar uma maior sensação de distanciamento entre indivíduos – a maioria dos quais foram criados no Catolicismo – e mais recentemente na Umbanda). Em vez de o tornar mais receptivo a outras narrativas nacionais, remover as referências católicas parece ser uma estratégia para distanciar o Templo Arán do espírito eclesiástico e enfatizar seu aspecto universal, não sectário. Contudo, uma consequência dessa mudança para o templo no Brasil pode ser a aproximação com o Candomblé, tal como Capone (1999a) e outros argumentaram sobre mudanças semelhantes em outros templos Umbanda.

Apesar de o templo não propor adaptações "culturais" para outros contextos nacionais, seus ensinamentos são apresentados num formato discursivo que atrai um vasto público internacional, ao afirmar questões contemporâneas de valor (não violência, conservação ambiental, biodiversidade etc.) e reconhecer todas as tradições espirituais. Nas palavras do pai de santo, "A luz reconhece a luz". Respeita-se também a ciência. A mãe, por exemplo, diz que estudou Psicologia para melhor compreender as experiências dos médiuns na Umbanda. A pesquisa científica da mediunidade e seus efeitos no comportamento são bem aceitos pelo templo.

Algumas mudanças dos últimos anos, as quais mencionamos, são adaptações feitas devido à realidade transnacional do Templo Arán global, e sua política de inclusão de templos do exterior (por exemplo, a transmissão rápida de nova informação, convites para eventos nos templos no Brasil, iniciações que permitem aos médiuns realizar vivências em seus templos locais). Numa decisão recente, o templo baniu o uso ritual do tabaco em seus templos do exterior. Dada a importância do tabaco nas tradições ameríndias, essa não foi uma decisão trivial e sugere um ajuste a valores e sensibilidades diferentes daquelas que deram origem à Umbanda.

Considerações finais

O Templo Arán tem se expandido para fora do Brasil durante as últimas três décadas. No entanto, Capone (2002) observou que a transnacionalização não leva necessariamente a um sincretismo frouxo. Os grupos do Templo Arán tendem a ser compostos de indivíduos de origens nacionais variadas, de maneira que nenhuma cultura nacional ou tradição religiosa predomina nos templos do exterior, embora tenhamos observado, como o notou o pai de santo, que muitos umbandistas Arán foram criados no Catolicismo. A administração do Templo Arán se faz de maneira a permitir aos indivíduos criar suas sínteses espirituais próprias à sua vida coletiva ritual, e os ensinamentos recebidos não são suscetíveis de sofrer um sincretismo desenfreado em novos contextos em que o templo se estabeleça.

Paralelamente, o trabalho de campo de Hernandez em Montreal revela que para seus membros a Umbanda, tal como é apresentada por esse templo, é experienciada como um caminho espiritual que dá significado a suas vidas e lhes permite sentir-se a si próprios mais plenamente. Apesar de o caso de Beatrice sugerir que se unir (por via de incorporação) com entidades espirituais brasileiras pode engendrar uma sensação de distanciamento cultural, este não foi o caso de outros adeptos. Além disso, outras tradições espirituais, que envolvem fenômenos que se parecem com a "incorporação", também podem levar as pessoas a experienciar uma profunda ligação com espíritos de culturas estrangeiras. Meintel (2003; 2007) observou médiuns espiritualistas comunicando-se com indivíduos do sexo oposto (um distanciamento que se poderá seguramente comparar com o que existe entre duas culturas) e de outras tradições, em particular as aborígenes americanas. O universalismo do Templo Arán se expressa num discurso religioso que, embora imbuído de elementos brasileiros, articula-se com valores cosmopolitas que já são partilhados por muitos adeptos potenciais. Por isso é possível para indivíduos de Montreal e de outras partes do mundo se descobrirem no Templo Arán de Umbanda.

Referências

AMBROSI, J. *La médiation thérapeutique: de l'intelligence sauvage.* Paris: L'Harmattan, 2002.

AUBRÉE, M. Entre Tradition et Modernité: Les Religions. *Les temps modernes - Brésil*, v. 491, p. 142-160, 1987.

BASTIDE, R. *Les religions africaines Au Brésil : vers une sociologie des interpénétrations de civilisations.* Paris: Presses Universitaires de France, 1960.

BROWN, D. *Umbanda: religion and politics in urban Brazil.* Nova Iorque: Columbia University Press, 1994.

BROWN, D. and BICK, M. Religion, class and context: continuities and discontinuities in brazilian Umbanda. *American ethnologist*, v. 14, n. 1, p. 73-93, 1987.

CAPONE, S. À propos des notions de globalisation et de transnationalisation. *Civilisations*, v. 51, n. 1, p. 99-122, 2002.

CAPONE, S. *La quête de l'afrique dans le Candomblé: pouvoir et tradition au Brésil*. Paris: Karthala, 1999a.

_____. Les dieux sur le net: l'essor des religions d'origine africaine aux états-unis. *L'Homme*, v. 39, n. 151, p. 47-74, 1999b.

CAPONE, S. and TEISENHOFFER, V. Devenir medium a Paris: apprentissage et adaptation rituels dans l'implantation d'un *terreiro* de Candomblé en France. *Psychopathologie africaine*, v. 31, n. 1, p. 127-156, 2001-2002.

CLIFFORD, J. *Routes: travel and translation in the late twentieth century*. Cambridge, Mass: Harvard University Press, 1997.

CSORDAS. T. Introduction: modalities of transnational transcendance. *Anthropological theory*, v. 7, n. 3, p. 250-272, 2007.

ENGLER, S. Umbanda and Hybridity. *Numen*, v. 56, p. 545-577, 2009.

FRIGERIO, A. Re-africanization in secondary religious diasporas: constructing a world religion. *Civilisations*, v. 51, n. 1, p. 39-50, 2004.

FRY, P. Methodism and Umbanda. *Stanford journal of international studies*, v. 13, p. 177-202, primavera 1978.

GLICK SCHILLER, N; BASCH, L.; and BLANC SZANTON, C. *The transnationalization of migration: perspectives on ethnicity and race*. Nova Iorque: Gordon & Beach, 1992.

HAYES, K. *Holy Harlots: femininity, sexuality and black magic in Brazil*. Berkeley; Los Angeles: University of California Press, 2011.

HERNANDEZ, A. *Transnationalisation religieuse: Un temple d'Umbanda à Montréal*. Master: Université de Montréal, 2010.

JENSEN, T. G. From de-africanization to re-africanization. *In*: SMITH, C. and PROKOPY, J. (Ed.). *Latin american religion in motion*. Nova Iorque: Routledge, 1999, p. 265-283.

LE GALL, J. New technologies and religious socialization among young muslims in Quebec. *In*: *CASCA* (Canadian Anthropology Society). *Branchements anthropologiques: nouveaux espaces et nouveaux liens*. Casca, Montréal, 1-3 jun. 2010.

LEVITT, P. Religion as a Path to Civic Engagement. *Ethnic and racial studies*, v. 31, n. 4, p. 766-791, 2008.

MARGOLIS, M. *Little Brazil: an ethnography of Brazilian immigrants in New York City*. Princeton: Princeton University Press, 1994.

MARY, A. Parcours Visionnaires et Passeurs de Frontières. *Anthropoligie et sociétés*, v. 27, n. 1, p. 111-130, 2003.

MCGUIRE, M. *Lived religion: faith and practice in everyday life.* Toronto: Oxford University Press, 2008.

MEINTEL, D. Nouvelles formes de convivialité religieuse au Québec. *In*: FATH, S.; MATHIEU, S.; ENDELSTEIN, L. (Ed.). *Dieu Change en Ville.* Paris: Harmattan, 2011, p. 37-54.

MEINTEL, D. When There is No Conversion: spiritualists and personal religious change. *Anthropologica*, v. 49, n. 1, p. 149-162, 2007.

_____. La Stabilité Dans Le Flou : parcours religieux et identités de spiritualists. *Anthropologie et Sociétés*, v. 27, n. 1, p. 35-64, 2003.

MEINTEL, D. et MOSSIÈRE, G. Tendances actuelles des rituels, pratiques et discours de guérison au sein des groupes religieux contemporains: Quelques réflexions. *Éthnologies*, v. 33, p. 5-17, 2011.

MOSSIÈRE, G. and MEINTEL, D. "Montreal." *In*: HECHT, R. D. and BIONDO, V. F. (Ed.). *Religion in the practice of daily life.* Santa Barbara: Praeger, 2010, p. 481-508.

MOSSIÈRE, G. Mobility and belonging among transnational congolese pentecostal congregations: modernity and the emergence of socioeconomic differences. *In*: ADOGAME, A. and SPICKARD, J. V. (Ed.). *Religion crossing boundaries: transnational dynamics in African and the new african diasporic religions*, Religion and Social Order series. Leiden: Brill, 2010.

_____. Reconnue par l'autre, respectée chez soi: la construction d'un discours politique critique et alternatif par des femmes converties a l'islam en France et au Québec. *Diversité urbaine*, v. 8, n. 2, p. 37-59, 2008.

MORO, A. and RAMIREZ, M. *La Macumba y otros cultos afro-brasileros en Montevideo.* Montevidéu: Oriental, 1981.

MOTTA, R. Le métissage des Dieux dans les religions afro-brésiliennes. *Religiologiques*, n. 8, 1993. Disponível em: <www.unites.uqam.ca/religiologiques/no8/motta.pdf>. Acesso em: maio 2008.

MUCHNIK, M. *Le tango des orixás: les religions afro-brésiliennes à Buenos Aires.* Paris: L'Harmattan, 2006.

ORO, A. P. *Axé Mercosul: as religiões afro-brasileiras nos países do prata.* Petrópolis: Vozes, 1999.

ORTIZ, R. Du syncrétisme à la synthèse. *Archives de science sociales des religions*, v. 40, p. 89-97, 1975. Disponível em: <www.persee.fr/web/revues/home/prescript/article/assr_0335-5985_1975_num_40_1_1920?_Prescripts_Search_isPortletOuvrage=false>. Acesso em: set. 2008.

PRANDI, R. Modernidade com feitiçaria: Candomblé e Umbanda no Brasil do século XX. *Tempo social*, v. 2, n. 1, p. 49-74, 1990.

ROBERTS, R. The reclaiming community of Montreal: an ethnographic study. *Document de travail/Working Paper GRDU*. [Online]. Disponível em: <www.grdu.umontreal.ca/fr/publications-workingpapers.html>. Acesso em: maio 2010.

ROUDOMETOF, V. Transnationalism, cosmopolitanism and glocalization. *Current sociology*, v. 53, n. 1, p. 113-135, 2005.

ROUTHIER, G. and LAUGRAND, F. *L'espace missionnaire: lieu d'innovations et de rencontres interculturelles*. Quebec: August, 2001. Presses de l'Université Laval et Karthala: Paris et Sainte-Foy, Canada, 2002, p. 23-27.

TEISENHOFFER, V. Umbanda, New Age et psychothérapie: aspects de l'implantation de l'Umbanda à Paris. *Ateliers du LESC*, v. 31, 2007. Disponível em: <ateliers.revues.org/index872.html>. Acesso em: maio 2010.

Capítulo 9

Nipo-brasileiros entre pretos velhos, caboclos, monges budistas e samurais:
um estudo etnográfico da Umbanda no Japão

USHI ARAKAKI

Introdução

A Umbanda, religião nascida do sincretismo brasileiro que integra elementos do Catolicismo, de cultos afro-brasileiros, de tradições indígenas e do Espiritismo, foi levada ao Japão pelos imigrantes nipo-brasileiros. Os primeiros grupos apareceram no final dos anos 1990 seguidos por alguns terreiros criados logo depois. Hoje existem cerca de dez terreiros de Umbanda no Japão localizados nas províncias de Aichi, Mie, Gifu, Shiga, Shizuoka e Gunma onde há uma grande concentração de imigrantes brasileiros. É difícil obter dados estatísticos precisos sobre o número de seguidores da Umbanda no Japão devido à alta mobilidade dos imigrantes que se mudam frequentemente em busca de melhores salários, além de retornarem ao Brasil. A maioria dos líderes da Umbanda imigrou para o Japão por motivos financeiros e trabalham nas indústrias automotivas, de eletroeletrônicos e alimentícias. Poucos deles eram adeptos da Umbanda no Brasil.

Ao mesmo tempo que identidades religiosas podem transcender um ou mais Estados-nações, elas também podem ser emblemáticas de um segmento social específico quando assumem um conteúdo local relevante.

Esse é o caso da Umbanda que tem sido reinventada, entre outras coisas, por meio da adoção de ícones da cultura japonesa para satisfazer a demanda de seus seguidores.

Este estudo apresenta um caso peculiar considerando que as demandas dos imigrantes nipo-brasileiros são moldadas por sua descendência japonesa. Apesar de a etnicidade ser importante na vida de todo imigrante, ela tem um significado especial para os imigrantes que retornam aos seus países de origem étnica como os nipo-brasileiros. Esta pesquisa irá mostrar como a Umbanda se tornou um importante instrumento de renegociação etnocultural para os nipo-brasileiros, graças a sua capacidade para refletir a sociedade brasileira e por transformar personagens populares em símbolos de brasilidade. A Umbanda é flexível o suficiente para incorporar em sua cosmologia o contexto sociocultural dos nipo-brasileiros no Japão reforçando a noção de pertencimento desses imigrantes ao Brasil.

Os dados etnográficos deste capítulo foram coletados de 2002 a 2010 quando eu conduzi trabalho de campo na comunidade brasileira no Japão para minha pesquisa de mestrado e de doutorado na Universidade de Osaka. Durante esse período, conduzi observação participativa por quatro anos em três terreiros de Umbanda (um na cidade de Karya e dois na cidade de Toki). Mais de 500 entrevistas foram realizadas nos oito anos de pesquisa no Japão.

Mais de um século de história migratória

A história migratória entre o Brasil e o Japão precisa ser levada em consideração quando analisamos a migração dos nipo-brasileiros para a terra natal de seus ancestrais. Os primeiros imigrantes japoneses chegaram ao porto de Santos em 1908 e muitos outros vieram depois devido à crise econômica japonesa (SHINDO, 2001). Os imigrantes japoneses vieram para o Brasil com a intenção de ganhar dinheiro e retornar para seu país o mais rápido possível. Entretanto, o retorno se tornou um sonho impossível para a maioria deles principalmente por dois motivos: a) o Japão perdeu a Segunda Guerra Mundial e b) eles não conseguiram economizar dinheiro suficiente para o retorno. Após a longa permanência no país anfitrião, seus descendentes passaram a chamar o Brasil de casa.

O fator mais relevante que levou os nipo-brasileiros ao Japão é o mesmo que inspirou milhões de brasileiros a emigrar para países desenvolvidos no final dos anos 1980: a séria crise econômica brasileira. O rápido crescimento econômico japonês, que resultou em falta de mão de obra, atraiu os imigrantes nipo-brasileiros. Consequentemente, o fluxo migratório entre o Brasil e o Japão se inverteu com os descendentes de japoneses no Brasil migrando para a terra natal de seus pais e avós. Esse processo foi chamado por alguns autores de migração de retorno (TAKAHASHI, 1995; SELLEK, 1997; TSUDA, 1999; BRODY, 2002) e teve seu fluxo consideravelmente aumentado com a revisão da Lei de Controle Migratória Japonesa em 1990. Essa lei concedeu o *status* formal de residente aos *nikkeijin* (descendentes de japoneses) até a terceira geração e seus cônjuges permitindo que eles vivam e trabalhem legalmente no país.

De acordo com a Agência de Estatísticas do Ministério de Assuntos Internos e Comunicação (2015), o número de imigrantes brasileiros no Japão era de 174.330,[101] em 2015. Vários dos estudos atuais classificam os *nikkeijin* como um dos seis grupos minoritários no Japão: ainus, *burakumin*, chineses, coreanos, *nikkeijin* e okinawanos (WEINER, 1997). Os brasileiros são o terceiro maior grupo de estrangeiros no Japão, atrás dos chineses e dos coreanos. A maioria dos brasileiros se concentra em regiões não metropolitanas onde há um grande número de indústrias. Eles podem ser encontrados em todas as províncias, mas as maiores comunidades estão em Aichi, Shizuoka, Kanagawa, Nagano, Gunma, Mie, Saitama, Gifu, Tochigi e Ibaraki. Eles são bem-vindos pelo governo japonês para atender à demanda por mão de obra operária. Os brasileiros fazem trabalhos conhecidos como 5K[102] que são rejeitados pelos jovens japoneses (SASAKI 1999; DE OLIVEIRA 1999; NINOMIYA, 2002).

Apesar de a descendência étnica japonesa garantir o *status* formal de residência aos *nikkeijin* no Japão, esses imigrantes enfrentam inúmeros desafios na terra natal de seus ancestrais. Os mais relevantes são a perda do *status* social e a renegociação de identidade. Essas circunstâncias influenciam a autoimagem,

---

101 Durante o período em que eu conduzi a maior parte do meu trabalho de campo na comunidade brasileira, mais de 300.000 brasileiros viviam no Japão. A crise econômica global de 2008 e 2009 fez com que muitos deles retornassem ao Brasil devido à redução da produção japonesa, especialmente no setor automotivo em que um grande número de brasileiros trabalha. Nesses dois anos, a comunidade brasileira no Japão perdeu 14,4% de sua população. De acordo com o Ministério de Justiça Japonês, o número de brasileiros caiu de 312.582 em 2008 para 267.456 em 2009. A crise nuclear depois do terremoto de março de 2011 contribuiu para que uma nova leva de imigrantes retornasse ao Brasil.
102 5K se refere a cinco palavras japonesas: *kitsui, kitanai, kiken, kirai, kibishī* (pesado, sujo, perigoso, detestável, duro).

a noção de pertencimento e a relação dos *nikkeijin* com a sociedade anfitriã. Uma das maneiras que os imigrantes encontraram para lidar com a renegociação de identidade foi o isolamento, dentro da comunidade transnacional, em que eles têm acesso a praticamente todos os tipos de serviços e produtos com os quais estavam acostumados no Brasil. Dessa forma, a comunidade nipo-brasileira ajuda a reforçar os laços dos imigrantes com o Brasil. Além disso, a religião, especialmente a Umbanda, tem um papel significante na renegociação de identidade do *nikkeijin*, graças ao seu forte caráter local. A seguir, eu analiso dois dos maiores desafios vivenciados pelos nipo-brasileiros no Japão para entendermos como a Umbanda os ajuda a enfrentá-los.

1. Perda de status social

A maioria dos nipo-brasileiros vive em áreas urbanas (YOSHINO, 1996) e pertence à classe média brasileira. Isso demonstra que o processo migratório dos *nikkeijin* para o Japão não é uma tentativa de ascensão social, mas sim um esforço para manter a posição já conquistada na hierarquia socioeconômica brasileira (ISHI, 2003; TSUDA, 2003a). O depoimento ouvido de um dos nipo-brasileiros ilustra essa situação: "Nós tínhamos uma vida confortável no Brasil. Eu tinha um bom emprego, um bom carro, mas de repente fiquei desempregada e uns meses depois meu marido também perdeu o emprego". Muitos dos imigrantes brasileiros com formação universitária se sentem desconfortáveis fazendo trabalho desqualificado. Essa insatisfação tem implicações tanto para a adaptação dos imigrantes na sociedade anfitriã quanto para a natureza da relação deles com a cultura japonesa que é focada na educação[103] (ISHI, 2003).

Além da falta de familiaridade com o trabalho operário, os nipo-brasileiros não estão acostumados com a rígida hierarquia social japonesa, que fica clara no ambiente de trabalho onde passam a maior parte do tempo. No Brasil, o *nikkeijin* ocupa um *status* relativamente alto na hierarquia social brasileira como uma "minoria positiva" (TSUDA, 2003a). Como membros da classe média, eles estão acostumados a olhar com certa superioridade as classes menos favorecidas. No Japão, os *nikkeijin* vivenciam a situação inversa, pois ocupam a base da hierarquia social japonesa. O declínio social dos imigrantes nipo-brasileiros tem impacto na maneira como eles

---

103 O mesmo se aplica para a cultura brasileira, em que o trabalho manual é relativamente desprezado devido à história de escravidão do país.

enxergam a sociedade anfitriã e a si mesmos.[104] A baixa posição ocupada pelos *nikkeijin* e a falta de conhecimento da língua japonesa também afetam a imagem que os japoneses têm dos imigrantes. Os nipo-brasileiros são vistos pela sociedade anfitriã não como pertencentes ao mesmo grupo étnico, mas sim como estrangeiros. Essa situação influencia fortemente a noção de pertencimento etnocultural desses imigrantes (ISHI, 2003; LINGER, 2001; TSUDA, 2003a; ROTH, 2002).

2. Japonês no Brasil e brasileiro no Japão

No Brasil, a aparência física dos nipo-brasileiros sempre os diferenciou dos demais brasileiros que comumente os chamam de "japoneses". A diferença étnica entre os brasileiros e os *nikkeijin* não se limita às características raciais, ela se estende a diferenças socioculturais vistas como produto de uma criação moldada por sua descendência japonesa. A "japonicidade" se torna o foco da identidade dos nipo-brasileiros no Brasil porque, como mencionado anteriormente, eles são uma minoria positiva cujas qualidades étnicas são vistas favoravelmente pela sociedade brasileira (LESSER, 1999; 2007; TSUDA, 2003a). A associação dos nipo-brasileiros com o Japão no Brasil lhes dá certo prestígio uma vez que o Japão é um país desenvolvido. Como resultado, muitos deles têm orgulho de sua descendência étnica e desenvolvem uma noção transnacional de pertencimento ao Japão enquanto se distanciam dos aspectos percebidos por eles como características negativas de ser brasileiro, como por exemplo, falta de seriedade (TSUDA, 2003a). É comum escutar os brasileiros enfatizarem pontos positivos de outros países enquanto criticam o seu próprio país. Desenvolvendo uma identificação transnacional com o Japão, os *nikkeijin* conseguem se distanciar dessas imagens negativas do Brasil (LINGER, 2001; LESSER, 1999; 2007).

Devido à aparência e ancestralidade dos nipo-brasileiros, seus chefes e colegas japoneses tendem a esperar que eles falem e se comportem como japoneses. No entanto, eles percebem rapidamente que os nipo-brasileiros não são os japoneses que eles esperavam, mas sim estrangeiros que não dominam o idioma local nem se comportam de acordo com o esperado de um japonês. Tendo crescido como "japonês" no Brasil, a inesperada fria recepção na terra natal de seus ancestrais impacta seriamente a percepção da identidade étnica

---

104 O declínio social dos imigrantes também influencia a maneira como eles educam os seus filhos. Para mais informações, consultar Arakaki 2004.

dos imigrantes nipo-brasileiros (SAM, 1999). Consequentemente, eles passam a se distanciar psicologicamente dos japoneses e começam a se enxergar como brasileiros. Ironicamente eles são chamados de *gaijin* (estrangeiro) pela sociedade japonesa, palavra usada por eles no Brasil para descrever os não nipo-brasileiros (MAEYAMA, 1996). Apesar de a palavra *gaijin*, para as novas gerações, ter perdido parte de seu significado original, o seu uso ainda designa a maioria dos brasileiros como forasteiros étnicos indicando assim, claramente, quem é e quem não é japonês. Por meio do contato com a sociedade japonesa, os nipo-brasileiros se tornam conscientes de sua brasilidade pela primeira vez (HASHIMOTO, 1995; SASAKI, 1999; LINGER, 2001; TSUDA, 2003a). De fato, o contraste entre nós e eles é a base do conceito de etnicidade. Assim como os *nikkeijin*, os japoneses que imigraram para o Brasil se tornaram conscientes de sua "japonicidade", por meio do contato com uma cultura diferente da sua (MAEYAMA, 1979).

O comportamento de rejeição japonês é muitas vezes provocado por um preconceito étnico latente contra os nipo-brasileiros. Esse preconceito é baseado na imagem negativa que os japoneses têm do legado migratório[105] dos seus pares étnicos, seu *status* social e opiniões desfavoráveis sobre o comportamento cultural brasileiro (TSUDA, 2003b). Por outro lado, os nipo-brasileiros também respondem à rejeição se isolando dentro da comunidade brasileira em um ato de autossegregação étnica. Os nipo-brasileiros tendem a viver dentro de uma bolha, especialmente em cidades em que a rede transnacional é bem desenvolvida e onde não existem relações substanciais entre a sociedade local e a comunidade brasileira. O depoimento a seguir ilustra esse ponto:

> Nós não temos amigos japoneses, nós só trabalhamos juntos. Nós saímos apenas com brasileiros, nós vamos a restaurantes brasileiros e fazemos churrascos. Nossa filha estuda em escola brasileira porque um dia voltaremos para casa. (CHIRYU. Comunicação pessoal, 2008)

Os imigrantes nipo-brasileiros estão em um estado de liminaridade (TURNER, 1969) – como pessoas presas entre duas sociedades sem pertencer verdadeiramente a nenhuma delas. Eles vivem no Japão sonhando em regressar a sua terra natal. Consequentemente, os pais com

---

105 Muitos japoneses acreditam que os pais e avós dos *nikkeijin* abandonaram o Japão quando o país mais precisava deles por estar enfrentando uma séria crise socioeconômica (TSUDA, 2003a).

filhos nas escolas brasileiras tentam prepará-los para viver no Brasil. As crianças nipo-brasileiras não se sentem completamente em casa no Japão porque elas crescem ouvindo seus pais dizerem que o Brasil é sua casa. Por outro lado, essas crianças não estão familiarizadas o suficiente com o dia a dia brasileiro para se sentirem em casa no Brasil. É importante ressaltar que no Brasil o *nikkeijin* se distancia do que eles percebem como sendo traços negativos dos brasileiros desenvolvendo uma identidade japonesa e no Japão eles fazem o oposto. Eles passam a se enxergar como brasileiros (percebidos como flexíveis, animados, carinhosos e alegres), assim os *nikkeijin* se distanciam da imagem negativa que eles têm dos japoneses (percebidos como um povo frio).

Umbanda fora do Brasil

O caráter dinâmico e flexível da Umbanda permite inovações constantes e atrai seguidores ao redor do mundo. Atualmente, ela é praticada na Argentina, Uruguai, Paraguai, Bolívia, França, República Dominicana, Itália, Alemanha, Suíça, Estados Unidos, Canadá, Portugal, Japão, Austrália, Israel e Áustria. A Umbanda foi levada pela primeira vez para a Argentina e para o Uruguai nos anos 1950 (Frigerio neste volume). No Paraguai, ela apareceu nos anos 1970 e na Venezuela nos anos 1980 (POLLAK-ELTZ, 1995). É impossível estimar o número de seguidores fora do Brasil porque, exceto por alguns países como a Argentina e o Uruguai, pouca pesquisa tem sido conduzida sobre o tema. Na Argentina existem milhares de terreiros, e no Uruguai centenas (ORO & FRIGERIO, 2007). É preciso notar que não existe padronização na diáspora da Umbanda. A propagação do conhecimento religioso é geralmente feita oralmente. Consequentemente, cada terreiro é guiado por diferentes normas de acordo com o pai de santo.[106] Essa falta de padronização facilita a adaptação da Umbanda em outros contextos culturais. Outra característica importante, que ajuda a atrair seguidores fora do Brasil, é o fato de a Umbanda não exigir exclusividade de seus adeptos. As pessoas não precisam se converter, renunciando às suas religiões, para aderir à Umbanda.

A expansão da Umbanda fora do Brasil é um caso de transnacionalização de práticas culturais populares produzidas de baixo para cima (SMITH & GUARNIZO, 1998). A expansão internacional segue dois

---

106 Pai de santo é usado para descrever os líderes religiosos das religiões afro-brasileiras.

padrões básicos. A Umbanda é levada para outros países por imigrantes brasileiros ou por estrangeiros que vêm ao Brasil para serem iniciados por pais de santo brasileiros. Na primeira categoria estão, por exemplo, alguns países europeus, os Estados Unidos (PORDEUS, 1995) e o Japão. Enquanto que na segunda encontram-se, principalmente, Portugal, Canadá e países sul-americanos como a Argentina e o Uruguai (ver MEINTEL & HERNANDEZ, FRIGERIO e SARAIVA neste volume).

O panteão umbandista

Esta seção explora os elementos ideológicos da Umbanda, sua cosmologia e panteão. Essa discussão é importante para se entender o desenvolvimento da Umbanda no Japão. O papel principal da Umbanda na preservação da herança etnocultural dos nipo-brasileiros está diretamente conectado a sua visão de mundo.

O cosmos da Umbanda é um complexo sistema formal dividido em três níveis: plano astral, Terra e o plano inferior. Os orixás, poderosos seres espirituais com duas identidades, africana e católica,[107] habitam o plano astral junto com entidades menos desenvolvidas como caboclos e pretos velhos. A Terra forma um plano intermediário, que oferece residência temporária para os espíritos, passando por várias encarnações humanas em um baixo estágio de desenvolvimento espiritual. A Terra é visitada por várias outras categorias de entidades espirituais, que retornam durante os rituais umbandistas, para prestar atos de caridades que contribuem para sua própria evolução espiritual. Espíritos maus e ignorantes do plano inferior também visitam a Terra e podem causar danos. Esse plano é habitado por espíritos potencialmente maus, os exus.

Seguindo a dualidade cristã (bem e mal), os espíritos que vêm para a Terra são divididos em dois grupos: linha da direita e linha da esquerda. Os espíritos do plano astral pertencem ao primeiro grupo. Eles só fazem o bem, enquanto que os espíritos que vêm do plano inferior pertencem ao segundo grupo. Os exus não são necessariamente ruins, mas por serem moralmente ambivalentes, podem ser usados para o mal. A Umbanda se baseia fortemente no espiritismo francês (ou Kardecismo) e segue suas leis

---

107   Os povos africanos que vieram para o Brasil como escravos na época da colônia eram proibidos de cultuar seus orixás livremente sendo imposta a eles a religião católica. No intuito de manter suas crenças religiosas, os africanos passaram a associar seus orixás aos santos católicos para driblar a repressão.

de evolução e reencarnação. Consequentemente, na Umbanda crê-se que os espíritos se desenvolvem lentamente de um estado de ignorância para a iluminação por meio de sucessivas reencarnações. Nesse processo, os espíritos se afastam gradualmente da órbita da Terra.

No entanto, as entidades da Umbanda diferem tanto das entidades das religiões afro-brasileiras, como o Candomblé,[108] quanto das do Espiritismo. No Candomblé, deuses africanos de determinados clãs ou cidades se tornam deuses pessoais. Cada filho ou filha de santo recebe um orixá protetor. No Espiritismo, as entidades espirituais que possuem os médiuns são espíritos de pessoas mortas que viveram na Terra e que retornam para fazer caridade. São basicamente espíritos de médicos, artistas, padres e escritores. As entidades da Umbanda são uma síntese do Candomblé e do Espiritismo. Os orixás são espíritos desenvolvidos, uma categoria mítica distante dos seres humanos. Eles raramente visitam a Terra e quando o fazem não possuem os médiuns como no Candomblé. Somente a sua vibração pode ser sentida (SILVA, 2005). Como no Espiritismo, as entidades mais populares na Umbanda são espíritos de seres humanos que faleceram e que são menos desenvolvidos do que os orixás. Entretanto, esses espíritos não eram intelectuais nas suas vidas passadas, mas pertenciam a segmentos marginalizados da sociedade brasileira.

O mito da origem da Umbanda elucida esse ponto. Sua origem é associada a Zélio de Moraes no início do século XX. Zélio tinha dezessete anos quando foi possuído pelo espírito de um caboclo pela primeira vez. Sua família achou que ele tinha algum tipo de doença mental. Entretanto, como os médicos não encontraram nenhuma doença psiquiátrica, ele foi levado a um padre para ser exorcizado, sem sucesso. Zélio foi finalmente levado à Confederação Espírita, em 15 de novembro de 1908. Durante a sessão espírita ele foi possuído pelo caboclo das Sete Encruzilhadas, e alguns dos médiuns foram possuídos por espíritos de pretos velhos e caboclos. O presidente da Confederação os chamou de espíritos atrasados e solicitou que eles deixassem o recinto. Nesse momento, o caboclo das Sete Encruzilhadas defendeu os espíritos e decidiu criar uma religião em que todos (humanos ou espíritos) fossem bem-vindos, independentemente de raça, cor, crenças,

---

108 Os rituais do Candomblé envolvem possessão dos iniciados pelos orixás, oferendas e sacrifícios do reino mineral, vegetal e animal, cura, dança/transe e percussão. O Candomblé teve influência de diversos povos africanos que vieram para o Brasil como escravos.

gênero ou classe social.[109] Apesar de essa história ser considerada por vários autores o mito de criação da Umbanda como religião (e.g. DE OLIVEIRA, 2007) e do fato de muitos umbandistas comemorarem o dia 15 de novembro de 1908 como o dia da criação da Umbanda, diversos autores rejeitam essa versão dos fatos. Diana Brown (1985), por exemplo, argumenta que a Umbanda só foi criada nos anos 1920. Emerson Giumbelli (2002) defende que esse mito começou a ser disseminado após a morte de Zélio de Moraes em 1975. Renato Ortiz (1978) relata que a Umbanda emergiu independente e espontaneamente em três lugares diferentes: nas cidades do Rio de Janeiro e Niterói e na região sul do estado do Rio Grande do Sul.

A discussão sobre a origem da Umbanda demanda uma pesquisa histórica mais detalhada que está fora do foco deste capítulo. Verdadeira ou não, a história de Zélio é um bom ponto de partida para entender o caráter universal da Umbanda. Zélio enfatiza em seu discurso que a Umbanda foi criada para incluir espíritos que eram marginalizados. Essa marginalização representa a exclusão social sofrida especialmente pelos afro-brasileiros e pelos povos indígenas. Na cosmologia da Umbanda, os pretos velhos representam os espíritos dos africanos e ex-escravos que trabalharam e viveram no Brasil. Eles têm características bem definidas: ambos pertencem à linha da direita, ou seja, só fazem o bem. Eles praticam a caridade promovendo serviços mágico-religiosos e usando sua sabedoria para apoiar pessoas que buscam ajuda. Os pretos velhos são tolerantes, pacientes, bons, sábios e constantemente mostram-se humildes se desculpando por sua falta de educação formal. Os caboclos representam os povos indígenas brasileiros. Eles são representados como líderes orgulhosos, que nunca se submeteriam à escravidão, guerreiros com habilidades naturais e poderes derivados das forças da natureza.

As entidades espirituais da Umbanda são personagens tipicamente brasileiros, o que reforça o caráter local e sua habilidade para refletir a estrutura sociopolítica da sociedade brasileira (FRY, 1982). Essas entidades representam a matriz étnica, construída historicamente, do povo brasileiro (indígenas, negros e brancos) assim como sua miscigenação. Por representar a diversidade étnica dessa sociedade, alguns especialistas (cf. SILVA,

---

109 Os dados referentes aos eventos que levaram à criação da Umbanda foram retirados de uma entrevista com Zélio de Moraes, conduzida pela jornalista Lilia Ribeiro em 1972. Essa entrevista foi publicada na revista *Gira de Umbanda*, n. 1 e foi posteriormente reproduzida por vários autores, incluindo Diamantino Trindade (2009).

2005) afirmam que a missão da Umbanda é fraternizar todos os grupos étnicos e classes sociais que compõem o povo brasileiro como um todo.

As entidades espirituais como caboclos e pretos velhos são protagonistas durante os rituais da Umbanda, o que demonstra uma inversão de *status* social, uma vez que estes são personagens marginalizados da sociedade brasileira. Essa característica atrai os imigrantes nipo-brasileiros que também ocupam uma posição marginal por realizarem o trabalho rejeitado pelo bem-educado japonês e por serem culturalmente diferentes deles.

Na hierarquia da Umbanda Deus preside o mundo espiritual. Abaixo dele tem um complexo sistema hierárquico de espíritos baseado no número sete.[110] Existem sete linhas, cada uma sob o comando de um orixá. As linhas são divididas em sete falanges e cada uma delas em sete legiões. As entidades espirituais, como os caboclos e pretos velhos, estão localizadas entre os escalões inferiores das sete linhas nos níveis das falanges ou abaixo[111] porque, diferentemente dos orixás que são considerados deuses, essas entidades são espíritos desencarnados de pessoas que viveram no Brasil durante diferentes períodos históricos.

Outra entidade espiritual relevante para este estudo é o exu. Na África, o exu é frequentemente descrito como sendo "suscetível, violento, irascível, astucioso, grosseiro, vaidoso, indecente" (VERGER, 1999, p. 119). Os primeiros europeus que tiveram contato com o culto Yoruba ao exu o associaram com Priapus, deus fálico da Mitologia Grega, e com o Diabo judeu-cristão. A associação com o Diabo é resultado da mitologia que o descreve como um orixá que quebra todas as regras sociais. No contexto africano, o exu é mais parecido com um intermediário do que com um ser diabólico. Ele é o mensageiro dos deuses, quem interpreta suas vontades para o povo e, por sua vez, transmite aos deuses o desejo do povo. Por isso, o exu é considerado o senhor das encruzilhadas, com um pé no mundo dos espíritos e um pé no mundo dos vivos. Na Umbanda, o orixá africano exu perdeu seu caráter divino e se aproximou dos imperfeitos seres humanos. Eles pertencem à linha da esquerda: praticam o mal quando solicitados a

---

110 Os umbandistas acreditam que sete é um número místico. Eles o associam a várias coisas, como os sete dias da Criação (da Bíblia), sete chacras, sete dias da semana, sete cores do arco-íris e sete notas musicais. Eles acreditam que o sete é um número poderoso que pode de certa forma reforçar a conexão com o mundo espiritual.
111 Vale a pena ressaltar que nem todos os seguidores estão cientes das doutrinas da Umbanda. Muitos deles são frequentadores ocasionais que vão aos terreiros em busca de soluções mágicas para seus problemas. As explicações recebidas pelas entidades espirituais são as únicas fontes de informação que eles têm sobre a Umbanda.

fazê-lo e são responsáveis pela defesa dos terreiros de Umbanda contra os ataques de outros exus.

A Umbanda possui um universo repleto de entidades espirituais que se manifestam no transe ritualístico. Ela tem uma capacidade dinâmica para se reinventar de acordo com o contexto sociocultural em que está inserido, o que resulta em um fluxo constante de entidades espirituais em seu panteão. "[...] Todas as fantasias são possíveis: ser a princesa, o dócil e sábio preto velho, o valente guerreiro, mas também a prostituta de beira de cais, o diabo malandro e sedutor, o intelectual e o intuitivo guia. A Umbanda não é só religião; ela é um palco do Brasil" (PRANDI, 1991, p. 88).

Alguns terreiros no Brasil trabalham com a linha do oriente que inclui, entre outras, entidades turcas, chinesas, japonesas, indianas, tibetanas, árabes e egípcias que geralmente lidam com problemas de saúde. Apesar de as entidades japonesas não serem uma nova adição ao panteão da Umbanda, existe uma grande diferença entre o papel delas no Brasil e no Japão, onde elas têm um caráter simbólico mais forte na vida dos seus seguidores, devido a sua renegociação de identidade etnocultural e condições locais na terra de seus ancestrais.

Umbandistas no Japão

A maioria dos umbandistas no Japão são imigrantes nipo-brasileiros que trabalham como operários e tinham diferentes práticas religiosas no Brasil. Isso não significa, entretanto, que eles se converteram à Umbanda, uma vez que essa religião não exige exclusividade de seus seguidores. De fato, muitos adeptos também frequentam igrejas católicas e pentecostais no Japão.

Os seguidores da Umbanda podem ser divididos em três categorias: a) membros: aqueles que têm conhecimento da doutrina e dos rituais e ocupam papéis de protagonismo; b) frequentadores ativos: fazem parte da congregação e têm conhecimento limitado da Umbanda e seus rituais; e c) frequentadores ocasionais: frequentam o terreiro quando têm um problema que não conseguem resolver de outra maneira. Eles não conhecem a doutrina e têm um entendimento muito limitado dos rituais.

Nos três terreiros em que fiz trabalho de campo, a maioria dos membros e frequentadores era adulta com idades variando entre 20 e 65 anos. Eram 65 membros e aproximadamente 385 frequentadores ativos e ocasionais, sendo

65% deles mulheres. Muitas famílias frequentavam os terreiros, acompanhadas de seus filhos (crianças e adolescentes) e alguns homens e mulheres iam sozinhos.

Além de obsessão por espíritos,[112] muitas pessoas procuram soluções para problemas de relacionamento, doença, adicção, instabilidade emocional e de adaptação no Japão.

O número de frequentadores japoneses é ínfimo. Eles são levados por amigos brasileiros, geralmente colegas de trabalho. Vale a pena ressaltar que os líderes religiosos não têm nenhum tipo de estratégia para atrair os japoneses. Pelo contrário, eles afirmam que o trabalho das entidades espirituais da Umbanda é focado principalmente nos imigrantes brasileiros que precisam de apoio para lidar com a vida de operário fora de seu país. Dessa forma, os terreiros de Umbanda no Japão enfatizam seu caráter local, uma vez que eles trabalham para preservar a herança etnocultural dos imigrantes brasileiros.

Pretos velhos, caboclos, monges budistas: a cosmologia da Umbanda no Japão

O dinamismo da Umbanda e sua capacidade de se reinventar para satisfazer demandas locais resultaram na adição de novas entidades japonesas no Japão. Isso explica o significado da Umbanda para os imigrantes nipo-brasileiros. Todos os terreiros de Umbanda no Japão sofreram, em diferentes níveis, influência da sociedade japonesa. Os umbandistas afirmam que os espíritos que praticam caridade não são apenas aqueles que possuem os médiuns e dão consultas para os seguidores, mas também aqueles que pertencem às legiões de espíritos que trabalham no plano espiritual, onde a influência da sociedade japonesa é particularmente forte. A inclusão das entidades japonesas está diretamente ligada à realidade dos nipo-brasileiros no Japão. A sociedade anfitriã os trata como estrangeiros e eles passam a se enxergar como tal. Entretanto, os nipo-brasileiros também se sentem estrangeiros no Brasil. As entidades japonesas simbolicamente ajudam esses imigrantes a lidar com ambos: sua negociação de identidade etnocultural e a distância entre os nipo-brasileiros e a sociedade anfitriã.

---

112 A obsessão acontece quando espíritos pouco desenvolvidos desencarnados interferem na vida de pessoas vivas.

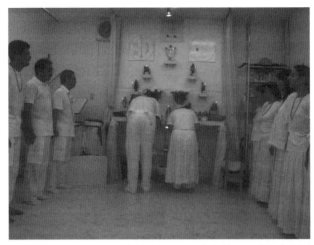

Figura 2. Ritual De Umbanda Na Província De Aichi (Cortesia Ushi Arakaki)

Os líderes da Umbanda mencionam duas categorias de espíritos japoneses: desenvolvidos e necessitados[113]. Neste capítulo, focarei apenas na primeira categoria. Existem ao menos três grupos de espíritos japoneses desenvolvidos mencionados pelos umbandistas no Japão: médicos, monges budistas e samurais. De acordo com os líderes religiosos, os médicos lidam basicamente com três problemas: obsessão, problemas mediúnicos e doenças físicas e espirituais. O processo de cura é dividido em duas fases: a primeira é focada na busca da origem cármica do problema que levou à enfermidade e a segunda focada na solução do problema. Espíritos de monges budistas japoneses, assim como de médicos, geralmente lidam com tratamentos médicos como cirurgias espirituais ou com orientação de espíritos japoneses necessitados como ilustrado no depoimento a seguir.

> As entidades japonesas vêm conforme o caso. Quando um caboclo está dando consulta, por exemplo, ele pode deixar o corpo do médium para que ele seja possuído por um espírito japonês com mais habilidade para lidar com os espíritos japoneses necessitados. (KARIYA. Comunicação pessoal, 2007)

Membros dos terreiros relatam que, em muitas ocasiões, as entidades brasileiras e japonesas trabalham juntas. Espíritos de samurais trabalham com exus na proteção dos terreiros. Entretanto, diferente dos exus, que ocupam uma baixa posição em termos de desenvolvimento espiritual, os

---

113 Espíritos necessitados são espíritos de pessoas mortas que não conseguem fazer a passagem para o plano espiritual quando desencarnam porque estão muito apegados ao mundo material. Esses espíritos permanecem na Terra obsessionando as pessoas.

samurais ocupam a mesma posição que espíritos desenvolvidos como pretos velhos e caboclos. Um dos líderes relatou:

> Os samurais são guerreiros com estrito código de comportamento. Eles são espíritos desenvolvidos que podem curar pessoas ou tratar casos de obsessão, por exemplo, mas eles preferem proteger os terreiros porque esta tarefa encaixa em sua maneira de pensar. Se olharmos a história do Japão veremos que os samurais eram guerreiros responsáveis pela proteção da Terra dos xoguns. Eles protegiam a Terra dos invasores. Eles têm a mesma função aqui. (TOKI. Comunicação pessoal, 2007)

Esse líder menciona outra razão para ter os samurais como guardiões do terreiro. Ele argumenta que mais de 90% dos espíritos que vagam no Japão são japoneses e não brasileiros. Estes são os espíritos necessitados que obsidiam as pessoas e às vezes atrapalham os trabalhos espirituais que estão sendo realizados nos terreiros. Segue um exemplo dado pelo pai de santo:

> O exu e a pombagira[114] não conseguem proteger o terreiro sozinhos porque eles não sabem como lidar com espíritos culturalmente diferente deles. Um médium clarividente vê os exus acompanhados de samurais. Algumas pessoas perguntam quem são os espíritos do lado dos exus porque eles não os reconhecem. Nós geralmente explicamos que eles são os samurais que defendem o terreiro; sem a permissão deles, nós não poderíamos ter o terreiro porque eles são os donos do lugar. (TOKI. Comunicação pessoal, 2007)

Além dessa tarefa "invisível" dos samurais (proteção dada aos terreiros no plano espiritual), em um dos três terreiros estudados, os espíritos de samurais e de monges budistas eventualmente se manifestam possuindo os médiuns durante os rituais. Um líder religioso descreveu um desses episódios:

> Dois médiuns foram possuídos por espíritos de samurais. Eles sentaram cada um em uma esquina e pediram suas *katanas* [espadas japonesas]. Eles vieram para proteger o trabalho que estava sendo feito por outro espírito japonês, um monge. O espírito do monge tinha sido um samurai em outra encarnação antes de ser monge. Ao terminar a tarefa, um dos samurais se levantou e se apresentou em japonês na frente do altar. Ele ocupava uma alta posição como líder de um grupo de samurais. (TOKI. Comunicação pessoal, 2007)

Em outro terreiro, onde a possessão de médiuns por espíritos de samurais não é comum, o líder enfatizou que um dos exus que lá trabalham é na verdade o espírito de um samurai. Ele explicou que esse espírito acabou no

---

114 Pombagira é a versão feminina do exu.

plano espiritual inferior por excesso de orgulho e lá ficou até sua "exuni-zação" (i.e. até se transformar no exu Carranca). Ele foi escolhido por sua capacidade de liderança. Aqui temos uma fusão de uma entidade típica da Umbanda, o exu, com um ícone tradicional da cultura japonesa, o samu-rai. O espírito que possui o médium é um samurai "vestido" como um exu. Exus são espíritos originalmente da linha da esquerda, espíritos do submundo que por meio de evolução espiritual podem mudar para a linha da direita, onde os espíritos só fazem o bem. O exu Carranca é um desses espíritos, a única diferença é que ele não é brasileiro, mas sim japonês.

A inclusão de personagens locais, como o samurai, indica a adaptação do panteão da Umbanda ao novo contexto cultural dos imigrantes brasi-leiros. Os imigrantes certamente não encontram samurais andando nas ruas japonesas, entretanto, esse ícone é parte do folclore japonês e está diretamente associado à romântica imagem que os brasileiros têm do Japão.[115] O exu Carranca é, ao mesmo tempo, um espírito brasileiro e um samu-rai japonês. Essa dualidade é demonstrada pelos idiomas falados por ele. Quando esse espírito possui um médium ele se comunica nos dois idio-mas: português e japonês,[116] dependendo da necessidade. Se ele tem que guiar um espírito obsessor japonês para um hospital ou escola do plano espiritual, ele falará japonês. Se ele tem que falar com um espírito brasileiro, ele falará português. A dualidade dessa entidade espiritual pode ser associada à renegociação de identidade dos imigrantes nipo-brasileiros: eles são brasi-leiros com corpos japoneses. O caso do exu Carranca é o oposto: ele é um espírito japonês usando um vestuário brasileiro.

O papel sociossimbólico dos espíritos japoneses desenvolvidos

Os espíritos japoneses desenvolvidos têm dois importantes signifi-cados na vida dos adeptos da Umbanda no Japão. No âmbito local, eles representam um importante membro da comunidade transnacional: o *tsu-yaku* (intérprete). No transnacional, os espíritos japoneses simbolizam a inclusão do nipo-brasileiro na sociedade brasileira. Explicarei esses dois papéis começando pelo *tsuyaku*.

---

115 A Umbanda tende a adotar em seu panteão personagens romantizados como o selvagem caboclo e o dócil e humilde preto velho.

116 Segundo os líderes religiosos, mesmo quando os médiuns não falam japonês durante o transe, parecem desenvolver a habilidade de se comunicar em japonês quando possuídos por espíritos japoneses.

1. *Tsuyaku: o intermediário cultural*

Os espíritos desenvolvidos japoneses atuam como intermediários culturais entre os espíritos japoneses e brasileiros que não dominam o código cultural japonês. Ícones japoneses, como o samurai, são trazidos pelos nipo-brasileiros para o espaço religioso onde eles se tornam efetivamente símbolos religiosos. Nesse contexto, de uma maneira simplista, o exu Carranca é um espírito japonês de um samurai naturalizado brasileiro. De acordo com a sua natureza, como senhor das encruzilhadas e intermediador entre mundos, a característica mais marcante do exu Carranca é dominar os códigos culturais brasileiro e japonês. Essa qualidade permite que ele transite livremente entre dois universos culturais diferentes.

Tendo deixado esse ponto claro, focarei momentaneamente nos imigrantes nipo-brasileiros. Eles só se tornam conscientes de sua brasilidade quando migram para o Japão porque a sociedade brasileira constantemente reforça sua identidade japonesa. Quando eles chegam ao Japão, se dão conta de que não estão suficientemente familiarizados com os códigos culturais locais para serem reconhecidos como japoneses. Um dos maiores obstáculos enfrentados pelos nipo-brasileiros é a língua. Nesse sentido, os poucos imigrantes que dominam o idioma e outros códigos culturais ocupam uma posição de liderança na comunidade brasileira. Eles se tornam intermediários culturais, como o exu Carranca, ou seja, pessoas que conseguem transitar nos dois universos culturais. Esses intermediários são chamados para solucionar os problemas do dia a dia que não podem ser resolvidos por quem não domina os códigos culturais japoneses. Essas pessoas são conhecidas dentro da comunidade brasileira como *tsuyaku* (intérprete).

O samurai ou qualquer outro espírito japonês que tem o papel de intermediário cultural é uma representação simbólica dos membros da comunidade transnacional brasileira no Japão que dominam os códigos culturais japoneses, ou seja, o *tsuyaku*. São três os tipos de *tsuyaku*: a) os que são contratados como intérpretes de organizações governamentais; b) os que são trabalhadores autônomos e cobram para acompanhar pessoas ao médico, delegacia etc.; e c) aqueles que não necessariamente possuem um nível avançado do idioma, mas que ajudam os amigos e parentes sem custo. A terceira categoria é a mais comum entre os imigrantes brasileiros.

Vale a pena ressaltar o simbolismo atrás da fusão entre o exu e o samurai. O exu é considerado o intermediário entre os orixás e os humanos. Ele é associado ao arquétipo do *trickster* que em muitas culturas funciona como mensageiro entre o criador e os humanos. O samurai tem o papel de intermediário entre espíritos brasileiros e japoneses. A similaridade entre os papéis reforça sua fusão. O exu também é uma figura antiestrutural que permite (no sentido de Turner) integrar *societas*. Essa construção religiosa reflete a realidade dos imigrantes brasileiros que tendem a se sentir vulneráveis no Japão, por não serem capazes de decifrar os códigos culturais japoneses. A falta de domínio do idioma local faz com que os imigrantes não tenham acesso a importantes meios de comunicação. O depoimento a seguir ilustra esse ponto.

> Eu me sinto mal no Japão porque eu dependo dos outros para quase tudo. Eu preciso pedir a uma amiga para me acompanhar para comprar um celular. Eu não posso ir ao médico sozinha. Eu não sei o que está acontecendo no Japão porque eu não consigo ler o jornal e também não entendo o que eles falam no noticiário da TV. Se alguma coisa me acontecer eu não sei como chamar a polícia e ainda pior, eu não saberia dizer o que aconteceu. Eu me sinto vulnerável porque não consigo me defender. Eu preciso de um *tsuyaku* para me comunicar. Isso é horrível. Tem muita coisa que eu não entendo no Japão e queria perguntar... mas eu não posso! (KARIY. Comunicação pessoal, 2008)

Esse sentimento de vulnerabilidade é compartilhado pela maioria dos nipo-brasileiros que vivem no Japão. Não falar o idioma local pode se tornar um problema sério na vida dos imigrantes, como me relatou um deles:

> Na segunda fábrica em que trabalhei tinha uma *obāchan* [senhora] que não gostava de mim. Não sei o porquê, eu nunca fiz nada para ela. Um dia meu chefe começou a gritar comigo sem nenhum motivo e por duas semanas ele foi grosso comigo. Foi então que eu me dei conta que aquela *obāchan* estava inventando mentiras sobre mim para o meu chefe. Eu me senti péssima e quis me defender, mas eu não consegui porque eu só falava algumas palavras em japonês, daí eu decidi pedir demissão. Naquela época foi fácil encontrar outro trabalho. Se eu fosse fluente em japonês ou se eu tivesse uma amiga que pudesse falar com meu chefe em japonês em meu nome, as pessoas não iriam me maltratar assim no trabalho. (CHIRYU. Comunicação pessoal, 2009)

Nipo-brasileiros entre pretos velhos, caboclos, monges budistas e samurais |291

A falta de domínio do idioma japonês fez com que essa imigrante ficasse vulnerável diante de seus colegas japoneses. Essa situação poderia ter sido evitada se ela fosse fluente em japonês ou se tivesse alguém para fazer a mediação entre ela e seu chefe. A proteção que o samurai oferece contra os espíritos japoneses é a representação simbólica do apoio dado pelo *tsuyaku* para lidar com problemas que os imigrantes brasileiros não conseguem resolver sozinhos. Os líderes da Umbanda enfatizam que a necessidade de intermediários culturais no plano astral, para resolver os problemas de comunicação entre os espíritos brasileiros e japoneses, é uma maneira de expressar e solucionar no espaço religioso situações reais que afetam os imigrantes brasileiros coletivamente. Dessa forma, como no Brasil, a Umbanda no Japão é capaz de trazer situações socioculturais do mundo profano para a esfera sagrada. As entidades japonesas vêm para resolver um problema que é vivenciado diariamente pelos imigrantes brasileiros – seu isolamento da sociedade japonesa. Assim como elas ajudam as entidades brasileiras a se comunicarem com espíritos japoneses, que atrapalham a vida dos seguidores da Umbanda, o *tsuyaku* apoia o imigrante brasileiro a se comunicar com os japoneses para resolver seus problemas cotidianos.

Existe uma semelhança entre as esferas sagrada e profana. As entidades japonesas são respeitadas pelos umbandistas e estão cientes de que elas são as donas do lugar. No entanto, o papel de protagonista nos terreiros pertence às entidades brasileiras que têm os principais papéis nos rituais uma vez que, na maioria do tempo, as entidades japonesas atuam apenas no plano espiritual. Além disso, as entidades brasileiras usam mágica para intervir na vida dos humanos e possuem o poder de satisfazer a demanda de seus seguidores. Os espíritos japoneses fazem a conexão entre os espíritos brasileiros e japoneses e ajudam nos tratamentos de saúde. Os *tsuyaku* também são membros respeitados da comunidade brasileira no Japão pelo importante papel que desempenham. Entretanto, como os espíritos japoneses, eles não têm o poder de resolver os problemas dos imigrantes. Eles são intermediários entre os imigrantes e os japoneses que podem potencialmente resolver seus problemas ou atender a algumas de suas demandas.

A inclusão dos espíritos japoneses no panteão da Umbanda é importante para o desenvolvimento da Umbanda no Japão, uma vez que ela oferece a seus seguidores a possibilidade de atuar em um contexto espiritual e cultural com o qual eles não estão familiarizados. Por poder contar com a forte proteção espiritual dos samurais (além do exu), as entidades brasileiras e os umbandistas se sentem seguros contra os maus espíritos japoneses que poderiam atrapalhar os rituais e suas vidas. Além disso, por contar com a intermediação cultural dos espíritos japoneses desenvolvidos, eles são capazes de praticar caridade ajudando os espíritos japoneses necessitados de apoio espiritual. Essa construção religiosa é uma solução simbólica dada pelos umbandistas para os problemas de adaptação que a maioria dos imigrantes brasileiros enfrenta na sociedade anfitriã. Independentemente da importância dos espíritos japoneses, as entidades brasileiras continuam a ocupar o papel principal nos rituais estabelecendo o *rapport* com os adeptos. São eles também que possuem o poder de intervir pelos umbandistas no plano espiritual.

2. Nikkeijin, o samurai brasileiro

Além do papel de *tsuyaku* no plano espiritual, os espíritos japoneses desenvolvidos se tornaram um instrumento simbólico de autoinclusão do nipo-brasileiro na sociedade brasileira. No intuito de clarificar essa ideia, primeiro focarei em alguns pontos mencionados anteriormente. Um deles é a identidade etnocultural do *nikkeijin* no Brasil, onde eles são vistos pela sociedade brasileira e sentem-se japoneses graças ao seu fenótipo japonês. Quando esses nipo-brasileiros chegam ao Japão e se dão conta de que não são japoneses, eles vivenciam um processo de renegociação de identidade em que eu sugiro ter a Umbanda um importante papel ao ajudar a reforçar a ligação dos imigrantes com o Brasil. Outro ponto essencial já enfatizado é que o panteão da Umbanda simboliza a diversidade etnocultural, representando não só as matrizes étnicas do povo brasileiro, mas também a miscigenação entre os grupos. Levando esses dois pontos em consideração, eu proponho que a inclusão dos espíritos japoneses no panteão da Umbanda no Japão simboliza a autoinclusão do *nikkeijin* na sociedade brasileira. Os nipo-brasileiros redefinem sua identidade coletiva e sua noção de pertencimento usando a Umbanda como instrumento para formação étnica que lhes permite diversidade e creolização, colocando-os em uma alta posição na hierarquia etnocultural brasileira. Esse instrumento serve para combater a discriminação e o isolamento enfrentados por eles no Japão, país que tem uma formação étnica completamente diferente da brasileira.

Essa inclusão é o resultado da renegociação de identidade e reconhecimento por parte dos nipo-brasileiros de sua brasilidade. À primeira vista pode parecer contraditório que ícones da cultura japonesa, como o samurai, possam simbolizar a autoinclusão do *nikkeijin* na sociedade brasileira, especialmente quando eles se sentem brasileiros e não japoneses. Entretanto, a contradição é explicada pelo fato de essa inclusão só poder ser legitimada pela sociedade brasileira se a representação do *nikkeijin* corresponder à imagem que essa sociedade tem deles. Nesse sentido, os ícones culturais japoneses são a melhor opção.

Outra contradição que deve ser explicada é o fato de que, diferente das entidades espirituais da Umbanda, as entidades japonesas não pertencem a grupos marginalizados. Pelo contrário, samurais, monges budistas e médicos são (ou eram, no caso dos samurais) parte de um prestigioso segmento da sociedade japonesa. Para entender o motivo pelo qual essas entidades foram escolhidas para representar os nipo-brasileiros, devemos levar em consideração o *status* social que eles têm na sociedade brasileira como membros de uma minoria positiva. Eles são chamados de "japonês", o que é quase sinônimo de inteligente, honesto e trabalhador. Assim sendo, é natural que personagens japoneses, que ocupam um alto *status* social, sejam escolhidos para representar os nipo-brasileiros. O *tsuyaku*, também representado pelas entidades espirituais japonesas, possui o mesmo alto *status* social dentro da comunidade transnacional brasileira.

Dessa forma, a adoção dos espíritos japoneses no panteão da Umbanda tem dois importantes significados. No âmbito local, o *tsuyaku* simboliza a busca por inclusão em uma sociedade que associa o nipo-brasileiro com o trabalho 5K enquanto que no transnacional a adoção representa a autoinclusão do *nikkeijin* na sociedade brasileira. Ao fazer do samurai uma figura central na Umbanda, os nipo-brasileiros parecem valorizar seu próprio caráter liminar em uma sociedade que está fortemente estruturada. Dessa maneira, eles esculpem um lugar legítimo para suas identidades híbridas afirmando uma noção romantizada do Brasil como uma democracia racial. Ambas as inclusões são facilitadas pela capacidade da Umbanda de absorver mudanças socioculturais. Ao reunir personagens típicos da cultura brasileira (pretos velhos, caboclos e exus) e japonesa (samurais e monges budistas), os líderes religiosos estão de fato expandindo o universo etnocultural da Umbanda e simultaneamente reforçando a brasilidade no exterior.

Vale ainda mencionar que esse tipo de creolização também aconteceu no Brasil no mundo religioso dos imigrantes japoneses que foram influenciados pelas religiões afro-brasileiras. Koichi Mori (1998), por exemplo, analisou o papel da possessão brasileira e japonesa de okinawanos no Brasil como uma forma de integrá-los na sociedade brasileira. Nesse caso, como no estudo apresentado neste capítulo, a cosmologia da Umbanda foi modificada para satisfazer demandas étnicas de migrantes transnacionais. Em ambos os casos, a Umbanda serve como uma ponte entre dois diferentes mundos religiosos e culturais e ela muda de nacional para uma religião étnica reconciliando a tensão entre nacionalidade e etnicidade.

Considerações finais

O processo de renegociação de identidade vivida pelos imigrantes brasileiros no Japão cria uma demanda por símbolos religiosos capazes de atender a essa necessidade. Nesse sentido, a brasilidade da Umbanda e sua capacidade para refletir o contexto sociocultural brasileiro é o que atrai a maioria dos seguidores no Japão. A Umbanda consegue atender à demanda de diversas maneiras: 1) ajuda os imigrantes a lidar com sua renegociação de identidade reforçando seus laços com o Brasil; 2) contribui para diminuir os problemas de adaptação criando, pelo menos no plano simbólico espiritual, um ambiente em que os espíritos brasileiros e japoneses trabalham juntos desempenhando o papel de *tsuyaku*. Essa parceria reforça a ideia de que o mesmo tipo de integração pode acontecer no plano mundano e, dessa forma, 3) a Umbanda legitima a identidade do nipo-brasileiro incluindo em seu panteão espíritos japoneses com outros grupos étnicos que compõem a sociedade brasileira.

Referências

ARAKAKI, U. Deterritorialized ethno-cultural notion of belonging: the case of brazilian nikkeijin adolescents in Hamamatsu, Japan. Unpublished M. A. thesis, Graduate School of Human Sciences, Osaka University, Japan, 2004.

BRODY, B. *Opening the door: immigration, ethnicity and globalization in Japan*. Nova Iorque: Routledge, 2002.

BROWN, D. Uma história da Umbanda no Rio. *Umbanda e política. Cadernos do ISER*, Rio de Janeiro, n. 18, p. 9-42, 1985.

DE OLIVEIRA, A. Repensando a identidade dentro da emigração Dekassegui. *In*: R. REIS, R. and SALES, T. (Ed.). *Cenas do Brasil migrante.* São Paulo: Boitempo, 1999. p. 275-307.

DE OLIVEIRA, J. Eis que o caboclo veio à Terra 'anunciar' a Umbanda. *História, imagens e narrativas*, v. 4, n. 2, p. 176-188, 2007.

FRY, P. *Para inglês ver.* Rio de Janeiro: Zahar, 1982.

GIUMBELLI, E. Zélio de Moraes e as origens da Umbanda no Rio de Janeiro. *In*: SILVA, V. G. da (Ed.). *Caminhos da alma.* São Paulo: Selo Negro, 2002, p. 183-218.

HASHIMOTO, Y. "Posfácio" in Dekassegui: os exilados econômicos: a realização de um sonho. *Jornal Tudo bem*, Tokyo, p. 231-235, 1995.

ISHI, A. Searching for home, wealth, pride, and "class": japanese brazilians in the "land of yen". *In*: LESSER, J. (Ed.). *Searching for home abroad: japanese brazilians and* transnationalism. Durham: Duke University Press, 2003, p. 75-102.

LESSER, J. *Negotiating national identity: immigrants, minorities, and the struggle for ethnicity in Brazil.* Durham; Londres: Duke University Press, 1999.

_____. *A discontented diaspora: japanese-brazilians and the meanings of ethnic militancy.* Durham; Londres: Duke University Press, 2007.

LINGER, D. *No one home: brazilian selves remade in Japan.* Califórnia: Stanford University Press, 2001.

MAEYAMA, T. Ethnicity, secret society and associations: the japanese in Brazil. *Comparative studies in society and history*, v. 21, n. 41, p. 589-610, 1979.

_____. *Ethnicity to Burajiru Nikkeijin Bunka Jinrui Teki Kenkyū.* Tóquio: Ochanomizushobō, 1996.

MINISTÉRIO DE ASSUNTOS INTERNOS E COMUNICAÇÃO, Japão. Soumusho Toukeikyoku Todōfuken Betsu Zairyū Shikaku (Zairyū-mokuteki) Betsu Zairyū Gaikokujin. Disponível em: <www.e-stat.go.jp/SG1/estat/List.do?lid=000001111233>. Acesso em: nov. 2013.

MORI, K. O processo de "amarelamento" das religiões tradicionais brasileiras de possessão: mundo religioso de uma Okinawana. *Estudos japoneses*, v. 18, p. 57-76, 1998.

NINOMIYA, M. Imigrantes brasileiros frente as políticas migratórias: a presença dos brasileiros no Japão. *In*: SALES, T. and Salles, M. (Ed.). *Políticas migratórias: América Latina, Brasil e brasileiros no exterior*. São Carlos, Sumaré: Edufscar, Fadesp, 2002, p. 163-176.

ORO, A. P. e FRIGERIO, A. Fora das Fronteiras. *Revista História Viva: Grandes religiões*, v. 6, p. 76-79, 2007.

ORTIZ, R. *A morte branca do feiticeiro negro*. Petrópolis: Vozes, 1, 1978.

POLLAK-ELTZ, A. La Transformación de las Religiones Afroamericanas en el Mundo de Hoy. *Horizontes antropológicos*, v. 3, p. 80-84, 1995.

PORDEUS, I. Lisboa de caso com a Umbanda. *In*: *Annual meeting of ANPOCS*, 19. Caxambu, 1995, p. 17-23.

PRANDI, R. *Os candomblés de São Paulo: a velha magia na metrópole nova*. São Paulo: Hucitec, 1991.

ROTH, J. *Brokered homeland: japanese brazilian migrants in Japan*. Nova Iorque: Cornell University Press, 2002.

SAM, S. Crônicas de Silvio Sam. *In*: SAM, S. and YOSHIOKA, R. (Ed.). *Dekassegui: com os pés no chão...no Japão*. São Paulo: Yasayama, 1999, p. 89-139.

SASAKI, E. Movimento Dekassegui: a experiência migratória e identitária dos Brasileiros descendentes de Japoneses no Japão. *In*: REIS, R. and SALES, T. (Ed.). *Cenas do Brasil migrante*. São Paulo: Boitempo, 1999, p. 243-274.

SELLEK, Y. Nikkeijin: the phenomenon of return migration. *In*: WEINER, M. (Ed.). *Japan's minorities: the illusion of homogeneity*. UK: Routledge, 1997, p. 178-210.

SHINDO, T. *Brasil e Japão: os 100 anos de tratado de amizade*. São Paulo: ACRAKB, 2001.

SILVA, V. G. *Candomblé e Umbanda: caminhos da devoção Brasileira*. São Paulo: Selo Negro, 2005.

SMITH M. and GUARNIZO, L. (Ed.). *Transnationalism from below*. Nova Brunswick: Transaction, 1998.

TAKAHASHI, H. *Nisei Nipponjin Tanbouki-Kaette Kita Nanbei Nikkeijintachi*. Tóquio: Soushisha, 1995.

TRINDADE, D. *Umbanda brasileira: um século de história*. São Paulo: Ícone, 2009.

TSUDA, T. The Permanence of "Temporary" Migration: the "Structural Embeddedness" of Japanese-Brazilian Immigrant workers in Japan. *The journal of asian studies*, v. 58, n. 3, p. 687-722, 1999.

_____. *Strangers in the ethnic homeland: japanese brazilian return migration in transnational perspective*. Nova Iorque: Colombia University Press, 2003a.

_____. Homeland-less abroad: transnational liminality, social alienation, and personal malaise. *In*: LESSER, J. (Ed.). *Searching for home abroad: japanese brazilians and transnationalism*. Durham: Duke University Press, 2003, p. 121-161.

TURNER, V. *The ritual process: structure and anti-structure*. Ithaca: Cornell University Press, 1969.

VERGER, P. *Notas sobre o culto aos orixás e voduns*. São Paulo: Edusp, 1999.

WEINER, M. *Japan's Minorities: the illusion of homogeneity*. UK: Routledge, 1997.

YOSHINO, N. Trabalho e saúde de migrantes brasileiros (Dekassegui) no Japão. Unpublished M. A. thesis presented at Faculdade de Saúde Pública, São Paulo University (USP), 1996.

Capítulo 10

———— ⟨◦⟩⟨∽⟩⟨◦⟩ ————

Mora Iemanjá? Axé na capoeira regional diaspórica

Neil Stephens, Sara Delamont e Tiago Ribeiro Duarte[117]

Introdução

São 21h40 de uma noite quente de junho, na cidade inglesa de Cloisterham.[118] O ano é 2008. Há várias atividades em andamento no prédio do clube social dos universitários: ensaios para uma peça de teatro, uma reunião da sociedade dos estudantes franceses e vários bares estão abertos, com jogos de críquete e futebol sendo transmitidos em suas enormes telas de televisão. A maior sala no prédio, onde frequentemente há shows de bandas e o piso de madeira sujo cheira a cerveja choca, está extremamente quente, embora todas as portas estejam totalmente abertas, desafiando o regulamento anti-incêndio. A maioria das aproximadamente 80 pessoas presentes na sala está sentada no chão, formando quatro círculos (rodas). Elas assistem dois jogadores de capoeira no centro de seus respectivos círculos, batem palmas e esperam sua vez de entrar na roda. Sons de canto, percussão e de

---

117 Os autores e a autora são sociólogos: Stephens e Duarte são sociólogos da ciência e Delamont é socióloga da educação. Stephens e Delamont não falam nem escrevem em português. Duarte é brasileiro e traduziu este capítulo do inglês, além de ter auxiliado Stephens e Delamont na utilização de termos em português na versão original. Os três pesquisam a capoeira regional no Reino Unido, especialmente as aulas do Contramestre Aquiles, as quais são oferecidas em duas cidades britânicas. Stephens e Delamont utilizam material acadêmico escrito originalmente em inglês ou traduzido do português. Duarte acompanha a literatura em português, a qual não foi utilizada neste trabalho. Apesar de haver diversos estudos a respeito da capoeira no Brasil, não há literatura sociológica ou antropológica em português sobre a capoeira diaspórica no Reino Unido.

118 Todos os nomes de lugares são pseudônimos, com exceção de Londres, onde há pelo menos cinquenta professores e professoras de capoeira de diferentes grupos. Todos os professores de capoeira receberam pseudônimos da Mitologia Grega e Romana.

um instrumento de corda incomum podem ser ouvidos fora da sala. É a primeira noite de um festival de capoeira que tem a duração de quatro dias. Esta parte do evento deve terminar às 22 horas, de modo que as pessoas possam depois ir para uma boate local onde ocorrerá uma festa com samba e forró, que deve começar às 23 horas. Os professores e alunos de capoeira presentes estão treinando desde as 18h30. Há sete pessoas sentadas em cadeiras no centro do salão tocando instrumentos, um dos quais está cantando os versos de músicas em português. Todos na sala cantam os refrões curtos, formando um padrão de chamada e resposta. O homem alto que lidera o canto escolheu uma música com o refrão "Bahia axé, axé Bahia".

Às 21h45, há uma troca entre os músicos da bateria: alguns passam seus instrumentos para outras pessoas. Uma afro-brasileira assume um dos tambores, começa a liderar o canto e muda a música. O refrão, prontamente repetido pelos alunos de Cloisterham e mais hesitantemente por capoeiristas de outros grupos, por não ser uma das músicas mais usuais, é «Mora Iemanjá, mora Iemanjá". Alguns capoeiristas perguntam para as pessoas ao seu lado qual a letra do refrão e gradualmente tentam cantá-lo também. Rapidamente, pelo menos cinquenta pessoas de nacionalidades, raças e religiões variadas (ou sem crenças religiosas) estão cantando louvores a uma orixá afro-brasileira, uma divindade do mar, para animar os jogos de capoeira.

Entre as oitenta pessoas estão dois sociólogos: um homem com aproximadamente trinta anos cujo apelido na capoeira é Trovão, e uma mulher de sessenta anos cujo apelido na capoeira é Bruxa. Trovão, vestindo calças pretas e uma camiseta desbotada do batizado ocorrido no inverno de 2005, está tocando agogô na bateria. Bruxa está sentada em uma roda formada principalmente por alunos do Contramestre Aquiles de Tolnbridge, onde ele dá aulas duas vezes por semana. Ela está batendo palmas, cantando desafinadamente e vestindo calças pescador de linho preto e uma camiseta na qual está escrito "Eu amo capoeira", em português.

Os autores deste capítulo são Trovão, Bruxa e Estrangeiro. Sessões de festival como esta são típicas em nosso trabalho de campo etnográfico sobre a capoeira diaspórica. Tais cenas ocorrem em todo o Reino Unido em vários fins de semana ao longo do ano. Abrimos o capítulo com um relato de nossa pesquisa etnográfica para mostrar como pode haver interseções visíveis entre a dança e arte marcial brasileira capoeira e a religião afro-brasileira Candomblé. Todavia, o nosso argumento central é que apesar de a cultura vibrante e geograficamente difundida da capoeira no Reino Unido usar o termo "axé" como um conceito central, ela não vincula a capoeira às crenças ou às práticas do Candomblé, mas cria seus próprios significados incorporados e performativos do termo. Nas aulas de capoeira que são o foco da nossa pesquisa, o axé é caracterizado como energia boa. Ele produz bons jogos de capoeira e, por sua vez, é gerado pelo canto, pelas palmas, pela música instrumental e pela atividade física de jogar capoeira, tal como na descrição feita anteriormente do festival de capoeira realizado no verão de 2008 em Cloisterham.

Este capítulo começa com uma breve apresentação do que é a capoeira e depois explora o panorama da capoeira no Reino Unido. Posteriormente, descrevemos nossa pesquisa e o *habitus* da capoeira regional diaspórica no Reino Unido. Em seguida, focamos no conceito de axé e como ele se insere em tal *habitus*. Para enfatizar o paradoxo, escolhemos como título deste capítulo o refrão de uma canção de capoeira que tem uma ligação clara com o Candomblé, a qual saúda um orixá, a Deusa do Mar (ROBBEN, 1989), mesmo sendo ela apenas ocasionalmente cantada no Reino Unido, geralmente quando mulheres estão conduzindo o canto. "Mora Iemanjá" não é um refrão comumente cantado, tal como "Paranauê, paranauê", "Zum, zum, zum, capoeira mata um", "Vou dizer ao meu senhor que a manteiga derramou" ou "Bahia axé, axé Bahia".

A capoeira no Brasil e no Reino Unido

A capoeira é uma dança, luta e jogo, praticada ao som de música, que tem raízes profundas na cultura afro-brasileira. Sua história não está documentada e é controversa (HOLLOWAY, 1989; ASSUNÇÃO, 2005). De modo resumido, a capoeira desenvolveu-se no Brasil entre os escravos e, após a abolição da escravatura, era um passatempo de rua para homens afro-brasileiros. As autoridades temiam seus praticantes de modo que ela era ilegal do final do século XIX até o ano de 1932. Após sua legalização, a capoeira continuou sendo uma atividade masculina no Brasil e quando praticada por afro-brasileiros continuou, por muito tempo, tendo uma reputação ruim. Na década de 1970, alguns praticantes de capoeira começaram a ensiná-la nos EUA e na Europa. Muitos dos seus alunos eram mulheres, de forma que fora do Brasil a capoeira tornou-se uma atividade praticada pelos dois gêneros. Em seguida, as mulheres começaram a praticá-la publicamente no Brasil. Atualmente, aulas de capoeira podem ser encontradas em todo o mundo, fenômeno que Assunção (2005) chama de uma expansão diaspórica.

A partir de 1930 formaram-se as duas principais tradições de capoeira: regional, a qual foi desenvolvida e codificada por Mestre Bimba durante a Era Vargas; e angola, que foi reavivada por Mestre Pastinha (ASSUNÇÃO, 2005). Toda distinção é uma simplificação, mas, para aqueles sem nenhum conhecimento de capoeira, a regional é jogada com mais velocidade, os chutes são dados de pé e se parece um pouco com uma arte marcial do Sudeste Asiático, tal como o caratê ou o muay thai; a angola é jogada mais lentamente, mais próxima do chão e, para os não iniciados, ela não se parece com uma arte marcial. No Brasil, especialmente em Salvador, existem grupos puristas de angola que rejeitam a regional. Há também professores puristas de angola oferecendo aulas em vários outros países. Todavia, a capoeira diaspórica geralmente baseia-se tanto na tradição da capoeira regional desenvolvida por Mestre Bimba quanto na tradição da capoeira angola desenvolvida por Mestre Pastinha (ASSUNÇÃO, 2005).

Aulas de capoeira podem ser encontradas em todo o Reino Unido, geralmente oferecidas por brasileiros. Há grupos que praticam exclusivamente a capoeira angola (como o grupo Kabula, com sede em Londres), mas a maioria dos grupos são "híbridos", de modo que a capoeira é ensinada explicitamente celebrando todos os estilos de uma forma inclusiva. Em cidades grandes, pode haver vários professores "rivais" e os alunos podem escolher um estilo de capoeira, um grupo e um professor. Já em cidades pequenas, em que não há a mesma vasta gama de opções, os discípulos treinam com o professor que ali ensinar. Em Tolnbridge, por exemplo, só há o Contramestre Aquiles. Um adepto da angola, portanto, ou frequenta suas aulas, em que há elementos tanto de capoeira regional quanto de angola, ou não treina capoeira. Em nossa etnografia, o foco da pesquisa foram as aulas de capoeira regional em que um pouco de angola também é ensinado, e não as aulas oferecidas por professores puristas de angola.

A composição étnica e a nacionalidade dos alunos em aulas de capoeira variam em todo o Reino Unido. Nas grandes cidades cosmopolitas, os discípulos são de grupos étnicos variados: em cidades universitárias os grupos refletem as nacionalidades recrutadas pela universidade; em áreas com grande número de imigrantes brasileiros e portugueses há muitos falantes de português nas aulas; em pequenas cidades longe das grandes áreas metropolitanas, tal como Inverness e Aberystwyth, a maioria dos alunos são pessoas brancas, britânicas, com pouca ou nenhuma proficiência em português. Aulas em Londres têm mais alunos britânicos de descendência afro-caribenha e mais brasileiros do que as aulas em Cloisterham e Tolnbridge. Professores de capoeira regional geralmente dão a todos os seus alunos um apelido. Nós criamos pseudônimos para todos os nossos informantes que treinam capoeira.

A pesquisa etnográfica

Trovão e Bruxa são sociólogos britânicos brancos e Estrangeiro é um sociólogo brasileiro branco. Nós pesquisamos a capoeira no Reino Unido, onde ela vem sendo ensinada a um número crescente de alunos desde 1985. Este capítulo baseia-se em nove anos de trabalho de campo e reflete sobre como o conceito de axé é utilizado nos grupos de capoeira que estudamos. Em nenhum momento em nosso trabalho de campo, o qual descrevemos em outros artigos (STEPHENS e DELAMONT, 2006a, 2010b), tivemos a intenção de estudar religiões. Na verdade, concentramo-nos no processo pelo qual professores de capoeira enculturam seus discípulos, no ensino, na aprendizagem e na incorporação de conhecimento e de habilidades tácitas e em questões metodológicas.

Contramestre Aquiles dá aulas para o grupo de capoeira de Tolnbridge desde maio de 2003. Trovão entrou nesse clube em seus primeiros dias e obteve sua primeira corda em novembro de 2003. Ele havia feito caratê anteriormente até atingir a faixa preta. Bruxa começou a fazer a observação não participante nas aulas oferecidas por Aquiles em outubro de 2003. Inicialmente, Bruxa usou Trovão como seu informante-chave, uma vez que ele era um cientista social e tinha a experiência incorporada de um discípulo. Em 2005, começaram a escrever juntos e desde então o projeto passou a ser realizado em dupla. Estrangeiro mudou-se para Tolnbridge em 2008 e começou a praticar capoeira em 2011, tendo obtido sua segunda corda em 2012, antes de retornar para o Brasil. Ele começou a participar de discussões sobre a pesquisa em 2012. A dupla transformou-se, então, em um trio. Bruxa observa a capoeira sendo ensinada e jogada, escreve notas de campo e, em seguida, os três discutem juntos os dados e formulam argumentos sociológicos/antropológicos. Os dados são essencialmente etnográficos, isto é, são baseados nas observações feitas por Bruxa e na participação de Trovão e de Estrangeiro nas aulas. Conversas informais ajudam-nos a compreender melhor os temas estudados, mas o projeto inclui poucos dados advindos de entrevistas formais.

O tema da etnografia, a capoeira diaspórica no Reino Unido, tem a sua própria ordem social, a qual afeta o trabalho de campo. As aulas, por exemplo, são barulhentas de modo que grande parte da interação não é verbal ou, se é verbal, é difícil de se ouvir. É inaceitável que uma etnógrafa destreinada e não praticante de capoeira fique muito perto da ação, pois a capoeira pode ser perigosa. Os jogadores devem se concentrar um no outro e não prestar atenção em uma observadora para evitar que ela seja atingida por um chute. Uma vez que os discípulos são obrigados a escolher um professor de um grupo específico e permanecer leais a ele, o aprendizado de capoeira de Trovão e Estrangeiro aconteceu em larga medida com Aquiles. Bruxa observou Aquiles dando aula mais de 400 vezes, mas porque ela não é limitada pelo costume e pela prática de ser leal a um professor da mesma forma que os discípulos, ela já observou outros professores. Cinco deles foram observados mais de vinte vezes. Até o momento, o banco de dados contém notas de mais de 2.500 horas de trabalho de campo nas aulas de mais de sessenta professores de capoeira. O grupo de capoeira em Tolnbridge, liderado por Aquiles, o Contramestre que também dirige o grupo de Cloisterham, é focado principalmente na capoeira regional: há provavelmente 10-12 aulas de regional para cada aula de angola.[119] Trovão e Estrangeiro, por serem discípulos de Aquiles, experimentaram mais aulas de regional do que de angola.

O *habitus* da capoeira regional diaspórica

O foco principal de nossa pesquisa é compreender o *habitus* da capoeira diaspórica no Reino Unido. Bourdieu (1962; 1977) popularizou o conceito de *habitus* na sociologia da cultura. Ele utilizou tal conceito desde

---

119 Aquiles valoriza abertamente a capoeira angola e a ensina quando o local de treino é pequeno, quando está quente o suficiente para movimentos lentos ou quando ele decide que o grupo precisa aprendê-la e praticá-la. Em seus festivais há sempre professores de angola presentes. Todavia, um novato pode treinar em Tolnbridge por várias semanas até que uma aula de angola seja dada.

seus escritos iniciais sobre homens solteiros em Béarn e em diversos outros trabalhos, tal como *Outline of a theory of practice* (1977) e em seus estudos sobre a fotografia (BOURDIEU *et al.*, 1965). Bourdieu, assim como Mauss, entendia que o *habitus* é produzido socialmente, incluindo posturas corporais, gostos, pensamentos e sentimentos (os quais ele chamou de disposições). Disposições são estreitamente vinculadas à estratificação e à classe social e esse vínculo é central para compreendermos o que Bourdieu queria dizer com sua clássica definição de *habitus*:

> Sistemas de disposições duráveis, transponíveis, estruturas estruturadas predispostas a funcionar como estruturas estruturantes, isto é, princípios de geração e estruturação de práticas e representações que podem ser objetivamente "regulamentadas" e "regulares" sem, de forma alguma, ser o produto da obediência a regras [...] Coletivamente orquestrado sem ser o produto da orquestração de um condutor. (BORDIEU, 1977, p. 72)

O conceito de *habitus* de Bourdieu, junto a conceitos de prática e de campo, são fundamentais para o seu projeto teórico. Estudiosos de diversas áreas empíricas, incluindo cientistas sociais com pesquisa nas temáticas da educação, das profissões, da arte, dos meios de comunicação, do consumo e da família, têm usado a ideia de *habitus* para "explicar" a vida cotidiana, a reprodução social e a perpetuação do *status quo*. Sociólogos do esporte, da dança e do corpo têm sido particularmente entusiastas do uso do conceito de *habitus*. Crossley (2004; 2006), principal expoente britânico de sociologia do corpo e da sociologia carnal, explorou o *habitus* incorporado de praticantes de musculação e de aprendizes de muay thai. Wainwright, Williams e Turner (2007) escreveram sobre o *habitus* incorporado de bailarinos. A inspiração veio de Bourdieu (1999) e de seu trabalho na sociologia do esporte.

Bourdieu (1999, p. 166), tendo como foco o esporte, argumentou que "o ensino de práticas corporais" seria local importante para se estudar "um conjunto de questões teóricas da maior importância". Wacquant (2004, p. 98-99) seguiu as ideias de Bourdieu em sua etnografia sobre o boxe em Chicago no estudo do que ele chamou de "*habitus* pugilístico". Nosso uso de *habitus* é similar ao de Wacquant (2011). Estamos interessados em um *habitus* marcial, dançarino e musical, o da capoeira diaspórica do Reino Unido (DELAMONT & STEPHENS, 2008; STEPHENS e DELAMONT, 2012).

O *habitus* da capoeira é adquirido pela aprendizagem e pela prática de alguns conhecimentos e habilidades que são ensinados explicitamente. Além disso, também envolve a absorção de conhecimentos e habilidades tácitas, indeterminadas e não inteiramente formuladas, as quais *não* são ensinadas explicitamente (STEPHENS e DELAMONT, 2009; 2010a). Os aspectos da capoeira que são ensinados explicitamente por meio da prática, repetição, instrução, demonstração e instrução individual são os movimentos físicos (exemplo: chutes, esquivas e floreios acrobáticos), as letras das músicas, as regras de etiqueta e de segurança na roda (exemplo: como entrar e sair da roda, como jogar com iniciantes, com mestres e com estranhos), como tocar instrumentos musicais e os ritmos básicos. Outras atitudes e qualidades valorizadas pelos professores são demonstradas pelos discípulos avançados e publicamente elogiadas pelo professor. Exemplos disso são a lealdade, a presença em apresentações e *performances* e diversos tipos de trabalho para o grupo, como a administração da página no Facebook, a recepção de professores visitantes no aeroporto e a ajuda aos novatos no sentido de orientá-los e ajudá-los a se sentirem integrados. Os elementos centrais desse *habitus*, todavia, são o conhecimento e as habilidades tácitas, que não são ensinados, mas gradualmente adquiridos ao longo de vários anos.

Os principais aspectos tácitos do *habitus* da capoeira diaspórica são a malícia, a habilidade de "jogar com estilo", o desenvolvimento de jogo de cintura, a capacidade de reconhecer quando o axé em uma roda está forte e quando não está e o conhecimento a respeito de como contribuir para a criação e para o aumento do axé (DELAMONT e STEPHENS, 2008; STEPHENS e DELAMONT, 2006b; 2009a; 2010a; 2010b; ROSARIO, STEPHENS e DELAMONT, 2010). Entender a malícia, desenvolver um bom estilo de jogo, mudar o corpo de modo a desenvolver jogo de cintura e reconhecer o axé são necessários para os discípulos se tornarem enculturados na capoeira, ou seja, para a aquisição do *habitus* da capoeira diaspórica. Os professores raramente oferecem instrução explícita desses elementos, mas os alunos que praticam capoeira seriamente adquirem-nos gradualmente à medida que são socializados nessa arte. O axé é um componente vital da capoeira no Reino Unido e, por isso, é um tema recorrente em nossa pesquisa. Aquiles explicou-nos suas quatro principais metas para seus discípulos que treinam com seriedade (ROSARIO,

STEPHENS e DELAMONT, 2010). Ele deseja que seus alunos desenvolvam forte coesão social, que conheçam e se tornem entusiasmados com a cultura brasileira, que desenvolvam jogo de cintura e se tornem confortáveis em seus corpos – seja jogando capoeira, dançando ou na vida de um modo mais amplo – e, por fim, que joguem capoeira, não só com estilo, mas com bastante axé elevado. Rosário *et al.* (2010, p. 115) argumentam que:

> Se tratarmos a capoeira no Reino Unido como um campo, no sentido dado ao termo por Bourdieu, Aquiles pode ganhar *status* como professor e mostrar suas qualidades como instrutor para seus mestres na medida em que seus alunos avançados jogam com estilo e com axé. O capital simbólico que Aquiles tem na capoeira se torna visível para outros especialistas se seus alunos avançados forem corretamente enculturados.

Na próxima seção, explicaremos como o axé é invocado em um grupo de capoeira regional, como ele é incorporado, performado e (re)criado de modo *sui generis* como um elemento fundamental da capoeira.

Invocando o axé em aulas "normais"

Uma aula típica de capoeira no Reino Unido dura 90 minutos ou duas horas. Ela começa com uma breve sessão de aquecimento e de alongamento depois da qual o professor demonstra movimentos e sequências curtas de movimentos, as quais os alunos praticam individualmente em linhas ou em pares. No final da aula, alguns professores sempre fazem uma roda, enquanto outros optam por não as realizar em todas as sessões de treino. Alguns grupos sempre usam parte das aulas para praticar o lado musical dos alunos, enquanto outros fazem isso apenas ocasionalmente. Se o grupo tiver agendada uma apresentação pública de capoeira ou de outras danças folclóricas afro-brasileiras, tal como o maculelê, uma parte do tempo de aula pode ser gasto com ensaios para o evento.[120] Um aluno geralmente treina 2 a 3 vezes por semana, passa de 3 a 5 horas praticando e repetindo movimentos de capoeira e por volta de 10 a 30 minutos envolvido com a roda. "Envolvimento" aqui significa estar de pé cantando e batendo palmas ou tocando instrumentos e fazendo um jogo de menos de um minuto por aula. Muita coisa *pode ser*

---

120   No Brasil, Travassos (1999) constatou que os grupos de capoeira formados por indivíduos brancos de classe média não incorporavam manifestações do folclore afro-brasileiro, tais como o maculelê, a puxada de rede, o coco e o bumba-meu-boi (MUKUNA, 1999). Por outro lado, os grupos formados por afrodescendentes geralmente incorporavam tais elementos. No Reino Unido, todos os grupos juntam a capoeira a essas outras manifestações em comemorações e em *performances* públicas.

aprendida por novatos na roda (STEPHENS e DELAMONT, 2010a). As transformações corporais são o resultado da prática e repetição de movimentos, assim como a aquisição de habilidades explicitamente ensinadas. As habilidades tácitas, tais como a utilização da malícia em um jogo, a habilidade de "jogar com estilo" ou a capacidade de sentir quando o axé está forte, são adquiridas por meio da prática em duplas e especialmente em rodas.

O axé é geralmente invocado, mas raramente explicitamente explicado nas aulas. As notas de campo feitas em uma aula típica em Tolnbridge em uma quarta-feira à noite em 2010 mostram a natureza "rotineira" do uso do axé. Havia vinte e seis pessoas presentes, vinte das quais treinavam regularmente há mais de dois anos, e seis ainda não haviam treinado o tempo suficiente para obter a primeira corda (ou seja, menos de seis meses).

Às 21h25, Aquiles fez os alunos pararem de praticar a sequência de movimentos que eles estavam treinando e gritou "vamos pagar a aula e fazer uma roda!". Este é um sinal para os alunos mais avançados correrem para pegar seu dinheiro e pagar rapidamente para formar a bateria da roda. Enquanto Aquiles recolhia o dinheiro dos últimos a pagarem, a bateria foi formada e Pinguim[121] começou a cantar um refrão. A roda começou a se formar e Pescador gritou "roda, todo mundo, roda!". As pessoas sentadas na roda começaram a cantar o refrão da canção escolhida por Pinguim. Às 21h32, Aquiles sinalizou que o jogo poderia começar e os dois primeiros jogadores se agacharam próximos ao berimbau. Após o sinal de Pinguim, eles entraram na roda fazendo estrelas e começaram a jogar. A roda seguiu de 21h32 até 21h50. Neste ponto, Aquiles começou a orquestrar o final da aula e da roda.

21h50: Aquiles, agora liderando a roda com o berimbau, acelerou o ritmo e começou a cantar uma das músicas de "encerramento". Ele chama à roda dois dos homens mais avançados para jogar o alto ligeiro. Este jogo consiste apenas em chutes, realizados em alta velocidade e sem esquivas. Ele é potencialmente perigoso de modo que apenas os alunos mais avançados e qualificados estão autorizados a entrar na roda para jogar. Cinco ou seis alunos desfrutam deste final emocionante da roda.

Aquiles canta a música de encerramento "Boa Viagem" e, em seguida, começa a contagem regressiva. Ele conta de um até vinte e os alunos cantam "capoeira" como refrão. Quando chega a "vinte" a música para, o jogo para, e todos gritam o nome do grupo de capoeira.

---

121 Criamos pseudônimos para todos os alunos, os quais são diferentes dos apelidos dados por Aquiles para membros do grupo.

> Aquiles pede então para todos se sentarem e dá alguns recados. Ele comenta sobre uma *performance* que ocorrerá na sexta-feira, as datas de sua viagem ao Brasil e estimula todos os alunos a comprar o uniforme do grupo, a treinar regularmente e a praticar mais em casa. Então, ele sinaliza para que todos fiquem de pé novamente, pergunta retoricamente "vocês se divertiram?" e diz: "Juntem suas mãos". Todos colocam suas mãos direitas no meio da roda formando uma grande "pilha de mãos" e então levantam-nas ao mesmo tempo gritando "axé!". É o fim da aula. Alguém grita "vamos para o pub".

Este é um final típico de uma aula normal, das quais participamos centenas de vezes. O axé é invocado dessa forma no final de quase todas as aulas ministradas por Contramestre Aquiles. Nas aulas, esse grito não é usualmente ensinado ou explicado. Os novatos têm de perguntar aos mais experientes que palavra é aquela e o que ela significa. Nas aulas em Londres do Mestre Hermes, quando os jogos de capoeira terminam, todos se movem para perto da bateria para cantar uma canção final e, então, também gritam "axé" para encerrar a sessão. Todos os grupos a que assistimos têm algum tipo de clímax final e o grito "axé" é normalmente parte dele.

A única vez que vimos o conceito de axé ser explicado claramente foi quando o antecessor de Aquiles em Cloisterham, Pátroclo, voltou por algumas semanas no verão de 2005 para participar de sua cerimônia de colação de grau de doutorado. Ele deu uma aula na universidade que continha, excepcionalmente, uma explicação explícita sobre o axé. Pátroclo disse: "Você precisa de gasolina para acionar um motor. Axé é o combustível que impulsiona a capoeira. Você cria a gasolina". Normalmente, quando um professor explica esse termo, na ausência de uma palavra em inglês adequada para traduzi-lo, ele é traduzido como "boa energia". Aos iniciantes resta tentar aprender mais sobre o assunto participando de rodas ou pedindo explicações para alunos mais avançados. Uma análise das nossas notas de campo mostra que quando alguém pede para um de nós ou para outros alunos avançados de Tolnbridge explicar o que é o axé, o termo "boa energia" ou uma das analogias apresentadas a seguir são usadas. Os novatos ouvem que o axé é "como a força em Star Wars" ou "o axé está relacionado com o Qi", a energia mística do kung fu shaolin. Há uma analogia suplementar por vezes utilizada por capoeiristas avançados para explicar o que é o axé para novatos no País de Gales. Alunos fluentes na língua galesa relacionam o axé com *hwyl*, palavra galesa para a força mística que faz times de *rugby* jogarem bem ou que inspira indivíduos a cantarem bem. Esse paralelo é inútil para recém-chegados ao País de Gales que nunca ouviram falar da palavra *hwyl* ou que não estão familiarizados com a ideia de que o time de *rugby* galês ganha quando joga com *hwyl*. Aos poucos, alunos novatos nas aulas de Aquiles reconhecem a palavra axé em refrãos de músicas, especialmente em "Bahia axé, axé Bahia". Contudo, é mais provável que eles comecem a compreendê-la nas aulas de capoeira quando o professor decide que a ausência de axé é um problema.

A ausência de axé

Ocasionalmente, quando a roda não está muito animada, Aquiles para os jogos e explica que a capoeira precisa de axé e que um axé forte produz boa capoeira. De acordo com ele, todos precisam se esforçar para criar o axé, porque o canto e as palmas são uma parte vital de capoeira, de modo que todos devem cantar e bater palmas mais alto e com mais energia. Ele normalmente ensina ou reensina o refrão da música de modo a reforçar o canto antes de permitir que o jogo de capoeira continue. Exortações similares são "normais" nas aulas de capoeira no Reino Unido. Foi a percepção da ausência de axé que levou Pátroclo à explicação sobre a "gasolina". Em certa ocasião, na aula ministrada por Mestre Hermes em Londres para seus alunos avançados, Bruxa o viu insatisfeito com o esforço que estava sendo feito na roda. Ele parou o jogo e disse que o canto estava tão baixo que se todos fossem embora não faria muita diferença. Ele, então, lembrou-lhes que o refrão da música era muito simples (Santo Antônio é protetor) e que todos sabiam-no. Eles deviam cantar em voz alta, com entusiasmo, bater palmas e se esforçar para elevar o axé. Assim fizeram os alunos. O canto após a reprimenda de Hermes se tornou alto e claro.

Professores de capoeira têm uma preocupação especial com o axé durante as rodas e durante festivais, particularmente durante os jogos que fazem parte da cerimônia de batizado e da troca de cordas. Se os professores sentem que o axé não é intenso o suficiente, um deles corre em volta do interior da roda batendo palmas entusiasmadamente e cantando a letra do refrão enfaticamente, sinalizando que todos precisam direcionar mais energia para dentro do círculo. Um exemplo típico disto ocorreu em 2009, durante o festival que comemorava 30 anos de trabalho do grupo do

Mestre Teseu no Reino Unido. No domingo, no terceiro dia do festival, o professor local, Harmódio, disse:

> Eu sei que vocês estão cansados, mas nós teremos agora o batizado dos nossos novos amigos. Eles vão ganhar suas primeiras cordas e precisam de um axé forte. Quero que todos vocês sentados na roda não saiam dela. Batam palmas, cantem, prestem atenção. Eles são o futuro da capoeira, dê para eles o seu axé.

Formou-se uma grande roda com mais de sessenta pessoas sentadas e, quando a bateria começou a tocar, as palmas e o canto soaram altíssimos. Após o jogo do trigésimo iniciante com um professor, quando outros quinze alunos ainda esperavam para jogar, o som do canto tornou-se nitidamente mais baixo: o axé havia caído.

> Harmódio parou a bateria e disse: "Vamos lá pessoal! Precisamos de mais axé! Vamos todos levantar! Todo mundo conhece a música (sai, sai, Catarina)". Ele sinalizou para a bateria começar novamente e um dos professores visitantes correu ao redor do interior da roda várias vezes batendo palmas com as mãos acima da cabeça e cantando em alto volume. Apenas quando o som se tornou alto novamente o próximo mestre e o próximo iniciante entraram na roda para jogar.

A participação em eventos como este gradualmente encultura os iniciantes de modo a aprender o que é o axé. Isto ocorre quando professores enfatizam sua ausência e pedem para os alunos o gerarem novamente.

O axé e os alunos

Há dois aspectos relacionados ao uso do conceito de axé pelos alunos e da compreensão de suas possíveis conexões para além da capoeira regional. À medida que os discípulos se tornam capoeiristas, eles começam a usar o termo axé referindo-se a si mesmos e também ao jogo de capoeira em geral, particularmente quando ele está ausente. Assim, por exemplo, em uma noite no outono de 2010, Begônia foi para o treino com sintomas claros de gripe. Ela começou a treinar e logo se juntou à bateria, espirrando. Às 20h40, Begônia levantou-se da bateria e disse para Bruxa "Estou indo para casa. Estou me sentindo péssima. Eu pensei que o treino talvez pudesse derrotar a gripe, mas não foi o que aconteceu: estou sem axé esta noite". Ela, então, foi para casa.

Os alunos utilizam o termo como uma forma abreviada para caracterizar aulas e mesmo festivais, com relação ao fato de terem sido bem-sucedidos ou não. Quando Lilica se mudou para Wivelsdon, relatou não gostar do único grupo de capoeira que lá havia porque "ele não tem axé, é muito sem graça". Azaleia e Careca mudaram-se de Tolnbridge para Longhampston e relataram que o grupo do Mestre Perseu não era muito acolhedor e queixaram-se de que "as rodas não têm nenhum axé". Todos os alunos regulares de Tolnbridge acenaram com simpatia e obviamente compreenderam Azaleia e Careca. Nós também somos frequentemente solicitados a dar informações sobre eventos e sobre outros grupos por Aquiles ou por seus alunos. Quando Bruxa observou um grupo na Nova Zelândia, ou quando vai aos festivais de outros grupos, Aquiles pergunta: "Foi bom? E o axé, como estava?". Os alunos também perguntam se o axé é bom ou forte em outros grupos de capoeira regional e esperam relatos nesses termos. Quando Bruxa contou a respeito de um evento em Londres, no qual um mestre internacionalmente famoso estava presente, os alunos avançados de Tolnbridge perguntaram como tinha sido o axé em suas aulas. Todos os alunos de capoeira regional usam o termo axé como uma forma abreviada para se referirem ao seu nível de engajamento com as aulas, rodas e festivais e para transmitir o quanto eles se divertiram nessas situações.

Há, no entanto, diversas formas de envolvimento dos alunos com outros fenômenos brasileiros em que o axé é central: as religiões afro-brasileiras Candomblé e Umbanda. Os alunos avançados, embora possuam um nível de habilidade similar no jogo de capoeira, na música e no canto, têm envolvimento extremamente variado com a história, a filosofia e a política da capoeira no Reino Unido e no Brasil. Alguns leem e sabem muito sobre o Brasil, a cultura afro-brasileira e veem a capoeira vinculada a outros fenômenos, incluindo o Candomblé. Outros alunos, mesmo sendo jogadores igualmente hábeis, não se envolvem com tais práticas e tratam a capoeira como uma forma divertida de exercício. Isso se tornou claro para nós em 2007, quando realizamos uma entrevista em grupo durante uma refeição com quatro discípulos. Curioso, um homem belga que estava fazendo doutorado em engenharia em Tolnbridge estava prestes a voltar para seu país. Ele havia treinado com Aquiles por cerca de 18 meses e a refeição era um evento de despedida. Também estavam presentes Pinguim, Algodão e Rapadura, três homens britânicos que, como Trovão, treinavam desde 2003. Iniciou-se uma conversa sobre o que eles gostavam na capoeira, direcionada por algumas questões abertas. Durante a noite, ficou nítido um contraste entre o conceito de capoeira de Pinguim e de Algodão. Pinguim revelou que tinha um envolvimento de longa data com a música afro-americana, especialmente com o delta blues, e uma fascinação com as crenças religiosas de Robert Johnson. Ele havia lido Lewis (1992), Assunção (2005) e Downey (2005), assim como os livros escritos por mestres como Almeida (1986) e Reis (2005). Começou a discutir as ligações que ele via entre a capoeira e o Candomblé, focando nas canções, na música, nos romances de Jorge Amado, como *O sumiço da Santa* (1993), e nas semelhanças entre o Candomblé e a prática religiosa norte-americana de Robert Johnson conhecida como *Hoodoo*. Ele também revelou que havia perguntado a professores de capoeira que ele tinha conhecido sobre suas práticas religiosas e identificou instrutores conhecidos por Rapadura e Algodão como praticantes de Umbanda, Kardecismo ou Candomblé.

Algodão, um protestante ativo conhecido por seus amigos por ir ao culto aos domingos e por participar regularmente de um grupo de oração, ficou visivelmente perturbado. Veio à tona que ele nunca tinha ouvido falar de Candomblé, Umbanda ou Kardecismo e que desconhecia haver pessoas que relacionavam a capoeira a essas religiões. Ele perguntou se Aquiles era, como ele sempre havia suposto, católico. Ele não tinha percebido que palavras de capoeira que ele "sabia", como axé e mandinga, poderiam ter conotações "pagãs" (até mesmo malignas, de acordo com o modo como ele as entendia). Uma vez que o tema era obviamente perturbador para Algodão, mudamos o foco da discussão. Posteriormente, ficamos sabendo por Algodão e por Aquiles que Algodão tinha confirmado com Aquiles que ele era Católico e que o Cristianismo de Algodão era compatível com a capoeira. Aquiles conseguiu convencer Algodão de que ele poderia continuar a praticar capoeira e, em 2015, ele ainda a praticava.

Esses dois homens britânicos haviam desenvolvido entendimentos divergentes sobre o posicionamento da capoeira na história e na cultura afro-brasileira, mesmo tendo atingido um nível avançado de domínio técnico dos movimentos corporais, das táticas de jogo, da música e do canto. Nosso trabalho de campo mostra que as mesmas diferenças ocorrem entre alunos brasileiros nas aulas de capoeira regional no Reino Unido. O nível de conhecimento sobre as possíveis relações ou congruências da capoeira com a cultura afro-brasileira, especialmente com as religiões, é maior entre os brasileiros, mas varia muito o interesse ou o envolvimento com essas religiões. No grupo de Tolnbridge, há dois brasileiros brancos, um dos quais, um engenheiro, diz explicitamente que "todas" as religiões são sem sentido; o outro, Curupira, um farmacêutico, é iniciado no Candomblé e frequenta as aulas às sextas-feiras após jejuar o dia inteiro e vestido todo de branco.

Em suma, observamos ao longo de nossa experiência na capoeira que apesar de o axé ser mencionado em canções populares e invocado em rodas durante os treinos, suas possíveis conexões com o "mesmo" conceito do Candomblé não são mencionadas publicamente nas aulas. Nossa experiência é que os discípulos que estão interessados na história ou na filosofia da capoeira perguntam para seus professores e para professores visitantes a respeito do Candomblé, da Umbanda, dos quilombos, da malícia, da mandinga e de outros assuntos em conversas privadas. Outros capoeiristas dedicados, por outro lado, podem treinar com seriedade por vários anos e não possuir nenhum conhecimento da existência do Candomblé como religião brasileira. Questões vinculadas à religião, seja ela cristã ou afro-brasileira, não estão publicamente "presentes" nas aulas de capoeira regional no Reino Unido. Essa separação é uma política explícita dos professores.

Os professores de capoeira regional e de capoeira angola

Os professores de capoeira regional que conhecemos melhor dizem quando perguntados que a capoeira não está ligada a nenhuma religião. Aquiles disse em uma entrevista formal que a capoeira é aberta a "budistas, muçulmanos, hindus, a todo mundo!". Ocasionalmente, talvez duas vezes por ano, quando alguém pergunta se a capoeira está relacionada a alguma religião "brasileira" ou "escrava", ele diz algo semelhante em público. Aquiles é um Contramestre e vem ensinando capoeira há cerca de 15 anos. Essa posição sobre a separação entre a capoeira e a religião foi expressa de forma igualmente clara por Mestre Teseu, um professor mundialmente famoso com trinta e cinco anos de experiência ao redor do mundo. Em um batizado realizado no outono de 2009, ele perguntou à Bruxa sobre o andamento da pesquisa e sobre o que estávamos escrevendo. Quando Bruxa mencionou este capítulo, Mestre Teseu foi muito firme. "Isso está errado", disse ele com firmeza, "a capoeira não tem nada a ver com o Candomblé, absolutamente nada! O axé na capoeira não tem nada a ver com o Candomblé – eles são bem separados". Esta é uma mensagem clara enviada por professores de capoeira regional quando perguntados sobre capoeira e Candomblé.

Os professores de capoeira regional variam bastante com relação à quantidade de tempo gasto em sala de aula e fora dela explicando explicitamente para seus alunos a filosofia ou a história da capoeira. Nós já estivemos nas aulas do Mestre Perseu, que explora muito mais a capoeira como uma prática intelectual do que o Contramestre Aquiles, embora ambos ensinem uma mistura de movimentos da capoeira regional e da capoeira angola.

O trabalho de campo limitado que realizamos em aulas de professores especializados em capoeira angola nos leva a crer que os alunos em grupos puristas de angola recebem explicações muito mais claras a respeito das interseções entre o axé na capoeira e as heranças religiosas africanas no Brasil. Bruxa realizou um pequeno trabalho de campo em um grupo purista de capoeira angola em Londres. Nossa conclusão preliminar é que em grupos puristas de angola no Reino Unido é mais provável que sejam exploradas e explicadas as origens africanas e vinculadas ao Candomblé do termo axé do que em grupos nos quais tanto a capoeira regional quanto a angola são ensinadas. É mais comum que grupos e mestres de angola ensinem explicitamente sobre a história e a filosofia da capoeira. Portanto, eles exploram os significados espirituais e os significados que o Candomblé atribui ao axé mais frequentemente e de maneira mais explícita. No programa de televisão produzido pela National Geographic sobre capoeira, por exemplo, é mostrado o Mestre Jogo de Dentro, famoso mestre baiano de capoeira angola que vincula explicitamente sua capoeira à sua crença no Candomblé. Por outro lado, os professores de capoeira regional que são mostrados no programa não aparecem estabelecendo tais conexões.

Em 2009, Bruxa assistiu a uma pequena aula de angola em Londres. Os últimos 40 minutos da aula foram gastos com música e cada aluno presente havia se preparado para cantar uma canção. Todos os alunos haviam aprendido uma ladainha (uma canção longa, parecida com um lamento) e uma canção de capoeira angola para ser cantada a seguir. Cada aluno ensinou ao resto da turma o refrão da canção escolhida. Uma jovem que se apresentou à Bruxa como "uma nigeriana" antes da aula disse para o Mestre e para os outros três alunos presentes que ela era orgulhosa de sua ascendência africana. Antes do treino ela amarrou seu cabelo longo em um pano feito de tecido nigeriano e soltou-o antes de cantar o refrão da música por ela preparada. Descobriu-se que ela havia preparado uma música que Mestre Tibério – um afro-brasileiro que não é apenas mestre de capoeira angola, mas também professor doutor universitário de artes cênicas – havia dito que era, "na verdade", uma invocação do Candomblé. Mestre Tibério não adotou uma postura crítica ou censurou a aluna, porém disse que, quando ele era jovem, grupos de capoeira não cantavam invocações do Candomblé. Essas músicas eram utilizadas estritamente em cerimônias religiosas. Ele afirmou que, pessoalmente, não lhe agradava "usar" músicas do Candomblé fora de terreiros. Segundo ele, era "perigoso" invocar os orixás quando não se sabe o que está fazendo.

Os comentários de Mestre Tibério levaram a uma breve discussão sobre como "todo mundo" cantava canções de capoeira invocando São Bento, Santo Antônio e Santa Bárbara, os quais eram, na verdade, orixás disfarçados de santos católicos, e não entendiam o que estavam "realmente" cantando. O professor não fez nenhum outro comentário sobre o perigo de cantar tais músicas e continuou com a canção do próximo aluno. Não foi possível explorar detalhes do incidente na época nem com o mestre nem com os alunos e Bruxa não foi capaz de assistir às aulas de Mestre Tibério desde então, por isso não sabemos se ele tenta regularmente manter as canções do Candomblé fora das aulas de capoeira. No entanto, ficou absolutamente claro que todos os quatro alunos compreenderam o que Mestre Tibério estava falando, quais eram suas preocupações e que potenciais interseções entre o Candomblé e capoeira eram um assunto adequado para se conversar com um professor de capoeira. A fim de obter outra perspectiva sobre tal tema, Bruxa discutiu o incidente com Curupira, o brasileiro iniciado no Candomblé que treina com Aquiles. Ele disse que seu professor no Rio de Janeiro não deixava que a bateria tocasse com os pés descalços encostando na terra, pois isso poderia invocar os orixás. Eles tinham que usar tênis. Era dessa forma que seu professor de capoeira no Rio de Janeiro mantinha a religião e a capoeira separadas do ponto de vista simbólico e prático. Em outras palavras, Curupira havia sido ensinado no Brasil dentro da mesma tradição de Mestre Tibério, isto é, seguindo a ideia segundo a qual a capoeira deveria ser desfrutada, mas deveria se ter cuidado para não invadir involuntariamente o território do Candomblé.

Nós vimos, em algumas ocasiões, a ligação entre capoeira angola e o Candomblé ser feita em eventos públicos, algo que nunca acontece com a capoeira regional. Em 2007, um terreiro de Candomblé de Londres organizou um evento público em uma escola secundária em *Islington* para angariar fundos. Uma série de atividades foi organizada: pessoas que falavam português poderiam ter sua sorte lida por uma mãe de santo por meio dos búzios, comida afro-brasileira foi servida e barracas foram montadas onde eram vendidos CDs, roupas, joias, peças de artesanato, velas, estátuas e imagens religiosas. Além disso, um dos grupos de capoeira angola de Londres fez uma exibição. Os organizadores do evento estabeleceram vínculos entre a capoeira e o Candomblé, mas como temos demonstrado, o inverso geralmente não ocorre em aulas de capoeira no Reino Unido.

Considerações finais

Os alunos que aprendem capoeira regional no Reino Unido são introduzidos ao conceito de axé como um elemento central dessa atividade: como parte de seu *habitus*. Esse *habitus* é adquirido pelos alunos por meio do ensino formal e pedagógico e por um processo de enculturação gradual no conhecimento e nas habilidades tácitas que não são ensinadas explicitamente. Um dos elementos que não são ensinados é o axé. Instrutores pedem para os alunos trabalharem duro para gerá-lo e querem que eles o experimentem em sala de aula, todavia não o explicam de modo explícito. Se as aulas de um professor de capoeira regional no Reino Unido têm um axé bom e forte, ele atrai e retém mais alunos (o que ajuda na sobrevivência financeira do professor) e constrói uma boa reputação entre outros instrutores e seus respectivos alunos. Assim, a criação e a manutenção de um axé forte em sala de aula, em rodas e em festivais, quando convidados e visitantes estão presentes, é um objetivo em si mesmo. Além disso, cria-se um círculo virtuoso sem alienar alunos de qualquer grupo étnico ou racial que sejam devotos religiosos. Praticantes da capoeira regional são "livres" para abraçar a capoeira como uma forma de arte brasileira na qual o axé é uma energia boa. O *habitus* da capoeira regional no Reino Unido é aquele em que o axé relacionado à capoeira de boa qualidade não está associado com o axé dos orixás.

Nós argumentamos que é "mais fácil" para discípulos com fortes crenças religiosas, como os judeus, muçulmanos ou católicos ortodoxos, participar de aulas de capoeira regional do que de angola. Os professores de grupos de capoeira regional minimizam os significados espirituais do axé para incentivar indivíduos de variadas culturas a participar da capoeira. Este capítulo vincula esse argumento à necessidade prática enfrentada pela maioria dos professores de capoeira diaspórica: eles têm de ganhar a vida por meio da maximização do recrutamento de alunos de capoeira em cidades multiculturais britânicas.

Referências

ALMEIDA, B. *Capoeira: A brazilian art form*. Berkeley: North Atlantic Books, 1986.

AMADO, J. *The war of the saints*. Londres: Serpent's Tail, 1993.

ASSUNÇÃO, M. R. *Capoeira: the history of an afro-brazilian martial art*. Londres: Routledge, 2005.

BOURDIEU, P. Celibat et condition paysanne. *Etudes rurales*, v. 5, n. 6, p. 32-136, 1962.

_____. *Outline of a theory of practice*. Cambridge: Cambridge University Press, 1977.

_____. Scattered remarks. *European journal of social theory*, v. 2, n. 3, p. 334-340, 1999.

BOURDIEU, P. *et al. Un art moyen*. Paris: Les Editions de Minuit, 1965.

CROSSLEY, N. The circuit trainer's habitus. *Body and society*, v. 10, n. 1, p. 37-69, 2004.

_____. In the gym. *Body and society*, v. 123, n. 3, p. 23-50, 2006.

DELAMONT, S. No place for women among them? reflexions on the *axé* of fieldwork. *Sport, education and society*, v. 10, n. 3, p. 305-320, 2005.

_____. "Where the boys are? Familiarity, reflexivity and fieldwork among *Discípulos*". *Waikato journal of education*, v. 11, n. 1, p. 7-26, 2005b.

DELAMONT, S. The smell of sweat and rum: authority and authenticity among *capoeira* teachers. *Ethnography and education*, v. 1, n. 2, p. 161-175, 2006.

DELAMONT, S. and STEPHENS, N. Up on the Roof. *Cultural sociology*, v. 1, n. 2, p. 57-74, 2008.

DOWNEY, G. *Learning capoeira*. Nova Iorque: Oxford University Press, 2005.

HOLLOWAY, T.H. "A healthy terror". Police repression of capoeiras in nineteenth century Rio de Janeiro. *The hispanic american historical review*, v. 69, p. 637-676, 1989.

LEWIS, J. L. *Ring of liberation*. Chicago: University of Chicago Press, 1992.

MUKUNA, K. W. The rise of bumba-meu-boi in Maranhão. *In*: CROOK, L. and JOHNSON, R. (Ed.). *Black Brazil*. Los Angeles: UCLA Latin American Center Publications, 1999.

REIS, A. L. T. *Capoeira: health and social well-being*. Brasília: Thesaurus, 2005.

ROBBEN, A. C. G. M. *Sons of the sea goddess*. Nova Iorque: Columbia University Press, 1989.

ROSARIO, C.; STEPHENS, N. and DELAMONT, S. I'm your teacher! I'm brazilian! *Sport, education and society*, v. 15, n. 1, p. 103-120, 2010.

STEPHENS, N. and DELAMONT, S. Balancing the berimbau. *Quality inquiry*, v. 12, n. 2, p. 316-339, 2006a.

_____. "Samba no Mar": movement and idiom, in Capoeira. *In*: WASKUL, D. and VANNINI, P. (Ed.). *Body/embodiment: symbolic interaction and the sociology of the body*. Aldershot: Ashgate, 2006b.

_____. They start to get malicia. *British journal of sociology of education*, v. 30, n. 5, p. 537-548, 2009.

_____. Roda boa, roda boa. *Teaching and teacher education*, v. 26, n. 1, p. 113-119, 2010a.

_____. Vim de Bahia pra lhe ver. *In*: FINCHAM, B. *et al.* (Ed.). *Mobile methodologies*. Londres: Palgrave, 2010b, p. 85-102.

_____. Each more agile than the other. *In*: GARCIA, R. S. and SPENCER, D. (Ed.). *Fighting scholars*. Londres: Anthem Press, 2012.

TRAVASSOS, S. Mandinga. *Estudos afro-asiáticos*, v. 35, p. 67-79, 1999.

WACQUANT, L. *Body and soul*. Nova Iorque: Oxford University Press, 2004.

WACQUANT, L. Habitus as Topic and Tool. *Qualitative research in psychology*, v. 8, n. 1, p. 1-12, 2011.

WAINWRIGHT, S., WILIAMS, C. and TURNER, B. S. Varieties of habitus and the embodiment of ballet. *Qualitative research*, v. 6, n. 4, p. 535-558, 2007.

Parte III

Novos Movimentos Religiosos

Capítulo 11

Construindo uma comunidade espiritual transnacional:
o movimento religioso de João de Deus na Austrália

CRISTINA ROCHA

Introdução[122]

Estamos em uma casa num bairro de classe média alta numa das praias de Sydney, Austrália. Todos estão começando a chegar porque a hora da meditação se aproxima. Vestimos branco como manda a Casa de Dom Inácio, o "hospital espiritual" do médium espírita João de Deus localizado na cidade de Abadiânia no estado de Goiás. Enquanto esperamos, ficamos conversando na cozinha e na sala de estar. Alguns bebem chá, outros água fluidificada e alguns tomam sopa abençoada com pão tal como na Casa de Dom Inácio. Algumas pessoas, que terminaram seus tratamentos em camas de cristal em dois quartos adjacentes à cozinha, se juntam a nós. Denise, a dona da casa, mora na casa ao lado com sua família. Ela comprou essa casa com a ideia de dedicá-la unicamente para as atividades relacionadas aos seguidores australianos de João de Deus. Finalmente chega a hora de sentarmos para meditar. A sala é decorada com fotos do médium, das entidades espirituais que ele incorpora, de Santa Mary MacKillop (uma freira australiana recentemente canonizada) e de uma estátua de Nossa Senhora

---

122 Agradeço ao Australian Research Council pela bolsa de pós-doutorado que financiou esta pesquisa. Sou igualmente grata ao Max Planck Institute for Religious and Ethnic Diversity, onde escrevi este capítulo durante minha estadia como pesquisadora visitante.

tirada na catedral de Sydney. Em cima da lareira e em várias prateleiras há velas, cristais e dois *laptops* mostrando filmes de João de Deus fazendo operações. Música da Casa de Dom Inácio está tocando num *iPod* conectado a alto-falantes. Isso é feito, dizem-me, para que as pessoas possam se conectar com a energia e as entidades da Casa de Dom Inácio.

Fechamos os olhos e Denise começa a meditação rezando o Pai Nosso e Ave Maria. Em seguida, eu faço as mesmas orações em português, como ela havia me instruído de antemão. Um holandês, que vive na Austrália há dez anos e passou bastante tempo na Casa, reza em voz alta comigo em português. Após um período de silêncio, durante o qual ouvimos as músicas religiosas da Casa de Dom Inácio, Denise pede-nos para invocar as entidades que João de Deus incorpora. Cada um de nós diz o nome de uma entidade das mais de trinta que ele incorpora. Alguns invocam outras figuras significativas do movimento teosófico (e mais tarde apropriados pelo movimento da Nova Era), como Saint-Germain, Serapis Bey, El Morya e Kuthumi. Outros dizem nomes de santos católicos, como padre Pio, São Francisco de Assis e da santa australiana Mary MacKillop. Denise nos diz que eles estão presentes para nos ajudar a ser curados. Ficamos assim de olhos fechados ouvindo a música da Casa por uma hora enquanto que de vez em quando Denise lê as orações do livro de oração de Casa (na versão em inglês – existem versões em várias línguas).

Mais do que uma meditação, essa é uma corrente. De acordo com os voluntários da Casa, uma corrente é uma cadeia de meditadores que cria uma corrente de energia que auxilia as entidades a curar doenças físicas, emocionais, mentais ou espirituais. Denise termina a sessão de corrente com uma visualização que se repete, com pequenas diferenças, nos três locais em que grupos de seguidores de João de Deus se reúnem para sessões de corrente em Sydney. Ela nos diz:

> Vamos nos imaginar acima de Sydney. Veja as luzes da cidade. Agora voe um pouco mais alto e veja o estado de Nova Gales do Sul. Voe um pouco mais alto e veja a Austrália. Suba ainda mais e veja o planeta Terra. Agora, olhe para baixo e veja o ponto mais brilhante da terra: esta é a cidade de Abadiânia. Mande amor e luz para o médium João, à sua família e às entidades. Agora se imagine sentado na corrente da Casa de Dom Inácio e sinta a energia de cura. Traga sua família e entes queridos para a corrente; veja-os sentados ao seu lado recebendo a energia de cura. Veja agora um facho de luz ligar Abadiânia à

> Austrália, ao estado de Nova Gales do Sul e à Sydney. Imagine esta conexão de energia. Muitas pessoas daqui já passaram pela Casa; com este vai e vem estamos criando um túnel de energia entre os dois lugares. Envie energia para as entidades para que seja possível que João de Deus nos visite aqui na Austrália num futuro próximo.

Terminamos nossa corrente com um Pai Nosso e uma Ave Maria e um voluntário se levanta para passar a bandeja com pequenos copos de água fluidificada[123] vinda da Casa. São 21 horas e nos levantamos e começamos a conversar. Novamente, são servidos chá, biscoitos, sopa abençoada e uma fatia de pão, de forma semelhante ao que ocorre na Casa de Dom Inácio após a sessão de corrente matinal. Trocamos estórias de nossas experiências na Casa, de orientações espirituais recebidas das entidades, das curas milagrosas ou morte de pessoas conhecidas, de quando pretendemos voltar ao Brasil, de quem vai para Nova Iorque e Europa para os próximos eventos internacionais de João de Deus e das últimas notícias sobre os planos para trazer o médium para a Austrália. Duas horas depois, parto com os últimos convidados. Vou rever muitas dessas pessoas e participar do mesmo ritual organizado por outro seguidor em um local diferente na próxima semana. Correntes como essas acontecem semanalmente em casas particulares e lugares públicos em Sydney, Melbourne, Perth e algumas cidades do interior. Eles também ocorrem nas filiais oficiais da Casa na Austrália (em Mullumbimby e Southern Highlands, ambas no estado de Nova Gales do Sul). Todos os rituais são os mesmos porque eles seguem o que ocorre na Casa de Dom Inácio no Brasil.

Neste capítulo, analiso a transnacionalização do movimento religioso de João de Deus. Fluxos intensos de pessoas, objetos sagrados, ideias, rituais e "espíritos" entre a Casa de Dom Inácio e Austrália criam uma comunidade transnacional espiritual composta de praticantes de medicina alternativa, pessoas que estão doentes, aqueles que procuram "crescimento espiritual" e guias de turismo. Enquanto estudiosos têm usado o conceito de "comunidade transnacional" para analisar migrações transnacionais, este capítulo demonstra como a expansão do âmbito do conceito nos auxilia a entender

---

123   Água fluidificada é água abençoada pelas entidades, uma prática frequente em centros espíritas kardecistas.

outras comunidades transnacionais, tais como aquelas de seguidores espirituais. Como descrevi na estória com que comecei este capítulo, essa comunidade espiritual transnacional é criada não só por fluxos concretos de pessoas e cultura material, mas também por fluxos de energia e espíritos que, de acordo com os seguidores, estão presentes e curam na Austrália também. Demonstro neste capítulo que quando as pessoas se conectam a eles, tais como durante as sessões de corrente, eles são capazes de estar simultaneamente no Brasil e na Austrália. Vale ressaltar que essa comunidade transnacional é porosa, uma vez que pode incluir seguidores de outros "gurus globais". Com efeito, enquanto João de Deus e seu centro de cura não eram conhecidos até uma década atrás, agora a Casa é um importante nó na rede global de famosos gurus, xamãs e praticantes de medicina alternativa.[124]

Eu pesquiso o movimento espiritual de João de Deus desde 2004, quando fui pela primeira vez à Abadiânia. Desde então, estive em Abadiânia quase todos os anos e morei lá no primeiro semestre de 2007. Desde 2004, também faço a observação participante em sessões de corrente na Austrália. Além disso, participei de cinco eventos internacionais de cura com João de Deus: dois na Nova Zelândia (2006 e 2007), dois na Alemanha (2011 e 2012) e um na Austrália (2014). Em todos esses locais realizei um total de 45 entrevistas. Em Abadiânia, entrevistei autoridades locais, gerentes de hotel, cozinheiras, faxineiras, motoristas de taxi, cabelereiros e guias de turismo e visitantes estrangeiros. Na Austrália, Nova Zelândia, Alemanha, Nova Iorque e Londres realizei entrevistas com pessoas que estiveram em Abadiânia.

João de Deus

João Teixeira de Faria – ou João de Deus, como seus seguidores brasileiros o chamam – nasceu em 1942 em Cachoeira da Fumaça, uma cidadezinha no estado de Goiás. Sua família era extremamente pobre e ele pouco estudou. Teve suas primeiras visões na infância e aos 16 anos, enquanto tomava banho num rio, Santa Rita de Cássia disse-lhe para ir a um centro religioso em Campo Grande, hoje a capital do estado de Mato Grosso

---

124 Seguidores australianos podem também ser devotos do recentemente falecido Sathya Sai Baba e de Amma "a santa que abraça" (Mata Amritanandamayi). Ambos são gurus da Índia, que têm seguidores no mundo todo. Para saber mais sobre Sai Baba e Amma no Ocidente, veja Srinivas (2010) e Warrier (2005), respectivamente.

do Sul. Lá, pela primeira vez, ele conta que incorporou o Rei Salomão e curou muitas pessoas alheio ao que estava fazendo. Esta foi a primeira das mais de trinta e três entidades que ele incorpora atualmente. Nesse centro religioso, ele foi também apresentado à doutrina espírita. Eventualmente, João de Deus economizou dinheiro suficiente para seguir a instrução de seus guias espirituais e comprar uma pequena casa em Abadiânia, uma cidadezinha localizada a 100 quilômetros no sudoeste de Brasília. Alguns anos mais tarde um seguidor doou um terreno grande do outro lado da rodovia, onde João de Deus fundou a Casa de Dom Inácio (CUMMINGS & LEFFLER, 2007; PELLEGRINO-ESTRICH, 2002; PÓVOA, 2003).

João de Deus se considera católico, apesar de suas práticas de cura serem um híbrido de Catolicismo Popular, Umbanda (ver FRIGERIO, SARAIVA, MEINTEL & HERNANDEZ e ARAKAKI neste volume) e Kardecismo. O mantra "a Casa é um hospital espiritual que está aberto a todas as religiões" é frequentemente repetido pela equipe no palco no salão principal da Casa e pelo médium. No entanto, sempre que os estrangeiros perguntam sobre as crenças da Casa, funcionários e voluntários recomendam para que leiam Alan Kardec (o codificador francês do Espiritismo do século XIX) e autores espíritas brasileiros, como Chico Xavier. No próprio guia para visitantes de língua inglesa da Casa de Dom Inácio, o Espiritismo kardecista é descrito como "a filosofia da Casa". João de Deus afirma que ele é médium de espíritos de médicos, cirurgiões, santos ou pessoas que tiveram vidas notáveis. Ele incorpora essas entidades em transe e não se lembra de seus atos quando ele se torna consciente novamente. João de Deus é parte de um grupo pequeno, mas significativo de médiuns que usam bisturis, tesouras e facas de cozinha para operar pacientes em transe.

Na última década, João de Deus tornou-se John of God e seu nome e fama atingiram proporções globais. Hoje ele viaja ao exterior várias vezes ao ano, realizando eventos de cura em muitos países, como os EUA, Alemanha, Áustria, Suíça e Nova Zelândia. Após cada um desses eventos internacionais, há um grande fluxo de pessoas que viajam para a Casa de Dom Inácio no Brasil. Muitos deles estão respondendo à solicitação de João de Deus durante o evento para eles irem para o centro de cura; outros se tornam curiosos ou acreditam que receberam um chamado espiritual para ir à Abadiânia. Sua história já foi contada na TV norte-americana (60 minutos, o

Discovery Channel e o ABC Primetime) e na TV britânica (BBC Wales). Na Austrália, João de Deus e suas cirurgias foram destaque na TV em 1998 e 2015 (60 Minutos), 2003 (A Current Affair) e 2005 (SBS). Há vários documentários sobre o médium feitos por diretores de vários países. A maioria desses programas de TV e documentários foram colocados no *site* YouTube e são compartilhados em redes sociais. Além disso, guias de turismo estrangeiros anunciam pacotes de viagens à Abadiânia na internet. Alguns guias turísticos também escreveram livros sobre o médium os quais vendem em seus *sites*.

Celebridades como Shirley MacLaine e gurus espirituais norte-americanos como Ram Dass e Wayne Dyer já visitaram a Casa e recomendam que outros o façam. Em novembro de 2010, Oprah Winfrey entrevistou um grupo de pessoas que havia visitado o médium em seu programa de TV. Entre elas estava a editora-chefe de sua revista *O, The Oprah Magazine*, que escreveu uma matéria para a revista sobre sua própria experiência de cura (CASEY, 2010). Mais recentemente, em março de 2012, Oprah usou seu avião particular para ir à Abadiânia entrevistar o médium à procura de respostas para questões pessoais e profissionais (WINFREY, 2012, p. 202). Esse perfil na mídia internacional aumentou ainda mais o número de norte-americanos que chegam à Abadiânia.

Tecendo conexões transnacionais: o movimento religioso de João de Deus na Austrália

Vertovec define transnacionalismo como "relações transfronteiriças, padrões de troca, afiliações e formações sociais que englobam Estados-Nação" (2009, p. 2). Transnacionalismo não é novidade. Foner (1997) demonstrou que imigrantes europeus na cidade de Nova Iorque mantinham laços transnacionais com suas pátrias e para lá retornavam com frequência. No entanto, meios de transporte e comunicação mais baratos e de ponta propiciaram um aumento na velocidade e intensidade das ligações transnacionais. Até este momento, pesquisas sobre o transnacionalismo e religião centraram-se principalmente sobre como os migrantes trazem consigo suas religiões e espíritos quando se mudam para outro país (KUMAR, 2006; LEVITT, 2007; VÁSQUEZ e FRIEDMANN, 2003). Mesmo quando exploram a mobilidade de entidades espirituais,

Hüwelmeier e Krause (2010, p. 2) estão interessadas no "seu efeito na vida de migrantes". Neste capítulo, eu analiso a maneira pela qual pessoas do Norte Global importam práticas religiosas e espíritos do Sul Global e desenvolvem práticas rituais transnacionais. Demostro como os seguidores estrangeiros de João de Deus trabalham continuamente para estabelecer e manter sua conexão com a Casa de Dom Inácio e seus espíritos e ao fazê-lo são capazes de simultaneamente estar em seus países e em Abadiânia.

Com efeito, existem várias maneiras com que João de Deus e seus seguidores auxiliam na "constituição e reprodução de redes transnacionais por meio de um intercâmbio material e simbólico" (SMITH e GUARNIZO, 1998, p. 6). Desde 2002, quando eu ouvi falar do médium pela primeira vez, eu tenho visto um número cada vez maior de australianos e outros estrangeiros organizando excursões/peregrinações à Casa, construindo suas casas em Abadiânia, publicando livros sobre sua experiência e levando seus métodos de cura do médium para seus países. Alguns estão aprendendo português e outros já conseguem rezar no novo idioma (como o holandês da estória que comecei este capítulo). Muitos vivem entre dois países, passando parte do ano em Abadiânia. Em suas frequentes viagens de volta, levam objetos sagrados (rosários, cristais e água fluidificada), DVDs, livros sobre o Espiritismo kardecista e João de Deus, camisetas e fotos de João de Deus e das entidades, todos comprados na loja de lembranças da Casa.

Remédios também fazem parte dos fluxos entre a Austrália e a Casa de Dom Inácio. Na Casa há uma farmácia que fornece remédios que o médium prescreve quando está incorporado. Embora o remédio seja o mesmo para todos (passiflora alata, ou pó de maracujá, em comprimidos), dizem que funciona de maneira diferente de acordo com as necessidades de cada pessoa. Acredita-se que ele seja um veículo para a energia de cura das entidades da Casa, um veículo que permite às pessoas trazer as entidades com elas quando voltam para seus países. Além disso, se as pessoas não vão para a Casa, elas podem enviar fotos (geralmente por meio de um amigo ou guias turísticos). Fotos podem ser enviadas como anexos de *e-mail* a ser impresso em uma das várias *lan houses* que existem ao redor da Casa. A foto será mostrada para João de Deus incorporado. Se ele fizer um "X" sobre a imagem, a pessoa precisa ir para à Casa para sua cura. As fotos são mantidas na Casa para receberem rezas nos meses que se seguem. O médium prescreve remédios a todos que enviam fotos, e estes são levados para o paciente por amigos ou guias de turismo. Essa prática gera um trânsito grande de fotos em uma direção e remédios em outra. As pessoas podem enviar fotos muitas vezes ao ano na esperança de receber cura constante e estar sempre em contato com as entidades.

Outro meio de manter a conexão transnacional é pelas camas de cristal. Camas de cristal consistem em um pedestal de plástico com sete "braços" e na extremidade de cada braço é anexado um *spot* com uma lâmpada colorida (de acordo com o chacra) e, sobre ela, um cristal de quartzo. Cada *spot* deve ser colocado sobre um dos sete chacras enquanto a pessoa está deitada em uma cama. Anteriormente, camas de cristal só existiam na Casa. Mas na última década a Casa começou a vendê-las a estrangeiros. Primeiro eram vendidas apenas àqueles que exerciam medicina alternativa (Reiki, massagem, cromoterapia etc.) e guias de turismo, mas agora são vendidas para a maioria das pessoas que querem comprá-las. Por conseguinte, camas de cristal têm aparecido em muitas cidades da Austrália. O fato de que a maioria dessas camas de cristal é colocada em centros de medicina alternativa ajuda a divulgar informações sobre João de Deus e a Casa. As pessoas podem ir para uma massagem, e o massagista as informa sobre o tratamento de cama de cristal. Assim, elas ficam conhecendo o médium brasileiro.

Alguns proprietários de centros de medicina alternativa também são guias turísticos e frequentemente levam seus clientes para Abadiânia. Com efeito, na última década, muitos estrangeiros tornaram-se guias turísticos e viajam à Casa várias vezes ao ano. Guias turísticos anunciam suas viagens em centros de medicina alternativa, revistas da Nova Era, boletins informativos que circulam por *e-mail* e nas redes sociais. Pacotes de viagens geralmente incluem passagens aéreas, alguns dias de turismo no Brasil (na maioria das vezes no Rio de Janeiro) e de duas a três semanas na Casa (incluindo alojamento, refeições, reuniões com o guia e palestras com voluntários da casa e estrangeiros que residem em Abadiânia). O pacote também inclui, nos dias quando não há nenhuma atividade de cura na Casa, pequenas viagens aos arredores de Abadiânia e ao circuito de Nova Era de Brasília, como, por exemplo, o Templo da Boa Vontade. Muitas pessoas me disseram que ter uma cama de cristal é uma maneira de sempre estar ligado às entidades da Casa e assim continuar o processo de cura mesmo quando as pessoas voltarem para casa. Entrevistei um australiano logo depois que ele retornou ao seu país com uma cama. Ele me disse que antes de partir de Abadiânia levou sua cama de cristal para João de Deus abençoá-la porque:

> Eu queria que ele abençoasse aqueles cristais, queria que os ajustasse para mim. Eu não sei; senti que precisava estabelecer algum tipo de conexão entre eu e os cristais, entre a cama de cristal e o médium. (SYDNEY. Comunicação pessoal, 2006)

Seu desejo de "sintonizar" os cristais para ele e João de Deus parte da convicção de que, uma vez que as pessoas se conectam com a Casa e suas entidades, eles podem continuar essa conexão em qualquer lugar do mundo. Um casal australiano que foi várias vezes para a Casa e o marido agora é um guia turístico me disse que eles se conectam com a Casa todos os dias por meio de meditação e ouvindo música da Casa, assistindo a DVDs de João de Deus operando e usando a cama de cristal que eles têm em casa. De fato, muitos seguidores acreditam que durante a leitura de livros da Casa e ao assistir aos DVDs, eles se conectam com as entidades da Casa e assim podem receber operações e cura naquele momento. Um homem australiano, que já foi à Casa várias vezes desde 1998, observou:

> Eu tenho assistido DVDs o mais vezes possível. A razão pela qual eu gosto de assisti-los é que, muitas vezes quando eu assisto vídeos do médium fazendo cirurgias, sinto a cura ocorrendo em mim. Sinto a energia passando pelo meu corpo. Porque no mundo espiritual é tudo pensamento! O veículo de transporte é o pensamento! Então, quando assistimos uma cirurgia na tela, nós estamos sintonizando com o trabalho dessas entidades. Eles estão sintonizando com você e se você precisar de algum tipo de cura, eles vêm para te ajudar. (SYDNEY, 2006)

Por essas declarações é evidente de que não é preciso viajar à Abadiânia para se conectar com a Casa. Entidades/espíritos se movem facilmente entre a Casa e qualquer local onde estão adeptos do médium. Poderíamos talvez comparar essa comunidade com uma diáspora. O conceito de diáspora "se refere historicamente as comunidades de pessoas que foram deslocadas de sua terra nativa por meio de movimentos de emigração e exílio" (BRAZIEL e MANNUR, 2003, p. 1). Adeptos de João de Deus sentem que eles pertencem a uma comunidade dispersada ao redor do globo que sente e pensa conjuntamente e tem uma forte conexão com a Casa, sua pátria espiritual. Além disso, como uma diáspora, os adeptos também estabelecem uma conexão com outros adeptos ao redor do mundo. Essa comunidade é construída em torno do *axis mundi* de uma figura carismática e de uma terra sagrada – Abadiânia. Objetos sagrados, desse ponto de vista, funcionam como "portais" pelos quais se podem acessar a pátria espiritual, as entidades e a cura que elas oferecem. Nesse contexto, as sessões de corrente são uma das maneiras mais importantes de se estar simultaneamente em seu país e na Casa, como veremos na próxima seção.

Sentar na corrente: conexões simultâneas transnacionais

> Isso se chama "sentar na corrente para o médium João" e você está ajudando – sabe, ele faz isso há cerca de cinquenta anos –, você o está auxiliando a manter a entidade em seu corpo para ele poder curar as pessoas. (SYDNEY, 2009)

Como esse seguidor explicou, ao sentarem-se na corrente as pessoas compartilham sua energia com as entidades e com João de Deus, para que eles possam curar as pessoas que estão na fila para ver o médium assim como aquelas que estão sentadas na própria corrente. Em certo sentido, durante a corrente as pessoas comungam profundamente com as entidades, já que a energia de ambos se mistura. Quando as pessoas sentam-se na corrente no exterior, eles querem fazer o mesmo. Elas raciocinam que a maneira mais eficaz de compartilhar a sua energia com as entidades e o médium é sentar-se ao mesmo tempo que a corrente acontece no Brasil. Nesse sentido, a maioria das correntes na Austrália ocorre à noite (para compensar a diferença de 13 horas) nos dias de semana que acontecem no Brasil (quartas-feiras, quintas-feiras e sextas-feiras). Os australianos que frequentam as sessões de corrente disseram-me que a energia e a consequente cura são muito mais fortes quando ambas as correntes ocorrem simultaneamente.

Construindo uma comunidade espiritual transnacional | 333

Figura 3. Sessão de corrente semanal num centro de medicina alternativa em Sydney (cortesia Cristina Rocha)

A estória com que comecei este capítulo mostra como é estabelecida a ligação simultânea em ambas as localidades. Como na Casa de Dom Inácio, as sessões na Austrália são abertas e fechadas com as rezas Pai Nosso e Ave Maria, criando um período de tempo sagrado para a cura. O fato de que ambas as orações são ditas em inglês e português gera uma primeira conexão entre Brasil e Austrália. As fotos nas paredes de João de Deus, das entidades que ele incorpora, da santa australiana Mary MacKillop e lugares sagrados como a Catedral de Sydney, os DVDs mostrando João de Deus fazendo cirurgias, as velas, o *iPod* tocando música da Casa e a invocação das entidades brasileiras, santos católicos e mestres da Teosofia e Nova Era ajudam a manter essa conexão. Além disso, a conexão simultânea transnacional é estabelecida concretamente quando Denise (e outros australianos que dirigem as sessões de corrente) pede às pessoas para imaginarem a si e seus entes queridos sentados na corrente na Casa e depois para ver um túnel de luz/energia conectando Abadiânia e Sydney. A sessão termina como no Brasil: é servida água fluidificada pelas entidades para todos para que a cura possa continuar depois que as pessoas forem para casa.

Apesar de os rituais de corrente australianos (e de muitas outras sessões que acontecem ao redor do mundo, como veremos neste capítulo) serem similares aos da Casa no Brasil, há hibridações específicas da Austrália. No começo dos estudos de transnacionalismo, pensava-se que os fluxos transnacionais estariam livres das restrições impostas pelas fronteiras nacionais. No entanto, pesquisas mostram que práticas transnacionais, "ao conectar coletividades localizadas em mais de um território nacional, são incorporadas em relações sociais específicas estabelecidas entre pessoas específicas, situadas em localidades únicas, em uma época historicamente determinada" (SMITH & GUARNIZO, 1998, p. 11). Assim, os australianos já começaram a "localizar" (isto é, adaptar para a sua própria cultura) o movimento religioso de João de Deus. Por exemplo, quando os meios de comunicação discutiam a possibilidade de Mary MacKillop ser canonizada, seguidores começaram a colar fotos dela nas paredes e invocá-la durante as sessões de corrente. Muitos discutiam intensamente sua canonização enquanto nós tomávamos chá e sopa abençoada após as sessões. Eles tinham uma explicação muito clara de como ela se encaixa na cosmologia de João de Deus. Disseram-me que ela pertencia à mesma família espiritual que João de Deus e suas entidades porque ela era devota de Santo Inácio de Loyola. Esta é a entidade mais importante que João de Deus incorpora e é por sua devoção a ela que o médium deu seu nome ao seu hospital espiritual. Comumente diz-se que João de Deus e as entidades (incluindo Santo Inácio de Loyola) vêm incarnando juntos por muitas gerações porque eles pertencem à mesma família espiritual.

Nos últimos cinco anos, o número de sessões de corrente aumentou visivelmente na Austrália. Além das três sessões em Sydney, há uma série de sessões mensais em cidades dos estados de New South Wales (NSW), Western Austrália, Victoria e Queensland. No interior de NSW, as sessões de corrente estão sendo estabelecidas por Henry, um australiano que diz que foi curado de uma grave lesão na coluna. Ele viaja toda semana para várias cidadezinhas para realizar sessões em casas particulares, salões alugados de igreja e de prefeituras. No início de cada sessão de cura, ele geralmente dá um depoimento dizendo a todos como ele ficou curado e, em seguida, explica quem é João de Deus e o que é a sessão de corrente. Ele também passa documentários sobre João de Deus feitos no exterior. Após as reuniões iniciais, a comunidade local assume a organização das sessões. Henry mantém contato com todos esses seguidores por um boletim informativo de *e-mail*. Quando eu perguntei como as sessões de corrente no interior estavam indo um ano depois que elas haviam sido estabelecidas, Henry me disse:

> As coisas estão indo muito bem. Por exemplo, a corrente em Wagga é muito forte. Duas pessoas tiveram cirurgias invisíveis outro dia. Elas estavam céticas, mas se sentaram para a corrente. Bom, no meio da corrente, uma se sentiu mal e teve que se deitar! Outros disseram que sentiram muita coisa acontecendo no corpo durante a corrente. Até um padre católico veio a uma de nossas sessões. Falei com ele por três horas e ele tinha uma cabeça bem aberta! (SYDNEY, janeiro de 2009)

Como outros australianos que têm uma forte ligação com a Casa, Henry me diz que ele começou a incorporar as entidades que o médium incorpora e curar as pessoas. Quando ele esteva em Abadiânia em 2007, a Entidade (João de Deus incorporado) deu-lhe permissão para fazer cura na Austrália, dizendo-lhe: "Você tem muito trabalho a fazer lá". A entidade também deu a ele permissão para comprar um cristal masculino e feminino, sobre o qual Henry diz: "São ainda mais fortes do que a cama de cristal porque a energia é concentrada". Desde que começou a usar esses cristais, Henry afirma que seus poderes de cura estão mais fortes.

As sessões de correntes também estão ocorrendo em vários locais nos Estados Unidos. Como na Austrália, guias de excursão frequentemente dão palestras para grupos comunitários para disseminar informações sobre João de Deus e a Casa de Dom Inácio. Nessas ocasiões, eles mostram filmes sobre a Casa e falam sobre suas próprias experiências. Por exemplo, em Cincinnati, Ohio, um guia de excursão começou a organizar sessões de corrente em julho de 2006. Nestas sessões, pessoas vestidas de branco sentam-se na corrente, rezam e tomam água fluidificada, seguindo os procedimentos da Casa. Como Denise, durante a corrente a organizadora lê orações do livro de oração de Casa. As sessões são descritas com estas palavras:

> Depois que todos se sentam, explicamos que somos uma corrente humana. Que nossos corpos são os veículos que as entidades usam para amplificar a energia de cura. Como na Casa, pedimos que as pessoas não cruzem as mãos, braços, pernas ou pés porque isto bloqueia a corrente. [...] muitas pessoas tiveram experiências extraordinárias nesta meditação de corrente. Na verdade, nós temos certeza de que a energia de cura será cada vez mais

> forte. As pessoas têm cirurgias invisíveis durante a meditação, tal como ocorre na Casa. Durante a semana entre uma sessão e outra as pessoas notam muitas mudanças de vida relacionadas com a cura que pediram em corrente. (SELLARS, 2007)

Em Boulder, Colorado, as pessoas também sentem que, ao sentar na corrente, elas ao mesmo tempo são ajudadas e estão ajudando o trabalho das entidades brasileiras:

> Como o poder da oração e intenção vai muito além da distância e fronteiras, nosso grupo tem como objetivo conectar e apoiar o trabalho das entidades, e ao mesmo tempo ser capaz de receber os benefícios da sua Santa presença e amor. (Círculo de cura João de Deus em Boulder)

Está claro que novos nós na rede de pessoas, ideias e "energia" dentro do movimento religioso de João de Deus estão sendo criados num processo de boca a boca pelas pessoas que foram para a Casa. Assim, essas pessoas e sessões de corrente podem funcionar como primeiro ponto de contato antes da decisão de viajar ao Brasil. O número dessas sessões é suscetível de crescimento. Com efeito, a autora do artigo sobre a sessão de corrente em Cincinnati exorta às pessoas a seguir o chamado espiritual:

> Vamos honrar o processo visível e invisível da Casa de Dom Inácio. Se você for chamado, então, confie no chamado... e organize uma sessão de corrente meditativa com reverência, com alegria e com as bênçãos da sua comunidade! Isso leva a uma experiência comunitária maravilhosa que traz a cura e aprofunda a sua vida espiritual. (SELLARS, 2007)

Henry confirmou essa possibilidade quando me disse na inauguração da filial australiana da Casa de Dom Inácio que as sessões de corrente na Casa australiana não eram suficientes:

> Ainda temos que organizar sessões em outras localidades. Nós estamos apoiando as sessões que já existem e estamos expandindo. Então há uma necessidade para isso, e há uma necessidade de disseminar informação para grupos e igrejas... [por exemplo] nosso cabeleireiro quer organizar um grupo, convidar-me para dar uma palestra. Então ainda há uma necessidade de [sessões de corrente], assim como esta aqui na Casa australiana. Tudo funciona em conjunto. (Mullumbimby, janeiro de 2008)

Com efeito, como Portes (1998, p. 15) argumentou em relação à migração e transnacionalismo, "uma vez iniciado, o fenômeno da transnacionalização adquire um caráter cumulativo ampliando não só em número, mas no caráter qualitativo todas suas atividades".

Uma comunidade espiritual transnacional: vivendo entre Abadiânia e Austrália

As redes criadas pelos seguidores (sejam eles guias de excursão, praticantes de medicina alternativa ou pessoas que se encontram doentes) empregam uma vasta gama de práticas para estabelecer e manter a conexão com João de Deus, com a Casa de Dom Inácio e suas entidades e, assim, criarem uma comunidade espiritual que atravessa fronteiras nacionais. O conceito de comunidade transnacional foi criado para compreendermos como imigrantes são incorporados simultaneamente nas sociedades para onde emigram e a de origem (GLICK SCHILLER *et al.*, 1995; BASCH *et al.*, 1994; PORTES, 1998). Kastoryano (2000, p. 353) definiu comunidades transnacionais como:

> [C]omunidades compostas por indivíduos ou grupos que são estabelecidas em sociedades nacionais diversas, mas que agem com base em interesses e referências comuns (que podem ser territoriais, religiosas ou linguísticas) e usam suas redes para reforçar a sua solidariedade para além das fronteiras nacionais.

Da mesma forma, Portes (1998, p. 16) tinha imigrantes transnacionais em mente quando definiu comunidades transnacionais:

> São caracterizadas por densas redes por meio do espaço e por um número crescente de pessoas que levam uma vida global. Seus membros são pelo menos bilíngues, movem-se facilmente entre culturas diferentes, frequentemente mantém casas em dois países e têm interesses econômicos, políticos e culturais que exigem sua presença em ambos países simultaneamente.

Comunidades transnacionais são imaginárias (ANDERSON, 1983), no sentido de que membros nunca vão conhecer pessoalmente todos que fazem parte da comunidade, entretanto, sentem-se membros dessa comunidade pelo fato de partilharem interesses e crenças comuns. Está claro que Anderson estava se referindo à formação dos Estados-nações e a literatura sobre comunidades transnacionais refere-se principalmente a comunidades migrantes. Ainda assim, afirmo que os seguidores de João de Deus formam uma comunidade *espiritual* transnacional. Estou ciente de que o conceito de comunidade foi criticado por Rouse (1991), pois para ele "comunidade" implica um grupo fechado, em que todos compartilham um modo de vida e crenças semelhantes. Rouse também argumenta que o conceito não captura as relações de poder que existem em formações transnacionais. Neste capítulo, adoto o conceito de "comunidade" porque é um conceito êmico – meus informantes o usam cada vez que eles falam sobre suas experiências em Abadiânia. Sugiro que isso é devido à nostalgia dos adeptos por um estilo de vida tradicional em que todos confiam e são generosos para com o próximo. Esse é o tipo de vida que, de certa forma, encontraram em Abadiânia, porque o centro de cura e as pousadas estão localizados em uma área de não mais do que quatro ou cinco ruas. No entanto, essa comunidade não é limitada, ela intersecta com outras comunidades de adeptos de outros gurus globais, aos quais me referi em outro artigo (ROCHA, 2008). Existem ainda claras relações de poder dentro dessa comunidade.

Além disso, essa comunidade localizada em várias partes do mundo está conectada por meio de emoções intensas e por pensamento, pelo trabalho da imaginação transnacional. Nas palavras de Appadurai (1996, p. 8), os adeptos formam uma " 'comunidade de sentimento', um grupo que começa a imaginar e sentir o mundo de maneira similar". Appadurai chama atenção para o fato de que enquanto Anderson (1983) argumenta que o capitalismo impresso (ou editorial) foi importante para a formação do Estado-nação, porque as pessoas começaram a imaginar uma camaradagem horizontal com as pessoas que eles nunca conhecerão pessoalmente,

> outras formas de capitalismo eletrônico podem ter efeitos semelhantes e ainda mais poderosos, pois eles não funcionam apenas ao nível do estado--nação. Experiências coletivas dos meios de comunicação, especialmente de cinema e vídeo, podem criar solidariedades de veneração e carisma... Essas solidariedades são muitas vezes transnacionais, mesmo pós-nacionais, e frequentemente operam além das fronteiras da nação. (1986, p. 8)

Como vimos, artigos de revistas, programas de TV, documentários vendidos *online*, vídeos postados no *site* YouTube e *sites* de guias de excursão, junto a viagens à Casa e objetos sagrados e suvenires comprados na lojinha da Casa auxiliam seguidores a estabelecer e manter conexões transnacionais entre Austrália e Brasil. Nesta parte do capítulo, exploro os sentimentos de pertença a essa comunidade espiritual. Pessoas que

Construindo uma comunidade espiritual transnacional |339

regularmente vão à Abadiânia me disseram (e eu muitas vezes tenho experimentado isso) que elas sempre se espantam com o fato de encontrarem as mesmas pessoas toda vez que viajam para lá. Com cada viagem elas aprofundam sua amizade com os habitantes locais e visitantes estrangeiros. Consequentemente, elas sentem um forte senso de comunidade cada vez que viajam à Casa. Elas também podem rever esses amigos em eventos internacionais ou em outros eventos de cura não ligados a João de Deus, como veremos nesta parte do capítulo.

Martin é um bom exemplo de um australiano que vive entre Abadiânia e Austrália e sente que pertence simultaneamente à ambas as sociedades. Martin tem cinquenta anos de idade. Há alguns anos ele começou a ter problemas nas costas que viraram crônicos. Quando foi ao médico tentar resolver a situação, o médico receitou apenas analgésicos, que o deixaram sonolento e sentindo-se drogado o tempo todo. Por meio de um amigo, ele conheceu uma mulher que afirmou que tinha sido curada de câncer de mama na Casa. Depois de ouvir sobre sua experiência, ele decidiu ir para o Brasil. De 2002, quando foi à Casa pela primeira vez, até 2006, quando eu o entrevistei, ele havia ido à Casa seis vezes. Em sua primeira vez na Casa, ele teve uma operação invisível, durante o qual sua dor crônica nas costas desapareceu. Ele me contou:

> Quando eu cheguei [do Brasil] só queria voltar [ao Brasil]. Não queria ir embora de lá. Eu só queria ficar lá. Senti que lá era minha casa. Eu voltei... e eu só queria estar lá o tempo todo. ... não sei o que é – é meu espírito, minha alma ou sei lá, só quer que eu vá lá. Eu só quero viver lá... sinto que sempre que estou lá fico saudável. (SYDNEY, novembro de 2006)

Nos primeiros anos, ele costumava ficar em Abadiânia por três meses porque alugava uma casa, e mais recentemente comprou uma casa e assim começou a passar seis meses na cidade. Ele dividiu sua casa em dois e agora aluga um lado para outros estrangeiros. Martin disse-me que não pode viver em Abadiânia porque ele tem sua esposa, filhos e netos na Austrália. No entanto, disse-me que toda vez que vai para o Brasil, ele se sente melhor. A artrite e as dores nas costas sumiram, mas é diabético ainda e tem um pouco de dor ciática. Assim, acredita que quanto mais tempo ele passar na Casa, melhor, porque a cura "leva tempo. Tudo leva tempo". Ele sente que cada vez que ele volta para Abadiânia, ele sente alguma mudança, para melhor ou para pior, o que significa que as entidades estão trabalhando no seu corpo. Martin observa que desde que conheceu a Casa ele se tornou "mais espiritual, mais conectado com a Casa, as entidades e provavelmente com Deus".

Outra australiana que esteve na Casa várias vezes e organiza eventos de caridade para levantar recursos e assim enviar doações para a Casa deu razões mais claras para voltar lá com frequência. Ela me disse:

> Se eu tiver férias... você pode me oferecer um hotel de sete estrelas ou o Brasil (Abadiânia) por um mês. Não há comparação. Seria definitivamente o Brasil, porque tudo mais é tão vazio. Você vai lá [para Casa] e recebe alimento espiritual, recebe alimento físico, e você faz amigos. As pessoas lá são todas parecidas. [Eles são] Pessoas com quem se pode conversar. Se alguém vê uma fada voando na rua, é normal. Você não pensa: "Gente, ela está louca". Tudo é tão normal lá. E os presentes que você recebe lá! Olha, não há nada lá que tenha um preço em dólar. Se você vai para um hotel chique, tudo gira em torno do dinheiro. Lá tudo gira em torno da troca espiritual. E não só isso: você aprende. É um aprendizado para sua alma que a torna muito mais rica. Você começa a perceber que quando você morrer você não vai levar seu talão de cheques, você vai levar sua alma. (SYDNEY, agosto de 2008)

A sensação dessa mulher de que não se encaixa com pessoas que nunca foram para a Casa de Dom Inácio é típica das comunidades transnacionais. Em referência aos imigrantes transnacionais, ou "transmigrantes", Glick-Schiller (2001, p. 1) argumenta que "suas múltiplas relações colocam transmigrantes em um tipo diferente de espaço social e cultural do que seus vizinhos, colegas de trabalho e amigos que não compartilham essa experiência". Como Martin, essa mulher tem um forte sentimento de pertença à Casa de Dom Inácio e para ela este é um dos poucos lugares onde ela tem um senso de comunidade. Com efeito, ela me disse que:

> Lá você conhece pessoas novas e compartilha com elas estórias maravilhosas. E as pessoas são gentis. Há uma generosidade de almas, de relações humanas, que você não vai ver em qualquer outro lugar. Você vai lá sozinha, mas nunca fica sozinha nem por um momento. Você aprende com a humildade do ambiente. Você vê o que algumas pessoas passaram em suas vidas; é uma experiência que te faz extremamente humilde. Acho que você nunca visita à Abadiânia o suficiente. Onde mais neste mundo você poderia ter um ambiente de tanto crescimento? (SYDNEY, agosto de 2008)

Da mesma forma, muitas outras pessoas que visitam a Casa disseram-me como elas ficaram impressionadas com o carinho e amor que encontraram no país. Dado que o Brasil tem um dos maiores índices de criminalidade e homicídios no mundo (como mencionado na introdução deste livro), essa imagem do país é altamente idealizada. Porque muitos adeptos não falam português e vivem principalmente em Abadiânia, imaginam o Brasil como um lugar mítico, preso em um passado encantado no qual a humanidade estava conectada com espíritos na vida cotidiana. Assim, para eles, o Brasil se torna um lugar de conexões humanas, paz, generosidade, calor humano (como a maioria de nós experiencia na vida em família), em contraste com o mundo exterior, mercantilizado, impessoal, insensível, caótico. Como mostrei em outro artigo (2012), Abadiânia mudou muito nos últimos anos porque se tornou parte do circuito dos locais de turismo espiritual do mundo.

Além disso, como se pode ver nesses dois exemplos, as pessoas mantêm uma conexão transnacional porque sentem que a Casa é sua casa espiritual. Tal sentimento de pertença pode ser estimulado não só por meio do compartilhamento de um senso de comunidade com outros visitantes estrangeiros, mas também por João de Deus e os próprios trabalhadores da Casa. Por exemplo, enquanto está atendendo, João de Deus sempre chama as pessoas de "filho" ou "filha" e elas geralmente respondem dizendo "sim, meu pai". A Entidade (como João de Deus é chamado quando está incorporando uma entidade) também pode declarar que uma pessoa é um "filho/a da Casa", o que significa que eles têm uma ligação espiritual com o centro de cura. Após a identificação pela Entidade, estes recebem um crachá com o título de "Filho da Casa" escrito abaixo de sua foto. Essa metáfora de uma família espiritual também foi enfatizada por um trabalhador da Casa num evento dominical em 2007. Ele disse ao público em inglês: "aqui sempre será seu lar espiritual. Você volta para casa e você quer estar aqui". Essas palavras são muito parecidas com as que Martin usou para descrever seus sentimentos em relação à Casa.

Se a sensação de estar em casa e um senso de comunidade fazem com que os australianos continuem voltando à Abadiânia, isso não significa que essa comunidade seja fechada. Beatrice, uma jovem australiana que conheceu João de Deus em 2006 num evento de cura na Nova Zelândia e logo depois foi para o Brasil, e lá viveu pelos próximos dois anos, disse-me que ela também encontrou uma sensação de comunidade em outro lugar:

> Quando eu voltei para a Austrália para colocar raízes, eu estava procurando um senso de comunidade e gentileza, que eram as coisas que sempre tive na Casa. O problema é que eu não encontrei nada disso aqui. Então estou pensando em voltar para os EUA e fazer um *workshop* sobre matrixenergetics em Denver. Eu fiz um *workshop* no início deste ano lá e amei! No fim de semana do *workshop*, nós rimos tanto – eu não ria tanto há muito tempo! Olha, isso que é a cura!

Beatrice observou que em seu primeiro *workshop* conheceu muitas pessoas que haviam estado em Abadiânia. Ela ficou surpresa ao sentar-se para meditar ao lado de uma mulher que tinha estado lá. Beatrice explicou essa coincidência dizendo que a energia dos dois lugares é semelhante. Outras pessoas também usaram essa lógica ao explicar o fato de encontrar adeptos de João de Deus em outros locais espirituais. Como mencionado anteriormente, alguns australianos que fazem parte do movimento de João de Deus também são devotos de outros gurus globais como Amma e o recentemente falecido Sai Baba. Por exemplo, Andréia, uma australiana devota de Sai Baba, que lidera uma sessão de corrente em Sydney, disse-me: "Baba está sempre na Casa. É a mesma energia, a mesma coisa". Ram Dass, um líder espiritual norte-americano, afirmou em uma entrevista sobre sua visita à Casa em 2003 que "ele não tinha sentido esse tipo de energia espiritual desde que esteve com seu guru na Índia" (O'BRIEN ELY, 2003). Esses exemplos demonstram que essa comunidade transnacional intersecta-se com outras comunidades espirituais transnacionais. Também demonstra que João de Deus entrou no circuito de gurus que atraem adeptos internacionais. Com efeito, Beatrice soube desses *workshops* por uma guia de turismo americana que leva estrangeiros à Abadiânia e também é autora de um livro sobre João de Deus. Assim como o boca a boca é a maneira mais frequente de as pessoas saberem sobre João de Deus, informações sobre outros médiuns ou praticantes de medicina alternativa também são trocadas pelo boca a boca. Essa comunidade transnacional também não é homogênea. Muitos que vão à Abadiânia não creem totalmente nas práticas de cura da Casa. Eles vão lá como um último recurso, quando foram desenganados pelos médicos. Eles podem converter-se se sentem que receberam algum tipo de cura, mas muitas vezes não se consideram totalmente parte dessa comunidade transnacional.

É importante notar que essas redes multidirecionais e flexíveis de seguidores, médiuns, praticantes de medicina alternativa, guias turísticos e doentes que vão à Casa podem ser descritas como um rizoma. Usando o conceito de "rizoma" desenvolvido pelos teóricos pós-estruturalistas franceses Gilles Deleuze e Félix Guattari (1987), Appadurai (1996, p. 29) afirma que o Ocidente é apenas um dos nós dos quais emanam fluxos culturais globais. Como um rizoma, a economia cultural global não se espalha a partir de um único centro particular, mas se move em um padrão caótico e imprevisível. Assim, vimos que enquanto esse movimento espiritual originou-se no Brasil, essa rede de fluxos de pessoas, cultura material, crenças e práticas tem se expandido globalmente mais ou menos ao acaso, especialmente pelo boca a boca. No entanto, é importante notar que o médium tenta o mais possível controlar a maneira com em que esses fluxos são localizados em outros países. Por exemplo, adeptos precisam de sua autorização para se tornar guias turísticos, escrever livros, organizar sessões de corrente, comprar camas de cristal e estabelecer filiais do centro de cura no exterior.

Considerações finais

Este capítulo mostrou como os seguidores australianos do médium espírita brasileiro João de Deus estabelecem e mantêm conexões transnacionais entre a Austrália e Brasil. Demonstrei aqui que é preciso expandir o conceito de "comunidades transnacionais" para além da análise da vida transnacional de imigrantes. Os adeptos australianos de João de Deus formam uma comunidade *espiritual* transnacional porque estão incorporados em ambos os países simultaneamente. Ao passar longos períodos no Brasil, viajar entre os dois países várias vezes por ano, comprar casas em Abadiânia, aprender português, fazer amizade com outros estrangeiros e com a comunidade local, submeter-se às sessões de cura e sentar-se na corrente, eles se envolvem profundamente com as crenças e rituais diários da Casa de Dom Inácio.

No entanto, seguidores estrangeiros não precisam necessariamente sair de seus países para sentir-se em Abadiânia. Segundo a Casa de Dom Inácio, eles podem manter conexões transnacionais com as entidades e João de Deus enquanto estão no exterior. Por exemplo, eles podem assistir aos DVDs de João de Deus fazendo operações, podem ler livros sobre o médium, tomar remédios prescritos pelo médium trazidos por um amigo ou guia de turismo e ainda sentar-se numa das correntes ou fazer um tratamento nas inúmeras camas de cristal que se encontram no exterior. Todos esses métodos permitem aos seguidores sentir-se na Casa de Dom Inácio quando estão nos países em que moram.

João de Deus também contribui para a criação e manutenção dessa comunidade transnacional espiritual. Durante as sessões mediúnicas, ele pode indicar que alguns daqueles que vão se consultar são filhos e filhas da Casa. Isso significa que eles fazem parte de uma *família espiritual* que inclui o médium e as entidades que ele incorpora e que está ligada há muitas encarnações. Além disso, todas as viagens do médium ao exterior para conduzir eventos internacionais de curas geram discussões e artigos na mídia local, atraindo a atenção de novos seguidores potenciais. O médium muitas vezes diz àqueles que vão consultar-se nesses eventos que devem ir à Abadiânia para a conclusão de sua cura. A sensação de pertencimento a uma comunidade transnacional espiritual também é reforçada porque seguidores encontram outros seguidores e guias turísticos de todo o mundo nesses eventos de cura, muitos dos quais são velhos conhecidos. Este capítulo também demonstrou que essa comunidade transnacional espiritual não é fechada, mas intersecta-se com outras comunidades espirituais formadas pelos seguidores de outros gurus globais.

A intensificação do trânsito de ideias, pessoas e mercadorias entre Brasil e Austrália culminou no estabelecimento de duas extensões espirituais (como são chamadas as filiais) oficiais da Casa de Dom Inácio na Austrália em 2008 e 2012. Essas extensões espirituais, em conjunto com as novas sessões de corrente estabelecidas em diversas cidades australianas, estão criando fluxos do movimento espiritual dentro da Austrália. Juntamente com a Nova Zelândia (onde está localizada a outra extensão espiritual da Casa), a Austrália é um dos nós centrais na expansão do movimento de João de Deus no exterior.

Referências

APPADURAI, A. *Modernity at large: Cultural dimensions of globalization.* Minneapolis: University of Minnesota Press, 1996.

ANDERSON, B. *Imagined communities: reflections on the origin and spread of nationalism.* Londres: Verso, 1983.

BASCH, L.; GLICK SCHILLER, N.; and SZANTON BLANC, C. *Nations unbound: transnational projects, post-colonial predicaments, and de-territorialised nation states.* Langhorne, PA: Gordon and Breach, 1994.

BRAZIEL, J. E. and MANNUR, A. *Theorizing diaspora: a reader.* Oxford: Blackwell, 2003.

BROWN, D. *Umbanda religion and politics in urban Brazil.* Nova Iorque: Columbia University Press, 1994.

CASEY, S. Leap of faith: meet John of God. *The oprah magazine*, p. 220-223, dez. 2010.

CUMMING, H. and LEFFLER, K. *John of God: the brazilian healer who's touched the lives of millions.* Nova Iorque: Atria Books/Beyond Words, 2006.

DELEUZE, G. and GUATTARI, F. *A thousand plateaus: capitalism and schizophrenia.* Minneapolis, MN: University of Minnesota Press, 1987.

FONER, N. What is new about transnationalism? New York immigrants today and at the turn of the century. *Diaspora*, v. 6, n. 3, p. 355-375, 1997.

GLICK SCHILLER, N. Building a transnational perspective on migration. Transnational migration: comparative theory and research perspectives. *ESRC transnational communities programme*, Oxford, UK, jun. 2000.

GLICK SCHILLER, N.; BASCH, L.; and SZANTON BLANC, C. From immigrant to transmigrant: theorizing transnational migration. *Anthropological Quarterly*, v. 68, n. 1, p. 48-63, 1995.

GREENFIELD, S. Spiritists and spiritist therapy in southern Brazil: A case study of an innovative, syncretic healing group. *Culture, Medicine and Psychiatry*, v. 16, p. 23-51, 1992.

_____. Hypnosis and trance induction in the surgeries of brazilian spiritist healers. *Anthropology of consciouness*, v. 2, n. 3-4, p. 20-25, 1991.

HANEGRAAF, W. *New Age religion and western culture: Esotericism in the mirror of secular thought.* Leiden: Brill, 1996.

HESS, D. *Samba in the night: spiritism in Brazil.* Nova Iorque: Columbia University Press, 1994.

HÜWELMEIER, G. and KRAUSE, K. *Traveling spirits: migrants, markets and mobilities.* Nova Iorque; Londres: Routledge, 2010.

JOHN OF GOD HEALING CIRCLE OF BOULDER. n/d. Disponível em: <www.joghealing.com/healing-circle-of-boulder/>. Acesso em: jul. 2012.

JOHNSON, K. P. *The masters revealed: Madam Blavatsky and the myth of the great white lodge,* Albany, NY: SUNY, 1994.

KASTORYANO, R. Immigration, communautés transnationales et cito-yenneté. *Revue Internationale des Sciences Sociales,* v. 165, p. 353-359, 2000.

KUMAR, P. (Ed.). *Religious pluralism in the diaspora,* Leiden: Brill, 2006.

LEVITT, P. *God needs no passport: immigrants and the changing american religious landscape.* Nova Iorque: The New Press, 2007.

LEVITT, P. and GLICK SCHILLER, N. Conceptualizing simultaneity: a transnational social field perspective on society. *The international migration review,* v. 38, n. 3, p. 1002-1039, 2004.

LEWGOY, B. A transnacionalização do Espiritismo Kardecista Brasileiro: uma discussão inicial. *Religião e sociedade,* v. 28, n. 1, p. 84-104, 2008.

O'BRIEN ELY, C. Ram dass visits the casa, *In: Friends of the Casa de Dom Inácio.* Disponível em: <www.friendsofthecasa.info/index.php?page=article-2003-ram-dass-visits-the-casa-may-2003>. Acesso em: 7 set. 2011.

PELLEGRINO-ESTRICH, R. *The miracle man: the life story of João de Deus.* Goiânia: Gráfica Terra, 2002.

PORTES, A. Globalization from below: the rise of transnational communities. *ESRC Transnational Communities Programme Working Paper,* n. 1, 1998.

PÓVOA, L. *João de Deus: o fenômeno de Abadiânia.* Anápolis: Múltipla Gráfica, 2003 [1994].

ROCHA, C. Becoming a global village: the impact of the John of God pilgrimage in Abadiânia. *In:* HYNDMAN-RIZIK, N. (Ed.). *Pilgrimage in the age of globalisation: constructions of the sacred and secular elite modernity.* UK: Cambridge Scholars Press, 2012, p. 1-13.

_____. Establishing the John of God movement in Australia: healing, hybridity and cultural appropriation. *Ethnologies,* v. 33, n. 1, p. 143-167, 2011.

ROCHA, C. Seeking healing transnationally: australians, John of God and brazilian spiritism. *TAJA*, v. 20, n. 2, p. 229-246, 2009.

_____. Global power relations at play in fieldwork: researching spiritism in Brazil. *Fieldwork in religion special issue religion and fieldwork in Latin America*, v. 3, n. 2, p. 145-160, 2008.

_____. Spiritual tourism: brazilian faith healing goes global. *In*: SWATOS, W. H. (Ed.). *On the road to being there: studies in pilgrimage and tourism*, Leiden: Brill, 2006, p. 105-203.

ROUSE, R. Mexican migration and the social space of postmodernism. *Diaspora*, v. 1, n. 1, p. 8-23, 1991.

SELLARS, P. Creating "Current" in your Community: It's Happening in Cincinnati. Ohio. *Creating spiritual alliances: news from Emma Bragdon, PhD.* 1 (6). Disponível em: <www.enewsbuilder.net/emmabragdon/e_article000839094.cfm?x=b11,0,w>. Acesso em: 20 jun. 2007.

SMITH, M. and GUARNIZO, L. (Ed.). *Transnationalism from below.* Nova Brunswick; Londres: Transaction Publishers, 1998.

SRINIVAS, T. *Winged faith: rethinking globalisation and religious pluralism through the sathya sai movement.* Nova Iorque: Columbia University Press, 2010.

VÁSQUEZ, M. and MARQUARDT, M. *Globalizing the sacred: religion across the Americas.* Nova Brunswick; Londres: Rutgers University Press, 2003.

VERTOVEC, S. *Transnationalism.* Londres; Nova Iorque: Routledge, 2009.

_____. Conceiving and Researching Transnationalism. *Ethnic and racial studies*, v. 22, n. 2, p. 447-462, 1999.

WARRIER, M. *Hindu selves in a modern world: guru faith in the mata amritanandamayi mission.* Londres: Routledge, 2005.

WINFREY, O. What i know for sure. *O, The Oprah Magazine*, jun. 2012, p. 202.

Capítulo 12

O Vale do Amanhecer em Atlanta, Geórgia:
negociando identidade de gênero e incorporação na diáspora

MANUEL A. VÁSQUEZ E JOSÉ CLÁUDIO SOUZA ALVES[125]

O Templo do Vale do Amanhecer, em Atlanta, está localizado em uma área industrial, sem identificação, nos arredores de Marietta, uma cidade que até pouco tempo atrás era mais conhecida pelo museu "Gone with the Wind" (E o vento levou) do que por ser um novo destino para os imigrantes latino-americanos, incluindo uma grande comunidade brasileira. Por fora, não há nada a assinalar a presença de um espaço sagrado – há um estacionamento marcado por buracos e cercado por alguns pinheiros que oferecem uma cobertura esparsa para uma mesa de piquenique onde os trabalhadores de escritórios vizinhos muitas vezes almoçam. No entanto, logo ao entrar no templo é impressionante a limpeza e a tranquilidade do local. Em contraste com a agitação da vizinha I-75, uma das principais rodovias norte-sul que atravessam Atlanta, só se ouvem as vozes abafadas dos "clientes", que vão buscar conselhos e cura espiritual, e das ninfas, que são médiuns femininas em formação e que estão orientando as pessoas. O ar de solenidade, paz e pureza é reforçado por paredes brancas, nas quais estão pendurados os retratos coloridos de vários espíritos indígenas e afro-brasileiros e pelo veludo branco e o véu que compõem a mesa triangular. Em torno dessa mesa há bancos, a partir de onde os clientes e frequentadores do templo, na sua maioria brasileiros

---

125 Os autores agradecem a Lúcia Ribeiro, que fez parte da equipe de pesquisa que realizou o trabalho de campo na região metropolitana de Atlanta.

com a presença de alguns euro-americanos, observam médiuns femininos em processo de incorporação de espíritos, enquanto um doutrinador masculino está atrás das médiuns dando instruções e interditando a manifestação de espíritos potencialmente incontroláveis.

O que explica a presença do Vale do Amanhecer, uma religião que se originou no interior do Brasil, em Atlanta? O que os membros do templo e clientes encontram nessa "espiritualidade alternativa"?[126] Neste capítulo, vamos mostrar que a cosmologia e as práticas rituais do Vale do Amanhecer oferecem aos imigrantes brasileiros uma forma de recobrir com significados os perigos e as contradições do processo de imigração. Em particular, as práticas terapêuticas do templo e sua mistura de símbolos tradicionais e modernos ajudam os brasileiros a navegar na incerteza e estresse de uma vida acelerada, em Atlanta – na Los Angeles do sul dos EUA –, especialmente em um momento de crise econômica generalizada e crescente hostilidade em relação aos imigrantes. Além disso, o princípio da complementariedade de gênero no Vale do Amanhecer, que é central para a visão do movimento religioso sobre a eficiência da mediunidade e da cura, desempenha um papel importante ao ajudar mulheres brasileiras a lidar com relações domésticas conflituosas, estabelecidas entre elas e os homens brasileiros e euro-americanos, com relação ao papel da mulher e à mudança do seu *status* no processo de migração.

O capítulo começa com uma breve caracterização da origem, da cosmologia e das práticas rituais do Vale do Amanhecer. Vamos, então, discutir a história e a dinâmica da comunidade imigrante brasileira na região metropolitana de Atlanta, com particular atenção sobre os desafios que esse novo destino urbano traz para os imigrantes. A partir de entrevistas em profundidade com dois líderes do templo, em Atlanta,[127] vamos apresentar o modo como o Vale enfrenta esses desafios, destacando suas contribuições para o processo de integração em uma sociedade americana que é profundamente ambivalente sobre imigração, particularmente quanto à situação dos imigrantes indocumentados.

---

126 Nós usamos o termo "espiritualidades alternativas" para descrever novos movimentos religiosos que "abrangem uma constelação diversificada de ensinamentos e práticas que abordam preocupações metafísicas, terapêuticas, psicológicas e/ou ecológicas" (CARPENTER, 1999, p. 236). Essas espiritualidades podem tomar emprestados elementos de tradições orientais, como do Hinduísmo, Budismo e Taoísmo, e/ou das religiões indígenas (Xamanismo, Vidência e Animismo), bem como do Paganismo, Ocultismo, Astrologia e Psicologia Popular. Geralmente, esses novos movimentos religiosos tendem a se concentrar na melhoria pragmática e experimental ou cultivo do *self*. Veja a introdução do volume.

127 A equipe de pesquisa conduziu e gravou entrevistas em Atlanta em agosto de 2006 e 2007.

Brasília: O Vale do Amanhecer e a dialética da Modernidade e Tradição

Semelhante à Umbanda, da qual adquiriu muitas dimensões, o Vale do Amanhecer é uma religião absolutamente sincrética. Como Dawson (2007, p. 52) coloca:

> Talvez em nenhum outro lugar sejam vistas, de forma tão evidente, as tendências de hibridização do repertório neoesotérico, do que na cosmologia, arquitetura e práticas do Vale do Amanhecer. Ele é uma mistura única de espiritualidade indígena, antigos temas do Oriente Próximo e temas clássicos, esoterismo europeu tradicional, Catolicismo Popular, Espiritismo (Kardecismo) brasileiro, práticas afro-brasileiras, conceitos orientais e preocupações da Nova Era.

Os caboclos e preto velhos, espíritos de índios e escravos velhos como imaginados pela cultura popular brasileira apresentam-se como curadores por excelência. Embora essas entidades confiram um sabor unicamente brasileiro, os praticantes veem essa diversidade de elementos misturados como legitimador do intento do Vale do Amanhecer de ser uma religião verdadeiramente universal. Ele foi fundado em 1969, por Neiva Chaves Zelaya, na periferia de Planaltina, cidade satélite de Brasília, capital do país. Tia Neiva, como é conhecida no Vale do Amanhecer, nasceu em 1925, numa família com poucos recursos, em Sergipe, um estado pobre no nordeste do Brasil que tradicionalmente envia muitos migrantes para as áreas mais desenvolvidas do país. Após a morte de seu marido, Tia Neiva começou a trabalhar como motorista de caminhão, uma ocupação muito incomum para uma viúva de 24 anos de idade, mesmo para os padrões de hoje. Incapaz de sustentar seus quatro filhos e cansada de dirigir longas distâncias por todo o país, ela mudou-se para Brasília, onde conseguiu o primeiro emprego como motorista de ônibus e, mais tarde, dirigiu seu próprio caminhão para a Novacap, empresa responsável pela construção da nova capital do país.

Construída no final dos anos 1950, sob a iniciativa do presidente reformista Juscelino Kubitschek, Brasília encarna o ideal e a promessa de o Brasil ser o país do futuro. Kubitschek viu a mudança da capital do Rio de Janeiro, na costa sudeste do país, para o interior não só como uma forma de integrar o país por meio da maciça migração para o oeste e o desenvolvimento, mas para "criar uma nova era de progresso para o país". Fazendo referência aos "pioneiros que, no século XVII e XVIII, se aventuraram para o interior do país em busca de pedras preciosas", Kubitschek (1975, p. 9) entendeu Brasília como um instrumento "para desencadear um novo ciclo bandeirante". De fato, sua declaração inscrita na praça dos Três Poderes ilustra melhor seus sonhos sobre a cidade:

> Deste Planalto Central, desta solidão que em breve se tornará o cérebro das mais altas decisões nacionais, eu vejo mais uma vez o amanhecer do meu país e prevejo esta alvorada com fé inquebrantável e uma certeza sem limites sobre o seu grande destino.

Essa visão de Brasília rompendo os tradicionais arranjos espaciais e temporais foi plasmada na disposição ordenada da cidade na forma de um avião voando. Essa arquitetura angular e simétrica buscava cumprir o lema do Brasil – Ordem e Progresso – para uma nova era. De acordo com Siqueira (2003, p. 28-29), Brasília

> nasceu a partir de dois grandes mitos da criação: a cidade utópica e a terra prometida. O primeiro deles foi inscrito em seu planejamento urbano e arquitetura futurista... Os fundadores da cidade estavam imbuídos do sonho e da missão de inaugurar um novo tempo e uma nova *civitas* para o Brasil, fundada na beleza, igualdade e universalidade.

Kubitschek, na verdade, gostava de citar Yuri Gagarin, famoso cosmonauta soviético, para caracterizar a essência da cidade: "ao ver Brasília, pela primeira vez, ele me disse: 'a ideia que eu tenho, presidente, é que estou desembarcando num planeta diferente, que não é a Terra'" (KUBITSCHEK, 1975, p. 11). Brasília foi, assim, a contribuição do Brasil para o alvorecer da era espacial: se o país ainda não era capaz de competir com os EUA e a URSS na corrida para colocar um homem na lua, era capaz de trazer um outro planeta para a Terra por meio das adaptações do urbanismo modernista de Le Corbusier feitas por Oscar Niemeyer e Lúcio Costa.[128]

Como previsto, a visão de Kubitschek sobre Brasília impulsionou uma significativa migração interna, incluindo a chegada de 80 mil trabalhadores, vindos principalmente dos estados mais pobres do Nordeste para construir a cidade. Os trabalhadores, conhecidos pejorativamente como

---

128   Ver Le Corbusier (1987). Na arquitetura modernista brasileira, ver Lu (2011).

candangos,[129] não tinham direito à residência em Brasília, tendo, em vez disso, de se contentarem em morar de forma ilegal e precária na periferia da cidade modernista. Como resultado dessa segregação espacial, Brasília tornou-se, desde o início, uma das cidades mais estratificadas no Brasil (HOLSTON, 1999, p. 616), não obstante os sonhos utópicos de Kubitschek. A cidade que era para ser "a negação das condições existentes no Brasil" acabou reproduzindo e contribuindo para essas condições – a cidade tornou-se a paradoxal "negação da negação" (HOLSTON, 1989, p. 23).

No entanto, apesar das contradições, o sonho da cidade como o alvorecer de uma nova era igualitária e de uma utopia ultramoderna, quase extraterrestre, estimulou a imaginação de incontáveis visionários e líderes religiosos como Tia Neiva, que escolheram para viver, trabalhar e curar precisamente a periferia da cidade, entre os *candangos*.[130] A localização de Brasília no planalto central do Brasil, perto do que muitos consideram ser um dos chacras do planeta, acrescentou à sua atração para uma variedade de grupos místico-esotéricos em busca de autoconhecimento, autoaperfeiçoamento e uma nova relação com a natureza. Esses grupos não incluem apenas o Vale do Amanhecer, mas Cidade Eclética, Cidade da Fraternidade e Cavaleiros de Maitreya (SIQUEIRA e BARBOSA LIMA, 2003).

Em meio à crise pessoal gerada pela morte de seu marido e as incertezas da mudança de Sergipe, bem como por sofrer com a debilidade causada por uma tuberculose, Neiva começou a receber comunicações de Pai Seta Branca, um espírito da luz cujas encarnações anteriores incluem São Francisco de Assis e um chefe Inca, durante a época da conquista espanhola. No início, ela resistiu às visões, pensando que estava ficando louca. Depois de visitar um psiquiatra que não conseguiu ajudá-la, Neiva decidiu consultar uma médium espírita, Dona Neném, que começou a cuidar de seu desenvolvimento espiritual. As relações com Dona Neném, contudo, eram tensas:

> A maior dificuldade que Dona Neném tinha comigo tinha a ver com a minha revolta contra toda a disciplina. Eu era uma simples motorista de caminhão e a maior parte da minha vida tinha sido independente economicamente,

---

129 Que significa literalmente um ignorante, da classe baixa, pobre sem cultura.

130 Na verdade, inicialmente o Vale se estabeleceu, no seu principal complexo construído, de forma ilegal. Somente em 1987, depois de muitas ameaças de expulsão, foi que o governo federal reconheceu o seu direito sobre a terra. Holston (1999, p. 610) acredita que esse reconhecimento veio porque "o Vale tornou-se conhecido por suas curas e atraiu um enorme contingente. Tornou-se uma famosa atração, um lugar de ritual espetacular, e, como tal, parte da fama de Brasília enquanto um lugar espetacular".

> tinha meus próprios caminhões. Como uma viúva e mãe de quatro filhos, eu tinha o duplo papel de pai e mãe que me deu uma atitude de seguir apenas minhas próprias decisões. Com o início da minha mediunidade e a minha total falta de conhecimento do Espiritismo, eu caí em um estado de dependência em relação às pessoas que me cercavam.[131]

Eventualmente, Tia Neiva se encontrará com Mario Sassi, neto de imigrantes italianos que se estabeleceram em São Paulo e consultor de relações públicas para a administração superior da Universidade de Brasília. Sassi tornou-se companheiro de longa data de Neiva até sua morte, em 1985, e "o teórico da sua história, o que classifica, dá nomes e organiza os fenômenos extraordinários por ela experimentados, construindo a doutrina e institucionalizando, à sua própria maneira, o movimento" (MUEL-DREYFUS e MARTINS RODRIGUES, 1986, p. 125).

Veremos que a história da Tia Neiva, da perda de seu marido, migração, doença, sofrimento, fortalecendo sua autossuficiência e uma parceria com um homem que lhe deu apoio servirá como narrativa poderosa por meio da qual as mulheres brasileiras em Atlanta, uma cidade com a sua própria história de segregação e exclusão e seu próprio *imaginário* futurista, darão sentido às suas próprias trajetórias e às mudanças quanto aos papéis de gênero trazidos pelo processo de migração.

A partir das suas comunicações com Tia Neiva, Pai Seta Branca começou a revelar a complexa cosmologia e prática ritual do Vale do Amanhecer. De acordo com os ensinamentos do Pai Seta Branca, a humanidade descende de uma raça alienígena avançada chamada de Equitumans que vieram para a região andina em uma nave espacial cerca de 32.000 anos atrás, a partir do planeta Capela. Os Equitumans controlavam a região há dois mil anos, até a chegada de uma nova raça de extraterrestres, os Tumuchys, cujo líder era Pai Seta Branca. Com a chegada da nova nave espacial extraterrestre na forma de uma estrela ao Lago Titicaca, na fronteira entre Peru e Bolívia, foi produzido um cataclisma que soterrou a maior parte dos Equitumans sob o lago. Pai Seta Branca reuniu os restantes Equitumans e, juntamente com os Tumuchys, fez surgir uma grande civilização, que deu origem à construção de intrincadas estruturas religiosas e astronômicas como Machu Picchu e as pirâmides do Egito e da Mesoamérica. No entanto, como eles se

---

131 Depoimento da Tia Neiva, conforme relatado por seu parceiro Mario Sassi, em Muel Dreyfus e Martins-Rodrigues (1986, p. 122). Tradução do francês pelos autores.

espalharam por todo o mundo se misturando com outros povos, como os Jaguares, criando diversas civilizações, essas raças alienígenas começaram a esquecer a sua história e conhecimento. Para iluminar e reunir os descendentes dos Equitumans e Tumuchys, Pai Seta Branca escolheu Tia Neiva. Ela fundará uma comunidade – O Vale do Amanhecer – que pode recuperar e ensinar a doutrina e preparar a humanidade para o fim iminente de um novo ciclo civilizacional. Central a essa preparação é a liberação gradual – por meio da cura, mediunidade e caridade – dos resíduos cármicos negativos acumulados ao longo de várias reencarnações e de espíritos desencarnados ignorantes empenhados em interferir com a vida.

O Vale pode ser classificado como um movimento milenarista, que salienta o fim apocalíptico da presente era corrupta e a vinda de uma nova era de harmonia, abundância e bem-estar. É também um movimento profético construído em torno de uma figura carismática que deriva sua autoridade da revelação. Na verdade, Holston (1999, p. 607) coloca o Vale do Amanhecer dentro da longa tradição de movimentos milenaristas e messiânicos no Brasil, que têm procurado "estabelecer o seu reino dos céus no sertão". Esses movimentos incluem Canudos, de Antônio Conselheiro (1893-1897), os Muckers, no Rio Grande do Sul (1872-1898), o Contestado, em Santa Catarina (1912-1916), e Juazeiro, do padre Cícero (1872-1934).[132] No entanto, Holston reconhece que o Vale tem diferenças significativas com os outros movimentos messiânicos e milenaristas. Por um lado, como um novo movimento religioso, o Vale é pragmático e focado no autoaperfeiçoamento do indivíduo. Além disso, ele não rejeita ou derruba a Modernidade, remetendo a uma ordem pré-moderna perturbada pela mudança rápida ou para um reino de Deus no além. Em vez disso, o Vale pede criativamente emprestado da Modernidade noções de progresso, a afirmação do valor da razão e da ciência, a autorrealização por meio dos esforços humanos e a utopia imanente, misturando-os com o xamanismo e imaginárias ideias de espiritualidades de origem pré-colombianas e africanas.

> O Vale do Amanhecer consegue se acomodar e viver dentro da ordem existente de diferenças por meio de seus símbolos sintéticos, rituais e práticas de cura, ao mesmo tempo em que se prepara para uma transformação apocalíptica com base em sua doutrina revelada. (HOLSTON, 1999, p. 610)

---

132   Com relação a Canudos, ver Levine (1995), sobre os Muckers, consulte Biehl (2008); no caso do Contestado, consulte Diacon (1991), e a respeito do padre Cícero, consulte Della Cava (1968).

Essa capacidade de usar a tensão entre a imanência e transcendência de maneira produtiva leva Holston à alegação de que o Vale não é a negação da Modernidade que anima Brasília, mas a sua contraparte. Vamos argumentar que essa capacidade de misturar a tradição e a Modernidade é também o que permite que imigrantes brasileiros, a partir das práticas, símbolos e visões de mundo do Vale, encontrem significado para a sua jornada e ação na realidade cada vez mais hostil de Atlanta. Tal como aconteceu com os candangos em Brasília, o ambiente hostil de Atlanta implica também a exclusão e presença ilegal de imigrantes.

Hoje, o Vale do Amanhecer está sediado em uma comunidade em expansão, em Planaltina. Com uma população com mais de 20.000 pessoas, a comunidade está estruturada em torno de uma série de edifícios coloridos, monumentos e estátuas, dos quais o mais importante é o Templo de Pedra do Vale, construído na forma de uma elipse e um lago em forma de uma estrela conhecida como a Estrela Candente, com uma elipse no centro. O simbolismo da estrela faz referência à chegada do Pai Seta Branca ao lago Titicaca, enquanto que a elipse representa a unidade dialética entre ritual e doutrina que é fundamental para o trabalho terapêutico do Vale.

A tensão produtiva do ritual e da doutrina é referenciada na questão do gênero. Seguindo uma cosmologia dualista – embora – holística, o Vale do Amanhecer funciona com pares formados por um médium – Apará e um doutrinador. Aparás são médiuns, incorporam os espíritos de cura. Já que eles trabalham com "a carga ectoplasma" no plexo solar, na região do umbigo, eles representam o corpo, emoção, intuição e prática (a cura e criação). Por estarem propensos a receber vários espíritos, os Aparás estão vulneráveis e abertos à heterodoxia. Este é o lugar aonde o outro polo da complementaridade dinâmica vem: os doutrinadores, que trabalham com o ectoplasma acumulado particularmente na cabeça, usando seus cérebros como literais "filtros espirituais". Doutrinadores, portanto, representam a racionalidade, a ciência, a objetividade e a teoria. Eles não incorporam espíritos, mas são responsáveis por fornecer instrução. Eles são os detentores da ortodoxia e são fundamentais para a continuidade e estabilidade do movimento. A princípio, qualquer um pode ser um ou uma Apará ou doutrinador/a. No entanto, de acordo com Sassi,

> por causa de seu teor emocional, a incorporação é mais frequente entre os médiuns do sexo feminino. E porque o meio que ensina a doutrina tende para o racionalismo, encontra-se um maior número de doutrinadores entre os homens. (RODRIGUES & MUEL-DREYFUS, 1984, p. 126)

Essa divisão sexual do trabalho espiritual, com efeito, inscreve a história de vida da Tia Neiva nas doutrinas e rituais do Vale. A resolução dos seus dilemas domésticos e sua vida à margem do convencional, como viúva que se autossustenta, alguém que é ao mesmo tempo "mãe e pai", como ela mesma disse, torna-se "cosmicizada",[133] de tal forma que a complementaridade produtiva do Apará feminino e do doutrinador masculino se torna uma expressão da relação entre a Tia Neiva e Mário Sassi. Fazendo dessa chave de complementariedade a dinâmica para seu trabalho terapêutico e pedagógico, o Vale rearranjou as relações tradicionais de gênero, permitindo às mulheres se tornarem líderes e capacitando-as para receber os espíritos e curar, enquanto, ao mesmo tempo, tornaram-nas interdependentes dos homens detentores de autoridade. O que temos aqui é o reconhecimento do valor e da eficácia da agência feminina sem romper com as estruturas de dominação masculina.[134] Assim como esse rearranjo permitiu à Tia Neiva organizar sua trajetória e encontrar seu lugar no mundo espiritual, veremos que a reorganização também permite que as mulheres brasileiras em Atlanta negociem eficazmente mudanças na esfera doméstica e pública gerada pelo processo de migração e incorporação.

Além de sua sede, o Vale afirma ter mais de 250 templos filiados e 450.000 seguidores em todo o Brasil (MARTINS, 1999).[135] No exterior, há três templos em Portugal, um em Frankfurt, na Alemanha, bem como em Cambridge (Reino Unido), no planalto da Bolívia, Guiana e em Trinidad e Tobago. Até a criação de um templo em Atlanta, que levou a uma cisma e à ascensão de um segundo templo, o Vale tinha apenas um templo, nos

---

133   Tomamos emprestado o termo de Berger (1969) para caracterizar a construção de uma ordem social significativa e tomada-por-certa (nomos), como um reflexo das leis da natureza, da ordem do Universo. Nas palavras de Berger (1969, p. 27), "cosmicização implica a identificação deste mundo humanamente significativo com o mundo, em si e como um todo, afincando o primeiro no segundo, refletindo-o ao ter derivadas dele suas estruturas fundamentais". Ao incorporar ou entrelaçar a história e as práticas da humanidade no tempo e no espaço cósmico, a cosmicização permite à religião que legitime qualquer empreendimento humano, incluindo a sociedade.

134   Alguns estudiosos têm utilizado um argumento semelhante em relação ao papel do Pentecostalismo na "reforma" do machismo na América Latina, mesmo reafirmando as hierarquias de gênero. Ver Brusco (1995) e Gill (1990).

135   Holston (1999, p. 617) relata afirmações do movimento de que há 80 mil médiuns no Distrito Federal. Essas fontes também estimam 30.000 a 40.000 membros em 70 templos em todo o Brasil.

Estados Unidos, em Framingham, Massachusetts, uma das maiores e mais antigas comunidades brasileiras nos EUA (MARTES, 2000). O que levou à criação em Atlanta de mais de um templo? Há em Atlanta um terreno particularmente fértil para a semeadura de templos do Vale do Amanhecer?

Atlanta: brasileiros na capital do Novo Sul

Ao contrário de Brasília, Atlanta é uma cidade que antecede o alvorecer da era espacial. No entanto, como Brasília, é também uma cidade marcada pela segregação espacial e profundas desigualdades fervendo sob a superfície reluzente. Fundada em 1837, Atlanta não tem uma longa história de entrelaçamento com a economia de plantation que cidades como Charleston (SC) e Savannah (GA) tinham. Essa relativa novidade habilita Atlanta para se apresentar após a Guerra Civil como uma "cidade do progresso".

No entanto, graças ao museu Gone with the Wind, de Margaret Mitchell, a cidade também passou a representar a nobreza e o esplendor de uma era passada, quando a hierarquia racial foi claramente delineada. Na sequência da sua destruição, em 1864, pelo General da União, William Tecumseh Sherman, Atlanta foi reconstruída para preservar o privilégio dos brancos. A "elite comercial-cívica", *self-made*, composta por homens euro-americanos, veteranos confederados e recém-chegados imigrantes brancos, controlavam a cidade, estabelecendo uma agenda de desenvolvimento industrial e urbano impulsionado pelo capital do Norte (MIXON, 2005). A cidade beneficiou-se da sua localização estratégica, "longe o suficiente ao sul das Montanhas Apalaches para ser acessível a todos os pontos do Sudeste, bem como para o Centro-Oeste e Nordeste" (HARTSHORN, 1976, p. 2), fazendo o possível para a cidade se tornar um importante polo ferroviário. Quando o trem perdeu espaço com o surgimento das novas tecnologias de transporte, o transporte aéreo pegou dianteira, a partir de 1930 em diante, enquanto a "trilogia de caminhão-automóvel-estrada acrescentou uma terceira dimensão à função dos cruzamentos na década de 1960, ajudando Atlanta a tornar-se líder no desenvolvimento de escritórios suburbanos e parques industriais..." (HARTSHORN, 1976, p. 2).

A vinda da era do automóvel e a maciça construção de rodovias solidificou o privilégio dos brancos, mantendo os afro-americanos à distância e regulando sua mobilidade. A segregação espacial se intensificou em resposta ao movimento dos Direitos Civis, as lutas contra a segregação nas escolas e as tensões raciais da década de 1960. Mesmo assim, a cidade não teve confrontos violentos como as cidades de Birmingham (AL) e Little Rock (AK), fato que contribuiu para a sua imagem progressista. No entanto, a partir do final dos anos 1940 em diante, com os afro-americanos afirmando cada vez mais suas reivindicações por autodeterminação econômica e política, os euro-americanos fugiram da cidade em direção aos subúrbios do norte, fora do alcance do sistema de transporte público precário da cidade (KRUSE, 2005). É por isso que Bullard, Johnson e Torres (2000) usam o termo "apartheid de transporte" para caracterizar a lógica espacial de Atlanta, que é marcada pela expansão descontrolada de grandes espaços urbanos e periurbanos apenas frouxamente ligados por grandes rodovias.

Como o poder político na prefeitura deslocou-se para os afro-americanos, em meados dos anos 1970, na esteira do vazio deixado pelo voo euro-americano para os subúrbios e, como a cidade começou a transformar-se em alternativa para o cinturão de ferrugem do norte, com abundante mão de obra barata, baixas taxas de sindicalização e regulamentações mais flexíveis, tornou-se atrativa para os afro-americanos. Eles viram Atlanta como um lugar para alcançar o sonho americano que não tinham alcançado no norte e no sul rural. A construção do aeroporto internacional na década de 1970, que acabaria por se tornar o mais movimentado do mundo, marcou a inserção da cidade nos circuitos globais. Empresas globais como Coca-Cola, CNN, Home Depot e Fed-Ex, eventualmente, fizeram de Atlanta sua sede, dando origem a classes gerenciais euro e afro-americanas, propensas a um estilo de vida afluente, com suas casas cada vez maiores nos subúrbios. Em 1987, o jornal Christian Science Monitor declarou Atlanta como a "Meca da classe média negra" (INGWERSON, 1987).[136] Além disso, a cidade começou a assumir o manto da "capital do Novo Sul", um lugar utópico que tinha

---

136 De fato, "entre 1970 e 1996, a população negra na região de Atlanta aumentou 158 por cento, enquanto a população branca aumentou apenas 78 por cento" (SJOQUIST, 2000b, p. 1). Simultaneamente, a taxa de pobreza entre afro-americanos de Atlanta passou de 29%, em 1970, para 35%, em 1990, colocando-a em quinto lugar, quanto às maiores taxas de pobreza, entre as principais cidades dos EUA. Estes dados levam alguns estudiosos a falarem no "paradoxo de Atlanta" (SJOQUIST, 2000a).

totalmente transcendido seu passado racista, uma cidade do futuro, que, no entanto, manteve as melhores tradições do Sul: a hospitalidade e a cordialidade. Os impulsionadores da cidade declararam que Atlanta é "a cidade que não está tão ocupada para se importar".[137]

A massa de migrantes da América Latina chegou a Atlanta atraída pelas oportunidades de sua economia segmentada, trabalhando no setor de serviços que estavam em rápido crescimento e no setor de construção. Esse setor cresceu explosivamente com os Jogos Olímpicos, no Verão de 1996, de tal forma que consolidou o *status* de Atlanta como uma cidade global emergente e como um novo destino para os imigrantes. Um grande número de trabalhadores mexicanos foi recrutado para construir a infraestrutura para os jogos, assentando-se em áreas como a Doraville e ao longo do corredor da estrada Buford, em muitos bairros de imigrantes, fortemente diferenciados ao norte e no centro da cidade de Atlanta. O *boom* da construção e da bolha imobiliária continuaria até 2005, atraindo um número crescente de latino-americanos, que também gravitaram em direção aos subúrbios do norte, como Smyrna, Sandy Springs, Norcross e também Marietta, em busca de espaço e de habitação a preços acessíveis. Por exemplo, em Cobb County, onde está localizada Marietta, a população hispânica subiu 400% em 1990, enquanto a população total cresceu apenas 36%. Esse crescimento tem continuado mesmo após a crise econômica: entre 2000 e 2010, os hispânicos cresceram 79,6%, enquanto o crescimento geral da população foi de 13,3%. Marietta, bem como Roswell, Sandy Springs e Alpharetta são os subúrbios do norte que têm a maior concentração de brasileiros na região metropolitana de Atlanta.

A imigração brasileira para Atlanta ocorreu basicamente em duas ondas. A primeira foi nas décadas de 1970 e 1980 e incluiu principalmente os profissionais e empresários da classe média e da classe alta vindos do Rio de Janeiro, São Paulo e Rio Grande do Sul. Muitos vieram para trabalhar na Coca-Cola, Delta e CNN e, dada a duração da sua estadia e as condições de chegada, a maioria são residentes legais e cidadãos norte-americanos. Esse grupo é composto por apenas uma pequena porção de brasileiros, que são líderes econômicos e políticos da comunidade. O segundo grupo veio na década de 1990, coincidindo com o crescimento gerado pelos Jogos Olímpicos. Sendo mais

---

137 Esta é uma reformulação da caracterização de Atlanta, feita pelo prefeito William Hartfield, como uma "cidade muito ocupada para odiá-la".

diferenciada em termos de região de origem no Brasil e *status* socioeconômico, essa onda trouxe um grande número de homens solteiros e famílias de áreas rurais, com baixa qualificação, do estado de Goiás. Os homens desse grupo são empregados principalmente na construção civil (especialmente trabalhando com divisórias de madeira – *drywall* – telhados e instalação de piso) e paisagismo, enquanto as mulheres trabalham na indústria da hospitalidade, oferecendo serviços de cuidados pessoais ou de limpeza de casas, por meio de densas redes informais. A grande maioria dos brasileiros nesse grupo está em situação irregular. Líderes comunitários estimavam o número total de brasileiros, em Atlanta, em 30 mil, antes da crise econômica.[138]

De acordo com Tomas, um pastor pentecostal de destaque na comunidade brasileira, o fluxo de Goiás foi facilitado pela localização próxima ao Distrito Federal. Goianos tiveram acesso relativamente fácil a serviços de passaporte e ao consulado dos EUA, em Brasília. Quaisquer que sejam os motivos e os canais por trás da migração de goianos para Atlanta, seus grandes números têm afetado o campo religioso brasileiro na cidade de formas peculiares, incluindo a presença de seguidores do Vale do Amanhecer.

O rápido influxo de imigrantes latino-americanos para cidades como Atlanta, que não tem uma longa história de imigração, tem, previsivelmente, gerado tensões. De acordo com Robert Putnam, que pesquisou a relação entre capital social e democracia, o aumento da diversidade racial, étnica e cultural leva os grupos, pelo menos inicialmente, a recuar, com cada comunidade olhando para dentro de si, em vez de estender a mão e confiar nos outros desconhecidos.[139] As tensões étnicas e raciais foram ainda mais agudizadas pela crise econômica persistente, que começou em 2005, uma crise que atingiu particularmente o setor da construção, no qual, como vimos, muitos brasileiros estão empregados. Dadas essas condições e a preocupação geral com a segurança interna após os ataques de 11 de setembro, houve uma crescente hostilidade em relação aos imigrantes, particularmente em relação aos imigrantes latino-americanos, que são muitas vezes percebidos como estando ilegalmente no país e

---

138 O Censo norte-americano do ano 2000 indica que o número de brasileiros na cidade chegava a 4.600. A discrepância entre o número de brasileiros fornecido pelo censo e pelos líderes comunitários, na região estudada, se dá pela não participação dos imigrantes na contagem do censo. Por serem em sua grande maioria indocumentados, classificados como ilegais, a não colaboração com o censo surge como uma estratégia de invisibilidade e de autoproteção.

139 Veja Putnam (2007).

aproveitando dos direitos sem pagar impostos. Esse clima tem se traduzido em uma série de leis locais que vão desde aquelas que

> penalizam os empregadores que conscientemente empregam imigrantes ilegais, leis que impedem residentes indocumentados de receber carteiras de motorista e licenças para abrir negócios, e as leis excluindo os estudantes em situação irregular de benefícios na rede pública estadual de ensino e em faculdades públicas. (VARSÁNYI, 2010, p. 3)[140]

Maxine Margolis, uma estudiosa de longa data da imigração brasileira, documentou o impacto do estresse pós 11 de setembro na segurança das fronteiras e fiscalização da imigração. Segundo ela, muitos brasileiros nos EUA

> estão presos em um torno. Desde que se tornou difícil ir e vir dos Estados Unidos, eles têm medo de arriscar a voltar ao Brasil, apenas para descobrir que eles não podem ter um emprego ou não se sustentar e, então, ser impedido de voltar a entrar nos Estados Unidos. (MARGOLIS, 2008, p. 8)

Ela continua:

> Este sentimento de aprisionamento causou profunda depressão em alguns brasileiros, um sentimento que eles têm "perdido o seu lugar", que "não temos um mundo", que não podem voltar para o Brasil, porque se eles retornassem, eles não poderiam sobreviver e se ficarem nos Estados Unidos, eles não podem viver. (MARGOLIS, 2008, p. 8)

Embora a situação econômica no Brasil tenha melhorado, ainda é muito difícil para muitos brasileiros voltarem, uma vez que eles podem ter contraído pesados empréstimos ou terem vendido suas casas ou terrenos para pagar a viagem para os EUA. Com a crise da economia norte-americana, esses brasileiros podem não ser capazes de ganhar o dinheiro necessário para pagar as suas dívidas ou reiniciar suas vidas no Brasil.

Os sentimentos de depressão, deslocamento e incerteza foram exacerbados em Cobb County, onde está localizada Marietta, porque foi uma das primeiras comunidades a assinar um memorando de entendimento com a Immigration and Customs Enforcement (ICE) (Força de Imigração e Alfândegas), que autoriza às autoridades locais para atuar como agentes federais de imigração e verificar o *status* legal de pessoas detidas. Como

---

140 De acordo com Varsanyi (2010, p. 3), em "2006, 500 projetos de lei foram considerados, 84 dos quais se tornaram lei. Em 2007, 1.562 peças relacionadas à legislação sobre imigração e imigrante foram introduzidas, tornaram-se lei 240. E, mais recentemente, em 2009, cerca de 1.500 leis e resoluções foram consideradas pelas legislaturas, em todos os 50 estados, foram finalmente promulgadas 353".

resultado, muitos dos brasileiros entrevistados em Atlanta nos disseram que eles viviam em constante medo de serem parados pela polícia local por infrações de trânsito menores e ser presos e reportados à ICE.[141] A viagem para comprar alimentos ou para pegar as crianças na escola ou ir à igreja – os quais requerem a utilização de um carro, dada a persistente "segregação do transporte" de Atlanta – pode resultar em uma deportação e na perda do sonho americano, que os imigrantes têm alcançado depois de anos de duro trabalho.

Mais recentemente, o estado da Geórgia aprovou uma lei, modelada na draconiana e controversa SB 1070, da Arizona. Entre outras coisas, essa lei obriga as empresas privadas com mais de dez funcionários a utilizar o E-Verify, um banco de dados que verifica a identidade de um candidato junto aos registros de segurança do Departamento do Interior, apesar das queixas dos empregadores que o sistema não é totalmente confiável. Numa reportagem de TV da CNN, o apresentador registra que:

> A legislação também permite que os funcionários estaduais e locais de aplicação da lei prendam imigrantes ilegais. Ela também impõe penas de prisão de até um ano e multas de até US$ 1.000 para as pessoas que, conscientemente, transportarem imigrantes ilegais durante a prática de um crime. (VALDES, 2011)

Apesar da imagem de uma "cidade do progresso", a capital de um Novo Sul, cosmopolita e global, a realidade diária em Atlanta, para os latino-americanos e, mais especificamente, para os imigrantes brasileiros indocumentados, é de incerteza, medo, isolamento, hostilidade e aumento da marginalidade. As tensões geradas pelo súbito afluxo de imigrantes latino-americanos para as comunidades até então definidas por uma formação racial bipolar (euro-americano – afro-americano), uma política dominante conservadora (às vezes nativista) do Sul e pela descentrada realidade espacial de Atlanta se combinaram para aumentar as pressões e angústias experimentadas por imigrantes indocumentados. Como os candangos que foram para Brasília construir uma cidade que não podiam habitar, muitos brasileiros que contribuíram para o *boom* da construção de Atlanta são forçados a viver à margem.

Dados os limitados recursos disponíveis para os imigrantes, em novos destinos como Atlanta, esses imigrantes têm que confiar em suas próprias

---

141 Ver Marquardt *et al.* (2011).

formas de sociabilidade e de identidade para navegar nesse ambiente perigoso. Este é o lugar em que as instituições religiosas desempenham um papel crucial. Nas próximas duas seções, discutiremos alguns dos recursos simbólicos, morais, espirituais e sociais que o Vale do Amanhecer oferece aos imigrantes brasileiros, utilizando a história e o testemunho de Glória, que reflete a própria história de migração da Tia Neiva, suas dificuldades e sucesso.

Migração e missão: vivendo e purificando um país cármico

O primeiro templo do Vale do Amanhecer em Atlanta foi fundado por Glória, em 2006. Ela tinha ido para os EUA, em 1999, de Goiás, onde tinha crescido em casa católica e tinha sido educada por freiras. Quando tinha 25 anos de idade interessou-se pelo Espiritismo kardecista, um interesse que se prolongou por 15 anos, até que seu marido sofreu "um desequilíbrio" produzido pelo alcoolismo, que os espíritas não podiam tratar. Em 1975, Glória e seu marido foram para o Templo Mãe do Vale, em Planaltina.

> E então a minha verdadeira vida realmente começou. Ligada à doutrina do Amanhecer, eu comecei a viver intensamente. Toda a minha vida girava em torno do Vale. Meu marido foi curado, ele encontrou o equilíbrio e lá eu também eduquei minhas filhas.

Nove anos após a primeira visita de Glória ao Vale, seu marido morreu. Seguindo o exemplo da Tia Neiva, a viúva migrante, Glória decidiu viajar para Atlanta, a fim de visitar uma de suas filhas. Essa filha tinha vindo para a Flórida, em meados da década de 1990, mas mudou-se para Atlanta, ao ouvir que os empregos lá eram abundantes. Cerca de um ano depois de sua chegada a Atlanta, Glória começou a ter reuniões em sua casa com um pequeno grupo de pessoas. Em suas próprias palavras:

> Eu decidi abrir um templo, porque eu testemunhei muitas lágrimas, muitos dramas, muitas tentativas de suicídio, mesmo sem dizer às pessoas que eu era do Vale... Havia tanto sofrimento, tanta dor e tão poucos meios que abracei essa causa, naquele momento.

Quando o grupo começou a crescer, eles alugaram um apartamento em Kennesaw, ao norte de Marietta. No entanto, de acordo com Rosa, membro do templo, logo os vizinhos começaram a "reclamar porque ficava aquilo lotado. Não havia lugar para estacionar e houve muito barulho, porque, apesar do templo não usar bateria, há caboclos, espíritos dos indígenas brasileiros, que são por vezes, incontroláveis". Depois de se mudar para a casa de Glória, por 90 dias, eles finalmente alugaram o local atual: "Nós retiramos as paredes internas e transformamos o espaço comercial em um templo". Eles também começaram a organizar, auxiliados por redes transnacionais e intranacional do Vale.

> Nós fomos ajudados pela chegada de trabalhadores de outros estados, que se juntaram a nós e pela visita de pessoas de Brasília, que é a nossa sub-coordenação. Eles vieram para descobrir como o trabalho foi feito aqui nos EUA... Líderes do Brasil vieram para aprender *in loco* sobre as nossas condições de trabalho. E foi nesse momento que os outros trabalhadores vieram para dar aulas. Mestres brasileiros vieram, instrutores com todo o material, *slides* e tudo sobre a doutrina. Foi um período de sedimentação, de estabelecimento de bases.

Ao final de 2007, ano em que realizamos as nossas entrevistas, o templo tinha um núcleo de 15 médiuns, a maioria mulheres, que realizavam uma série de atividades.

> Nosso trabalho é de pronto socorro espiritual, em que toda a gente que vem passa por trabalho individual, a atenção individual... Por meio de incorporação e um doutrinador. É como se fosse uma consulta, em que a pessoa tem a liberdade de falar sobre seus problemas, fazer seus pedidos, para pedir orientações e, em seguida, a pessoa é aconselhada com relação às suas necessidades. Nós manipulamos, nós desintegramos as energias negativas, transmutando-as em energia positiva. A entidade incorporada dá orientação sobre outros tipos de trabalhos que a pessoa precisa se submeter. Também fazemos defumação...[142] O principal trabalho no Vale é o trabalho de desobsessão[143] que é específico para a vida material que envolve o ciúme, a inveja, a maldade. Ele é feito para um negócio, vida amorosa, para a vida material. A pessoa se desembaraça... das coisas que estão criando dificuldades.

---

142 Defumação é um procedimento comum na Umbanda para remover as energias negativas ou para lidar com os espíritos ignorantes que interferem com a vida, utilizando fumaça, geralmente de incenso, mirra ou tabaco (charuto ou cachimbo). Alguns centros espíritas removem as forças espirituais negativas acendendo uma vela benta e realizando movimentos ritualísticos – juntamente a um copo de água purificada – por meio da sala ou sobre a pessoa que precisa ser purificada.
143 Expulsão de espíritos vingativos e poluidores.

Quando perguntamos por que esse trabalho é necessário em Atlanta, Glória explica que "os Estados Unidos são um país muito cármico... especialmente no Sul. Geórgia era... em primeiro lugar, de escravidão nos EUA. Então, nós temos uma grande quantidade de carma nessa terra, na Geórgia e Atlanta". Todo esse carma negativo afeta as pessoas profundamente:

> Vou às casas destes americanos... e vejo que eles estão tomando remédio para depressão. Eles têm tudo e ao mesmo tempo não tem nada... Eles são deprimidos e ansiosos e muitas vezes peço a Deus para me dar os meios para falar inglês fluente para ser capaz de ajudá-los.

De acordo com Glória, imigrantes brasileiros também são vulneráveis às energias negativas dos EUA:

> Os brasileiros que estão aqui, para estar aqui, eles também devem ter um carma espiritual de vidas passadas. Eles querem, mas não podem vir aqui para recolher dólares, voltar ao Brasil e ter uma vida boa lá. Isso não vai acontecer. Eles vão, mas tornam-se frustrados quando seus esforços são em vão, dão com os burros n'água. Em seguida, eles voltam e ficam nesse pingue-pongue – que ir ao Brasil e voltar. Então eu digo-lhes: "se acalmem. Vocês estão aqui para trabalhar para tirar o seu carma e assim ter uma vida melhor. Segure-se em Deus, com Jesus... vai fazer boas obras, fazer um trabalho de caridade".

Nesse depoimento, Glória tira da visão de mundo do Vale do Amanhecer para, conforme o conceito de Berger, fazer da imigração um processo cósmico que permite que os imigrantes ganhem não apenas uma compreensão das trajetórias e tribulações que enfrentam, mas também consigam algum controle sobre as circunstâncias por meio das suas ações de caridade e trabalho ritual. Os brasileiros estão em Atlanta como parte de um plano cósmico para eliminar seus resíduos cármicos acumulados, mediante a realização de boas obras. Partindo dos temas milenares e messiânicos do Vale do Amanhecer, Glória vai ainda mais longe. Ela afirma que sua presença e o trabalho do Vale do Amanhecer nos Estados Unidos é parte integral do trabalho missionário em preparação para o final da presente época e o início de uma nova era.

> Os EUA são um país pródigo. O Espiritismo nasceu nos Estados Unidos e, em seguida, ele se desabrochou na França, com Allan Kardec. Mas por que a árvore do Espiritismo foi transplantada para o Brasil? O Brasil é o celeiro do mundo. É o país do evangelho espírita. Era uma nova nação, forte, não comprometida, não manchada pelo sangue das grandes guerras, dos conflitos

do mundo antigo. O Espiritismo foi transplantado para o Brasil e agora está voltando para os Estados Unidos como uma seiva nova, porque os EUA estão sob a égide de Roma, mais uma vez, sob o Império Romano.

Apesar de que Glória ignora os séculos de escravidão, o racismo, a exclusão de classes e desigualdades de gênero que marcam a história do Brasil, ela está articulando a mesma narrativa utópica que informou o projeto de Juscelino Kubitschek, de construir Brasília como a capital para uma nova era, uma era em que o Brasil emergiria como um líder geopolítico. Com o "inverno dessa América", os missionários brasileiros vão desempenhar um papel fundamental na conversão, limpeza, restauração do Primeiro Mundo. De fato, essa narrativa milenar inverte as coisas com relação a aqueles que veem aos imigrantes brasileiros indocumentados como "ilegais" que devem ser deportados, porque eles são um fardo econômico para os nativos estadunidenses. Muito pelo contrário, esses imigrantes estão nos EUA para "desafogar" aos nativos e outros imigrantes mergulhados em um materialismo míope que enfraqueceu a posição do país.

> Os EUA são um país que tem uma energia muito forte, um grande peso. Porque o dinheiro é uma energia, uma energia positiva, em certa medida. O fato da pessoa vir aqui para ganhar dinheiro... dá-lhe uma energia positiva, até certo ponto, mas chega um momento em que você satura. Chega um ponto em que a pessoa vê que o dinheiro e o trabalho sem fim não são a única coisa, que as coisas materiais não satisfazem mais. Há muitos momentos em que os brasileiros vêm aqui ansiosos para construir uma casa, para conquistar a independência financeira no Brasil, mas ele alcança isso com um monte de trabalho. No entanto, quando ele está conseguindo, já que ele está no meio dessa luta, ele está perguntando a si mesmo: "Isso é a única coisa que eu queria?". Eu sei que muitas pessoas se tornam tão ansiosas que eles dizem a si mesmas: "era isso o que eu realmente queria? Isso é tudo o que há na vida?".

A ênfase dentro do Vale no desenvolvimento espiritual e no plano missionário para livrar aos EUA do seu passado cármico e das energias negativas geradas por seu consumismo desenfreado oferece aos imigrantes brasileiros uma forma de lidar com o caos e as incertezas da "cidade que está muito ocupada para odiá-la". Seguindo o lema do *site* da Vale – "um lugar de paz e de cura" –, o templo em Atlanta oferece narrativas e práticas que enfatizam a tranquilidade, serenidade e harmonia. Devido a que a situação atual de cada imigrante faz parte do destino, de um plano espiritual maior, a pessoa pode adotar uma perspectiva mais equilibrada e desligada.

> A situação dos imigrantes piorou, o que está exigindo muito da gente. Aqueles de nós que dirigem, a maioria não temos carteira de motorista e não se sabe quando eles [a polícia] estão fazendo vista grossa. Mas se eles começam a exigir documentação, por exemplo, para alugar um apartamento, gostaria de saber a quem eles vão poder alugar? No meu caso, eu não seria capaz de alugar legalmente. Mas eu não me preocupo com isso... Eu posso ser convidada a deixar este país, mas vou esperar para que isso aconteça. Penso nisso desta maneira: cada um tem um objetivo. Se você chegou até ele, então pode ser melhor retornar. Eu sou muito calma quando se trata disso porque minha casa é o Universo. Onde quer que eu vá eu vou ficar bem. Não é porque eu tenho uma casa e os recursos para viver no Brasil... Mas é porque eu sinto tranquilidade. As pessoas deste templo não são alienadas; estamos esperançosos e confiantes e têm a doutrina que nos fortalece. Claro que reconhecemos e respeitamos as leis deste país. Ele é um dos nossos princípios, o de respeitar as leis. Nosso povo é ordeiro. Nós não criamos situações para ser punidos e esperamos pelo amanhã com esperança...

Como o testemunho de Glória revela, a ênfase dentro do Vale na calma, desapego do mundo material e esperança em um futuro melhor, são de valor inestimável para os brasileiros em Atlanta, onde o desejo de fazer sucesso financeiro é suscetível de ser frustrado pela crise econômica aprofundada ou onde a possibilidade de serem detidos e deportados gera uma grande ansiedade e incerteza.

"Como a Tia Neiva, somos pioneiras": gênero e o Vale do Amanhecer

Uma das características mais marcantes do Templo do Vale do Amanhecer em Marietta é o fato de que ele é "comandado" por mulheres com exceção de Luiz, que serve como o doutrinador. Quando indagamos sobre o assunto, Luiz nos disse que:

> Mulheres nos EUA são muito mais organizadas que os homens. Elas ganham mais e, em seguida, há um conflito e separação. A mulher compra um carro, um bom carro, um Toyota brilhante, enquanto ele mantém um Honda velho. Casais brasileiros separam-se porque as mulheres começam a ter independência. Ela ganha mais do que ele limpando casas. Enquanto os homens fazem US$ 100 por dia, ela ganha US$ 300, limpando três casas por US$ 100 cada uma. Então, ela tem a sua independência. O cara pode gritar por duas vezes, mas

pela terceira vez ele está fora. Porque ela pode pagar o apartamento, ela pode ter seu próprio carro e ter uma boa vida por conta própria.

Glória concorda com Luiz e acrescenta que a vida nos Estados Unidos "quase nos transforma em Tias Neivas. Como ela, somos pioneiras aqui".

> A vida nos EUA muda a pessoa, abre suas perspectivas, abre a cabeça da pessoa. Quando mulheres vêm para a América, eles ganham uma liberdade sem precedentes, que não existia no Brasil. Ela vai a uma boate, ela deixa a boate às 3 ou 4 da manhã, vai para sua casa sozinha, já que ela se sente segura em um país como este. As mulheres têm muito mais oportunidades. Elas podem estudar. A pessoa se liberta, ela está livre de todas as amarras que a prendiam. E então você tem muitas separações por conta disso.

As impressões de Glória e de Luiz são confirmadas pela literatura sobre gênero e migração. Essa literatura mostra que

> o acesso regular das mulheres aos salários e sua maior contribuição para o sustento das famílias frequentemente levam a um maior controle sobre o orçamento e outras esferas de tomada de decisão interna. Ele também lhes proporciona mais poder de alavanca quando precisam de assistência masculina nas tarefas domésticas diárias. (PESSAR, 2003, p. 27)

No entanto, as mudanças nas relações de gênero trazidas pela imigração nem sempre são inequivocamente positivas.

> A melhora do *status* social entre as mulheres imigrantes (ganho diversas vezes por meio de postos de trabalho, recursos às redes sociais ou novas interações com as instituições sociais) muitas vezes anda de mãos dadas com a perda de posição público e doméstico dos homens imigrantes. Nos Estados Unidos, os homens imigrantes podem, pela primeira vez em suas vidas, ocupar uma posição subordinada nas hierarquias de classe, raça e cidadania. (HONDAGNEU-SOTELO, 2003, p. 8)

Em resposta, os homens podem "voltar-se para beber fora pela frustração por não cumprir seu papel socialmente esperado. Isso cria condições propícias para a violência doméstica" (MENJIVAR, 2003, p. 109). Entre os brasileiros nos EUA, Margolis (1994, p. 237-238) observa que algumas mulheres "deixam para trás sua dependência por causa daquilo que os imigrantes chamam de 'poder executivo' – o seu novo *status* como chefes de família". No entanto, "enquanto que mulheres empregadas podem reduzir a dependência dos homens e aumentar a autoconfiança, a sua nova autoridade financeira também pode levar a um maior antagonismo entre os sexos, particularmente entre casais".

Tendo em vista o potencial de conflito produzido pelas mudanças nas relações de gênero no processo de imigração, o Vale oferece uma doutrina construída sobre a experiência da Tia Neiva com Mario Sassi, uma doutrina que valoriza o progresso espiritual pessoal da mulher e ao mesmo tempo define a agência e liderança feminina eficaz não em termos de oposição, mas como complementar à autoridade do homem. Um casamento pode ser bem-sucedido somente quando essa complementaridade, esse equilíbrio entre os sexos, acontece. Essa estrutura permite que as imigrantes brasileiras ajustem suas relações com seus maridos ou parceiros, ganhando certa independência e reconhecimento por suas habilidades e contribuições, e também garantindo a estabilidade do seu casamento, no momento em que se encontra ameaçado pela capacidade de a mulher "ter uma boa vida por si mesma". Nas palavras de Glória:

> Havia pessoas que diziam: Poxa! O Vale separa casais. Mas não é nada disso. Porque na realidade ninguém separa ninguém, ninguém pode decidir por outra pessoa, ninguém pode tirar as coisas de ninguém. Cada um é responsável por suas próprias escolhas. Cada um tem que caminhar com pernas próprias. Como diz o ditado, "nós... ensinamos a pescar, mas para que todos pesquem o seu". Cada um de nós cuida de seu equilíbrio, cuida de sua casa mental, cuida de sua conversão. Então, quando se tem que reajustar com outra pessoa, deve-se fazê-lo. Não importa onde você está, você entende? Lembro-me da doutrina de nosso Apóstolo Francisco Xavier. Ele costumava dizer o seguinte: "é melhor ter uma separação, quando não há mais razão para estar em um relacionamento" e quando a pessoa começa a se transformar em um delinquente, porque você chega a um ponto tão grave que você pode querer ferir ou matar o outro, um ponto em que o ódio é tudo o que existe. Lá vem de novo a questão do divórcio. Mas lembre-se de que o divórcio é uma lei humana e o que Deus realmente pretendia, o que juntou no céu, na terra nunca será separado.

A afirmação aparentemente contraditória da responsabilidade individual e da indissolubilidade sagrada do casamento pode ser vista como uma maneira de negociar a tensão entre duas formas de compreender e viver as relações de gênero. Seguindo a doutrina espírita, é necessário que cada pessoa assuma a responsabilidade para com o carma dela, a fim de transformá-lo. No entanto, num contexto de hostilidade contra os imigrantes e de uma crise econômica persistente, também é essencial não deixar que o reconhecimento da individualidade mine as redes sociais das mulheres imigrantes, deixando-as isoladas e vulneráveis, virtualmente em um estado liminar entre as formações de gênero.[144]

Apesar da tentativa do Vale de ajustar a evolução das relações de gênero para alcançar a complementaridade harmônica, separações e divórcios continuam a ocorrer. No templo, nós conhecemos algumas mulheres brasileiras que estavam "de saco cheio" do machismo dos homens brasileiros e estavam namorando ou tinham se casado com homens euro-americanos. Essas relações interculturais facilitam o reconhecimento da ação e autoridade das mulheres brasileiras, mas geram outras tensões. A queixa mais comum que ouvimos foi que os homens euro-americanos são muito "individualistas, é uma cultura mais de cada pessoa do que de união, como para os brasileiros. Eles também querem tudo em 'seu devido lugar', tudo certinho, como, 'OK, agora é hora de beijar', 'agora é hora de ir'. Eles nunca entendem a nossa paixão".

O Vale trabalha com essas mulheres para resolver essas tensões. Ele constrói novamente a partir de sua noção da dinâmica de complementaridade entre os sexos, salientando como as mulheres brasileiras são emocionais, apaixonadas, espontâneas e quentes. Essas características se equilibrariam produtivamente com a racionalidade, o individualismo, a frieza e o desapego dos parceiros euro-americanos. Em sua pesquisa com mulheres imigrantes brasileiras casadas com homens australianos, Wulfhorst (2011, p. 199) descobriu que,

> [Elas também] usavam a sua brasilidade estrategicamente. Homens australianos... viam uma clara distinção entre as mulheres brasileiras e as australianas, no qual as primeiras são mais "femininas", "carinhosas" e tem mais "amor" e as segundas são independentes e menos afetuosas. As mulheres brasileiras, independentemente da sua origem, estão conscientes de que a sua imagem como femininas, dóceis e carinhosas é algo que os homens australianos re-

---

144 Muel-Dreyfus e Martins-Rodrigues (1986, p. 124) argumentam que o envolvimento de Tia Neiva com Sassi serviu para resolver sua situação liminar. "Parece como se viúvas [imigrantes e independentes] estivessem no lado da 'antiestrutura', para retomar o tema de Mary Douglas, ao lado da ambiguidade, dentro dessas zonas 'problemáticas' no espaço social e simbólico onde as convergentes estruturas são desorganizadas: aqui o perigo seria a transição". Ao dar para o Sassi a tarefa de organizar de forma racional e sistemática as experiências corporificadas pela mediunidade da Tia Neiva, ela é capaz de domar a "rebeldia" que ela tinha, evitando assim acusações de bruxaria, que são muitas vezes reservadas para aqueles que vivem nas margens da sociedade.

conhecem... E embora falem de seus esforços para quebrar essas categorias monolíticas, elas fazem uso estratégico de aspectos específicos da imagem da mulher brasileira.

O Vale vai além do uso estratégico de complementaridade de gênero, cosmicizando uma rearticulação moderna da feminilidade e da masculinidade brasileira. Essa rearticulação permite que as mulheres brasileiras em Atlanta possam lidar com a liminalidade das relações transculturais, misturando tradição e Modernidade de forma que elas possam legitimar o seu novo "poder executivo", sem forçar uma desconstrução potencialmente prejudicial das hierarquias de gênero. No entanto, ao contrário da Tia Neiva, que encontrou em Sassi um simpatizante bem-disposto e um colaborador pronto para se juntar ao movimento, muitas dessas mulheres em Atlanta não foram capazes de convencer seus maridos a irem ao templo.[145] Ainda assim, como Glória o vê, o templo é um lugar "para transformar todos esses problemas em uma energia positiva. É a única maneira de sobreviver nesta terra, nesta terra estranha".

Considerações finais

Neste capítulo, exploramos as dinâmicas que levaram à criação de um templo do Vale do Amanhecer, em Atlanta. Argumentamos que essa criação foi o resultado do transplante por imigrantes brasileiros de uma visão milenar e profética brasileira em sincronia com as condições paradoxais de Atlanta como uma cidade global emergente. O Vale é um fragmento da Modernidade brasileira "em movimento" (*at large*), como falaria Appadurai (1996), criada a partir das esperanças e contradições do sonho utópico de Brasília como a alvorada de uma nova era. As narrativas não cumpridas de um futuro melhor consagradas em Brasília e cosmicizadas pelo Vale encontraram solo fértil em Atlanta, outra paisagem urbana mítica que, ao apresentar-se como uma cidade de progresso, uma cidade que transcendeu o seu passado, contém alguns dos mesmos conflitos da capital brasileira. Com o surgimento do Brasil como uma nova potência econômica, cultural e religiosa e o declínio dos EUA, narrativas brasileiras de futuridade, ordem e progresso, como a adotada pelo Vale, tendem a ganhar plausibilidade. Particularmente, em um

---

145 Mais pesquisas teriam que ser realizadas entre os parceiros de mulheres no templo para entender como eles estão reagindo à noção espiritual de gênero complementar e por que eles não estão indo ao templo do Vale.

momento de grande incerteza econômica e tumulto, podemos esperar que a circulação global desses *ideoscapes*[146] brasileiros vão se intensificar, sendo transportados por vetores, tais como missionários, empresários religiosos, imigrantes, cultura popular e mídia eletrônica.

Como em Brasília, o Vale do Amanhecer, em Atlanta, oferece aos construtores alienados das utopias urbanas, aqueles que não podem desfrutar plenamente os frutos do seu trabalho – seja candangos ou imigrantes "ilegais" –, uma forma alternativa de negociar as tensões e promessas da Hipermodernidade. Diante do caos, ansiedade e insegurança existencial que os imigrantes brasileiros enfrentam em Atlanta, o Vale oferece um sentido cosmicizado de propósito e missão, bem como discursos e práticas terapêuticas que desintoxicam, levando à paz interior, à melhoria pessoal gradual, ao distanciamento estratégico e à harmonia doméstica. Nesse sentido, o Vale oferece recursos especiais para imigrantes brasileiros que concorrentes no "mercado religioso" não podem fornecer. Como no caso das igrejas neopentecostais brasileiras, como a Igreja Universal do Reino de Deus, que Mafra e colegas discutem no capítulo 1, o Vale do Amanhecer tenta redesenhar o mapa geopolítico, destacando o "inverno da América" e a emergência do Brasil como o "celeiro do mundo", a nova superpotência espiritual. Assim como os neopentecostais, o Vale do Amanhecer reconhece a importância da busca de dinheiro e bem-estar material.

No entanto, o Vale do Amanhecer não lida com os perigos de Atlanta por meio de um combate espiritual corpo a corpo para derrotar o Diabo e tomar territórios e as almas para o Senhor. Em vez disso, o Vale trabalha com narrativas, símbolos e práticas que enfatizam a paz, tranquilidade, serenidade e equilíbrio. Essa abordagem não combativa, não sectária, de baixa tensão, é particularmente valiosa para os brasileiros, em Atlanta, que estão submersos em meio ao medo, preocupados com a perda de seu trabalho ou com a possibilidade permanente de serem detidos e deportados. Em outras palavras, enquanto o Vale protege e cura os brasileiros das contradições e lacunas da hipermoderna Atlanta, ele não exige que eles abandonem a Modernidade em troca de alguma utopia irracional de outro mundo. Em vez disso, sua cosmologia flexível, mas internamente coerente, ressignifica positivamente o enraizamento dos imigrantes na

---

146 Appadurai (1996, p. 33-37) usa o termo *ideoscape* para se referir ao fluxo global de discursos ligados à construção de identidades nacionais e individuais.

Modernidade, colocando a viagem de migração dentro de um quadro da missão e do progresso.

Como o Catolicismo, o Vale apresenta-se como uma religião universal, em relativamente baixa tensão com a ordem social existente. No entanto, como Olivia Sheringham observa, em seu capítulo, o Catolicismo entre os brasileiros no exterior tende a concentrar-se na afirmação de sua língua e identidade cultural como forma de lidar com a solidão, nostalgia e depressão, que muitas vezes acompanha o processo de imigração. Aqui, os agentes pastorais católicos estão simplesmente contando com a associação histórica do Catolicismo com a identidade nacional no Brasil. Um padre, em Londres, resume bem a abordagem católica quando afirma que "há três coisas que um brasileiro tem para fazer na sua própria língua: jogo, maldizer e orar" (SHERINGHAM, neste volume). Em contrapartida, mesmo que o Vale do Amanhecer seja uma religião autóctone, uma religião que se originou no Brasil, ela trabalha com uma cosmologia cosmopolita e híper-híbrida e com um sistema terapêutico que lhe permite estar em "casa no Universo", como Glória colocou, em casa, mesmo no meio dos fluxos desregulados de uma Modernidade tardia. Fica só uma questão: se o hiper-hibridismo e o milenarismo brasileiro permitirão ao Vale pegar carona para outros locais em todo o mundo, viajando com a metáfora do Brasil como o país do futuro, um país cujo tempo pareceria ter finalmente chegado.

Referências

APPADURAI, A. *Modernity at large: cultural dimensions of globalization.* Minneapolis: University of Minnesota Press, 1996.

BERGER, P. *the sacred canopy. elements of a sociological theory of religion.* Nova Iorque: Anchor Books, 1967.

BIEHL, J. The mucker war: a history of violence and silence. *In*: DEL VECCHIO, M. *et al.* (Ed.). *Postcolonial disorders.* Berkeley: University of California Press, 2008. p. 279-308.

BRUSCO, E. *The reformation of machismo: evangelical conversion and gender in Colombia.* Austin: University of Texas Press, 1995.

BULLARD, R.; JOHNSON, G. S.; and TORRES, A. (Ed.). *Sprawl city: race, politics, and planning in Atlanta.* Washington, DC: Island Press, 2000.

CARPENTER, R. Esoteric literature as microcosmic mirror of Brazil's religious marketplace. *In*: SMITH, C. and PROKOPY, J. (Ed.). *Latin American Religions in Motion*. Nova Iorque: Routledge, 1999, p. 235-260.

DAWSON, A. *New Era – new religions: religious transformation in contemporary Brazil*. Aldershot, UK: Ashgate, 2007.

DELLA CAVA, R. *Miracle at joaseiro*. Nova Iorque: Columbia University Press, 1970.

DIACON, T. *Millenarian vision, capitalist Reality: Brazil's contestado rebellion, 1912–1916*. Durham: Duke University Press, 1991.

GILL, L. "Like a veil to cover them": women and the pentecostal movement in La Paz. *American ethnologist*, v. 17, n. 4, p. 708-721, 1990.

HARTSHORN, T. *Metropolis in Georgia: Atlanta's rise as a major transaction center*. Cambridge, MA: Ballinger Publishing Company, 1976.

HOLSTON, J. *The modernist city: an anthropological critique of Brasília*. Chicago: University of Chicago Press, 1989.

_____. Alternative modernities: statecraft and religious imagination in the Valley of Dawn. *American ethnologist*, v. 26, n. 3, p. 605-631, 1999.

HONDAGNEU-SOTELO, P. Gender and immigration: a retrospective and introduction. *In*: HONDAGNEU-SOTELO, P. (Ed.). *Gender and U.S. Immigration: contemporary trends*. Berkeley: University of California Press, 2003, p. 3-19.

INGWERSON, M. Atlanta has become a Mecca of the black middle class in America. *Christian science monitor*, maio 1987, p. 1.

KRUSE, K. *White flight: Atlanta and the making of modern conservatism*. Princeton: Princeton University Press, 2005.

KUBITSCHEK, J. *Por que construí Brasília*. Rio de Janeiro: Bloch, 1975.

LE CORBUSIER. *The city of to-morrow and its planning*. Nova Iorque: Dover, 1987.

LEVINE, R. *Vale of tears: revisiting the Canudos massacre in Northeastern Brazil, 1893-1897*. Berkeley: University of California Press, 1995.

LU, D. *Third world modernism: architecture, development and identity*. Nova Iorque: Routledge, 2011.

MARGOLIS, M. *Little Brazil: an ethnography of brazilian immigrants in New York City*. Princeton: Princeton University Press, 1994.

MARGOLIS, M. September 11th and transnationalism: the case of brazilians in the United States. *Human organization*, v. 67, n. 1, p. 1-11, 2008.

MARQUARDT, M. F. *et al. Living "illegal": the human face of unauthorized immigration*. Nova Iorque: New Press, 2011.

MARTES, A. C. *Brasileiros nos Estados Unidos: um estudo sobre imigrantes em Massachussetts*. São Paulo: Paz e Terra, 2000.

MARTINS, M. C. de C. O Amanhecer de uma Nova Era. Uma análise do espaço sagrado e simbólico do Vale do Amanhecer, *In:* IX Jornadas sobre alternativas religiosas na América Latina, 9., 1999, Rio de Janeiro. *Anais...* Rio de Janeiro: Universidade Federal do Rio de Janeiro, 1999.

MENJÍVAR, C. The intersection of work and gender: central american immigrant women and employment in California. *In*: HONDAGNEU-SOTELO, P. (Ed.). *Gender and U.S. immigration: contemporary trends*. Berkeley: University of California Press, 2003, p. 101-126.

MIXON, G. *The Atlanta riot: race, class, and violence in a New South City*. Gainesville, Fl: University Press of Florida, 2005.

MUEL-DREYFUS, F. and MARTINS-RODRIGUES, A. Réincarnations: note de recherche sur une sect spirite de Brasilia. *Actes de la recherche en sciense sociales*, n. 62-63, p. 118-134, 1986.

PESSAR, P. Engendering migration studies: the case of new immigrants in the United States. *In*: HONDAGNEU-SOTELO, P. (Ed.). *Gender and U.S. immigration: contemporary trends*. Berkeley: University of California Press, 2003, p. 20-42.

PUTNAM, R. *E pluribus unum*: diversity and community in the twenty-first century - the 2006 Johan Skytte prize lecture. *Scandinavian political studies*, v. 30, n. 2, p. 137-174, 2007.

SJOQUIST, D. (Org.). *The Atlanta Paradox*. Nova Iorque: Russell Sage Foundation, 2000a.

_____. The Atlanta paradox: introduction. *In*: SJOQUIST, D. (Ed.). *The Atlanta paradox*. Nova Iorque: Russell Sage Foundation, 2000b, p. 1-14.

VALDES, G. Georgia governor to sign law targeting illegal immigration. *CNN*, Atlanta, 15 abr. 2011. Disponível em: <www.cnn.com/2011/POLITICS/04/15/georgia.legislature>. Acesso em: 1 dez. 2015.

VARSANYI, M. Immigration policy activism in U.S. states and cities: interdisciplinary perspectives. *In*: VARSANYI, M. (Ed.). *Taking local control: immigration policy activism in U.S. cities and states*, Stanford: Stanford University Press, 2010, p. 1-27.

WULFHORST, C. *Intimate multiculturalism: blurring the boundaries between brazilians and australians in Sydney*. Doctoral Thesis. Sydney: University of Western Sydney, 2011.

Capítulo 13

A globalização de nicho da Conscienciologia:
cosmologia e internacionalização
de uma paraciência brasileira

ANTHONY D'ANDREA

Introdução: estrutura e agência na dinâmica de desenvolvimento organizacional

Em 1986, o médium parapsíquico e médico Waldo Vieira publicou (com meios próprios) um tratado de mais de novecentas páginas intitulado: *Projeciologia: panorama das experiências fora-do-corpo*, propondo uma "ciência do estudo do fenômeno da consciência e das energias para além dos limites do corpo físico" (VIEIRA, 1986). Seguindo uma fase de palestras semanais gratuitas no bairro de Ipanema, na cidade do Rio de Janeiro, Vieira e associados fundaram o Instituto Internacional de Projeciologia em 1989. A Conscienciologia é apresentada em 1994 por meio da publicação *700 experimentos da conscienciologia*, definida como "o estudo da consciência por meio de uma abordagem holística, *holossomática*, multidimensional, *bioenergética*, projetiva, autoconsciente e *cosmoética*" (VIEIRA, 1994, p. 11). Ao mesmo tempo que a organização é rebatizada como Instituto Internacional de Projeciologia e Conscienciologia (IIPC), Vieira rebaixa a Projeciologia, definida antes como "subdisciplina da Parapsicologia" (1986, p. 13, 25) para a "aplicação prática da Conscienciologia" (1994, p. 64). Ambas as disciplinas passam a ser apresentadas como "neociências do paradigma conscienciológico". Ao longo de mais de vinte anos, o IIPC cresce no sentido de uma rede de filiais regionais e associações coligadas por meio do Brasil e uma dezena de países.

Em 2002, Vieira e outros projeciólogos se mudaram para o recém-inaugurado *campus* do Centro de Altos Estudos da Conscienciologia (CEAEC) na região de Foz do Iguaçu, propiciando um processo de reestruturação do IIPC. Atividades internacionais foram transferidas para o novo International Academy of Conscienciousness (IAC, originalmente em inglês), pequena organização sem fins lucrativos, administrada flexivelmente por uma equipe de professores migrantes por meio de Portugal, Reino Unido e EUA.

De acordo com um relatório interno, a Projeciologia e a Conscienciologia são estudadas e praticadas por mais de 100 professores, 500 voluntários e 12 mil alunos anualmente (IIPC, 2004). Em sua maioria são indivíduos de etnia branca, níveis relativamente altos de escolaridade, cultura de classe média urbana e interessadas em desenvolver habilidades parapsíquicas e pessoais. Tais números são modestos quando comparados a outras paraciências similares, como a Meditação Transcendental, a Cientologia e Osho Meditation. Tal diferença sugere questionar os fatores que definem o crescimento e a internacionalização da Conscienciologia.

Este capítulo propõe um quadro de investigação que pode ser utilmente empregado no exame sociológico e antropológico da Projeciologia, assim como de uma variedade de outros grupos paracientíficos mais ou menos similares.

Partindo de uma revisão da organização, *ethos* e cosmologia da Projeciologia, este capítulo examina as principais condições relacionadas à sua internacionalização, consideradas em níveis organizacional, social e cultural. A hipótese operacional deste estudo é que a dinâmica organizacional do IIPC é fortemente condicionada por disposições e representações cosmológicas que projeciólogos portam em relação a temas de espiritualidade e sociedade. Esta análise se baseia em várias fontes empíricas: revisão de literatura interna, etnografia de campo conduzida nas antigas sedes do IIPC no Rio de Janeiro (1986-1991), filiais em Barcelona e Madri (verão de 1998), *websites* do IIPC, vídeos *online* e listas de discussão *online* via *mailing-list* e Facebook, além de entrevistas e conversas com instrutores, voluntários, simpatizantes e "dissidentes" conduzidas intermitentemente desde os anos 1990 até 2013.

Por questões estilísticas práticas, qualquer referência à "Projeciologia" ou "Conscienciologia" são equivalentes neste capítulo, salvo quando indicado. "Conscienciólogo" refere-se a qualquer pessoa mais ou menos regularmente envolvida com o estudo, a prática ou significativamente inspirada por uma ou ambas as paraciências, ou que participa de eventos como estudante ou voluntário do IIPC. A "rede IIPC" refere-se a uma série de organizações que inclui o IIPC, o CEAEC, assim como o IAC e outras entidades coligadas. Mais especificamente, a dupla IIPC-CEAEC refere-se a atividades conduzidas pela rede dentro do Brasil, enquanto o IAC refere-se a operações internacionais da Conscienciologia.

O capítulo se estrutura da seguinte forma: a primeira parte apresenta um quadro conceitual da globalização e novas formas de religiosidade derivado de referências escolares principais, no sentido de informar nossa investigação da Conscienciologia como uma paraciência híbrida que exibe padrões de crescimento internacional singulares. Na segunda parte, examina-se como a cosmologia e *ethos* engendrados pela Projeciologia afetam a cultura organizacional assim como práticas e estratégias do IIPC, as quais, por sua vez, afetam os padrões de internacionalização. Como extensão lógica, a terceira parte enfoca a questão de como esses padrões de internacionalização são diretamente afetados por noções de espaço e localidade cultivadas por projeciólogos, em particular influenciadas pela visão da liderança.

Como argumento-chave neste capítulo, a expansão da Projeciologia é definida pela combinação de fatores estruturais (tradições culturais religiosas e oportunidades possibilitadas por processos de globalização) e fatores agenciais (ações e preferências de líderes e voluntários da rede IIPC). Como determinação histórica, a Projeciologia incorpora um forte viés positivista (racionalista, disciplinar e elitista) que molda um estilo de expansão caracterizado por formalismo especializado e tradução intercultural dificultada. As preferências de Waldo Vieira e outros líderes também determinam alternativas organizacionais e pedagógicas (da sala de aula até o *marketing*), definindo sua penetração internacional. Ainda que tais idiossincrasias reflitam o *ethos* positivista das elites brasileiras, assim reafirmando o lado estrutural do argumento, é importante considerar que a *performance* organizacional deriva de ações que são, de fato, idiossincráticas e circunstanciais.

O capítulo é concluído com a revisão dos principais achados e resume cenários alternativos como sugestões para futuras pesquisas. Uma tendência é a emergência de arranjos organizacionais flexíveis que integram recursos da internet com a presença física, porém seletiva em centros urbanos, por sua vez, interconectados com *resorts* dedicados ao autodesenvolvimento em áreas semirrurais. Além desses arranjos espaciais emergentes, o tema de tradução (não apenas como linguagem oral, mas também semiose intercultural) continuará na tensão entre expansão e identidade ideológica na Conscienciologia. Tal temática é possivelmente válida na discussão de outras paraciências e espiritualidades alternativas também operando em contextos transnacionais.

Experiência fora do corpo, paraciência e globalização de nicho

Em sua versão mais dramática, a "experiência fora do corpo" (EFC) é, por vezes, chamada de "experiência da quase-morte" na comunidade médica, referindo-se a pacientes ressuscitados que relatam estórias extraordinárias de verem-se fora do corpo físico e mesmo em dimensões sobrenaturais. Alguns médicos sugerem que tais experiências podem ocasionalmente acontecer durante o sono normal (GABBARD & TWEMLOW, 1981). De acordo com Marcel Mauss (1904), a capacidade de deixar o corpo é o traço distintivo do xamã, como também é aceito por espíritas, ocultistas e adeptos da Nova Era por meio do termo popular "projeção astral". De acordo com Waldo Vieira, a projeção ou experiência fora do corpo é função espiritual universal (parafisiológica), supostamente verificada por meio de diversas culturas, citando a Bíblia (Ap 1,10-11, 4,2; Ez 3,4; II Cor 12,2), *A República* de Platão, a novela *Louis Lambert* de Balzac etc. Ao longo de décadas, Vieira compilou uma bibliografia internacional especializada sobre a projeção, abrangendo milhares de referências populares e científicas em várias línguas (VIEIRA, 1994). Em certo sentido, a Conscienciologia compila discursos concorrentes sobre a separação temporária entre corpo e espírito em um formato disciplinar sistemático que busca afirmar a objetividade, a universalidade e a instrumentalidade de tais experiências e suas repercussões sobre a existência do sujeito.

O objetivo dos projeciólogos não é somente estudar, mas também induzir EFCs e controlá-las voluntariamente. Consideram a "projetabilidade" (capacidade de sair do corpo) como instrumento eficaz de autodescoberta e acesso ao mundo espiritual. Ao praticar regularmente exercícios "bioenergéticos" (envolvendo a visualização e percepção de "energias"), projeciólogos buscam desenvolver a percepção parapsíquica (extrassensorial), bem como a quantidade, qualidade e duração das EFC. Entretanto, a maioria dos projeciólogos relatam poucas EFC (por meio de afirmações típicas: "Eu tive uma projeção consciente, mas apenas uma vez"), experiências perceptivas ("eu vi energias" ou "eu senti minhas energias fluindo pelo corpo"). Poucos praticantes reivindicam o *status* de parapsíquicos arrojados, incluindo EFC regulares, interação com os espíritos e outras habilidades parapsíquicas (e.g., ver passado ou futuro, diagnóstico misterioso de situações físicas ou biológicas etc.). Consensualmente reconhecido como o projetor mais avançado na Conscienciologia, acredita-se que Waldo Vieira possui habilidades anímicas e mediúnicas altamente desenvolvidas, desde a sua infância, seguida do seu envolvimento como escritor mediúnico em parceria com Chico Xavier no Movimento Espírita, até romper com essa religião no final dos anos 1960.

Dentro da perspectiva atualizada de Vieira sobre o mundo espiritual, a utopia pessoal para projeciólogos é a situação hipotética em que a consciência está alerta em tempo integral, alternando entre a consciência ordinária (no corpo) e projetada (fora do corpo), teoricamente possibilitada quando o indivíduo dorme e acorda fora do corpo sem lapso de percepção. Eles admitem, entretanto, que o estado de "consciência contínua" é praticamente impossível de ser alcançado, devido a limitações biológicas, psicológicas e espirituais. Apesar de sua centralidade, essa noção foi gradualmente marginalizada e ignorada nos meios projeciólogos. Mas sua importância deve ser marcada, pois essa ideia nomeia a organização original de Waldo Vieira: o Centro da Consciência Contínua, um pequeno escritório localizado em Ipanema, substituído em 1988 pelo IIP.

Assim mesmo, "a consciência contínua" permanece como o tema central que inspira os projeciólogos em seus esforços para maximizar o desempenho pessoal de autodesenvolvimento: a evolução racional, ética e parapsíquica impulsionada à máxima velocidade. Problematicamente, entretanto, essa abordagem racionalista com frequência decai em uma efetiva taylorização da existência, na medida em que todas as esferas da vida colapsam em uma disciplina férrea para a *performance* imposta em si mesmo, pensamentos, desejos e ações. O estereótipo seria a do projeciólogo enquanto contabilista espiritual diligente e disciplinado, cuidadosamente vigilante de seus atos e sentimentos, medindo e aperfeiçoando seus esforços pessoais, espirituais e altruístas.

Influenciados por Vieira, muitos projeciólogos desdenham esforços de assistência social ou caridade mundana e, ao invés, valorizam a "assistência espiritual" a indivíduos e espíritos comprometidos a superar "emergências espirituais", entendidas como o rude despertar de capacidades parapsíquicas do indivíduo (GROF & GROF, 1990), a serem lidadas em uma abordagem direta e incorruptível radicalmente professada por Waldo Vieira.

Em revisão de estudos sócio-histórico-antropológicos sobre a Consciencologia, as principais referências permanecem sendo, até o presente momento, as análises feitas pelo autor deste estudo (D'ANDREA, 2000; 1997). Nesses estudos, a Conscienciologia é entendida como sistema sociocultural que mescla temas científicos, religiosos e espirituais derivados de um processo dialógico com o Espiritismo e sua vertente "científica", a psicologia moderna e o individualismo New Age. Simbolicamente estruturada sobre a categoria "projetabilidade", a Projeciologia é animada por sujeitos de classe média urbana e escolarizada que buscam dar sentido a tais tendências individualistas seculares que crescem em um contexto cultural nacional fortemente marcado pela crença generalizada em espíritos e suas hierarquias (VELHO, 1994; WARREN JR., 1968). Em concordância, outros estudos caracterizam a Projeciologia como um caso de "indigenização New Age" que "mescla novos temas da Nova Era com versões brasileiras de desenvolvimento psicológico"(HEELAS & AMARAL, 1994, p. 180; ver também STOLL, 2002; MAGNANI, 1999). O líder Waldo Vieira foi descrito como "intelectual espírita" que rompeu com o Espiritismo a fim de desenvolver investigação independente e "compilou uma bibliografia impressionante que expressa a crença espírita de que estas experiências [fora do corpo] não são meramente subjetivas, mas que o espírito, na verdade, deixa o corpo"(HESS, 1987, p. 97).

Convergindo com a sua atual estrutura social e cultural, os desenvolvimentos históricos que substantivamente constituem a Conscienciologia por meio de processo dialógico com outros atores culturais da sociedade brasileira incluem:

- marginalização privilegiada de autoridades médicas e científicas dentro do Movimento Espírita centrado em *ethos* religioso pietista ao longo do século XX (STOLL, 2004; GIUMBELLI, 1995; DAMAZIO, 1994);
- surgimento de uma cultura psicológica na classe média urbana no esteio do declínio da psicanálise no início de 1980 (RUSSO, 1993);
- *boom* de espiritualidades do *self* (New Age) minando a hegemonia católica em segmentos sociais privilegiados dentro de contexto de redemocratização e pluralismo no Brasil pós-ditadura (SOARES, 1989).

Em suma, a Conscienciologia incorpora processos de negociação, conflito e hibridização por meio de tradições religiosas, culturais e ocupacionais que, após serem importadas para dentro do país, se desenvolvem indigenamente, e mais recentemente vêm sendo exportadas a nível internacional, como examinado por meio dessa coleção de estudos.

Por conta desse hibridismo dialógico, o conceito de paraciência é apropriado para entender a Conscienciologia. Esta se refere a sistemas de conhecimento marginais que são simultaneamente rejeitados pelas confissões religiosas predominantes e pelo estabelecimento científico (HESS, 1993; BOY & MICHELAT, 1986; CHEVALIER, 1986). Exemplos incluem Astrologia, Tarô, Ufologia, Parapsicologia, Meditação Transcendental etc.

> Intimamente ligado ao ocultismo para sua lógica e visão de mundo, a paraciência se difere reivindicando um *status* de ciência, buscando firmar legitimidade por meio da ciência. Ela tende a misturar fronteiras institucionais da prática científica, constituindo uma região ambígua entre ciência e conhecimento. (CHEVALIER, 1986, p. 205)

Ganhando popularidade desde a década de 1970, paraciências podem ser vistas como expressões e agentes de uma "nova consciência religiosa" (BELLAH, 1979), reposicionando religiões antigas como instrumentos psicológicos (frequentemente narcisistas) dentro de tendências individualistas e experimentalistas que se tornam centrais na Modernidade contemporânea (GIDDENS, 1991; LUCKMAN, 1991; BELLAH, 1985).

É interessante notar como paraciências se relacionam com processos de globalização. Tais sistemas frequentemente resultam de intercâmbios transnacionais que se aceleram em espaços de alta mobilidade e fluidez (URRY, 2003; BEYER, 1994). Embora vistas como forças de resistência ou reação à processos de modernização iluminista, religiões são repositórios de longos processos de difusão, intercâmbio e ressignificação importados de outras sociedades, eras e regiões. Paradoxalmente, mesmo quando se opondo a efeitos secularizantes da globalização, seguidores ortodoxos ou fundamentalistas habilmente adotam tecnologias digitais para a promoção de suas agendas reacionárias (APPADURAI, 1996; URBAN, 1996; BEYER, 1994).

A diferença entre tipos de intercâmbio reside na velocidade e intensidade desses fluxos, podendo levar ao salto ou à ruptura do cerne de identidade. Formações emergindo nessas circunstâncias dependem de arranjos circunstanciais de forças, processos e agências interagindo localmente. Conceituada como "glocalização" (ROBERTSON, 1995), o intercâmbio entre forças globais e agências locais pode tomar duas formas distintas (HANNERZ, 1996): por um lado, a negociação contínua se desenvolve quando influências externas tocam tradições locais engendrando benefícios mútuos (cenário de *maturação*). Diversamente, tradições locais podem ser desmanteladas violentamente sob a pressão de forças alienígenas de mercantilização, impondo condições que alteram radicalmente tais arranjos locais (cenário de *saturação*).

No caso de paraciências e novas formas de religiosidade, globalização parece referir-se menos à homogeneização de massa causada por forças alienígenas e mais em desenvolvimentos de arranjos transnacionais singulares que facilitam a circulação de formas relativamente maleáveis à interface com contextos locais. Ao adentrar ambientes alienígenas, tais práticas, significados e estratégias promovidas por tais religiosidades podem diferenciar-se de conteúdos e intenções concebidas originalmente na nação matriz. Assim sendo, missionários estão continuamente explorando os limites práticos, axiológicos e éticos dos ensinamentos que propagam em terras estrangeiras, num esforço contínuo de calibrar expansão e autenticidade das ideologias ensinadas.

Em suma, formas emergentes de difusão e identidade raramente envolvem a conversão em massa de populações locais; mais comumente, denotam processos segmentados altamente especializados, modulares e pragmáticos de divulgação ideológica. Esse processo é aqui denominado de "globalização de nicho". O restante do capítulo examina a internacionalização da Conscienciologia como um caso ilustrativo dessa globalização de nicho.

Espiritualidade positivista: organização, cosmologia e *ethos* da Projeciologia

Como dito por um dos fundadores, o Instituto Internacional de Projeciologia e Conscienciologia (IIPC) é "uma organização independente, privada, sem fins lucrativos, fundada por pessoas que decidiram formalizar suas experiências e descobertas no campo parapsíquico" (ALEGRETTI, 1995, p. 21). Similarmente, o Centro de Altos Estudos da Conscienciologia (CEAEC) é o atual centro nodal de uma complexa rede organizacional que inclui o IIPC, diversas associações derivadas e conselhos diretivos, além do Internacional Academy of Consciousness (IAC) e as filiais desta operando no exterior.

A diversidade de grupos, logotipos e jargões técnicos em parte deriva de decisões administrativas sobre a dinâmica grupal e oportunidades legislativas. Desde o fim dos anos 1990, o crescimento do IIPC vinha acompanhado de dificuldades financeiras relacionadas a custos logísticos e decisões ineficientes. O dia a dia na organização também se caracterizava por divergências de opiniões entre voluntários veteranos. Em 2001, a direção do IIPC se aproveitou de uma nova lei nacional sobre organizações sem fins lucrativos, resultando em reestruturação geral no sentido de solucionar tais problemas. Ao adotar um modelo de unidades de custo autônomas, as principais funções do IIPC (ensino, pesquisa, imprensa, clínica, juventude, desdobrada em vertentes da projeciologia e Conscienciologia) se tornaram "associações" semi-independentes e financeiramente autorresponsáveis, integradas em uma rede em estilo confederado coordenado por "colegiados" encarregados de arbitrar propostas administrativas.

Dentro dessa nova estrutura, o recém-criado International Academy of Consciousness (IAC) assumiu o controle de todas as atividades e filiadas internacionais, até então dirigidas pelo IIPC. Este passou a se concentrar na função docente dentro do Brasil. Com sede em modesto *campus* na zona rural de Portugal, o IAC coordena escritórios em Nova Iorque, Miami, Londres, Lisboa, Madri, entre outras cidades. Registrada como organização sem fins lucrativos nos EUA, o IAC é caracterizado por alto grau de autonomia, sustentado pelo voluntariado de novos e antigos projeciólogos.

Mas a multiplicação vertiginosa de termos técnicos na administração e na Conscienciologia antecede a reestruturação de 2001, sugerindo outras causas, notadamente: mecanismos de formação de identidade grupal. Como uma das preocupações institucionais dos projeciólogos, um *ethos* científico marcado por racionalidade estrita e recato profissional é altamente valorizado e reproduzido junto a audiências internas e externas da rede IIPC. Tal ênfase parece justificável ao se considerar que a temática sobrenatural abordada pela projeciologia foi historicamente dominada por tradições mágicas e religiosas. Em certo sentido, o projeto instrumental da Conscienciologia expressa a marcha para o desencantamento da espiritualidade ao buscar explicar e controlar o mundo espiritual como ciência técnica.

Esse projeto é, entretanto, marcado por contradições internas que minam a candidatura da Conscienciologia ao *status* de ciência. Embora fugindo do escopo deste capítulo, algumas notas são necessárias. Deve ser reconhecido que a metodologia científica vigente é limitada para abordar a natureza intangível de tópicos parapsíquicos, como projeciólogos ressaltam. Contudo, a crítica contundente que Waldo Vieira tece contra a "ciência convencional" envencilha a paraciência, a ponto de tornarem-se inviáveis eventuais colaborações com o mundo científico. Alienam-se assim projeciólogos interessados em desenvolver carreiras acadêmicas. Ainda que alguns autores estejam emergindo no campo editorial do IIPC-IAC, a maioria absoluta de projeciólogos parece favorecer a abordagem moralista, anedótica e autoritária de Waldo Vieira. O espaço para debate substantivo e de investigação é surpreendentemente limitado. Consequentemente, os esforços para promover uma cultura crítica positivista no IIPC acabam transformando a Conscienciologia em um pastiche de ciência, na medida em que essa paraciência permanece incapaz de libertar-se de antigas tradições científicas e religiosas que acredita haver transcendido. Não por acaso, a tensão entre ciência e religião é característica central de uma paraciência por definição.

Entrevistas ocasionalmente concedidas por representantes do IIPC à imprensa seguem uma estrutura narrativa típica, fornecendo uma janela analítica para o exame de objetivos, *ethos* e tensões dessa paraciência. Em geral, projeciólogos buscam projetar uma imagem profissional impecável e moderada, incorporando argumentação persuasiva e explicações em estilo técnico. Em entrevista ao *show* de TV do Jô Soares em 1991, Waldo Vieira afirmou que "o principal objetivo da organização é aumentar a proporção da população com consciência de suas projeções extrafísicas" (VIEIRA,

1991), estimada por ele em 1% dos seres humanos conscientes de suas experiências fora do corpo.

Qualquer projeciólogo vai explicar que a EFC é uma "função fisiológica" pela qual todos ocasionalmente deixam o corpo, mesmo que em estado inconsciente durante o sono. Eles adicionam que EFCs podem ser induzidas voluntariamente por meio da vontade persistente do indivíduo e do uso de "técnicas" (semelhante a exercícios de meditação, relaxamento e visualização). Ainda, em estilo mais normativo, Vieira e colegas irão sugerir que experimentar a "realidade multidimensional" com "racionalidade" e "cosmoética" é altamente benéfico para a "evolução da consciência". Segundo afirmam, ao tornar-se assim consciente, o indivíduo acelera a sua evolução para níveis cada vez mais elevados de autoconhecimento.

Nesse ponto, projeciólogos se esforçam para evitar qualquer forma de proselitismo. Como é explicado em aulas avançadas (mas menos explicitamente em espaços públicos ou meios de imprensa), o processo de autodesenvolvimento ocorre ao longo de inúmeros ciclos de vida (reencarnação), gradualmente, mas inexoravelmente caminhando para um estado sublime de autoconsciência, equilíbrio emocional e habilidades parapsíquicas, resultando em estado permanente de equanimidade e tranquilidade budista que Vieira define como "serenidade". Ele afirma que apenas um punhado de seres humanos alcançou tal estado. Em estado físico ou desencarnado, esses *serenões* ou *homo sapiens serenisimus*, como Vieira batiza, monitoram e influenciam a história mundial com seus poderes parapsíquicos, totalmente altruística, porém anonimamente. Como era frequentemente perguntado, Vieira nota que ele não é *serenão* e raramente se depara com tais entidades durante suas EFC. Segundo ele, a maioria da humanidade está na fase de *pré-serenões*, embrenhada em dramas materialistas e emocionais pouco elevados.

Tendo em vista a conotação religiosa dessas ideias, projeciólogos prontamente evocam categorias de racionalidade e empirismo para orientação. Na abertura de cada evento, o lema socrático é mencionado: "Não acredite em nada, nem mesmo no que é aqui dito. Tenha as suas próprias experiências". Como enfatizam, o mundo espiritual deve ser confirmado ao nível da experimentação pessoal. Tais observações refletem a prevalência do tópico da "experiência" sobre a "ortodoxia" que, emergindo na contracultura dos anos 1960, permeia a vida religiosa popular contemporaneamente (LUCKMANN, 1991; BELLAH 1985; 1979). Tal qual, projeciólogos depositam forte ênfase em práticas experimentais ou sensoriais caracterizadas como exercícios perceptivos e cognitivos com a intenção de aperfeiçoar habilidades parapsíquicas e projetivas de saída fora do corpo e a percepção de energias e espíritos.

Entretanto, ainda que afirmando valorizar a racionalidade científica, os esforços intelectuais da maioria de projeciólogos tomam carona frente à autoridade carismática avassaladora de Waldo Vieira. O quadro resultante é o de uma comunidade paradoxalmente racionalista, porém dependente de ensinamentos e afirmações de seu líder sobre o mundo espiritual. Sob sua influência, o resultado é uma predisposição grupal relativamente elitista e mesmo puritana em relação ao corpo, ao desejo, à sociabilidade e à sociedade em geral.

Essas crenças e *ethos* estão profundamente enraizadas no cotidiano da rede IIPC, afetando seu funcionamento e direção em vários níveis: desde padrões típicos de interação pessoal, passando pela cultura organizacional, processos de tomada de decisão, até o nível de iniciativas mais amplas ou estratégicas. No nível arquitetônico, escritórios são ordenados e funcionais com predomínio da cor branca na decoração e vestuário, assim evocando um ambiente neutro e taumatúrgico, com visitantes relatando sensações de bem-estar. Em salas de entrada, o logotipo institucional (um corpo amarelo posicionado diagonalmente em justaposição a um corpo negro na vertical) é exibido junto ao mural portando anúncios, programas e *slogans* promovendo noções fundamentais da Conscienciologia, tais como "consciência", "razão", "evolução", "autoaperfeiçoamento" etc.

O trabalho no IIPC, CEAC e IAC é largamente conduzido por voluntários. Em geral, são jovens, predominantemente da classe média urbana, educação universitária, etnia branca e certa preponderância masculina, relatando experiências parapsíquicas em graus variados, indo desde uma EFC involuntária, experiências intuitivas, até dramáticas transformações de vida em forma de "emergência espiritual" (despertar rude das sensibilidades espirituais, segundo psicólogos transpessoais, GROF e GROF, 1990). Além de seguir regras administrativas (e.g., passar um dia inteiro por semana), o trabalho não é compensado monetariamente, com a exceção de recepcionistas em tempo integral e dois professores (um no Brasil, o outro na Europa). Serviços jurídicos, contabilísticos e de IT são frequentemente prestados *pro bono* por meio de uma rede informal de simpatizantes não necessariamente ligados ao dia a dia da instituição.

Como pregado pela liderança desde os anos 1980, o vínculo entre o indivíduo e a organização deve ser "consciente e não material", sob o risco de manchar o "equilíbrio energético-espiritual" altamente valorizado pelo grupo. Assim, a motivação para dedicar o tempo pessoal para trabalhar no IIPC deriva da expectativa em acelerar habilidades pessoais, parapsíquicas e projetivas. Com o passar do tempo, muitos voluntários relatam sensibilidades e experiências relacionadas, que, segundo acreditam, podem dar pistas sobre aspectos ocultos da trajetória pessoal (incluindo vidas passadas, o futuro e acompanhamentos espirituais). Similarmente, esperam ser assistidos pelos espíritos "avançados" que habitam a esfera do IIPC. Nessa busca por sinais e conexões invisíveis, alguns projeciólogos manifestam orientação tendencialmente compulsiva para explicar cada ação, interação e acontecimento por meio de uma causalidade externa, quase sempre localizada no mundo espiritual ou biológico. Tal racionalidade expressa uma forma típica de "pensamento primitivo", caracterizado por padrões de raciocínio orientados por uma causalidade mágica, invisível e inexplicável (LEVI-STRAUSS, 1962).

O *ethos* projeciológico está predicado, portanto, em uma crença básica de uma dupla hierarquia (física e espiritual) que regula o mundo físico, sendo ocasionalmente evocada para justificar e validar decisões pessoais ou mesmo organizacionais. Projeciólogos reconhecidos como possuidores de habilidades parapsíquicas (e, por isso, com acesso ao espiritual) inadvertida, mas invariavelmente possuem maior prestígio dentro da dinâmica organizacional. Nesse sentido, como medida para tomada de decisões, reduzir tensões e gerar consenso, reuniões grupais desempenham um papel relevante na vida diária do IIPC. Paradoxalmente, divergências são aceitas desde que não questionem a validade do sistema ideológico de crenças da projeciologia. Esquematicamente, enquanto prestadora de serviços formais para o público externo (função *societas)*, a rede do IIPC simultaneamente sustenta um traço interno de sociabilidades (função *comunitas*) que forja consenso, conformidade e mesmo discordância dentro de certos limites (definidos pelo compartilhamento de crenças básicas).

Em síntese, as crenças cosmológicas da projeciologia geram um *ethos* que significativamente afeta a dinâmica quotidiana organizacional por meio da rede do IIPC. Além dos limites intrínsecos da metodologia científica em examinar e verificar temas sobrenaturais, a maioria dos conscienciólogos também são limitados em sua habilidade de acessar o mundo espiritual e examiná-lo intelectualmente. Apesar da retórica sobre racionalismo e experimentação, eles dependem de Vieira como fonte de informação e orientação moral. A ênfase evolucionista da projeciologia também contribui para uma cultura de disciplina instrumental marcada por um tom ascético, quase puritano.

A tarefa seguinte é examinar como essa cosmologia paracientífica informa as estratégias de crescimento da organização em contextos culturais significativamente alheios aos princípios positivistas da projeciologia, naturalizados por meio da cultura modernista brasileira.

De Ipanema para a China: espaços, canais e barreiras à Conscienciologia

Espaço e geografia desempenham papel especial nas paraciências e religiosidades alternativas, pois reforçam aspirações, valores e o *status* social de aderentes. Localidade é avaliada de acordo com crenças cosmológicas que sustentam avaliações e mesmo percepções do espaço e tempo. Tais associações entre espaço e espiritualidade são comuns em religiões tradicionais, mas sua relevância é enfatizada nesses novos sistemas. Na projeciologia, suas instalações se localizam em propriedades em forma de *campus*, com jardins amenos e decoração clássica, ao redor de construções geometricamente simétricas, frequentemente em formatos circulares e arranjos modulares. Tais formas expressam valorações projeciológicas em uma Modernidade predicada em racionalidade balanceada inspiradora de harmonias.

Como afirmado por conscienciólogos, o ambiente circundante influencia as buscas espirituais do indivíduo por causa de suas propriedades físicas, energéticas e espirituais. História e ecologia impregnam o local com impressões energéticas singulares propícias a formas equivalentes de emoção, pensamento e experiência. Cenários naturais belos habitados por povos pacíficos são considerados benéficos para atividades espirituais, em contraste com zonas marcadas pelo materialismo, violência e sofrimento. Quando levadas exageradamente, tais crenças tendem a gerar predisposições discriminatórias e estigmatizantes. Curiosamente, ainda que conscienciólogos desprezem sociabilidades urbanas como frívolas ou promíscuas, Vieira valorizava a cidade como espaço catalizador de autodesenvolvimento devido à densidade de desafios e interações humanas que apresenta. Conforme repetia em seminários no Rio de Janeiro: "É fácil meditar sozinho na montanha. Tente fazer isso em uma cidade. Essa é a verdadeira vanguarda da evolução". A região rural do estado de Minas Gerais em que cresceu e se educou era marcada, segundo Vieira, por acentuado paroquialismo, superstição e subdesenvolvimento material. Em contrapartida, valorizava as vantagens cosmopolitas e "oceânicas" de Ipanema – bairro privilegiado em meio a belezas naturais –, onde residiu e trabalhou como médico cosmetólogo até a aposentadoria precoce em fins dos anos 1970, quando passou a dedicar-se ao desenvolvimento da projeciologia.

Similarmente, a sede matriz do IIPC, ainda que mudando de endereço ao longo dos anos, sempre se localizou em áreas relativamente privilegiadas do Rio de Janeiro: Ipanema, Glória, Barra. Mas a escala dos problemas urbanos gradualmente forçou o grupo a reconsiderar a mudança para um lugar mais propício a práticas bioenergéticas e conscienciológicas. Isso foi possibilitado quando um simpatizante doou um terreno de 22.500 metros quadrados em Foz do Iguaçu, região turística na fronteira com Argentina e Paraguai. De fato, Foz exibe uma paisagem natural magnífica. Embora um pouco manchada por problemas de contrabando internacional, em nada se compara ao caos urbano do Rio de Janeiro.

Assim, em 2002, Vieira e conscienciólogos oriundos de diferentes partes do país mudam-se para o recém-criado Centro de Altos Estudos da Conscienciologia (CEAEC), e ao longo dos anos uma comunidade de mais de 500 pessoas tem se concentrado em Cognópolis, espaço suburbano renomeado por autoridades municipais. Segundo o *website* do IIPC, há cerca de 60 psicólogos, 40 médicos, 30 engenheiros, 15 advogados, 15 administradores e 15 biólogos ali residindo, assim indicando níveis relativamente altos de educação e ocupação entre conscienciólogos.

A expansão do IIPC e IAC pelo país e exterior tem se caracterizado pelo crescimento modesto, mas contínuo: Argentina, EUA, Portugal, Espanha, Inglaterra, Itália, Austrália etc. Trata-se de filiais com escritórios de dimensões pequena e simples, fundadas e mantidas por indivíduos (a maioria brasileiros) que se mudam para o exterior a fim de expandir a projeciologia. Por meio de publicidade limitada, entrevistas ocasionais em rádio e difusão boca a boca, as filiais do IIPC e IAC buscam gerar receitas por meio da vendas de livros e aulas para cobrir custos operacionais, além do trabalho não remunerado de voluntários. Aulas regulares noturnas ou fins de semana tipicamente recebem entre 10 e 20 estudantes, palestras diversas podem atrair de 20 a 200 pessoas, e eventos internacionais reúnem centenas de conscienciólogos. Em qualquer caso, a dimensão quantitativamente limitada não parece incomodá-los, pelo contrário: conscienciólogos afirmativamente traduzem baixa quantidade como sinal de alta qualidade.

Interações entre instrutores e estudantes de projeciologia no estrangeiro revelam alguns dos desafios transculturais confrontados na expansão dessa paraciência. Com base em observações etnográficas e entrevistas na Espanha e EUA, os estudantes nativos vem ao IIPC com algumas noções prévias sobre o mundo espiritual. Não se trata de convicções religiosas, mas de representações sobre o paranormal informados por saberes parapsicológicos, ocultistas ou New Age similares. Alguns estudantes demonstram conhecimentos mais estruturados assim como experiências parapsíquicas, enquanto outros são recém-chegados timidamente explorando o campo, por vezes motivados por alguma experiência ímpar ou, ainda, a realização da própria mortalidade. Como observado por um instrutor:

> Quando chegam aqui, eles não vêm no vazio, porque já tiveram alguma experiência [paranormal] ou estavam envolvidos com algum grupo [paracientífico ou New Age]. Nossa tarefa está mais em explicar a variedade de fenômenos parapsíquicos por meio do paradigma multidimensional da projeciologia e conscienciologia. Isso pode ser meio pesado para alguns. Por isso temos que amenizar a carga às vezes.

Tal fala encontra observações complementares por parte de alunos: "É muita informação para ser absorvida. Mas aos poucos, os ensinamentos passam a fazer sentido. Algumas afirmações da projeciologia são bem plausíveis e racionais". Conforme sugestões projeciológicas passam a ser gradualmente absorvidas pelos neófitos, o principal desafio nesse intercâmbio transcultural não reside em fornecer descrições sobre o universo projeciológico, e muito menos em reafirmar o interesse já compartilhado em noções de autodesenvolvimento em linha com tendências individualistas contemporâneas, mas sim em garantir a eficácia simbólica da projeciologia como linguagem-chave para interpretar a existência total por meio da lente positivista-evolucionista-espírita dessa paraciência brasileira.

Ainda que "autodesenvolvimento" seja um interesse generalizado por meio de sociedades ocidentais, os professores da projeciologia devem fazer esforço para introduzir a noção de "evolução" enquanto processo multiepisódico, linear e teleológico. A solução muitas vezes usada é fazer referências a autores populares da Parapsicologia ou New Age (Stanley Krippner, Robert Monroe, Raymond Moody, Stanislav Grof, Charles Tart, Lobsang Rampa, Fritjof Capra, Stephen Hawking etc.), cujas teorias popularizadas provêm uma ponte para a inteligibilidade do sistema paracientífico da Conscienciologia. A questão que permanece é: até que ponto essa estratégia pedagógica é eficaz em assegurar uma compreensão coerente e estruturada da Conscienciologia?

Internacionalização, ainda que estampada no logotipo do IIPC, não aparece como prioridade nos debates, planejamento estratégico ou iniciativas de expansão. Historicamente, explorações iniciais no exterior ocorreram na Argentina no início dos anos 1990 por meio de contatos pessoais de Waldo Vieira, estabelecidos bem previamente ainda na sua fase de pesquisador independente. Em fins da década, um casal brasileiro-americano se desloca do Rio de Janeiro para estabelecer novos escritórios nos EUA. Simultaneamente, filiais na Espanha e Itália foram abertas por brasileiros de dupla cidadania auxiliados por parentes nativos daquelas nações. Em todos os casos, os esforços partiram da iniciativa voluntária de indivíduos familiarizados com a Conscienciologia ainda no Brasil, que se ofereceram para levar a paraciência ao estrangeiro. Modestamente abrem escritórios, oferecem palestras e *workshops*, vendem livros, recrutam novos voluntários e assim gradualmente consolidam suas filiais. Alguns desses instrutores pioneiros se tornam "professores itinerantes", deslocando-se internacionalmente a fim de exercer ensino, administração e institucionalização do IAC. Em suma, a falta de uma estratégia institucional sistemática para a internacionalização da projeciologia se contorna por meio de uma abordagem prevalentemente contingente e oportunista derivada da iniciativa individual.

Ainda que conscienciólogos apontem para limites financeiros da organização, tal fator apenas parcialmente explica a ausência de uma abordagem mais robusta na internacionalização da projeciologia. Como outro fator determinante, crenças cosmológicas também contribuem para uma postura conservadora ou mesmo elitista entre os conscienciólogos atuantes por meio da rede do IIPC. Em linha com religiões reencarnacionistas (Budismo, Espiritismo e New Age), conscienciólogos afirmam que todos os seres humanos têm um potencial latente para a evolução espiritual. Entretanto, esse universalismo é acompanhado por uma avaliação negativa da sociedade. Segundo conscienciólogos, o *mainstream* social, econômico e cultural não facilita esforços disciplinados para o engajamento com as "verdades e técnicas de ponta" da Conscienciologia. Concordando com a crítica New Age, eles culpam a religião, a política, o materialismo, entretenimento *pop* e a inércia psicológica, todos atuando para o prolongamento da disjunção entre humanidade e Espiritismo. Tautologicamente, apontam para o tamanho reduzido dos públicos do IIPC como prova dessa falta de interesse: classes tipicamente acolhendo de 10 a 15 estudantes, palestras especiais de Vieira atraindo poucas centenas e livros *best-sellers* da projeciologia na ordem de milhares (em contraste com as novelas espíritas de Vieira com Chico Xavier cujas vendas atingiram a casa dos milhões).

A recusa em adotar estratégias populistas ou agressivas provavelmente reforça a escala reduzida da projeciologia. Ainda que Waldo Vieira e outros representantes do IIPC e IAC ocasionalmente concedam entrevistas à imprensa, eles se opõem a simplificar, adaptar ou popularizar a projeciologia. As explícitas declarações de Vieira são notórias: "Eu não estou interessado em fazer média com as massas, mas somente me comprometo com a minoria conscientemente lúcida". Essa minoria obviamente inclui conscienciólogos assim como projetores e parapsíquicos potencialmente interessados.

Ademais, o efeito sectário da terminologia *sui generis* da projeciologia não pode ser ignorado. Vieira continuamente introduzia novos termos lexicográficos mesclando português, latim e grego, ao ponto de contribuir para a deserção silenciosa de conscienciólogos, visto como um exagero desnecessário por muitos (segundo ele, tal lexicografia é necessária para estabelecer uma nova linguagem científica sob a orientação espiritual de entidades extrafísicas). Os elogios e a lexicografia assim funcionam como mecanismos de formação de identidade grupal. Seja como causa ou consequência, a liderança do IIPC não tem intenções de popularizar a projeciologia. Mesmo a excepcional ideia de se veicular um comercial de TV em rede nacional em 2010 teria sido destinada a um alvo muito específico, de informar e atrair uma singularidade de indivíduos com experiências projetivas pelo país sobre o IIPC.

Dentro de ditames cosmológicos, mesmo o plano de comercial de TV se relaciona a crenças animistas dentro da projeciologia. Relacionado à ecologia energética descrita anteriormente, conscienciólogos afirmam que a afinidade de interesses tende a reunir as pessoas por meio de um magnetismo energético e sincronicidades incidentais (LÉVI-STRAUSS, 1962; DURKHEIM, 1912; MAUSS, 1904). Como Vieira acredita, quando o indivíduo está predisposto a lidar com temas espirituais, a sua conduta inconsciente assim como coincidências inexplicáveis irão predispô-lo a tomar conhecimento da projeciologia ou IIPC. Isso pode se dar por meio de um livro, brochura, comentário, *show* de rádio ou TV etc.

Essa mescla de animismo e misticismo não torna tais medidas de *marketing* desnecessárias, mas as redefine como catalisadoras para a união misteriosa entre indivíduos predispostos a interesses projeciológicos com as ofertas espirituais do IIPC. Assim sendo, apesar de sua ideologia individualista radical, conscienciólogos admitem que, a um nível mais profundo, nem tudo é passível de controle ou conhecimento absoluto. "Acidentes de percurso" podem ocorrer, como Vieira avisa, metáfora denotando o grau de imprevisibilidade implícita na interação entre vontades, predisposições e circunstâncias visíveis e invisíveis do sujeito.

Décadas antes de emergir como potência econômica mundial, a China já era positivamente valorizada por Waldo Vieira como a civilização relativamente mais avançada para o desenvolvimento espiritual e energético do indivíduo. Ao longo dos anos, Vieira ocasionalmente repetia:

> A China tem muitos problemas com o comunismo e superpopulação. Mas, no geral, é a civilização que melhor trabalha com energias e a questão da serenidade, com muita gente boa trabalhando nisso, parte de sua tradição por muito tempo. E aqui no instituto temos entidades [espíritos] chinesas de alto nível trabalhando em nosso grupo de assistência. Eles têm energias muito positivas e refinadas. Coisa séria.

Tendo em vista o temperamento altamente iconoclasta de Vieira ao elaborar sobre figuras religiosas e culturais, tais elogios sobre a China são formidáveis. Curiosamente, a sua visão ressoa com os ensaios clássicos de Max Weber sobre a religião chinesa. Baseada na tensão entre valores éticos confucionistas e práticas mágicas taoístas, a civilização milenar chinesa é caracterizada pela orientação geral para o equilíbrio universal e a sabedoria temperada englobando a manipulação mágica de elementos cósmicos (WEBER, 1911).

Além disso, os espíritos de mandarins fornecem "suporte energético" para as atividades parapsíquicas assistencialistas de conscienciólogos. De acordo com Vieira, tais influentes espíritos passaram vidas passadas reencarnando na China, onde aperfeiçoaram suas habilidades de cura energética. Ocasionalmente, Vieira discretamente indica sua intenção de reencarnar-se na China em sua próxima vida. Não por nada, ele pessoalmente financiou a tradução do tratado *Projeciologia* (1986) para a língua chinesa e enviou dois mil exemplares para bibliotecas na China gratuitamente. Assim sendo, além de se posicionar como uma "neociência de ponta" para o público chinês em geral, o projeto se coaduna com objetivos pessoais de Vieira. Ele tem a esperança de se deparar com seu livro em uma vida futura, ajudando-o assim a recordar de seus esforços espirituais mais prontamente. Esse projeto antecede a internet, recurso diante do qual Vieira tem se posicionado de modo ambivalente. Em qualquer caso, pode-se especular que futuras gerações de conscienciólogos irão tentar localizar Vieira reencarnado como estudante chinês de projeciologia, em estilo similar ao ritual tibetano de busca e identificação de Dalai Lama.

Dada a relevância conferida à China dentro da visão conscienciológica de Waldo Vieira, é surpreendente que nem o IIPC ou o IAC tenham priorizado a abertura de uma filial naquele país até o momento. Além da iniciativa bibliotecária de Vieira, os esforços institucionais para trazer a projeciologia para a Ásia têm sido bastante limitados. Como visto anteriormente, Vieira acredita na providência altruística de indivíduos que propõem levar essa paraciência ao exterior. Nessa linha, um casal de "professores itinerantes" residentes em Nova Iorque obteve permissão do governo chinês para ministrar uma série de palestras na China. Com base no exame de vídeos *online*, estas foram palestras improvisadas para públicos de 50 a 100 pessoas, predominantemente homens, mediadas por intérprete

A globalização de nicho da Conscienciologia

inglês-chinês. Similarmente a turnês internacionais de gurus asiáticos no Ocidente, tais eventos mais representam uma expressão simbólica de intenção e curiosidade do que instâncias substantivas de debate efetivo. A barreira linguística não deve ser desconsiderada, ainda que sua relevância requeira exame mais detalhado. No presente, nenhum conscienciólogo fala chinês, e a maioria dos professores são brasileiros não totalmente fluentes em inglês (ainda que uma nova geração de instrutores nativos dos EUA, Inglaterra e Austrália esteja emergindo).

Entretanto, tradução não é apenas um processo linguístico, mas também semântico e cultural. Apesar da popularização de ideias e práticas New Age desde os anos 1970, instrutores de projeciologia buscam conferir uma maior precisão pedagógica e contextual em sua comunicação com audiências internacionais. Como tática diplomática muito comum a grupos New Age e paracientíficos, durante eventos introdutórios públicos, os representantes da Projeciologia evitam debater temas polêmicos, como reencarnação, mediunidade, cristianismo etc. Como observado em vídeos introdutórios *online* (YouTube) dirigidos aos públicos norte-americano, japonês e chinês (e mesmo brasileiro), assim como aulas atendidas na Espanha, os professores de Conscienciologia dão ênfase a tópicos parapsíquicos descritivos, como sensações corporais, estados mentais, exercícios sensoriais, que estão mais em linha com a literatura parapsicológica internacional. Tal abordagem parece conferir melhores resultados em engajar alunos internacionais que possuem uma compreensão genérica sobre a temática. Assim, referências a "energia", "consciência", "experiência" e "autodesenvolvimento" abundam em palestras e entrevistas, funcionando como moedas de validade intercultural.

Assim mesmo, enquanto a New Age se caracteriza pela maleabilidade prática e comercial a diversos locais, a Conscienciologia resiste à fácil adaptação. Isso em parte se relaciona às preferências sectárias de Waldo Vieira, em contraste com estratégias de expansão vistas em outras paraciências como a Meditação Transcendental ou Parapsicologia. Mas fora essas idiossincrasias, a inflexibilidade da Conscienciologia também decorre de sua estrutura interna, natureza internamente estruturada integrando, fusionando categorias advindas de sistemas distintos como o Espiritismo mediúnico, evolucionismo positivista e cultura psicológica.

Uma discussão detalhada da singularidade histórico-cultural da Consciencologia está além do escopo deste capítulo, mas sua especificidade pode ser ilustrada em dois exemplos. A noção de "serenidade", ainda que tenha significado coloquial no mundo social, na Conscienciologia pressupõe entendimentos específicos sobre a reencarnação, evolucionismo e poderes anímicos. Similarmente, apesar de ideologias de autodesenvolvimento serem populares internacionalmente, a noção de "evolução" assume significado específico – escatológico e positivista – na Conscienciologia. Ambos os conceitos desempenham papel importante no entendimento compartilhado entre conscienciólogos, espíritas e outros espiritualistas da Nova Era; no entanto, seus significados e implicações não podem ser assumidos por outras audiências internacionais.

Devido ao esforço intelectual necessário para compreender a projeciologia, a tradução (semântica e terminológica) desses conceitos exige cuidado considerável por parte de seus instrutores, sob o risco de compreensões distintas, equivocadas e fragmentadas por parte de estudantes estrangeiros. Instrutores de projeciologia assim confrontam um duplo desafio: o de adaptar um sistema espiritual engendrado em circunstâncias nacionais e culturais específicas (mas visto como absolutamente natural) a audiências internacionais socializadas em categorias de entendimento diversas e, ao mesmo tempo, manter a coerência e identidade interna da projeciologia tal como originalmente formulada por Waldo Vieira.

A globalização da projeciologia se bifurca, assim, no nível semântico. Ela pode assumir a forma de conversão eficiente, como, por exemplo, vista entre migrantes brasileiros vivendo no exterior, mas anteriormente socializados em uma cultura nacional crente em espíritos e sua comunicação (DAMAZIO, 1994; VELHO, 1994), ou, alternativamente, pode tomar a forma de uma aprendizagem fragmentada, marcada por práticas e conceitos desmembrados de seu contexto projeciológico original, por indivíduos cujas necessidades e interesses são inflexionados por outros contextos nacionais e econômicos. No meio campo, um segmento de estudantes internacionais demonstra familiaridade com paraciências e experiências fora do corpo (EFC).

É preciso notar que a EFC não é invenção da projeciologia, mas antecede, ocorre e é reconhecida independentemente da paraciência brasileira.

A globalização de nicho da Conscienciologia

Pesquisas futuras podem examinar como tais experiências são ressignificadas por grupos que desconhecem discursos positivistas e evolucionistas da projeciologia ou Espiritismo. Indícios dessas diferenças podem ser vistos em grupos norte-americanos que também pesquisam ou praticam a projeção, mas por meio de óticas culturais e ocupacionais significativamente distintas.

A presença de estrangeiros no IIPC e IAC é outro ponto relevante a ser examinado em futura pesquisa. Eles parecem gozar de *status* mais ou menos distinto, decorrente não de mecanismos de hospitalidade pós-colonial, mas sim da necessidade específica de conscienciólogos verificarem a universalidade dos fenômenos projetivos e sobrenaturais tal como prescritos por essa paraciência. Até o presente momento, não há conscienciólogos de origem chinesa atuando na rede IIPC, mas pode-se especular que sua presença seria especialmente valorizada devido à avaliação positiva de Vieira sobre aquela cultura.

Considerações finais: cosmologias nacionais e possibilidades transnacionais

Ainda que a audiência primária da Conscienciologia inclua os que vivenciam experiências fora do corpo (estimado por Vieira em 1% da população), mais amplamente essa paraciência seria relevante a qualquer pessoa interessada em abordagens paracientíficas e práticas da espiritualidade. Contudo, o modesto crescimento da rede IIPC não indica a Conscienciologia emergindo como sistema explicativo "natural" ou "óbvio" sobre o mundo espiritual (e nem mesmo dentro do Brasil).

A popularidade e a autoridade de Waldo Vieira em parte significativa derivam de seu passado histórico dentro do movimento espírita kardecista. No entanto, quando ele falece, em 2 de julho de 2015, aos 83 anos, em decorrência de complicações cardíacas, o impacto de seu falecimento (dessoma) vai possivelmente levar os conscienciólogos a repensarem o seu vínculo com a disciplina.

Trata-se de questão sociológica clássica, como o fim do carisma afeta o desenvolvimento grupal posterior. Internacionalmente, o IAC, que posteriormente rachou com o CAEC, não prestou homenagens ao mestre, assumindo uma postura discreta e distante. Quanto à sede nacional localizada em Foz do Iguaçu, especula-se sobre o valor dos empreendimentos imobiliários construídos ao derredor, associado a uma possível evasão, gradual ou súbita, de adeptos. Sobretudo, ao nível cosmológico, mesmo na sua morte, Waldo Vieira introduz um elemento a mais de divagações místicas. Como ele ocasionalmente dizia ser a reencarnação do místico medieval Nostradamus, nota-se esta coincidência: ambos morrem em 2 de julho, um dado inusitado que gerações futuras de conscienciólogos talvez confiram um significado especial.

Em que pese a popularidade de Vieira, a projeciologia não apresenta padrões de crescimento de ordem verificado em outros sistemas similares, tais como a Meditação Transcendental, Osho Meditation, Siddha Yoga ou a Cientologia (D'ANDREA, 2007; 2006; URBAN, 1996).

O exame da projeciologia fornece um caso interessante de como novas formas de espiritualidade refletem processos transnacionais de difusão e hibridização religiosa. Resultando do dual crescimento e fragmentação interno do Espiritismo, a Conscienciologia também reflete a emergência de culturas *psi* (psicológica) e New Age por meio da classe média urbana no Brasil, e mais recentemente expressa processos de globalização que facilitam a sua difusão internacionalmente (STOLL, 2002; D'ANDREA, 2000; RUSSO, 1993). Não por acaso, a Projeciologia nasce em Ipanema, um dos bairros mais exclusivos da América Latina, expressando esforços de segmentos privilegiados para atualizar o Espiritismo e a Parapsicologia em linha com processos emergentes de psicologização e secularização que adentram o campo religioso brasileiro e internacional.

Ao delinear a trajetória da Projeciologia desde Ipanema até a sua reformatação como Conscienciologia buscando alcançar a China, este capítulo examinou como a cosmologia e o *ethos* da Conscienciologia interferem em estratégias de funcionamento e expansão. Por um lado, a administração da rede IIPC aparenta ser metódica, eficiente e organizada, buscando assim expressar profissionalismo e cientificidade. Por outro lado, suas estratégias de crescimento são passivamente oportunistas, baseadas na iniciativa de migrantes voluntários. Como visto, a falta de um impulso expansionista se relaciona menos a dificuldades financeiras ou linguísticas e mais a predisposições elitistas de conscienciólogos em relação à sociedade e cultura em geral. Ainda que afirmando a universalidade da EFC e evolução espiritual, o grupo também crê que apenas uma pequena faixa da população mundial está interessada em uma abordagem disciplinada, racional e metódica da espiritualidade sobrenatural.

Além das preferências idiossincráticas de sua liderança, o contexto cultural e religioso que engendra a projeciologia também contribui para o grau limitado de sua internacionalização. Ainda que representações sobre o paranormal tenham adquirido visibilidade na cultura popular, o viés marcadamente kardecista de Vieira e principais conscienciólogos leva seus adeptos a naturalizarem noções cosmológicas que são, em verdade, específicas à cultura nacional brasileira, fundindo espiritualidade, evolucionismo e racionalismo em uma visão singular do universo. Tal arranjo ideológico não é natural ou facilmente adaptável a qualquer ambiente internacional. Como visto, grupos paracientíficos e espiritualistas internacionais contornam tal dificuldade, relegando aspectos doutrinários mais polêmicos a um segundo plano ou momento dentro do processo de conversão.

Enquanto projetabilidade é a categoria prática principal da projeciologia, "evolução consciente" é seu valor fundamental, ou, parafraseando Max Weber (1905, p. 52), o núcleo irracional que estrutura essa cosmologia significativamente. Projeciólogos buscam maximizar seus esforços de auto-conscientização espiritual, equilíbrio emocional (serenidade) e habilidades parapsíquicas. Denotando a evolução como a vitória da mudança sobre permanência, a projeciologia expressa aspirações de segmentos urbanos para legitimar o individualismo autônomo, que reflete o mito da pessoa *self-made* como paradoxo da construção social da idiossincrasia (RUSSO 1993; BOURDIEU, 1979).

Enfim, nada mais moderno do que a racionalidade contábil do *carma*, simplificada como a matemática espiritual das vicissitudes da vida:

> A solução mais formalmente perfeita para o problema da teodicéia é a doutrina indiana de "carma", embasada na crença da transmigração das almas. O mundo é, assim, um cosmos ético de retribuição ininterrupta pelo qual o indivíduo é responsável por criar o seu próprio destino. (WEBER [1913], p. 354-355)

Curiosamente, essa racionalização se concretiza no "Conscienciograma" de Waldo Vieira, criado em 1996 como um questionário para a mensuração da evolução espiritual. Apesar da internacionalização dos discursos parapsíquicos pela cultura *pop* e New Age, a singularidade cultural da projeciologia que emerge em contexto religioso brasileiro contribui, no plano de difusão internacional, para engendrar formas altamente especializadas de interação e intervenção em espaços socioculturais diferentes. Ao contrário de processos de conversão de massa, a difusão da projeciologia corresponde assim a um processo de *globalização de nicho*.

Como sugestão para estudos futuros, o crescimento da projeciologia deverá ser considerado em relação ao impacto crescente de mobilidade física e digital sobre o desenvolvimento organizacional. O *boom* de recursos *online* (*websites*, blogues, vídeos, *webinars* etc.) na projeciologia teoricamente dispensa o fardo logístico necessário para manter escritórios físicos dispersos geograficamente. O modelo do "professor itinerante" que ministra eventos quando e onde necessário parece funcionar eficazmente na divulgação da projeciologia. Apesar da vigilância alfandegária e custos ambientais crescentes, o transporte aéreo se mantém em ascensão. Projeciólogos se beneficiam de níveis relativamente altos de educação, qualificação profissional, assim como redes de apoio facilitando mobilidade internacional. Da mesma forma, a internet estabelece-se como plataforma de recursos onipresente para a interação com o público. O uso extensivo do inglês é ponto evidente, mas polir as arestas moralistas da projeciologia é questão que futuras gerações de projeciólogos deverão reconsiderar.

Paradoxalmente, estudos de globalização indicam que mobilidade não dispensa concentração espacial, muito pelo contrário (MASSEY, 2007; SASSEN, 2006; BEAVERSTOCK, 2005). *Global cities* são exemplo de como alguns centros urbanos tomam funções de comando e controle na economia mundial, interconectando espaços regionais e assim atraindo uma variedade de categorias profissionais e demográficas: executivos, turistas, artistas, estudantes e trabalhadores migrantes (HANNERZ, 1996). Assim, a concentração de pessoas, recursos e estruturas em ambientes cosmopolitas é uma realidade que projeciólogos e outros paracientistas e espiritualistas devem avaliar ao tomarem decisões sobre onde viver, trabalhar e ensinar.

Em linha com a tese da globalização de nicho, a rede do IIPC atualmente se expande moderadamente com foco em centros urbanos seletos, por sua vez, conectados com *resorts* semirrurais dedicados à prática da projeciologia e Conscienciologia. Esse tipo de arranjo espacial é também encontrado em outros grupos de espiritualidade gentrificada como o Siddha Yoga e o Osho Meditation (D'ANDREA, 2007). Tal configuração espacial requintada se alinha com o gosto de segmentos urbanos mais ou menos privilegiados, os quais expressam tendências espiritualistas seculares ao mesmo tempo que estão interessados em estratégias de desenvolvimento humano e espiritualidade do *self*. Estas são situações e temas que a projeciologia deve considerar em seus esforços de expansão e autenticidade.

Referências

ALEGRETTI, W. You and the OBE. *Innerself*, Flórida, jan. 1995.

APPADURAI, A. *Modernity at large: cultural dimensions of globalization.* Minneapolis: University of Minnesota Press, 1996.

BEAVERSTOCK, J. V. Transnational elites in the city: British highly--skilled inter-company transferees in New York City's financial district. *Journal of ethnic and migration studies*, v. 31, p. 245-268, 2005.

BELLAH, R. New religious consciousness and the crisis in modernity. *In*: RABINOW, P. (Ed.). *Interpretative social science: a reader*. Berkeley: Univ. California Press, 1979.

_____. *Habits of the heart: individualism and commitment in American life.* Berkeley: Univ. California Press, 1985.

BEYER, P. *Religion and globalization.* Londres: SAGE, 1994.

BOY, D. & MICHELAT, G. Croyances aux parasciences: dimensions sociales et culturales. *Revue fançaise de sociologie*, v. 27, p. 175-204, 1986.

BOURDIEU, P. *La distinction: critique sociale de jugement.* Paris: Minuit, 1979.

CHEVALIER, G. Parasciences et procédés de legitimation. *Revue française de sociologie*, v. 27, p. 205-219, 1986.

D'ANDREA, A. Entre o Espiritismo e as paraciencias: o caso da Projeciologia e a experiencia fora-do-corpo. *Religião e sociedade*, v. 18, p. 95-127, 1997.

_____. *O self perfeito e a Nova Era: individualismo e reflexividade em religiosidades pós-tradicionais.* São Paulo: Loyola, 2000.

D'ANDREA, A. The spiritual economy of nightclubs and raves: Osho Sannyasins as party promoters in Ibiza and Pune-Goa. *Culture and religion*, v. 7, 2006.

_____. Osho International Meditation Resort (Pune, 2000s): an anthropological analysis of sannyasin therapies and the rajneesh legacy. *Journal of humanistic psychology*, v. 47, p. 91-116, 2007.

DAMAZIO, S. *Da elite ao povo: advento e expansão do Espiritismo no Rio de Janeiro*. Rio de Janeiro: Bertrand Brasil, 1994.

DURKHEIM, E. *The elementary forms of the religious life*. Nova Iorque: The Free Press, 1912.

GABBARD, G. and TWEMLOW, S. Do "neat death experiences" occur only near death? *The Journal of nervous and mental disease*, v. 169, p. 374-377, 1981.

GIDDENS, A. *Modernity and self-identity*. Cambridge: Polity, 1991.

GIUMBELLI, E. *O Cuidado dos mortos: os discursos e intervenções sobre o "Espiritismo" e a trajetória da "Federação Espírita Brasileira" (1890-1950)*. 1995. Dissertação (Metrado em Antropologia Social) – Museu Nacional, Universidade Federal do Rio de Janeiro, Rio de Janeiro, 1995.

GROF, S. & GROF, C. *The stormy search for the self: a guide to personal growth through transformational crisis*. Nova Iorque: Tarcher-Putnam, 1990.

HANNERZ, U. *Transnational connections: culture, people, places*. Londres; Nova Iorque: Routledge, 1996.

HEELAS, P. & AMARAL, L. Notes on the "Nova Era": Rio de Janeiro and Environs. *Religion*, v. 24, p. 173-180, 1994.

HESS, D. *Spiritism and science in Brazil: anthropological interpretation of religion and ideology*. Nova Iorque: Cornell University, 1987.

_____. *Science in the New Age: the paranormal and its defenders and debunkers, and american culture*. Madison: Univ. of Winsconsin, 1993.

IIPC. *Annual report*. Instituto Internacional de Projeciologia e Cons-cienciologia, 2004.

LEVI-STRAUSS, C. *The savage mind*. Chicago: University of Chicago, 1962.

LUCKMANN, T. The new and the old in religion. *In*: BOURDIEU, P. & COLEMAN, J. (Ed.). *Social theory for a changing society*. San Francisco: Westview, 1991.

MAGNANI, J. *Mystica Urbe: um estudo antropológico sobre o circuito neo--esotérico na metrópole*. São Paulo: Nobel, 1999.

MASSEY, D. *World city*. Cambridge: Polity Press, 2007.

MAUSS, M. *A general theory of magic*. Londres: Routledge, 1904.

ROBERTSON, R. Glocalization: time-space and homogeneity-heterogeneity. *In*: FEATHERSTONE, M.; LASH, S. & ROBERTSON, R. (Ed.). *Global Modernities*. Londres: Sage, 1995.

RUSSO, J. *O corpo contra a palavra: as terapias corporais no campo psicológico dos anos 80*. Rio de Janeiro: UFRJ, 1993.

SASSEN, S. *Cities in a world economy* (Sociology for a New Century). Thousand Oaks, CA: Pine Forge, 2006.

SOARES, L. E. Religioso por natureza: cultura alternativa e misticismo ecológico no Brasil. *In*: LANDIM, L. (Org.). *Sinais dos tempos: tradições religiosas no Brasil*. Rio de Janeiro: ISER, 1989, p. 121-144.

STOLL, S. Religião, ciência ou auto-ajuda? Trajetos do Espiritismo no Brasil. *Revista de Antropologia da USP*, v. 45, p. 361-402, 2002

_____. *Espiritismo à brasileira*. São Paulo: Edusp/Orion, 2004.

URBAN, H. Zorba, the Buddha: capitalism, charisma, and the cult of Bhagwan Sri Rajneesh. *Religion*, v. 26, p. 161-182, 1996.

URRY, J. *Global complexity*. Malden, MA: Blackwell, 2003.

VELHO, G. Indivíduo e religião na cultura brasileira. *In*: *Projeto e metamorfose: antropologia das sociedades complexas*. Rio de Janeiro: Jorge Zahar, 1994.

VIEIRA, W. *Projeciologia: panorama das experiências da consciência fora do corpo humano*. Rio de Janeiro: author's publication, 1986.

_____. TV interview. Jô Soares Onze e Meia. São Paulo: outubro, 1991.

_____. *700 experimentos da Conscienciologia*. Rio de Janeiro: Instituto Internacional de Projeciologia, 1994.

_____. *Conscienciograma*. Rio de Janeiro: IIPC, 1996.

WARREN JR., D. Spiritism in Brazil. *Journal of Inter-American Studies*. X, 1968, p. 393-405.

WEBER, M. *The religion in China*. Nova Iorque: Free Press, 1911.

Capítulo 14

O Santo Daime e a União do Vegetal:
entre Brasil e Espanha

JÉSSICA GREGANICH

Entre as diversas religiões ayahuasqueiras brasileiras, as mais conhecidas e com maior número de adeptos são a União do Vegetal (UDV) e o Santo Daime do CEFLURIS – Centro Eclético da Fluente Luz Universal Raimundo Irineu Serra. Essas religiões se iniciaram na Amazônia e estão presentes nos centros urbanos em praticamente todo o Brasil e no exterior. "Tanto o Santo Daime quanto à UDV se estabeleceram em aproximadamente 38 países" (LABATE e FEENEY, 2012, p. 156).

Dentro desse processo de expansão das religiões ayahuasqueiras para Europa, a Holanda (primeiro país a legalizar o uso religioso da ayahuasca) e a Espanha (país em que se concentra o maior número de praticantes dessas religiões) tiveram papel central nas negociações e na consolidação da existência dessas religiões na Europa.

Muitos consideram que essa expansão vem promovendo uma colonização ao contrário, o Novo Mundo chegando ao Velho Mundo, no qual o caboclo é cultuado como "mestre".

No entanto, esse processo de expansão geralmente encontra obstáculos que recaem em três categorias: 1) aspectos legais, ligados especificamente às obrigações internacionais diante da Convenção das Nações Unidas sobre substâncias psicotrópicas de 1971; 2) aspectos ligados à liberdade religiosa e aos desafios de definir "religião"; 3) aspectos ligados à segurança biomédica da ayahuasca (LABATE e FEENEY, 2012).

O Santo Daime e a União do Vegetal

O Santo Daime foi a primeira religião ayahuasqueira, sendo fundada por Raimundo Irineu Serra – Mestre Irineu (1892-1971) – em 1930 no Acre. Após a morte de Mestre Irineu, o Santo Daime divide-se em o Centro De Iluminação Cristã Luz Universal (CICLU) – Alto Santo e CEFLURIS. A linha do CEFLURIS foi fundada em 1974 por Sebastião Mota de Melo – Padrinho Sebastião (1920-1990) – e sediada no Céu do Mapiá (Pauini, AM). Atualmente é mantido por seu filho Padrinho Alfredo. O Alto Santo é dirigido pela viúva do Mestre Irineu, Peregrina Gomes Serra.

A doutrina do Santo Daime pode ser definida como um movimento eclético, de caráter espiritualista, possuindo uma base cristã, combinada com tradições pré-colombianas, esoterismo europeu, crenças africanas e xamanismo indígena (ALVERGA, 1998). Seus rituais envolvem, além da ingestão da ayahuasca (designada de daime), hinários (que contêm ensinamentos oriundos do astral), uso de instrumentos musicais como violão, tambor, flauta e o maracá (considerado um instrumento musical e arma espiritual, ele marca o compasso, chama força para o trabalho e potencializa o poder espiritual), bailados, leituras bíblicas, rezas (Pai-Nosso, Ave-
-Maria, orações de Allan Kardec), reza do terço, defumações com ervas, psicografias, passes e incorporações de espíritos.

A União do Vegetal foi fundada em 1961 por José Gabriel da Costa – Mestre Gabriel (1922-1971) – em Porto Velho. A União do Vegetal é considerada uma religião cristã reencarnacionista. Para Gentil e Gentil (2002), o corpo doutrinário da UDV é eclético. A doutrina tem como base o Cristianismo, mas possui elementos de outras tradições como a indígena e africana, aproximando-se do Espiritismo uma vez que acredita na reencarnação, porém a UDV se volta para a doutrinação do espírito encarnado, não realizando incorporações nem distribuição de passes. Segundo a doutrina da UDV um corpo só pode ocupar um espírito, não há a crença na incorporação mediúnica. Seus rituais envolvem, além dos usos da ayahuasca (designada de vegetal ou hoasca), músicas (cujas palavras estejam em conformidade com os ensinamentos do Mestre auxiliando assim na doutrina), histórias (que são histórias deixadas pelo Mestre Gabriel), ensinamentos pela fala (doutrina transmitida oralmente) e chamadas que são cânticos entoados de cunho doutrinário que conduz a experiência da *burracheira*. A União do Vegetal possui uma organização hierárquica formada por Mestres, Conselheiros, Corpo Instrutivo, sócios e adventícios.

Tanto a União do Vegetal como o Santo Daime possuem uma doutrina de caráter eclético. Contudo, o Santo Daime possui flexibilidade e abertura para continuar incorporando outras tradições que possam contribuir para o seu enriquecimento com a perspectiva de uma "doutrina viva", "mutável", o que Groisman (1999, p. 233) designou de "ecletismo evolutivo". A União do Vegetal possui uma doutrina imutável, procurando manter uma padronização e seguir somente os ensinos do Mestre Gabriel, o que eu designei de "ecletismo involutivo" (GREGANICH, 2010).

A inserção do Santo Daime e da União do Vegetal na Espanha

De acordo com a minha etnografia realizada no período de 2009 na Espanha, e que é corroborada pela tese de Groisman (2000) e pela dissertação de Pavillard (2008), a chegada da ayahuasca à Espanha ocorreu a partir do jornalista espanhol Francisco de La Cal (atualmente pequeno produtor rural residente no interior da Espanha), irmão de Juan Carlos de La Cal (atualmente o responsável pela igreja daimista San Juan de Madrid e presidente da Federação Espanhola de Igrejas Daimistas).

Francisco de La Cal, conhecido como Paco, era um "jornalista *hippie*" que no início da década de 1980 percorreu o Brasil até encontrar em 1983 a Colônia 5000 no Acre. Francisco já havia tomado a ayahuasca com xamãs e somente teve uma experiência transcendente com o Daime com o Padrinho Sebastião. Francisco se fardou e morou por alguns anos na Colônia 5000 e Céu do Mapiá, ao mesmo tempo que escrevia matérias para revistas espanholas. No final de 1985, ele voltou à Espanha levando uma garrafa de Daime com a qual realiza sessões informais entre familiares (entre eles seu irmão Juan Carlos) e amigos, porém não se configurando em um uso contínuo.

Em 1988, Juan Carlos visitou pela primeira vez o Céu do Mapiá e ainda chegou a conhecer o Padrinho Sebastião que viria a "desencarnar" em 1990. Nesse ano, também ocorreu um encontro entre Paulo Roberto,

Padrinho da igreja do Céu do Mar (Rio de Janeiro) e o psicólogo gestáltico chileno Claudio Naranjo. Nessa ocasião, Paulo convidou Claudio para participar de rituais no Céu do Mar.

A investigação de Claudio Naranjo consistia em refinar o programa da Terapia Gestalt, designada de SAT, aplicações do eneagrama da personalidade, meditação interpessoal e diversos recursos terapêuticos. Ele também dirigiu pesquisas com psicofarmacologias explorando a terapia individual com psicodélicos (terapia psicodélica). Claudio oferecia *workshops* na Europa até que em 1987 apresentou o seu programa de terapia gestáltica numa propriedade designada de Babia, perto da província de Almería na Espanha. O SAT renasceu na Espanha sob o nome de "SAT en Babia" – um programa para desenvolvimento pessoal e profissional. Assim, em 1988 ocorreu um encontro sufi em Babia, na qual Claudio Naranjo, por meio de uma amiga, convidou o brasileiro Dácio Mingrone ir a Almería com ayahuasca para realizar sessões na Espanha.

Após participar de rituais no Céu do Mar, Claudio Naranjo convidou fardados para coordenarem sessões do Santo Daime na Espanha. Assim, em 1989, chegou à Babia um grupo de cinco pessoas do Céu do Mar lideradas por Paulo Roberto, convidados por Claudio Naranjo, sendo esta a primeira vez que a igreja brasileira saía de seu país de origem. Formalmente foi considerado o primeiro trabalho oficial do CEFLURIS na Europa. Entre as pessoas que participaram dessas sessões estavam Francisco de La Cal e outra espanhola que já havia tomado daime no Brasil. Aconteceram duas sessões em dois dias consecutivos com mais de cem pessoas, todas elas relacionadas com o âmbito das ciências da saúde. Outro membro presente nessas sessões era Dácio Mingrone, procedente da Colônia 5000. Dácio não tinha uma boa relação com Paulo Roberto porque acreditava que o ritual de Paulo, proveniente de um contexto urbano, celebrava-se de forma rígida e autoritária diferente dos modos mais abertos e flexíveis da mata, onde se encontrava a Colônia 5000.

De acordo com Pavillard (2008), o SAT em Babia de 1989 constitui o ponto desde o qual se podem traçar as principais linhas que se constituíram posteriormente na Espanha com o uso da ayahuasca: Dácio Mingrone e o Santo Daime. A partir desses dois grupos e de suas posteriores ramificações pode-se descrever o consumo da ayahuasca na Espanha em sua maior parte.

Em 1990, Paulo Roberto voltou a dirigir outras sessões com sua esposa Nonata (filha do Padrinho Sebastião). Em 1991, o dono de Babia e Esther Martinez Ibars foram ao Brasil.

Em 1992, Padrinho Alfredo chegou à Espanha pela primeira vez, dirigiu sessões em Babia e depois se transferiu para a província de Guadalajara. Em agosto de 1993, Padrinho Alfredo visitou a Catalunha encontrando o primeiro grupo estável da Espanha composto de quinze membros. Depois da Catalunha, Padrinho Alfredo viajou a Madri, Sevilla e Ibiza. Em todos esses lugares pessoas se converteram e se fardaram.

Como tentativa de consolidação da presença daimista na Europa, é realizado em 1996 o I Encontro Europeu de Centros Daimistas (I EECD) – na Espanha. O I EECD ocorreu no final de outubro, início de novembro de 1996, numa pousada nos arredores da cidade de Girona, na Catalunha. Participaram do encontro representantes de agrupamentos daimistas de dez países europeus. Na oportunidade, os representantes do CEFLURIS propuseram, entre outras, duas teses centrais: 1) a busca de uma "institucionalização" do CEFLURIS agora "internacionalizado", e de relações entre a entidade, os núcleos de poder irradiadores (localizados na época no Céu do Mapiá) e os agrupamentos europeus. Nesse sentido, foi proposta a normatização com base na padronização dos procedimentos rituais e no estabelecimento de um fluxo mais sistemático do controle financeiro das atividades dos agrupamentos; e 2) incluir na agenda do movimento pensar a expansão do Santo Daime no âmbito de uma luta pela constituição de uma cidadania planetária. Nesse período, segundo dados coletados nesse encontro, havia ao redor de 500 pessoas participando com regularidade das atividades do Santo Daime na Europa, destas em torno de 300 eram membros dos agrupamentos organizados, que totalizavam 28 em 10 países (GROISMAN, 2004).

Entre 1993 e 1997, o grupo do Santo Daime na Catalunha tem maior crescimento e expansão na Espanha. A partir da segunda metade de 1997, há um enfraquecimento desse processo devido a espaçadas visitas de Padrinho Alfredo e a falta de um líder reconhecido para coordenar os trabalhos. O grupo da Catalunha se fragmenta e se dispersa para Girona e Lérida perdendo definitivamente a hegemonia que havia conquistado até então.

Atualmente, existem quatro núcleos da Igreja do Santo Daime na Espanha, mas a hegemonia passou de forma natural ao grupo de Madri que comprou um terreno, construiu a igreja tentando seguir o modelo comunitário proposto pelo CEFLURIS. A igreja de Madri tem um pouco mais de dez anos e costuma juntar cerca de 100 pessoas nos trabalhos grandes (hinários), de acordo com Juan Carlos.

Até o ano 2000, a igreja daimista espanhola funcionou sem amparo legal e um setor especializado da polícia espanhola os estava investigando. De acordo com a conversa que tive com Fernando Ribeiro – Padrinho do Céu das Estrelas de Juiz de Fora (MG), o qual estava dirigindo um trabalho de que participei na igreja de Madri –, essa investigação era de alto nível e estava sendo acompanhada a partir de escutas telefônicas. A investigação culminou na detenção dos dois daimistas brasileiros, Fernando Ribeiro e Chico Corrente, no aeroporto de Barajas no dia 5 de abril de 2000. Com Juan Carlos de La Cal, eles haviam desembarcado transportando 10 litros de ayahuasca do Brasil. Juan Carlos foi libertado sob fiança, mas também processado com Fernando e Chico, que permaneceram 54 dias no Centro Penitenciário.

Após a detenção, a polícia espanhola desfechou ação contra a igreja do Daime tendo sido processados seis membros. Segundo os daimistas espanhóis, na operação montada pela polícia, cerca de 60 policiais entraram na igreja em Madri, com cachorros, "reviraram tudo" e enviaram seis policiais a cada residência dos fardados.

O caso teve repercussão mundial e a igreja espanhola e os dois brasileiros presos começaram a receber apoio de diversas pessoas em dezenas de países. Como, por exemplo, no Brasil, os senadores Marina Silva e Tião Viana visitaram o embaixador espanhol, Cesar Alba, explicando que o Santo Daime era religião reconhecida no Brasil. Os senadores formalizaram um documento em nome do parlamento brasileiro com referências positivas sobre as religiões que usam a ayahuasca. Nesse sentido, eles alegaram que os dois brasileiros não poderiam ser confundidos com traficantes internacionais. Na ocasião, Marina explicou que o uso da bebida tinha origem imemorial nas tradições indígenas e o sincretismo com a tradição católica, trazida pelos imigrantes nordestinos, acabou gerando a manifestação do Santo Daime. O senador Tião Viana ainda convidou o embaixador espanhol para visitar o Acre e conhecer a cultura amazônica, inclusive as comunidades daimistas. Houve ainda vários depoimentos favoráveis como os de Frei Betto, Frei Leonardo Boff e um documento de apoio assinado por 13 bispos católicos, entre os quais dois ex-presidentes da Conferência Nacional dos Bispos do Brasil (CNBB) e dois bispos espanhóis. Os parlamentares ainda entregaram ao embaixador espanhol um livro com o Hinário do fundador da doutrina, Mestre Irineu.

Depois de 54 dias presos, Fernando Ribeiro e Chico Corrente ficaram em liberdade condicional e dois meses e meio depois lhes devolveram os passaportes. O caso foi dado por encerrado e o processo foi arquivado sem julgamento, inclusive contra os seis daimistas espanhóis. O processo foi arquivado sem julgamento segundo o documento assinado pela juíza porque *no ha quedado justificada la perpetración del delito*. Esse caso foi então para a Audiência Nacional, a maior instância jurídica da Espanha, sendo a primeira vez que um caso da Audiência Nacional é arquivado sem julgamento. Segundo Juan Carlos, no dia que ele foi à Audiência e lhe deram a notícia que o caso havia sido arquivado, todos os secretários e pessoas que trabalham com essa juíza se levantaram para cumprimentá-lo, e no meio dos abraços alguém que passava por ali perguntou o que estavam festejando, e então uma das secretárias respondeu que *finalmente se hizo justicia en esta casa*.

As detenções estimularam a igreja espanhola daimista a retomar a luta pela legalização, entrando com processo na justiça visando registrar no Departamento de Assuntos Religiosos, ligado ao Ministério da Justiça. O registro foi concedido em 7 de outubro de 2003 sob a denominação de "Iglesia Del Santo Daime de España (CEFLURISE)" – CEFLURIS mais o E de Espanha. Todavia, continuava com um respaldo legal incerto: as igrejas ayahuasqueiras estavam reconhecidas como entidades religiosas na Espanha, entretanto, não podiam importar livremente o chá ayahuasca (visto que não há condições ecológicas necessárias para o desenvolvimento das plantas, este procede do Brasil). Desse modo, o Santo Daime vinha reclamando desde 2006 à Agencia Española del Medicamento uma autorização para importar a bebida afirmando que era apenas usada na qualidade de sacramento. Após duas negativas da Agencia, a igreja recorreu ao Tribunal Contencioso-Administrativo, sem êxito. Depois de perder em duas instâncias, ganhou o direito à legalidade por decisão da Audiência Nacional em 2008.

Com a decisão da Audiência Nacional em Madri e a renúncia do promotor ao recurso no Tribunal Supremo, a Espanha tornou-se o segundo país da Comunidade Europeia a legalizar o direito aos daimistas de praticarem sua religião, inclusive com o direito de consagrar a bebida sagrada Santo Daime. O fato se deu depois de uma batalha judicial que durou cerca de dois anos.

Segundo Juan Carlos, o fato decisivo para a vitória do Santo Daime foi a comprovação de que a ayahuasca não é tóxica a partir de um parecer pedido pela Audiência Nacional à Oficina de Narcóticos da ONU, com sede em Viena, segundo o qual a ayahuasca e nenhuma das plantas que a compõem estão sujeitas à sua fiscalização.

O Tratado de Substâncias Proibidas pelo Convênio de Viena tem 30 anos e é subscrito por quase todos os países do mundo, inclusive o Brasil. Por ele, o DMT (dimetiltriptamina) está proibido, mas não estão definidas as faixas de tolerância, uma vez que é muito difícil estabelecer uma quantidade tóxica. As legislações internacionais estabelecem que em caso de não haver tabela de tolerância se considera uma substância perigosa para a saúde quando tem mais de 2% desse alcaloide proibido em seu conteúdo. O tribunal espanhol que iniciou o processo contra os daimistas acreditava que o Daime tinha entre 20% a 70% de DMT. Por isso, quando as análises toxicológicas determinaram que o conteúdo de DMT em todas as garrafas de Daime recolhidas não ultrapassava 0,08%, tiveram que liberar Fernando e Chico e arquivar o caso. O perito oficial ainda certificou que com esse conteúdo de DMT a ayahuasca não é prejudicial para a saúde. A sentença afirmava que, além disso, o consumo dessa substância em um contexto religioso não é um delito. Esta foi a base do posterior êxito ante o governo espanhol.

Apesar da legalização das religiões ayahuasqueiras com o uso do chá ayahuasca, sua importação não está devidamente regulamentada e as autoridades aeroportuárias ainda criam barreiras na Espanha.

A União do Vegetal (UDV) chegou depois que o Santo Daime na Espanha, no ano de 1992. Este foi o centenário do nascimento de Mestre Irineu Serra, fundador do Santo Daime, e devido a isso um grupo do SAT de Babia viajou ao Brasil. Duas mulheres procurando e perguntando sobre a ayahuasca estabeleceram uma relação casual com um membro da UDV que as colocou em contato com a igreja da UDV (chamada de "núcleo"), o que abriu as portas para mestres da UDV começarem a visitar a Espanha. A primeira sessão que a UDV organizou na Espanha foi em 2 de outubro de 1994. Inicialmente, as sessões se organizavam quando vinham mestres e conselheiros do Brasil.

Atualmente, a UDV possui uma unidade administrativa na Espanha (a única da Europa), localizada na província de Madri e um pequeno grupo em Valência onde existe uma Distribuição Autorizada de Vegetal (DAV). Em Portugal, a DAV de Lisboa está em processo final de registro sendo dependente do primeiro (pré-núcleo).

Na Suíça, a DAV de Genebra já está regularmente registrada, como filial do Centro Espírita Beneficente União do Vegetal, com a autorização legal, dada pelas autoridades do Cantão de Genebra, para importar e usar o Vegetal. Recebem 10 litros por mês, regularmente. Essa autorização ainda não é a nacional, devendo ser obtida, posteriormente, junto às autoridades em Berna. Existe a recomendação jurídica que se tenha autorização de algum outro país europeu antes de ser feito o pedido nacional em nome do Centro. Isso porque a Suíça tem tradição de alinhamento e influência de outros países. Assim sendo, uma ou mais autorizações europeias tem efeito muito benéfico para obter a autorização nacional. No Reino Unido, a DAV está regularmente registrada junto ao governo britânico, como filial do Centro Espírita Beneficente União do Vegetal. Contudo, não se está realizando sessão por ainda se estar aguardando a autorização (GALLOTTI, 2012).

No total, a UDV conta com aproximadamente oitenta sócios em todos os países da Europa. A UDV na Espanha está constituída como "Asociación".

Estrutura e agência no Santo Daime e na União do Vegetal

No Brasil, temos um maior número de membros fiéis na União do Vegetal em comparação com o Daime da linha CEFLURIS. Atualmente existem cerca de 42 igrejas filiadas ao Santo Daime do CEFLURIS no Brasil e aproximadamente 4.000 membros oficiais. Já a União do Vegetal conta com aproximadamente 15.000 membros oficiais, porém há uma maior circulação de pessoas que vão ao Santo Daime para experiências ou permanecem por um tempo não se tornando membros oficiais.

Em minha dissertação de mestrado (GREGANICH, 2010) concluí que a doutrina eclética involutiva da União do Vegetal, sua organização, seus rituais e seu mito de origem apontam para uma "sociedade de corte religiosa".

A UDV apresenta uma estrutura social religiosa centrada numa ascensão hierárquica, com uma disciplina rígida e um intenso controle das emoções, evidenciando o caráter de racionalização, numa perspectiva weberiana, contido nessa instituição, da experiência religiosa, que marca a "ética religiosa racional", com um tipo de transe extático muito mais controlado e suave do que no Santo Daime. Compreendi que essa racionalização está voltada para um "processo civilizador" (ELIAS, 1994a; 1994b), entendido como a pacificação das condutas e o controle dos afetos, a partir de uma distinção social (*"hoasqueiros"* X *"não-hoasqueiros"*), numa dinâmica que lembra a de uma "sociedade de corte religiosa", fazendo alusão à obra de Norbert Elias (2001).

Segundo Elias (2001), a corte deve ser considerada como uma sociedade, isto é, uma formação social na qual são definidas de maneira específica as relações existentes entre os sujeitos sociais e em que as dependências recíprocas que ligam os indivíduos uns aos outros engendram códigos e comportamentos originais. Por outro lado, a sociedade de corte deve ser entendida no sentido de sociedade dotada de uma corte (real ou principesca) e inteiramente organizada a partir dela. A UDV se considera uma "sociedade religiosa com origem de nobreza" a partir de um mito de origem de realeza (com rei, conselho, vassalo e discípulos). Essa realeza vem sendo recriada (mestre, conselheiro, corpo instrutivo e sócios) como uma sociedade religiosa fundamentada nessa hierarquia com o objetivo de realizar uma "transformação individual" visando a trazer a ordem e a paz para o mundo. A sociedade UDV concebe novos códigos e comportamentos, a partir da ascensão hierárquica e dependências recíprocas entre os diferentes graus. A sociedade religiosa UDV se configura distintamente do resto de nossa sociedade, o "aqui dentro" e o "lá fora" como se referem seus fiéis a esses dois âmbitos, a partir de uma doutrina, leis e sanções próprias, constituindo um dispositivo central, ao mesmo tempo laboratório de comportamentos inéditos e lugar de elaboração de novas normas. A realidade social reside justamente na posição e na reputação atribuídas a alguém por sua própria sociedade, ou seja, o grau hierárquico.

Já o Santo Daime com sua doutrina eclética evolutiva, sua organização, seus rituais e seu mito de origem apontam para uma "comunidade religiosa apocalíptica". Apresenta uma estrutura comunitária apocalíptica (fazendo alusão à obra de Hervieu-Léger, 1983) religiosa de caráter messiânico, num agrupamento em rede, centrada no líder carismático, o Padrinho, numa perspectiva weberiana de "rotinização do carisma", com uma disciplina flexível e tolerante, valorizando a autonomia e liberdade do sujeito, numa visão de que a divindade está no interior de cada um, conciliando individualismo e holismo, a partir de um culto de natureza ordenatória, em que há o deslocamento do sistema para sua estrutura e não para sua antiestrutura (*communitas*) no qual se reforça a ordem cosmológica, em que os remanescentes atingirão a salvação numa "Nova Era", centrada no retorno à natureza.

Estabeleci uma perspectiva estrutural comparatista entre a União do Vegetal e o Santo Daime, com base nas noções de "figuração, interdependência e equilíbrio das tensões", propostas por Elias (2001, p. 158), num viés weberiano, sendo centrais as redes de dependências recíprocas que fazem com que cada ação individual dependa de toda uma série de outras, porém modificando, por sua vez, a própria imagem do jogo social. A sociedade religiosa UDV, centrada numa ascensão hierárquica de "corte", e a comunidade religiosa daimista, centrada no "líder carismático" – o Padrinho –, estão pautadas em um princípio didático que se dá por lógicas diferentes. Na União do Vegetal, é o aprender por si, em que Deus e o Mestre se manifestam na *burracheira*, e com os mestres encarnados, que representam o saber do Mestre Gabriel e compõem o grau máximo da estrutura hierárquica. No Santo Daime, é o aprender por si, na "força", em que Deus e o Mestre se manifestam e, assim sendo, a consciência do indivíduo é o seu guia, o que nos remete à ideia de "agência" de Ortner (2007).

Para Ortner (2007), a noção de "agência" tem dois campos de significado. Em um campo de significado, "agência" tem a ver com intencionalidade e com o fato de perseguir projetos culturalmente definidos. No outro campo de significado, agência tem a ver com poder, com o fato de agir no contexto de relações de desigualdade, de assimetria e de forças sociais. Na realidade, "agência" nunca é meramente um ou outro. Suas duas "faces" – como (perseguir) "projetos" ou como (o fato de exercer ou de ser contra) o "poder" – se misturam/transfundem em uma relação de tipo Moebius. Além disso, o poder, em si, é uma faca de dois gumes, operando de cima para baixo como dominação, e de baixo para cima como resistência (ORTNER, 2007, p. 58).

Segundo Elias, é a modalidade variável de cada uma das cadeias de interdependências – que podem ser mais ou menos longas, mais ou menos complexas, mais ou menos coercitivas – que define a especificidade de cada formação ou figuração social:

> [...] como em um jogo de xadrez, cada ação decidida de maneira relativamente independente por um indivíduo representa um movimento no tabuleiro social, jogada que por sua vez acarreta um movimento de outro indivíduo – ou, na realidade de muitos outros indivíduos –, limitando a autonomia do primeiro e demonstrando sua dependência. (ELIAS, 2001, p. 158)

Desse modo, nessas "figurações" específicas que se configuram a sociedade religiosa UDV e a comunidade religiosa daimista, os discípulos possuem construções de "agências" distribuídas diferentemente.

Na União do Vegetal, o mestre é o interpretante, aquele que tem o dever de interpretar. O discípulo está na posição do ensinante, no lugar de não saber, de fazer compreender, rumo a um saber. O saber está no lugar do mestre e da planta-mestre (vegetal), ou seja, está no outro. O mestre é o sujeito suposto saber, está no lugar de maestria, de saber e/ou de poder. A compreensão se dá a partir da doutrinação, da interpretação do mestre e do mestre dentro de si na ingestão do chá. Há um saber referencial colocado, estruturalmente, como agente da produção de *hoasqueiros*. O discurso do mestre é o discurso comandado por um significante mestre apresentado ao outro como o saber dos verdadeiros mestres que ele lança sobre o outro, baseado no ideal de acesso a um saber que, doravante, passa a regular a prática do mestre, atingindo o grau de saber como agir com os discípulos – a formação de mestres. No ritual da UDV, o discípulo opera a partir de suas próprias questões, em um ritual centrado em perguntas e respostas, no sentido de fazer com que o outro, o mestre, produza o saber. Ao mestre o que interessa é que as coisas funcionem, que as coisas andem, caminhem. O discípulo possui saber da *burracheira* e ele trabalha para transferir esse saber para o mestre, quem produz o saber no discurso é o mestre, pois o discípulo concede-lhe um saber e fica esperando que ele produza.

No Santo Daime, o Padrinho tem o saber, mas não ocupa o lugar de saber. O saber está deslocado para a posição do agente do discurso – Jesus, Mestre Irineu, Padrinho Sebastião. O Padrinho ensina como um sujeito que não tem o saber, ele o recebe do mestre, do astral, fazendo com que os discípulos produzam saber a partir de sua liderança. O Padrinho opera a partir de suas próprias questões, visando a tocar o outro, em sua relação com o significante para que o discípulo produza, a partir do ensino dos hinos e da "força", um saber que é dele. A verdade em jogo no discurso do Padrinho seria sua própria relação com o impossível de dizer, com a falta, ou seja, é um discurso que interroga o saber e a maestria humana claramente representada no "Império Juramidam".

Nesse sentido, com relação à "agência" como forma de poder que as pessoas têm à sua disposição, de sua capacidade de agir em seu próprio nome, de influenciar outras pessoas e acontecimentos e de manter algum tipo de controle sobre suas próprias vidas, conclui-se que os daimistas possuem muito mais agência dos que os udevistas, visto que, na UDV, o que domina é a Lei do Centro e, no Santo Daime, o que domina é o saber produzido por cada um.

Quanto à agência, no sentido de perseguir projetos culturalmente definidos, que seria em ambas as religiões a evolução espiritual, sendo definida pela lógica local do bom e do desejável e de como persegui-los, conclui-se que, tanto na UDV quanto no Santo Daime, ela está pautada na experiência de transformação propiciada pela ayahuasca, com base num processo de butinagem religiosa. Porém, ela está misturada com a agência no sentido de poder e, por conseguinte, na UDV tem-se como projeto "subir de grau", chegar ao grau de mestre e no Santo Daime a agência de projeto é "aberta" à escolha e criação de cada um, o que pode nos remeter a uma possível conclusão de isso ser um dos fatores que fazem com que a UDV tenha muito mais sócios do que o número de fardados daimistas, embora haja muito mais pessoas que passaram pelo Santo Daime do que pela UDV, conforme dados estatísticos citados anteriormente.

A União do Vegetal e o Santo Daime *entre* Brasil e Espanha

Encontrei na Espanha um funcionamento oposto dentro do campo religioso ayahuasqueiro comparando com o Brasil. Na Espanha, temos muito mais membros no Santo Daime que na União do Vegetal, sendo aproximadamente 200 no Daime para 100 na UDV [*sic*], sendo que essa estimativa do Daime se refere somente à Espanha e a da UDV se refere a toda Europa, ou seja, existem adeptos do Daime em outros países da Europa como Holanda,

Itália, Alemanha e França. Na Espanha encontra-se a única igreja daimista da Europa localizada em Madri, porém existem trabalhos de daime em todas as partes da Espanha e outros países da Europa em hortas, salas alugadas ou na casa mesmo dos dirigentes dos trabalhos. São cerca de 100 fardados espalhados pelos núcleos de Madri, Catalunha, Andaluzia e Baleares.

Assim, na Espanha, segundo Juan Carlos consta-se aproximadamente com 200 daimistas, sendo 100 fardados e a grande maioria dos participantes são espanhóis numa estimativa de 95%. Conta Juan Carlos que cada vez mais aparecem pessoas novas em busca do Santo Daime: "Sobretudo agora que passou a pressão judicial que nos manteve dois anos com as portas quase fechadas e quase um ano sem tomar Daime".[147]

De acordo com um mestre espanhol, a União do Vegetal possui cerca de 80 sócios registrados, sendo estes referentes a todos os países da Europa, pois só há sessões da UDV em Portugal e Espanha, exceto algumas distribuições em outros quando se encontra uma pessoa qualificada para realizar, assim os residentes em outros países como Alemanha e Itália vão algumas vezes no ano participar das sessões da UDV na Espanha. Desses 80 sócios, cerca de 25 são europeus, sendo o restante brasileiros residentes na Europa [sic]. De acordo com um dos mestres da UDV em Portugal, a maioria dos membros também é brasileira. Na sessão de que participei havia um brasileiro proveniente da Itália e um casal brasileiro proveniente da Alemanha. Era um casal jovem que pertencia ao núcleo de Dallas nos Estados Unidos, a moça de 22 anos é filha de um mestre da UDV que foi morar nos Estados Unidos quando ela tinha seis anos. Ela nasceu dentro do âmbito da UDV e no momento, recentemente casada, estava indo morar na Alemanha. Ela me relatou que a maioria dos membros dos Estados Unidos também é composta de brasileiros.

Fiquei hospedada na casa de um dos mestres da União do Vegetal que me narrou que a UDV se preocupa com o fato de a maioria dos membros ude-vistas serem imigrantes brasileiros e a dificuldade dos espanhóis aderirem à UDV. Ele estava fazendo um estudo sobre essa dificuldade e descartou a hipótese de a língua ser um empecilho visto que em Portugal também ocorre o mesmo. Todos os rituais ocorrem em português ou devem ocorrer como no Santo Daime, em que todos os hinos são cantados em português e os daimistas espanhóis estudam a língua portuguesa. Entretanto, com

---

147 Disponível em: <www.santodaime.org/site/site_antigo/arquivos/noticias/espanha_2003b.htm>. Acesso em: 8 dez. 2015.

o fim de tentar atrair mais espanhóis para UDV, foram feitas algumas alterações no ritual como a leitura dos Estatutos que regem a CEBUDV ocorrida sempre no início das sessões, para não se tornar entediante para o espanhol que não entende o português, e as perguntas podem ser feitas e respondidas em espanhol. Nesse sentido, os mestres preferencialmente devem ser espanhóis fazendo com que haja uma quebra na mobilidade de possibilidade de ascensão hierárquica que está relacionada ao "grau de memória" e ao "praticado" condizente com a doutrina e não à nacionalidade ou origem.

A UDV possui divisões internas, uma hierarquia própria com diferentes graus de compromisso de seus agentes. O Quadro de Mestres atua como "elite" e a ascensão hierárquica mobiliza todo funcionamento do grupo influenciando diretamente o comportamento das pessoas. Nesse sentido, também o cuidado com as palavras, a "língua udevista" que se configura uma linguagem própria de distinção usada entre *hoasqueiros* – que, de acordo com a UDV, está relacionada com os "mistérios da palavra", rigidamente seguido no Brasil, não é evidenciado na Espanha, já que muitas destas não fazem sentido para os espanhóis. Por exemplo, não se deve dizer "obrigada" e sim "grata", porque obrigada vem de obrigação e na UDV ninguém é obrigado a nada; não se deve dizer "esposa" e sim "companheira", porque esposa tem o "es(x)" na palavra; não se deve dizer "marido" e sim "companheiro", porque marido tem "má" na palavra; não se deve dizer "eu queria" e sim "eu tô (estou) querendo", porque eu queria quer dizer que não quer mais; não se deve dizer "a última sessão" e sim a "derradeira", porque a última implica que não haverá mais; não se deve dizer "tomar vegetal" e sim "beber o vegetal", porque tomar pode significar outras coisas além de beber etc.

No Brasil, os membros se chamam primeiramente pelo seu grau hierárquico e depois pelo seu nome. O que diferencia os "irmãos" é o grau hierárquico que representa o nível de desenvolvimento espiritual, de transformação pessoal atingida pela pessoa e, sendo "todos iguais", "todos têm chance", oportunidade de ascender nessa escala. Na Espanha, os membros raramente se chamam pelo seu grau hierárquico, somente pelo nome mesmo se tratando de um mestre. Na sessão de que participei o mestre brasileiro, num momento de mutirão no Núcleo, lembrou que todos podiam se chamar pelo grau e sua importância no âmbito da UDV que não tinha a ver com autoritarismo, mas isso não ocorreu.

No Brasil, nos dias de rituais os sócios devem ocupar seus assentos no templo, escolhidos por eles, conforme a disponibilidade no momento, obedecendo a uma ordem hierárquica, sendo os primeiros assentos reservados aos mestres, a seguir os conselheiros e conselheiras. O corpo instrutivo, sócios e pessoas da comunidade que já frequentam a UDV, porém ainda não se associaram, escolhem os lugares disponíveis. Na Espanha isso não é seguido, na ocasião em que participei do ritual eu me sentei na última fileira e um dos mestres sugeriu que eu me sentasse na primeira, que havia lugar disponível, já que eu enxergaria e escutaria melhor.

A UDV brasileira, como "sociedade religiosa", possui suas leis, regras, que exigem e proíbem, suas convenções mais coercitivas, e exerce um controle mais rígido das condutas. Os discípulos devem estar em harmonia com a doutrina, que valoriza, entre outras coisas, o casamento, a família, a fidelidade, ou seja, o ideal é ser casado, ter filhos, não beber, não fumar, não usar qualquer tipo de drogas, ser trabalhador, ser honesto, estar dentro da verdade, cumprir com seus deveres, ser cordial, ser prestativo, ser amoroso, não gritar, não ofender, não agredir etc. Caso o sócio não esteja dentro da doutrina, antes de ser afastado, será devidamente "doutrinado" pelo mestre e "cobrado". As "cobranças" se dão pelo mestre de uma maneira polida e relativamente atenciosa de "correção de atitude", durante o ritual, sob o efeito da *burracheira*, adquirindo um caráter de doutrinação.

Isso também não ocorre na Espanha, pelo menos durante as sessões não há doutrinações por parte dos mestres, visto que os espanhóis e até os brasileiros imigrantes não toleram esse tipo de conduta mesmo por parte de um mestre. Presenciei o caso de uma brasileira do corpo instrutivo que discutiu com o mestre durante a sessão, pois não concordava com o seu posicionamento. Isso jamais ocorreria no Brasil, onde a palavra do mestre é lei, visto que o mestre representa o Mestre Gabriel. No Brasil, os sócios são obrigados a participar de todas as sessões de escala que ocorrem no primeiro e terceiro sábado de cada mês. Na Espanha, isso também não ocorre já que é a única igreja da Europa e muitos membros nem sempre têm condições de se deslocarem. Apesar de haver esse "afrouxamento" da ortodoxia religiosa percebe-se nos membros udevistas na Espanha a valorização e importância da "prática do bem" e dos ensinos do Mestre Gabriel.

A União do Vegetal desempenha um papel de amparo e proteção aos seus fiéis configurando a grande família UDV. Isso também ocorre na Espanha, como, por exemplo, no caso da imigrante brasileira que teve um filho com um espanhol e este a expulsou de casa após o nascimento da criança. Ela estava desempregada e sem moradia e foi então plenamente acolhida na casa de um dos mestres, onde permaneceu durante um ano até o seu total reestabelecimento.

A UDV brasileira a partir de sua estrutura hierárquica e moral muito forte exerce um controle das emoções e um processo civilizador em seus membros. Os espanhóis da Nova Era parecem não precisar de um grupo religioso que desempenhe esse papel "civilizador" e "familiar", ao contrário, o que os espanhóis querem é uma via "descivilizadora" muito bem expressa na liberdade, flexibilidade e autonomia oferecida pelo Santo Daime, o que verificamos na grande presença de brasileiros na UDV da Espanha que numa situação de imigração encontram uma família e auxílio. Assim, a estrutura religiosa udevista não faz sentido para os espanhóis que possuem uma história forte de ditadura e inquisição. A estrutura religiosa da UDV parece ir à contramão das problemáticas e interesses dos espanhóis voltados para a "Nova Era".

A UDV, diferentemente do Santo Daime, não aceita o homossexualismo, recomenda não haver relações sexuais antes do casamento, preza a fidelidade conjugal e evita divórcios. A UDV proscreve o uso de cigarro, bebidas alcoólicas e outras "plantas de poder" como a *cannabissativa*, utilizada pelos daimistas, e uma vez membro da UDV assume-se o compromisso de não pertencer nem frequentar outros cultos religiosos. A UDV precisou flexibilizar regras ortodoxas da vida religiosa e da estrutura religiosa para adquirir membros espanhóis, ocorrendo assim uma quebra no seu mecanismo original. Isso não ocorreu no Santo Daime, que por possuir uma doutrina eclética evolutiva acaba proporcionando uma abertura e flexibilidade por si, permitindo incorporar outras práticas ou crenças que contribuam para o "enriquecimento" da doutrina em qualquer local. No Santo Daime, cada igreja daimista possui um Padrinho – o dirigente, comandante da igreja, que autentifica a missão profética dos fundadores, possuindo relativa interdependência para a interpretação doutrinária, visto que se trata de uma "doutrina mutável", uma "doutrina viva" é uma doutrina que ainda está se fazendo, "que ainda não foi aprisionada na necessidade de se formular teologicamente" (ALVERGA, 1998, p. 23). O "ecletismo evolutivo", de acordo com Groisman, possibilita a convivência entre diversos sistemas cosmológicos, tais como a Umbanda, o Espiritismo e o Cristianismo, sendo um sistema totalizante, que engloba todos os aspectos da vida do sujeito. Desse modo, o Santo Daime na Espanha tem forte intersecção com terapias alternativas e o uso de outras substâncias psicoativas – campo de interesse das pessoas de que provieram.

A União do Vegetal não aprova que seus membros frequentem outros cultos religiosos após a sua adesão à doutrina e ao se tornar sócio, principalmente que frequentem outras religiões ayahuasqueiras ou neoayahuasqueiras. Para a UDV, o verdadeiro mestre, o mestre superior, é o Mestre Gabriel; os outros são curiosos, chamados de "mestres da curiosidade". Assim, na União do Vegetal estaria a *verdadeira ciência*. De acordo com MacRae (2002, p. 501):

> A União do Vegetal reclama para si uma pureza de tradições, baseada em concepções puramente doutrinárias, considerando seu líder fundador o único detentor do verdadeiro conhecimento da ayahuasca e chamando a todos os outros, inclusive curandeiros ayahuasqueiros indígenas de grande prestígio em suas comunidades, de "mestres da curiosidade", ou seja, pessoas movidas por simples curiosidade e ignorantes das verdades eternas da ayahuasca, que só os seguidores mais graduados do Mestre Gabriel deteriam.

Andrade (2002) coloca que é importante distinguir os discursos formais e institucionais dos pronunciamentos feitos durante as sessões, dos comentários informais dos adeptos e das atitudes práticas da instituição. Os discursos formais e institucionais caracterizam-se por uma articulada defesa do respeito à diversidade religiosa, à liberdade do indivíduo e valores semelhantes. Como, por exemplo, um artigo que é lido em todas as sessões de escala, que foi publicado pelo mestre fundador, intitulado "Convicção do Mestre", no qual ele diz: "podemos ser censurados por todos, mas não podemos censurar a ninguém; podemos ser ofendidos por todos, mas não podemos ofender a ninguém".[148]

Contudo, o discurso informal é marcado por uma atitude intolerante e autoritária.

> Presenciei diversas vezes, nas sessões, acusações implícitas ou explícitas dos mestres dirigentes com relação a outras instituições religiosas, especialmente

---

148 Disponível em: <www.santodaime.org/site/site_antigo/arquivos/noticias/espanha_2003b.htm>. Acesso em: 8 dez. 2015.

> o Santo Daime, grupo que parece ocupar boa parte do imaginário da UDV. (ANDRADE, 2002, p. 610)

Presenciei, também, esse tipo de crítica e intolerância no núcleo estudado em Porto Alegre, principalmente por estar pesquisando o Santo Daime concomitantemente com a UDV.

Na Espanha isso não existe, ou "não pode existir", como colocou um dos membros daimistas, um imigrante brasileiro que entrevistei. Ele é filho adotivo de um dirigente muito importante do Santo Daime, pois fundou e atualmente coordena a segunda maior comunidade daimista do Brasil localizada em Florianópolis. Ele nasceu dentro da União do Vegetal, pois seus pais eram sócios da UDV até o momento em que com seus oito anos de idade ocorreu a separação de seus pais. Seu pai permaneceu na UDV e a sua mãe migrou para o Santo Daime, onde se casou com o dirigente. A partir daí ele começou a frequentar o Santo Daime onde se fardou, porém permaneceu com uma ligação com a UDV por causa de seu pai que é membro até hoje do grupo, tendo assim amigos e relações tanto na UDV quanto no Santo Daime. Atualmente é membro do Santo Daime da Espanha (onde reside), porém também circulou na União do Vegetal na Espanha. Ele diz que a União do Vegetal teve que se unir ao Santo Daime, que estava à frente do processo judicial que beneficiou ambas as religiões e que é muito comum na Espanha (diferentemente do Brasil) os fiéis (sócios e fardados) se relacionarem e circularem entre as religiões ayahuasqueiras, bem como nos diversos outros usos terapêuticos da ayahuasca encontrados na Espanha numa perspectiva ecumênica de união e liberdade religiosa.

A UDV remete algo de um Catolicismo intransigente que articulando com Hervieu-Léger repõe o antimodernismo da Cúria Romana (no caso, a "sociedade de corte religiosa" da UDV) na retomada da estabilidade doutrinária sem compromisso com as exigências da racionalidade moderna e na afirmação do primado da autoridade papal (no caso, o mestre). Apesar de o discurso trazer a ideia de todos os seus membros poderem atingir o grau de mestre, parece que essa ideia não captura os espanhóis da Nova Era voltados ao uso de enteógenos que se aproxima da descrição do peregrino de Hervieu-Léger (1999), que cruza espaços e fronteiras em seu trajeto religioso individual, da ideia de hiperindividualização e reflexividade – liberdade radical do *self* de questionamento e escolha de paradigmas

(D'ANDREA, 1996). Eles desejam uma agência de projeto "aberta" à escolha e criação de cada um.

Desde o período colonial, o Brasil tem forte tradição espiritualista. Até pelo menos o final do século XIX não houve aqui um "desencantamento do mundo", no estilo protestante ou mesmo um estrito controle católico sobre as religiosidades, como na Europa Latina. O chamado Catolicismo luso-brasileiro, ligado ao regime do padroado, caracterizou-se por um baixo grau de controle eclesiástico sobre as religiosidades praticadas à margem da Igreja. Houve aqui um multifacetado processo de encontros culturais, sincretismos e atravessamentos entre as crenças em orixás e eguns das religiões africanas trazidas pelos escravos, com o espiritualismo xamanístico dos indígenas e com as crenças católicas populares em santos, anjos da guarda e almas penadas (SOUZA, 1987).

A Espanha, atualmente como país laico, ainda apresenta marcas do rigoroso controle católico sobre as religiosidades. O artigo 16.3 da Constituição Espanhola vigente define o país como um Estado sem confissão: "Nenhuma confissão terá caráter estatal". No entanto, é garantida a liberdade religiosa e de culto dos indivíduos e é assegurada uma relação de cooperação entre os poderes públicos e todas as confissões religiosas. Muitos daimistas por enfrentar penosos processos legais pelo direito de liberdade religiosa na Espanha sentem-se ainda vivendo em ditadura e inquisição. Alguns depoimentos:

> No es posible que ahora, em pleno año 2000 aún seamos perseguidos como en los tempos de la inquisicion.

> El pasado 5 de abril llegó a España el proceso inquisitorial encaminado a perseguir nuestro sacramento en toda Europa.

> Hablamos mucho sobre el ecumenismo impulsado por el Vaticano y la necesidad de diálogo interreligioso.

> La espiritualidad es un patrimonio de la humanidad. Nadie debe olvidarlo.

> No más guerras civiles (los españoles sabemos mucho de eso), no más luchas intestinas, no más movimientos endogámicos, no más brigas ¡por favor! Todos los pueblos que utilizamos plantas de poder estamos en el mismo barco, para bien o para mal. Y en este comienzo de milenio no tenemos más remedio que unirnos.

Considerações finais

Podemos pensar a expansão e inserção do Santo Daime e da União do Vegetal na Espanha a partir de uma série de elementos, relacionados a seguir:

- A rede de fluxos e agenciamentos entre pessoas e suas trajetórias de vida. A inserção do Santo Daime na Espanha iniciou-se com a trajetória do jornalista Francisco de La Cal no Brasil; a partir daí, podemos mapear a rede de agenciamentos que se formaram entre pessoas com interesse na Nova Era, medicina alternativa e substâncias psicodélicas. Dentro dessa rede, duas mulheres tiveram um encontro casual com a União do Vegetal no Brasil que deu início ao seu estabelecimento na Espanha.

- A problematização do que Foucault (1979) chama de "governamentalidade", a arte de governar e táticas de "condução das condutas" da população e do sujeito. São as táticas de governo que permitem definir a cada instante o que deve ou não competir ao Estado, o que é público e privado, o que é ou não estatal. As religiões ayahuasqueiras em sua sobrevivência e em seus limites na Espanha também devem ser compreendidas a partir das táticas de governamentalidade. A Espanha, atualmente, é um país laico que garante a liberdade religiosa e de culto dos indivíduos e táticas devem assegurar uma relação de cooperação entre os poderes públicos e as diversas denominações religiosas. Porém, as religiões ayahuasqueiras vêm enfrentando penosos processos legais de legitimação bem como as ações de poder ancoradas, nesse caso, nas questões que envolvem o uso de uma substância psicoativa – o que remete ao que Foucault chamou de biopoder.

- Saúde e segurança pública são considerados pelo estado espanhol fatores que limitam o livre exercício da religião na Espanha (Ley Orgánica de Libertad Religiosa, 1980, Art. 3). A legislação penal espanhola, entretanto, está primordialmente focada nos impactos do tráfico sobre a saúde e a segurança pública (Ley Orgánica del Código Penal, 1995, Art. 368), não na posse e no uso pessoal, considerados protegidos pelo direito à privacidade (Constitución Española, 1978, art. 18). Nesse sentido, a função de proibição religiosa na Espanha foi assegurada pelo Estado funcionando no modo do biopoder. O Estado utilizou a questão toxológica para exercer seu poder uma vez que não há um critério, uma norma para declarar se a ayahuasca é nociva.

- Momentos históricos particulares e configurações sociais específicas: a Espanha possui uma forte história de ditadura e inquisição que atualmente é associada aos direitos humanos e ao ecumenismo, a expansão dos direitos de liberdade religiosa e ao diálogo inter-religioso. Nesse sentido, os projetos religiosos envolvem sentidos morais, religiosos e políticos.
- As definições de religião. Como coloca Labate e Feeney (2012), as definições de religião que têm sido sustentadas nos processos de legalização das religiões ayahuasqueiras na Europa são substancialmente influenciadas por concepções ocidentais, baseadas no modelo judaico-cristão e excluem modalidades como xamanismo ayahuasca, uma prática profundamente enraizada entre indígenas e mestiços na Amazônia.
- A análise da estrutura dos grupos religiosos em questão e suas relações de poder. Como demonstrei anteriormente, as "figurações" específicas da sociedade religiosa UDV e da comunidade religiosa daimista proporcionam que seus discípulos possuam construções de agências distribuídas diferentemente. Segundo Hefner (1993), para compreender a eficácia da apropriação de certas formas religiosas por determinados grupos, é preciso analisar como as ideias fazem sentido, ou como uma configuração social específica dá suporte a um sistema particular de verdades.

Enfim, cada um desses elementos elencados é uma espécie de linhas distintas, diferentes lógicas que estão emaranhadas, como um rizoma (DELEUZE, 1995). Um rizoma não começa nem conclui, ele se encontra sempre no meio, entre as coisas, inter-se, *intermezzo*. *Entre* as coisas não designa uma correlação localizável que vai de uma para outra e reciprocamente, mas uma direção perpendicular, um movimento transversal que as carrega uma *e* outra. As linhas constituem os movimentos de desterritorialização. A União do Vegetal e o Santo Daime se desterritorializam e se reterritorializam *entre* Brasil e Espanha. *Entre* e não *para*, pois essas linhas não implicam qualquer retorno à origem e sim as pontas de desterritorialização nos agenciamentos de desejo. O Santo Daime e a União do Vegetal ao se reterritorializarem surgem (emergem) como dispositivos de poder: o poder que o Estado exerce sobre essas religiões, o biopoder, o poder interno dos grupos religiosos que surgem de outro modo. Esses dispositivos de poder são um componente dos agenciamentos. Os agenciamentos são sempre historicamente assináláveis, mas o desejo dos espanhóis une-se a um agenciamento determinado; há um cofuncionamento. Seguramente o agenciamento de desejo comporta dispositivos de poder. Não são os dispositivos de poder que agenciariam ou seriam constituintes da transnacionalização do Santo Daime e da União do Vegetal, mas os agenciamentos de desejo é que disseminam formações de poder segundo uma de suas dimensões.

Nesse sentido que penso a transnacionalização do Santo Daime e da União do Vegetal, como movimentos de desterritorialização e reterritorialização, *entre* linhas. *Entre* Brasil e Espanha.

Referências

ALVERGA, A. P, de. Introdução ao evangelho de Sebastião Mota. *In*: MOTA, S. (Org.). *O evangelho segundo Sebastião Mota.* Impresso pela Folha Carioca para CEFLURIS Editorial São João 1998.

ANDRADE, A. P. de. Contribuições e limites da União do Vegetal para a nova consciência religiosa. *In*: LABATE, B. C.; ARAÚJO, W. S. (Org.). *O uso ritual da ayahuasca.* Campinas: Mercado das Letras, 2002.

COUTO, F. de. La Rocque. Santo Daime: ito da Ordem. *In*: LABATE, B. C.; ARAÚJO, W. S. (Org.). *O uso ritual da ayahuasca.* Campinas: Mercado das Letras, 2002.

D'ANDREA, A. A. F. *O self perfeito e a Nova Era: individualismo e reflexividade pós-tradicionais.* 1996. Dissertação (Mestrado) – Instituto Universitário de Pesquisas do Rio de Janeiro, Rio de Janeiro, 1996.

DELEUZE, G. *Mil platôs, capitalismo e esquizofrenia.* São Paulo: 34, 1995 [1980].

ELIAS, N. *A sociedade de corte: investigação sobre a sociologia da realeza e da aristocracia de corte.* Rio de Janeiro: Jorge Zahar, 2001 [1897-1990].

_____. *O processo civilizador. Vol. 1: uma história dos costumes.* Rio de Janeiro: Jorge Zahar, 1994a [1939].

_____. *O processo civilizador. Vol. 2: formação do Estado e civilização.* Rio de Janeiro: Jorge Zahar, 1994b [1939].

FOUCAULT, M. *Microfísica do poder.* Rio de Janeiro: Graal, 1979.

GALLOTTI, M. T. G. *Ayahuasca: o processo de regularização do uso religioso do chá.* 2012. Trabalho de Conclusão de Curso (Graduação em Direito) – Centro Universitário Metodista IPA, Porto Alegre, 2012.

GENTIL, L. R. B. e GENTIL, H. S. O uso de psicoativos em um contexto religioso: A União do Vegetal. *In*: LABATE, B. C.; ARAÚJO,

W. S. (Org.). *O uso ritual da ayahuasca*. Campinas: Mercado das Letras, 2002.

GREGANICH, J. "Entre a rosa e o beija-flor": Um estudo antropológico de trajetórias na União do Vegetal (UDV) e no Santo Daime. Dissertação de mestrado em antropologia social. Porto Alegre: UFRGS, 2010.

GROISMAN, A. *Eu venho da floresta: um estudo sobre o contexto simbólico do uso do Santo Daime*. Florianópolis: UFSC, 1999.

_____. Santo Daime in the Netherlands: an anthropological study of a new world religion in a european setting. Ph.D. Thesis in Social Anthropology. University of London, 2000.

_____. Missão e projeto: motivos e contingências nas trajetórias dos agrupamentos do Santo Daime na Holanda. *REVER*, São Paulo, v. 4, n. 1, 2004, p. 1-18.

HEFNER, R. W. *Conversion to christianity: historical and anthropological perspectives on a great transformation*. Berkeley: University of California Press, 1993.

HERVIEU-LÉGER, D. *Le pélerin et le converti: la religion en mouvement*. Paris: Flammarion, 1999.

HERVIEU-LÉGER, D. e HERVIEU, B. *Des communautés pour lês temps difficiles: neo-ruraux ou nouveaux moines*. Paris: Centurion, 1983.

LABATE, B. C. and FEENEY, K. Ayahuasca and the process of regulation in Brazil and Internationally: Implications and Challenges. *International Journal of Drug Policy*, v. 23, 2012.

MACRAE, E. Um pleito pela tolerância entre as diferentes linhas ayahuasquiras. In: LABATE, B. C.; ARAÚJO, W. S. (Org.). *O uso ritual da ayahuasca*. Campinas: Mercado das Letras, 2002.

ORTNER, S. Poder e projeto: reflexões sobre a agência. *In*: GROSSI, M. P.; ECKERT, C.; FRY, P. H. (Org.). *Conferências e diálogos: saberes e práticas antropológicas*. 25ª Reunião Brasileira de Antropologia – Goiânia 2006. Blumenau: Nova Letra, 2007.

PAVILLARD, S. L. *Recepción de la ayahuasca em España. 2008*. Dissertação (Mestrado) – Departamento de Antropologia Social, Faculdade de Ciências Políticas e Sociologia, Universidad Computense de Madrid, Madrid, 2008.

SOARES, E. *Le Butinage religieux: pratiques et pratiquants au Brésil*. Paris: Karthala, 2009.

SOUZA, M. L. *O diabo e a terra de Santa Cruz*. São Paulo: Cia das Letras, 1987.

Sobre os autores

ALVES, JOSÉ CLÁUDIO SOUZA é professor de Sociologia na Universidade Federal Rural do Rio de Janeiro. Doutor em Sociologia pela Universidade de São Paulo e autor do livro: *Dos barões ao extermínio, uma história da violência na Baixada Fluminense*. Recentemente, contribuiu com o capítulo em um livro em inglês cujo título traduzido é: "Regime imigrante de produção: Estado, mobilização política, religião e negócios entre os brasileiros no Sul da Flórida", no livro: *Um Lugar para ser/estar: imigrantes brasileiros, guatemaltecos e mexicanos nos novos destinos na Flórida* (2009).

ARAKAKI, USHI é doutora em Antropologia pela Universidade de Osaka, onde também obteve seu grau de mestre em 2005, tendo desenvolvido pesquisa com a comunidade transnacional brasileira no Japão desde 2002. Recebeu o título de Mestre em Cooperação Internacional e Gestão de Projetos pela Universidad Complutense de Madrid em 2002 e de bacharel em Psicologia pela Universidade Federal do Paraná (UFPR) em 2001. Tem trabalhado com cooperação internacional em países do Caribe e da África e em consultorias para programas de desenvolvimento sustentável nas comunidades que vivem na área do Porto Maravilha no Rio de Janeiro. Suas áreas de pesquisa são: globalização, transnacionalismo, imigração, cooperação internacional, religião e identidade cultural. Entre suas publicações estão: "Toransunashonaru Jidai no Umbanda" (Umbanda na Era Transnacional), em *Kokuritsu minzoku gakuhakubutsukan chōsa hōkoku* (Senri Ethnological Reports), 83. Osaka: National Museum of Ethnology, 2009, p. 89-104.

434| Sobre os autores

CARRANZA, BRENDA tem formação em Teologia pelo Pontifício Ateneo S. Anselmo (Roma) e é doutora em Ciências Sociais pela Unicamp. Realizou estágios de pós-doutorado na Universidade Estadual do Rio de Janeiro – UERJ (2014) e na Universität de Osnabrück – Osnabrück/De (2015). É professora da PUC-Campinas e Coordenadora da Coleção Sujeitos & Sociedade da Editora Ideias & Letras. Suas linhas de pesquisa são Catolicismo, Pentecostalismo, mídia, juventude, religiosidade e cultura urbana. Publicações recentes: "Primaveras em questão: novas comunidades" em *Vida religiosa consagrada em processo de transformação* (São Paulo: Paulinas, 2015); "Christliche Pfingstkirchen" em *Glauben in megacitys* (Deutschland: Grünewald Verlag, 2014); "Pentecostalización cristiana: transformaciones urbanas" em *Vivir la fe en la ciudad hoy* (México: Paulinas, 2014); "Linguagem midiática e religião", em *Compêndio de ciência da religião* (São Paulo: Paulinas, 2013); "Il cristianesimo Pentecostale: nuovo volto della chiesa cattolica", em *Cristianesimi senza frontiere: le chiese Pentecostali nel mondo* (Bolonha: Borla, 2013).

D'ANDREA, ANTHONY é doutor em Antropologia pela Universidade de Chicago, com pós-doutorado em Sociologia na Universidade de Limericke, estágio de visitante na Universidade de Lancaster. Investiga ideologias de desenvolvimento pessoal relacionados a processos religiosos, tecnológicos e de globalização cultural. Como publicações principais, estão os livros: *Global nomads: techno and new age as transnational countercultures in Ibiza and Goa* (Routledge, 2007) e *O self perfeito e a nova era: individualismo e reflexividade em religiosidades pós-tradicionais* (Loyola, 2000), além de artigos na *Religião & sociedade*; *Mobilities*; *Journal of Humanistic Psychology* e *International Review of Social Research*.

DELAMONT, SARA é professora de Sociologia da Universidade de Cardiff, Reino Unido. Tem formação em Antropologia Social e ministra uma disciplina sobre o Brasil. Realiza pesquisa etnográfica sobre a capoeira diaspórica no Reino Unido com Neil Stephens desde 2003.

DUARTE, TIAGO RIBEIRO é doutor em Sociologia pela Universidade de Cardiff. Atualmente é pesquisador colaborador do Departamento de Sociologia da Universidade de Brasília dentro do Programa Nacional de Pós-Doutorado da Capes. Especializado em Sociologia da Ciência e desde

A diáspora das religiões brasileiras

2012 pesquisa a capoeira diaspórica no Reino Unido com Sara Delamont e Neil Stephens. Possui a segunda corda de capoeira do grupo Núcleo de Capoeiragem Movimento Cultural.

FRIGERIO, ALEJANDRO é PhD em Antropologia pela University of California, Los Angeles (1989). Professor no Programa de Antropologia Social da Facultad Latinoamericana de Ciencias Sociales (FLACSO, Argentina) e Pesquisador Independente do CONICET (Buenos Aires). Estuda a expansão das religiões afro-brasileiras na Argentina por quase trinta anos, assim como a história e o desenvolvimento de cultura afro na área. Das suas obras destacam-se *Cultura negra en el Cono Sur: representaciones en conflicto* (Buenos Aires: Educa, 2000); "Outside the nation, outside the diaspora: accomodating race and religion in Argentina", em *Sociology of religion*, v. 63, n. 3, p. 291-315, 2002; "Re-africanization in secondary religious diasporas: constructing a world religion", em *Civilisations*, v. 51, n. 1-2, p. 39-60, 2004. e "Questioning religious monopolies and free markets: the role of the State, the church(es) and secular agents in the management of religion in Argentina". *Citizenship studies*, v. 16, n. 8, p. 997-1001, 2013.

GREGANICH, JÉSSICA graduou-se em Psicologia (Unisinos) e tem especialização em Psicanálise (UFRGS). Tem mestrado em Antropologia Social (UFRGS) com a dissertação: "Entre a Rosa e o Beija-Flor: um estudo antropológico de trajetórias na União do Vegetal (UDV) e no Santo Daime". É atualmente doutoranda em Antropologia Social pela UFRGS e Vrije Universiteit Amsterdam (regime de cotutela), em que está pesquisando a butinagem religiosa em colaboração com a Graduate Institute of International and Development Studies, Genebra/Suíça. Suas publicações são: Cura e reencarnação: o processo de "cura espiritual" no Santo Daime, em *Ciencias Sociales y Religión/ Ciências Sociais e Religião*, v. 12, n. 12, p. 107-129, 2010. O Axé de Juramidam: A aliança entre o Santo Daime e a Umbanda, em *Debates do Ner*, v. 19, n. 12, p. 77-106, 2011.

HERNANDEZ, ANNICK faz pesquisas sobre Umbanda em Montreal e no Brasil. É doutoranda em Antropologia na Université de Montréal.

MAFRA, CLARA CRISTINA JOST foi professora Associada de Antropologia Social na Universidade do Estado do Rio de Janeiro. Doutora pelo

Programa de Pós-Graduação em Antropologia Social da Universidade Federal do Rio de Janeiro e pós-doutora pela Universidade de Aberdeen e pela Universidade da Califórnia, San Diego. Realizou intenso trabalho de campo entre pentecostais no Brasil e em Portugal. É autora de *Na posse da palavra: religião, conversão e liberdade pessoal em dois contextos nacionais* (Imprensa de Ciências Sociais, 2000) e coautora de *Religiões e cidades: Rio de Janeiro e São Paulo* (Terceiro Nome, 2009). Clara Mafra faleceu precocemente em 2013, deixando uma contribuição importante para os estudos da religião.

MARIZ, CECÍLIA é atualmente professora de Sociologia na Universidade do Estado do Rio de Janeiro (UERJ), mas foi antes afiliada à Universidade Federal de Pernambuco (UFPE) e à Universidade Federal Fluminense. Doutorou-se na Universidade de Boston em 1989 e teve sua tese publicada como livro *Coping with poverty: Pentecostals and base communities in Brasil* (1994). Seu tema de pesquisa tem sido a religião, focando especialmente o Pentecostalismo e Catolicismo. Publicações recentes: "Instituições tradicionais e movimentos emergentes" em *Compêndio de ciência da religião* (São Paulo: Paulinas, 2013) e com Roberta Campos "O pentecostalismo muda o Brasil? Um debate das ciências sociais brasileiras com a antropologia do cristianismo" na coletânea *Rumos da Antropologia no Brasil e no Mundo: geopolíticas disciplinares*, organizada por Scott, Campos & Pereira (Recife: UFPE, 2014).

MENINTEL, DEIRDRE é professora de Antropologia na Université de Montréal, diretora do grupo de pesquisa Diversité Urbaine (www.grdu.umontreal.ca/) e editora da revista do mesmo nome. Também codirige o Centre D'études Ethniques des Universidades Montréalaises (www.ceetum.umontreal.ca). A maioria de suas pesquisas anteriores trataram das migrações, família e identidades étnicas em Cabo Verde, Nova Inglaterra e Quebec. Nos últimos anos tem publicado extensamente sobre religião e Modernidade em Quebec.

RIAL, CARMEN é professora do Departamento de Antropologia. Atua no Programa de Pós-graduação em Antropologia e no Programa Interdisciplinar em Ciências Humanas da UFSC, os quais já coordenou. Coordena o Núcleo de Antropologia Visual e Estudos da Imagem e integra o Instituto de Estudos de Gênero. Pesquisadora 1 do CNPq, tem publicações de livros e artigos nas áreas de Antropologia do Esporte, da Alimentação, do Visual, da Mídia e do Gênero. Foi professora visitante em diversas instituições nacionais e estrangeiras. Atualmente preside a Associação Brasileira de Antropologia.

RIVERA, DARIO PAULO BARRERA é professor do Programa de Pós-graduação em Ciências Sociais e Religião da Universidade Metodista de São Paulo onde concluiu seu doutorado. Entre 1988 e 1989 fez estágio de pesquisa na École des Hautes Études en Sciences Sociales em Paris. É editor da revista *Estudos de Religião* (A2 CAPES) e coordenador do grupo de pesquisa "Religião e periferia urbana na América Latina" (REPAL). Suas áreas de pesquisa incluem: Protestantismos, Pentecostalismos e migrações, com foco nas periferias urbanas. Suas principais publicações são: *Tradição, transmissão e emoção religiosa* (2001 e 2010) e *Evangélicos e periferia urbana em São Paulo e Rio de Janeiro* (2012).

ROCHA, CRISTINA é doutora pela Universidade de Western Sydney (WSU), Austrália. Atualmente é Future Fellow do Australian Research Council e diretora do Religion and Society Research Cluster, WSU. É editora do *Journal of Global Buddhism* e da coleção "Religion in the Americas" da Editora Brill, na Holanda. Foi pesquisadora visitante do Max Planck Institute for Ethnic and Religious Diversity em 2011 e do CUNY Graduate Centre e Universidade de Londres em 2012. Suas áreas de pesquisa são: globalização, religião, migração. Suas obras incluem: *Zen in Brazil: the quest for cosmopolitan modernity* (Hawaii University Press, 2006), *Buddhism in Australia: traditions in change* (com Michelle Barker, Routledge, 2010) e *John of God: the globalization of brazilian faith healing* (Oxford University Press, no prelo).

SAMPAIO, CAMILA ALVES MACHADO é doutoranda no Programa de Pós-graduação em Ciências Sociais da Universidade do Estado do Rio de Janeiro, onde realizou também seu mestrado. Sua dissertação, defendida em 2007, é uma etnografia sobre lideranças pentecostais em uma favela do Rio de Janeiro.

SARAIVA, CLARA é investigadora auxiliar do Instituto de Investigação Científica Tropical e do Centro em Rede de Investigação em Antropologia. É também docente no Departamento de Antropologia da Faculdade de Ciências Sociais e Humanas da Universidade Nova de Lisboa. Foi professora convidada na Brown University (2001-2002, 2008) e University of California Berkeley (2013). É vice-presidente da International Society for Ethnology and Folklore e Presidente da Associação Portuguesa de Antropologia. Sua pesquisa versa sobre religiões afro-brasileiras e antropologia da morte.

STEPHENS, NEIL é pesquisador do Departamento de Sociologia da Brunel University London. Além de seu trabalho sobre capoeira, é sociólogo da ciência e publica artigos a respeito de aspectos sociais das células-tronco. É faixa preta segundo dan em Caratê Shotokan e atingiu a terceira corda de capoeira no Grupo Núcleo de Capoeiragem Movimento Cultural. Suas publicações incluem: "Up on the roof", em *Cultural sociology* 2/1, 2008, p. 57-74 e "They start to get *malicia*," *British journal of sociology of education* 30/5, 2009, p. 537-548.

SHERINGHAM, OLIVIA é pós-doutoranda da Escola de Geografia, Queen Mary College, Universidade de Londres. Suas áreas de pesquisa incluem migração transnacional, diásporas e identidade, sentimentos de pertença, religião e migração, e geografias de encontros urbanos. Entre suas publicações temos: *Transnational religious spaces: faith and the brazilian migration experience* (2013); "Creating alternative geographies: religion, transnationalism and everyday life" em *Geography Compass*, 4 (11), 2010; e "A transnational space? Transnational practices, place-based identity and the making of 'home' among Brazilians in Gort, Ireland" em *Portuguese Sudies*, v. 26, n. 1, 2010.

SWATOWISKI, CLAUDIA WOLFF é pós-doutoranda em Ciências Sociais na Universidade do Estado do Rio de Janeiro. Entre 2007 e 2008, foi investigadora visitante no Instituto de Ciências Sociais (Universidade de Lisboa). Entre 2011 e 2013, colaborou com o projeto de cooperação internacional "A Igreja Universal do Reino de Deus, a Teologia da Prosperidade e os direitos humanos em Angola", financiado pelo CNPQ. É autora do livro *Novos cristãos em Lisboa: reconhecendo estigmas, negociando estereótipos*

(Garamond, 2013). Publicou capítulos nos livros *Religiões e cidades: Rio de Janeiro e São Paulo* (Terceiro Nome, 2009) e *Cidade: olhares e trajetórias* (Garamond, 2009).

VÁSQUEZ, MANUEL A. é professor e Chefe do Departamento de Religião na Universidade da Flórida em Gainesville. Ele também está afiliado ao Centro de Estudos Latino-americanos nessa universidade. Sua área de pesquisa é a intersecção entre a globalização, a religião e a migração transnacional nas Américas. É autor dos seguintes livros: *More than belief: A materialist theory of religion* (Oxford, 2011); *Living "illegal": the human face of unauthorized immigration* (New Press, 2011); *A place to be: Brazilian, Guatemalan, and Mexican immigrants in Florida's New destinations* (Rutgers, 2009); *Immigrant faiths: transforming religious life in America* (AltaMira, 2005), *Globalizing the sacred: religion across the Americas* (Rutgers, 2003); e *The brazilian popular church and the crisis of modernity* (Cambridge, 1998). Atualmente, Vásquez está organizando *The Oxford Companion to Latin American Christianity* (com Susan Fitzpatrick e David Orique) e *Christianity in Brazil* (com Silvia Fernandes).

Esta obra foi composta em CTcP
Capa: Supremo 250g – Miolo: Pólen Soft 80g
Impressão e acabamento
Gráfica e Editora Santuário